바람에 실려 온 감사

바람에 실려 온 감사

노가브리엘 지음

파플트리

Contents

Preface 006
독자들에게 016
추천사 018

제 1장 은총의 하나님

1. 모든 것은 하나님이 결정하셨다. 022
2. 우리의 참주인은 하나님이시다. 036
3. 열정적으로 예배를 드리자. 052
4. 하나님 보좌 앞에 나가는 다른 길은 없다. 061
5. 너희는 항상 기도하라. 070
6. 항상 우리를 지켜 주신다. 082
7. 요나는 회개를 통해 하나님과 동행하였다. 093
8. 네가 화내는 것이 옳으냐? 105
9. 하나님은 언제 뿔나시나? 114

제 2장 구원의 하나님

10. 예수님은 우리의 메시아로 오셨다. 126
11. 예수님은 희생제물이시고 산 소망이시다. 133
12. 사람으로 오신 예수님 138
13. 예수님은 다시 오신다. 146
14. Sorrowful, yet always rejoicing 154
15. 나니 두려워하지 말라. 168
16. 나약함이 온전케 하리라. 184
17. 고난을 통해 이스라엘 백성을 구한 요셉 194
18. 십자가를 지고 예수님을 따라간 바울 202

제 3장 나를 도우시는 하나님

19. 나 된 것은 모두 하나님의 은혜	212
20. 우리는 그리스도의 향기이다.	221
21. 사탄은 우리의 틈새를 엿본다.	235
22. 기도하고 구하면 받은 줄로 알라	245
23. 우리는 빛의 갑옷을 입었다.	254
24. 물질적인 풍요는 장애물이 되기도 한다.	266
25. 나누어 주라고 하신다.	281
26. 내가 어찌 다 갚을 수 있을까?	297
27. 다음 세대를 준비하자.	308

제 4장 세상 속의 교회와 지도자

28. 세상은 너무 악하다.	322
29. 하나님은 악도 허용하신다.	339
30. 복수는 스스로 행치 말고 하나님께 맡겨라	350
31. 교회는 그리스도의 몸이시다.	360
32. 항상 모이기를 힘쓰라.	370
33. 교회를 함부로 옮기지 마라.	379
34. 지도자는 기름 부은 자이다.	388
35. 정의가 강물처럼 흐르는 공정한 사회	400
36. 하나님이 모든 것을 이루어 가신다.	410

Epilogue   418

Preface

> 너희는 위로하라 내 백성을 위로하라. 너희는 예루살렘의 마음에 닿도록 말하며
> 그것에게 외치라. 그 노역의 때가 끝났고 그 죄악이 사함을 받았느니라.
> 그의 모든 죄로 말미암아 여호와의 손에서 벌을 배나 받았느니라 할지니라. 사 40:1-2

사랑하는 나의 아들들아! 아버지로 인해 너희의 고통이 너무나도 크구나. 2021년도 유난히 집안에 큰 일도 많아 너희가 더욱 보고 싶다. 너희들 곁을 떠난 지 벌써 3년이 훌쩍 지나버렸구나. 제대로 가르쳐 줄 겨를도 없이 집안의 대소사를 맡겨버린 큰 아들아, 아버지의 기준에서 너를 판단하였고, 온유함으로 가르치지 못하고 지적만 해왔던 지난날이 많이 후회스럽구나. 미국에서 취업비자를 받지 못해 로스쿨 입학을 포기한 채 한국으로 돌아갈 수밖에 없었던 둘째 아들아, 제대로 된 위로와 격려의 말 한마디 해 주지 못해 마음이 아프고 미안하다.

갑작스런 외할아버지의 소천에 임해서도 아빠대신 상주 역할을 잘 해 준 너희들이 참 고맙구나. 하나님께 기도드리는 것 이외 빈소에서 너희들과 함께 슬픔을 같이 하고 너희들을 위로해 주지 못한 아빠를 용서해다오.

많은 어려움 중에서도 꿋꿋하게 잘 견뎌준 너희가 대견하고 자랑스럽구나. 너희들을 아빠와 엄마에게 선물로 주시어 사랑과 행복을 느끼게 하신 하나님의 놀라우신 은총에 감사하고 있다.^{신 1:31}

우리 이제는 더 이상 두려워하지 말자. 하나님께서 함께하시면 우리는 어떤 어려움도 두려워할 이유가 없다. 그분이 함께하실 때 우리는 강하기 때문이다.

고통이 없으면 영광 또한 없다는 진리를 너희들에게 가르쳐 주고 싶구나. 예수님께서도 고난과 수치를 참으셨기에 부활과 승천이 있으셨음을 기억하자. 주님께서는 매일 아침마다 십자가의 고통으로 나를 이끄시며 우리의 형편을 일깨워 주신단다.

예수님께서는 십자가 위에서 저주받아 돌아가심으로 그를 믿는 자들에게 구원을 주셨고 하나님으로부터 의롭다는 인정을 받게 해 주셨다.

사람으로 오셔서 사람의 형상으로 부활하심으로써 우리에게 산 소망을 주셨고, 다시 오실 때에도 사람의 육신으로 가시적인 형태로 오실 것을 굳게 믿는다. 사람은 하나님의 형상으로 지어진 하나님께서 거하시는 성전이기 때문이다.

그 동안 나와 너희들, 우리 모두가 예수님의 크신 사랑을 잊고 살았구나. 우리에게 주신 복이 얼마나 굉장한 것인지! 그럼에도 감사할 줄 모르고 육신에 따라, 내 의지대로 내 중심으로 생활함으로써 하나님의 진노를 사고 말았다.^{엡 2:3}

"내가 너를 네 관직에서 쫓아내며 네 지위에서 낮추리라."^{사 22:19}

하나님께서는 내가 살고 있던 자리에서 나를 쫓아내셨다. 인간의 행위가 아닌 하나님께서 직접 하신 일이다. 그렇기에 내 마음은 바쁘단다. 우리 모두가 그동안의 미련함과 어리석음을 회개하고 죄 사함을 받아야 하기 때문이다.

이 글은 세상 일에만 집착해 온 삶의 방식에 대한 나의 회개이다. 뒤늦게나마 하나님과 우리 주 예수 그리스도를 알고, 그분의 능력과 깊은 사랑을 깨달았으니 이는 오직 주님의 놀라우신 사랑이요 은혜로구나.^{시 18편 참조} 이 글을 쓰는 목적은 간단 하단다. 아버지인 내가 일찍 깨닫지 못하여 너희에게 가르치지 못한 하나님과 예수 그리스도, 성령 하나님, 그리고 우리가 어떻게 영생과 구원을 얻게 되었는지, 구원받은 후에 우리가 어떻게 살아야 하는지를 너희에게 가르쳐 주려는 것이다.

하나님께서는 우리를 사랑하시어 우리를 그분의 백성으로 불러 주셨다. 하나님에 대한 믿음은 유일하신 하나님의 약속에 대한 확신이며 그가 보내신 예수 그리스도를 우리의 메시아, 구원자, 절대자로 받아들이는 것이다.

믿음은 바라는 것들의 실상이요 보이지 않는 것들의 증거이다.^{히 11:1}

우리의 삶은 믿음으로 살아가야지 보이는 것만으로 살아갈 것이 아니다. 믿음은 미래적이고 영적인 것이다. 따라서 믿음은 결코 현재의 물질적인 기복신앙이 되어서는 안 된다. 쉬 썩어 없어질 이 세상의 것이 아닌 영원한 생명 곧 우리 주 예수 그리스도를 간구해야 한다. 그러나 그러한 믿음 하나도 우리가 결정하는 것이 아니란다. 하나님께서 성령을 통해 우리를 부르심으로 우리의 참 주인이 되신단다.

부르심이나 버리심은 모두 하나님께서 결정하시기 때문이다. 그런데 하나님께서는 나와 너희들을 특히 사랑하시어 하늘나라의 백성으로 선택해 주셨다.^{엡 1:4-5} 나는 이러한 하늘나라의 비밀을 알게 되었고, 이 모든 것을 기쁜 마음으로 너희들에게 가르쳐 주고 싶단다.

사도 바울은 예수님을 믿는 사람들을 핍박하기 위해 다메섹으로 가는 길에 예수님의 부르심을 받았다. 그리고 바로 아라비아로 갔고, 구약성경에 기록된 모든 약속들이 예수님의 십자가에서 이루어졌음을 성령을 통하여 제대로 공부할 수 있었다. 바울이 3년간 기도와 묵상, 성경공부를 통해 자신의 신학을 정리하였듯이 갈 1:17 나 또한 하나님의 부르심을 받아 미국 땅에서 신학을 공부하면서 성령의 인도하심을 받으며 참진리와 하늘나라의 비밀을 알게 되었다.

하나님께서는 이 세상에 사는 동안 악한 사람도 우리와 함께 살아가도록 허락하셨다. 그리고 썩은 고기와 가라지 같은 악인들을 도구로 삼아 우리를 알곡과 온전한 생선이 되도록 고통을 주어 단련시켜 가신단다. 우리를 하늘나라 백성으로 만들어 가신다.

너희들이 세상을 꿋꿋이 살아갈 수 있도록 육신의 아버지로서 내가 가르치고 훈련시키듯이 하나님께서도 우리들이 시험에 빠져 길을 잃고 죄를 짓지 않도록 끊임없이 연단시키신단다.

이 책의 구성은 너희가 이해하기 쉽도록 삼위일체 하나님을 중심으로 3장을 구성하고 이를 가르치는 교회와 이웃과 함께 살아가는 사회와 국가에 대한 이야기로 마지막 4장을 정리해 보았다.

하나님 아버지께서는 모든 것을 계획하시고, 엡 1:4 성자 하나님이신 예수님께서는 갈보리 언덕의 희생을 통해 우리의 구원을 성취하시고 하나님 나라로 가는 유일한 길이 되셨으며 요 6:35-40, 롬 7:1 우리에게 선물로 성령하나님을 보내시어 우리의 손을 잡고 섭리 안에서 그 길로 인도하시고 보전하고 통치하신다. 요 16:7, 롬 8:14

그래서 너희가 언제든지 성부 하나님만을 의지하고, 성자 예수님의 구원을 얻어 그분과 동행하면서 성령 하나님의 은혜 가운데 순종하는 삶을 살기를 바라는 아버지의 기도를 이 책에 담았단다.

제1장 「은총의 하나님」이라는 주제로 너희들이 하나님과 교회를 멀리하고 있음을 안타깝게 생각하여 하나님의 무한하신 사랑과 더불어 너희가 어떻게 하면 경건함을 회복하고 하나님과의 관계를 회복해 갈 수 있을지를 설명하였다. 처음 만드시고 베풀어 주신 첫 사랑을 찾아 감으로써 하나님의 온전하신 뜻을 이루는 그릇이 되기를 기도하는 마음으로 기록하였다.

제2장 「구원의 하나님」에서는 예수님이 왜 인간으로 오셨는지 그 비밀을 깨닫고, 예수님을 우리의 구주로 삼고 예수님을 닮아가는 삶을 살아가자고 다짐해 보았다.

제3장 「나를 도우시는 하나님」에서는 은혜의 기간 동안 우리에게 주시는 하나님의 풍성하신 사랑을 담았으며, 이 글을 쓰는 내내, 너희들에게 지혜와 진리의 영, 책망의 영, 믿음의 영을 보내주셔서 성경을 잘 깨닫고 그대로 실천하는 삶을 살 수 있도록 지혜와 총명을 달라고 간구하였다. 요 14:26, 16:8,13, 고전 2:4-5

제4장 「세상 속의 교회와 지도자」에서는 그리스도의 몸인 교회와 국가, 기름 부음을 받은 지도자, 국가 지도자의 덕목에 관한 성경 말씀의 내용을 정리하였다. 너희들이 하나님 나라의 성숙한 그리스도인이 되고, 동시에 이 세상 국가와 사회의 일원으로서 바른 신앙관을 가지기 바라는 아버지의 소망을 담았다.

뿐만 아니다. 어린학생과 젊은이 등 차세대를 바른 길로 인도하고, 이 사회의 권력자이고 집권자들에게 우선적으로 전도하는 것이 그 파급효과가 크다는 점에서 그들을 위해 기도하는 심경으로 이 장을 기록하였다. 여기에는 바울 사도의 서신서 중에서 국가와 교회에 관한 내용도 빠뜨리지 않으려고 노력하였다.

마지막으로는 오랜 기간 동안 우리 사회의 시사 테마인 검찰개혁에 관해 몇 마디 적었다. 이 내용은 이 책의 내용과 동떨어진 것처럼 생각될 수 있겠으나 검찰 출신인 아빠로서 검찰을 사랑했기에 지적으로는 그들이 정의 편에 서는 길을 제시했고, 영적으로는 그들이 올바른 길을 가도록 열심히 기도하는 내용을 담고 있단다. 다만 성경을 읽으면서 그동안 내가 가졌던 검찰에 대한 생각을 일부 바꾸었다.

최근 한국에서 일어나고 있는 일련의 사태를 보면서 검사 개인이나 검찰 조직 전체가 하나님을 향한 믿음이 없으면 얼마나 교만해 질 수 있는지, 그들이 교만해지면 얼마나 국민에게 해로운 존재가 될 수 있는지, 아버지로서 나 또한 그것들로부터 자유롭지 못했다는 점을 깊이 회개하면서 종전의 생각을 많이 바꾸었다.

이제는 그 동안 검찰에 가졌던 나의 생각을 바로잡고 나와 너희들이 잠시나마 자랑스러워했던 아버지의 스펙과 경력 모두를 오히려 부끄러운 마음으로 내려놓으려 한다.

그래서 이글의 마지막 부분에서는 끝내 나를 버리지 않으시는 하나님의 놀라우신 은총과 하나님의 신비스러운 처방을 담았다.

인류와 나, 그리고 너희를 얼마나 사랑하시는지, 인간의 지식으로는 알 수 없는 오묘하신 하나님의 사랑을 다루었다. 하나님의 처방은 세상의 눈으로만 보면 고통이고 불명예이지만 영의 눈으로 보면 큰 축복이 되는구나.

옛사람을 죽이는 것이 패배가 아니요 옛사람대로 사는 것이 망하는 길이고 패배였다. 하나님의 복은 그 어떤 저주보다도 강하시다.^{민 22:12}

나는 오늘도 이 말씀만을 믿고 용기를 내서 침상에서 일어난다.

빌레몬의 노예이던 오네시모는 주인의 집에서 도망쳐 나왔으나 오히려 믿음의 형제인 바울 사도를 만나 예수님을 영접하였고, 그 이후 그의 주인 빌레몬에게 다시 돌아가 그의 영원한 믿음의 동역자가 되었다.

오네시모가 주인인 빌레몬에게 실수를 범하고 그의 곁을 잠시 떠나게 된 것은 하나님께서 그를 연단하여 빌레몬의 곁에 영원히 두려는 하나님의 깊은 뜻이었으니, 빌레몬에게는 큰 축복이고 은혜이고 사랑이었으며 하나님의 놀라운 처방이셨다.^{몬 1:15-19}

나는 사법고시를 준비하고, 초임 검사로 근무하는 때부터 작은 꿈처럼 줄곧 생각해 오던 것이 있었다. 60세가 되면 신학을 공부하고, 목회자 겸 부흥강사가 되는 것이었다. 이런 꿈을 위해, 몇 년 전에는 수도권 소재의 모 신학대학원에 입학하기도 하였다. 그렇지만 법학자로서, 국회, 대법원, 각 행정부처, 지방자치단체 등의 민간 위원으로서 그리고 대학교 교수로서 안팎으로 할 일이 많았기에 신학공부를 포기하고 말았다. 감사하게도 하나님께서는 나의 꿈과 주님께 드리는 서원 모두를 기억하고 계셨단다. 요셉의 아버지가 야곱(이스라엘)이 요셉의 꿈을 가슴에 담아 두었듯이 하나님께서는 끝내 나의 서원을 기억하고 계셨다.

뒤늦게 둘째 큰 아버지의 권유로 미국 신학대학원에 입학을 하였는데 이는 내가 한국에서는 결코 목회자로 나갈 수 없고, 그 약속을 이룰 수 없음을 하나님께서는 이미 아신 것이다.

제자를 통한 형사고발이라는 극약처분으로 지금까지 쌓아온 지식 특히 검사로서, 로-스쿨 교수로서 쌓은 인간의 지식은 헛된 것이었음을 깨닫게 하시고, 뼈를 깎는 아픔과 고통을 통해 연단의 기회로 삼게 하신 것이다. 한국에 있었다면, 내려놓지 못할 산적한 과제들로 인해, 이미 약해진 건강으로 인해, 어떤 일을 겪었을지 생각 만해도 끔찍하구나. 나를 이곳으로 보내신 주님의 깊으신 뜻에 감사하지 않을 수 없단다. 더욱이 험난한 과정을 통해 결국 나의 소망을 이루고 서원을 지킬 수 있게 하셨으니 얼마나 감사할 일이냐!

젊은 시절에 가졌던 소박한 꿈을 2019년 60세가 되어서야 비로소 낯선 미국 땅에서 실천하게 하시니 이런 일들을 어떻게 해석해야 할까?

정말 놀랍고 신비로울 따름이다. 그렇기에 하나님과 성경의 진리를 배우는 그날그날의 일과와 이를 삶으로 실천하는 봉사에 기쁨으로 참여하고 있단다.

이제 아버지가 너희들에게 부탁한다. 성경읽기와 기도에 관심을 가지고 일상생활 중에서 신앙을 반드시 실천하기 바란다.

성경은 하나님의 말씀이다.

성경은 하나님의 감동으로 된 것으로 성경의 원본에는 그 자체 오류가 없으며, 사람에게 그리스도의 도를 따라가도록 지혜와 분별력을 주기에 부족함이 전혀 없단다.

교훈과 책망과 바르게 함과 의로 교육하기에 유익하니 완전한 것이다. 딤후 3:16 그래서 이 책을 쓰면서, 성경 구절을 그대로, 많이 인용하여 관련 구절을 쉽게 찾을 수 있게 하였고, 세상 이야기를 다루면서도 가능하면 세상 지식을 보태지 않으려고 애썼다.

또한, 나의 지식에 의존하지 않고 성경의 가르침대로, 객관적 진리를 찾아 쓰려고 노력하였다. 왜냐하면 성경 말씀만으로도 명료하고 충분하기 때문이다.

그러므로 너희들은 성경을 책상 가까이 두고 매일 아침 일과를 시작하기 전에 조금씩이라도 읽고 묵상하여 성령하나님께서 주시는 참 진리가 무엇인지를 깨달아 너희들 마음 판에 새기고 그대로 행동하기 바란다. 신 17:19 참조 가능하면 몇 개의 구절은 암기하는 것도 좋겠다. 집을 나서면서 '주여, 나를 대적하는 자를 흩으시고, 나를 미워하는 자를 내 앞에서 도망가게 하소서'라고 외치고, 퇴근하면서 '하나님 아버지 이제 저의 집에 임하소서'라고 기도드리자. 민 10:35-36 참조 내가 가장 존경하는 선배 검사님은 성경 읽기로 하루를 시작하셨단다. 주님께서는 그의 순종과 열정에 대한 응답으로 그분에게 엘리사와 같이 갑절의 영감을 주시고, 국정원장이라는 큰 일꾼으로 그리고 교회의 지도자로 사용하셨단다. 그리고 같은 검찰 선배로서 국무총리이고 대통령권한대행까지 임명직으로는 최고의 지위까지 오른 분 또한 성경을 매일 읽고 그대로 실천하였으므로 하나님께서 귀히 사용하셨다.

아버지는 너희를 생각하며, 주님께서 나를 지켜주시고 인도하시는 것처럼 너희 또한 지혜와 계시의 영을 주시어 하나님을 제대로 알아갈 수 있도록, 그리고 더욱 경건하고 지혜로운 삶을 살도록 성령의 도움으로 지혜와 분별력을 주시기를 매일 기도하고 있단다.

너희가 지금까지는 성경 읽기와 기도에 소홀해 왔음을 알고 있다. 요즈음 청년세대는 인터넷 발달로 인해 기성세대인 우리보다 더 많은 정보와 지식을 접할 수 있게 되었다. 그러나 영적인 면에는 관심이 멀어지는듯하여 참으로 안타까운 마음뿐이란다. 너희들도 하나님나라보다는 오히려 세상일에 더 관심이 많아 보여 아쉽구나.

사랑하는 내 아들 용훈, 용학아! 아침이 멀지 않았다. 우리가 잠시 떨어져 있지만 곧 재회의 기쁨의 날이 멀지 않았다. 그날까지 소망을 갖고, 오늘 현실 중에 역사하시는 주님과 동행하는 삶을 살아가자. 내가 고통가운데 진리를 깨닫고 영생을 얻게 되었던 것처럼, 너희들도 삶의 어려운 일들을 겪는 중에서도 주님을 영접하고 진리를 깨우쳐 가기를 기도드린다. 이것이 나와 너희들 인생에서 가장 중요한 일이기 때문이지.

그리고 오늘의 시련을 연단의 기회로 삼아 불평보다는 오히려 하나님께서 늘 우리와 함께하심을 감사드리고, 찬양으로 경배 드리자. 덤으로 끼워 파는 참새 한 마리조차 지키시고 돌보시는 하나님이시니 하나님의 자녀인 우리 또한 결코 버려두지 않으실 것을 굳게 믿는다.

나를 도와주는 LA 교회는 여호와께서 여호수아에게 만들도록 지시하신 도피성$^{수\,20:1-6}$과 같이 나에게 처소를 마련해 주고 많은 위안도 주고 있다. 자비로우신 주님의 사랑과 은총을 매일 체험하고 있고, 주님께서 예비하신 신학대학원 총장님, 교수님들과 교회 목사님들, 성도님들 모두로부터 큰 은혜를 입고 있단다.

이제 글을 마치려 한다. 아버지로 인해 너희가 겪는 아픔을 생각하면 잠을 이루지 못할 때가 많다. 그때마다 너희를 지켜주시기를 간구하는 기도를 드리고 있다. 그러면 주님께서 주시는 위로를 받는단다. 지금은 우리가 눈물의 골짜기 안에 있을지라도 빛 되시는 주님께서는 우리 앞에 소망의 연못을 준비하고 인도해 가신단다.

아픔 중에 기쁨으로 소망을 바라보자.

사랑한다. 나의 아들들아!

2021. 9.
내 평생의 기쁨의 선물이 된 사랑하는
용훈, 용학이를 생각하며

독자들에게

이 책을 읽는 독자님 중에 고통과 어려움에 처하신 분이 있다면, 이 글을 읽는 동안 주님의 위로와 해결의 실마리를 찾을 수 있기를 바랍니다. 주님께서 우리 각자에게 고통을 허락하신 것은 각자마다 이유가 있겠지만 필자의 경우에는 주님께서 나를 사랑하는 방법이셨습니다.

물론 자신이 겪는 고통이 가장 힘들고 어렵다고 생각할 수 있습니다. 필자 또한 내가 겪는 고통이 죽을 만큼 힘들고 어려웠지만 영적인 눈이 열릴 때, 주님의 사랑을 발견할 수 있었습니다. 여러분도 여러분 안에 역사하시는 그리스도의 능력의 위대함을 깨달을 수 있기를 바랍니다.

이 책이 고통 중에 있는 독자님들께서 자신의 고통의 이유를 이해하는데 작은 실마리를 줄 수 있다면, 그리고 주님께서 여러분에게 주시는 소명과 기업과 능력을 깨닫는 데 작은 도움이 될 수 있다면, 저에게는 큰 기쁨이 될 것입니다.

필자는 모태신앙인이지만 이제야 예수님과 십자가를 깨닫고 중생을 체험하게 되었습니다. 그러나 지금까지, 이런 고통을 겪기 까지는 온전히 주님께 나를 맡기지 못하고, 주님을 나의 구세주로 영접하지 못하였습니다.

형식적인 신앙인이었고, 교회 마당만을 밟는 발바닥 신앙인이었음을 고백합니다. 그렇기에 평신도 관점에서, 법학자의 관점에서 체험한 주님과 그분의 사랑을 정리하고, 그분의 산증인이 되고자 이 책을 저술하게 되었습니다. 주님을 옹호할 대변인이나 해설자가 될 능력은 없지만 경험한 사실을 있는 그대로 진술할 수는 있을 것 같습니다. 그래서 이 책은 나의 신앙의 기초가 될 것임을 확신합니다.

주님께서는 우리를 사랑하십니다. 예수님께서 십자가의 고통을 통해서 우리에게 참 사랑을 보여주셨던 것처럼 여러분 또한 지금의 고통을 통해서 예수님의 사랑을 발견하시길 축원합니다.

예수님은 우리의 목자이십니다. 양은 목자를 떠나 한시도 살 수 없습니다.

주님의 표현방법에 영적인 눈이 열리시기를 바랍니다. 주님이 어떤 방식으로 여러분을 찾아오실지 모릅니다. 누구에게는 병마로, 누구에게는 가정파탄으로, 누구에게는 실직의 아픔으로 오실지 모릅니다.

성경을 읽고 기도하고 묵상하면서 말씀이 항상 살아 있어야 합니다. 말씀이 살아야 역사하시고 능력을 발휘하십니다. 항상 깨어 있으십시오.

이 책의 출판을 위해 끊임없이 기도와 지도를 아끼지 않으신 나의 형제 목사님들과 이명수 목사님, 차정안 목사님 그리고 여러 성도 분들께 감사드리고 물가정보의 노영현 회장님과 출판사 고석현 대표님, 그리고 좋은 디자인과 편집, 인쇄를 위해 애써 주신 출판사 관계자 분들께도 머리 숙여 감사드립니다.

2021. 9.
그리운 고국으로 귀국을 앞두고

추천사

　이 책은 로고스대학교수선교회 회원으로 계셨고, 성균관 대학교 법학대학원대학에 교수로 재직을 하셨던 노명선 교수께서 하나님의 인도하심으로 법학에서 신학으로 인생이 바뀌게 된 과정에서 얻은 지혜를 기록한 책입니다.

　이 책의 구성은 신론, 기독론, 성령론 같이 조직신학적인 구조로 시작을 해서 마지막은 하나님의 말씀을 삶의 적용을 하는 실천신학적인 구조를 갖고 있습니다. 그러나 신학적 접근보다는 신앙적 접근으로 쓴 책입니다. 독자는 두 아들들에게 쓴 책이지만 실제로는 자녀의 입장에 있는 모든 사람들에게 권하고 있는 책입니다.

　이 책의 내용은 마치 솔로몬 왕이 그의 아들 르호보암에게 인생을 살아본 결과 세상을 살아가는 지혜를 기록한 잠언서와 유사한 성격을 띄고 있습니다. 솔로몬의 잠언에서 잠(箴)은 '바늘 잠,' '찌를 잠,' '경계 잠'이라는 뜻입니다. 언(言)은 '말씀 언'입니다. 장차 가정과 사회와 국가를 이끌어 가야할 젊은 지도자들이 읽고 찔림을 받아 잘못된 길을 갈 때마다 올바른 길로 돌이키라는 말씀과 같은 책입니다.

이 책의 강조점은 저자의 반평생 이상을 법조계에 담고 있었고, 그 후 신학을 공부해서인지 법적으로 해결할 수 없는 난제들을 하나님의 말씀으로 해결하고자 했습니다. 잠언서는 크게 세 가지 주제를 반복하고 있습니다. 공의(公儀, right) 정의(正義, just) 정직(正直, fair)입니다(잠 1:3). 이것을 알고 지키는 것이 지혜로운 삶이라고 합니다.

'공의'는 하나님 앞에 믿음으로 의로운 삶을 의미하고, '정의'는 공동체 안에서 남에게 해가 되지 않는 삶을 의미하고, '정직'은 개인의 삶 속에 올바름을 의미합니다. 저자 아버지는 잠언서를 직접 인용을 하지 않고 있지만 먼저 살아온 인생을 통하여 두 아들들과 독자들에게 이런 내용을 강조하고 있습니다.

이 책은 하나님의 은혜를 체험하고 인도함을 받은 후, 인생을 돌아보면서 후학들의 삶에 많은 교훈을 주는 책이기에 젊은 독자들에게 적극 추천합니다.

2021. 6. 15.
로고스대학교수선교회 목사
순복음열방사이버신학교 학장

이재환 *Paul J. Lee*

제 1장 은총의 하나님

1. 모든 것은 하나님이 결정하셨다.
2. 우리의 참주인은 하나님이시다.
3. 열정적으로 예배를 드리자.
4. 하나님 보좌 앞에 나가는 다른 길은 없다.
5. 너희는 항상 기도하라.
6. 항상 우리를 지켜 주신다.
7. 요나는 회개를 통해 하나님과 동행하였다.
8. 네가 화내는 것이 옳으냐?
9. 하나님은 언제 뿔나시나?

Thankfulness Came
Like a Gentle Breeze

Thankfulness Came
Like a Gentle Breeze

1. 모든 것은 하나님이 결정하셨다.

아버지께서 내게 주신 사람들은 모두 다 내게 올 것이요,
또 내게로 나오는 사람은 내가 결코 내쫓지 않을 것이다. 요 6:37

어떤 사람에게 믿음을 가지게 하실 것인지 어떤 사람을 버릴 것인지는 전적으로 우리를 만드신 하나님의 뜻에 맡겨져 있다.욥 12:10 피조물인 우리의 원함이나 우리의 뜻에 의해서가 아니라 창조주이신 하나님 아버지의 계획과 뜻에 따라 예정되어 있다.엡 1:11

예수님을 믿는 우리는 어머니 태에서부터 성령으로 지목해서 부르셨다. "내가 너를 지명하여 불렀나니 너는 내 것이라."사 43:1

모든 것은 하나님의 계획 아래에 있다.

나는 지금 미국 LA에서 생활하고 있다. 아니 정확한 표현은 유랑생활을 하고 있다. 2019. 1. 정처 없이 한국을 떠날 때에는 3개월 정도면 돌아갈 것으로 생각하였다.

그러나 벌써 3년이 되었다. 이 책이 발간될 즈음에는 한국에 돌아갈 것을 기대해 본다. 나의 몸은 비록 미국에 있지만 나의 영혼은 세상과 단절된 광야에서 모든 것을 내려놓고 영적 훈련을 쌓고 있다.

거의 매일, 위안 삼아 LA 도심 한 복판에 있는 그리피스공원 Griffith Park 산길을 걷고 있다. 헐리웃 싸인이 있는 산을 마주바라보고 걷는다. 옛적 여호수아가 세젬[1] 땅을 마주보고 그리심 산과 에발 산을 향해 한손에는 축복을, 다른 한손에는 저주를 가지고 살았던 것처럼 하루에도 몇 번씩 LA 시내를 마주보고 한쪽에는 그리피스 천문대와 헐리웃 싸인을 향해 천당과 지옥을 오가고 있다.

나의 모든 것은 태초부터 하나님께서 결정하셨다. 모든 것은 나의 뜻과 필요가 아니라 하나님의 쓰심에 따라 하나님의 뜻에 따라 결정하셨다.

유다와 예루살렘에 대하여 여호와 하나님의 말씀을 제대로 전달한 선지자 예레미야를 살리시고, 같은 말을 전한 우리야에게는 죽임 당함을 허락하셨다. 하나님의 놀라우신 계획에 따라 한 사람은 순교자로, 한 사람은 남겨두어 사명자로 쓰셨다.렘 22:18-19, 26:16-24 모든 것을 하나님이 결정하셨다.

나는 모태신앙인이다. 하나님께서는 어머니 태에서부터 나를 하나님의 자녀로 택하시고 어떻게 사용하실 지를 미리 계획하고 준비해 두셨다.

하나님이 이르시되 "우리의 형상을 따라 우리의 모양대로 우리가 사람을 만들어 모든 것을 다스리게 하자"고 하시어 성자 예수님과 연합하여 결정하신 것이다.창 1:26

---

[1] 현재지명 나블러스

그래서 예수님께서는 말씀하셨다.

"나를 보내신 아버지께서 이끌어 주시지 않으시면 어느 누구도 내게로 올 수 없다."요 6:44

어떤 사람은 구원으로, 어떤 사람은 버림받아 멸망에 처하도록 하는 것도 우리 모두를 어머니 태에서부터 미리 정해서 만드셨다.

그래서 우리는 우리가 택함을 받은 하나님의 자녀인지 항상 믿음 안에 있는지 자신을 스스로 시험해 보고 확증을 가질 필요가 있다.고후 13:5 왜냐하면 그리스도의 영이 내 안에 계시는지, 계신다면 본인이 하루하루 변해가는 모습을 느낄 수 있어야 하기 때문이다.

주여 나의 몸은 몇 번이고 청년의 유혹을 받습니다. 끊임없이 흘러나오는 욕망과 육신의 자랑을 이기게 하시고 선한 사명을 다하라고 격려하는 성령의 목소리를 듣고 순종하도록 인도 하소서. 영적인 눈을 크게 뜨게 하사 성령이 나의 참 주인이 되시어 흉악한 자를 이기게 하시고 매일 새롭게 변해가는 모습을 내 육신이 깨닫게 하소서.요일 2:14

구원을 받은 자는 그 안에 계신 성령의 소리를 듣는다. 육신에서 나오는 죄와 구별하여 성령의 말씀대로 구별된 삶을 살아간다. 이것을 자신의 육신이 느낄 때 그는 구원받았음을 확신하여도 좋다.

그리고 한번 택하심을 받은 자는 그가 잠시 하나님으로부터 등을 돌리고 있더라도 보호하시다가 끝내 불러 주신다.

야곱(이스라엘)의 열한 번째 아들 요셉은 이집트의 노예로 팔려간 이후 아스낫을 부인으로 맞이하였다. 아스낫은 오랜 기간 이집트의 신만을 따르다가 뒤늦게 하나님의 품안에서 요셉과 가정을 이룰 수 있었다.

바울 또한 예수님을 만나기 전에는 자기의 뜻대로 살았고, 오히려 예수를 믿는 사람들을 무자비하게 죽이던 그리스도의 적이었다.

하나님께서는 아스낫과 바울 모두를 어머니의 태에서부터 세우시고 보호하고 지켜주셨다가 때가 차매 성령의 도움으로 거듭나게 하시고 그들의 삶을 통해 하나님의 뜻을 이루어 가셨다. 갈 1:15

하나님께서는 경건하지 못한 나를 보호하시고 지켜주셨다. 나는 사법시험을 공부하는 동안 산중에서 봉변을 당할 뻔한 적이 있었다. 양평시내에서 석불역 주변 기도원인 숙소까지 약 15키로 미터를 밤길을 걸어가야 했다. 당시 하루 종일 내린 눈이 허리까지 쌓여 첩첩산중에서 길을 헤맬 때 마침 이름 모를 여인의 도움으로 그 여인의 집에서 하루를 묵으면서 쉬어갈 수 있었.

다음날 아침밥을 잘 얻어먹고 걸어서 목적지인 기도원까지 가는 데 약 4-5시간 이상 걸어가면서 너무나 많이 놀랐다. 가는 도중에 깎아지른 절벽도 많았고 바위나 계곡 사이 개울도 깊어 정말 아찔했었다. 만약 어제 저녁 눈 내리는 밤중에 혼자 이 산을 넘어 걸어가려했다면 어떤 봉변을 당했을지 생각만 해도 끔찍했다. 나중에 그 여인의 집을 찾아 신세를 갚으려 했으나 도무지 위치나 장소를 알 수 없었다. 그날 하나님께서는 여인을 보내시어 나를 보호해 주신 것이었다. 우연은 아니었다.

하나님께서는 어머니 태에서부터 우리를 선택하시고 성령으로 거듭날 때까지 보호하시고 기다려 주신다. '거듭 난다'는 것은 순식간에 완전히 바뀌는 것을 말한다. 나아만이 엘리사의 말을 듣고 7번 요단강에 들어가 몸을 씻었을 때 그의 몸이 어린 아이의 피부로 바뀌었던 것처럼 단순히 나병 치료에 그치는 정도가 아니었다. 왕하 5:14

새로운 피부로 다시 만들어 주셨다는 의미이다. 새 생명으로 새롭게 창조하셨다. 하나님의 은혜로만 가능한 일이다.

택하신 백성이 일시적으로 하나님을 멀리하는 것처럼 보이더라도 끝까지 붙드시고 결국 다시 새롭게 만들어 가신다.

그래서 나의 형제들이, 자식들이 하나님과 멀어져 있는 것처럼 보이더라도 걱정할 것이 없다. 일시적으로 자유의사에 의해 거부할 수 있는 것처럼 보이지만 하나님의 선택을 받은 사람은 섭리 안에서 기어코 돌아오게 하시기 때문이다. 딤후 4:18

다만 그가 회개하고 돌아오기까지 기다리고 계신다. 저주가 아니라 사랑으로 기다려 주신다.

자신의 뜻대로 아무 것도 할 수 없을 때까지 하나님은 기다리신다. 아브라함과 사라에게 자신들의 힘을 빼고 육신으로는 아무 것도 할 수 없다고 고백할 때까지 기다리셨다가 이삭을 주셨다. 조급한 나머지 이스마엘을 낳아 그를 쫓아내는 근심이 되었다. 야곱도 젊은 혈기를 참지 못하였으나 천사와 씨름하던 중 절름발이가 된 이후에야 자기 자신을 내려놓을 수 있었다.

나 또한 이제까지 하나님께서 그늘 아래 보호해 주셨음을 체험으로 알고 있다. 무난히 사법시험에 합격시켜주시고 검사로 20년, 법학전문대학원 교수로 15년 근무할 수 있었다. 그러나 내 나이 60세가 되어 채찍으로 치셨다. 시간이 많이 남지 않음을 이유로 형사고발이라는 세상의 수치를 통해 모든 것을 내려놓게 하시고, 거듭나게 하셨다. 미국으로 쫓아내시어 십자가를 지고 그리스도의 도를 따라가도록 말씀으로 인도하셨다. 행 16:14 참조 이제야 내 안에 예수님을 진정으로 영접할 수 있게 되었다.

우리가 나약해지면 일시적으로 사탄에게 넘겨 혹독한 고난도 허락하신다. 연단의 기회로 삼으신다. 우리의 적인 사탄마저 하나님의 섭리 안에 두고 계신다는 증거이다. 그래서 나의 형제들이, 자식들이 하나님과 멀어져 있는 것처럼 보이더라도 걱정할 것이 없다.

나를 미국에 보내신 이도 하나님이셨다.

하나님께서는 이 세상 모든 것을 하나님의 뜻대로 이루어 가신다. 한국 사람이지만 타국 땅 미국에서 살고 있는 것 또한 우연은 아니다. 룻이 나오미를 따라 베들레헴까지 가서 보아스의 밭에서 이삭을 주운 것도 우연이 아니었던 것처럼 모든 것을 룻 2:3 하나님이 결정하신 것이다. 내 뜻인 줄 알았지만 내 뜻대로 사는 것이 하나도 없다.

'사람이 마음으로 자기 길을 계획할지라도 그의 걸음을 인도하시는 이는 여호와시니라.' 잠 16:9

돌이켜 보니 우연은 결코 아니었음을 깨달아 간다.

나의 인생에서 두 번째 형사 고발을 당하여 한국을 떠났다. 전직 검사와 법학전문대학원 교수로서의 명예와 직을 모두 내려놓고 학생의 신분으로 미국에서 신학을 공부하고 있다. 내 나이 45세 부장검사시절, 처음 고발당했을 때에는 몰랐다. 60세가 되어 2차 고발을 받고서야 이제는 알게 되었다. 이 모든 것을 하나님이 결정하셨다. 나를 미국으로 보내신 이는 하나님이셨다. 하나님께서는 여전히 나를 사랑하고 계신다는 증거이다. 사랑하는 아들에게 징계하시고 채찍질하고 계신다. 히 12:5-6

나의 생활 속 모든 것에 성령 하나님이 개입하고 계신다.

한 번의 경고로 깨닫지 못하고 두 번째 고통을 통해서만이 하나님의 진정한 뜻을 알게 되었으니 나는 얼마나 어리석은가? 이제라도 회개하고 십자가의 길을 가라는 성령 하나님의 인도하심을 따라 가고 있다.

나는 부장검사시절 대통령후보의 아들 병역관련 의혹사건의 주임검사로서 수사를 마친 후 공무상비밀누설 등을 이유로 고발당하고 징계를 받았으며 그로 인해 검사직을 내려놓게 되었다. 45세 나이에 하나님으로부터 1차 경고를 받은 것이었다. 교수가 된 이후 60세가 되어 다시 2차 고발당하고 교수직을 내려놓았다. 1차 고발당시는 그저 억울하기만 했다. 검사직을 내려놓을 때는 이러한 수치가 무엇을 의미하는지 몰랐다. 그러나 두 번째 천직으로 생각해 온 교수직을 내려놓고서야 비로소 알게 되었다. 하나님께서 주시는 연단의 기회이고 서원을 지키지 못한 나를 징벌하셨다. 젊은 시절 사법시험을 공부하면서, 60세가 되면 부흥강사가 되겠다고 한 나의 서원을 기억하셨다가 제때에 혹독하게 내리 치시어 서원을 지키도록 하셨다.

노예로 팔려간 요셉처럼, 이방인 장군 나아만처럼, 난쟁이 삭개오처럼, 눈이 멀어진 바울처럼 나에게도 회개의 기회를 요란하게 주신 것이다. 어머니 태에서부터 보호하셨다가 끝내 채찍으로 부르신 것이다.

내가 고발당한 것도 모두 하나님의 계획이셨음을 나는 알게 되었다. 나를 여기 미국 땅에 보내신 것은 성령 하나님의 은혜이시다. 두 차례 고발되었지만 그들의 뜻이 아니라 하나님의 계획과 뜻이었음을 이제 깨달았다. 그들이 나를 교단에서 쫓아낸 것이 아니라 하나님의 역사하심이었음을 늦게나마 알았으니 천만다행이다.

하나님께서는 나를 연단하시고 새로운 길을 가라고 하신다. 미국에서 3년여 기간 동안 나에게 있었던 고난도 돌이켜 보면 하나님의 계획이셨고 섭리이었다. 잠깐 있을 것으로 생각했던 미국 생활이 벌써 3년이 훌쩍 지나버렸다. 내가 자유의지대로 살아온 것 같지만 어느 것 하나 내 뜻대로 살아온 것이 없었다.

나는 주님의 면전에서 쫓겨나서야 깨달았다. 전직 검사이고 로스쿨 교수라는 육신의 스펙은 내려놓고 더 이상 세상과 육신의 일을 도모하지 말라고 하신다. 롬 13:12-14 아브라함에게는 말씀으로 주신 이삭도 버리게 하셨다. 오로지 한 분 하나님만을 바라보게 하셨다. 하나님이 에덴동산에서 아담을 쫓아 보내시면서 흠 없는 동물을 잡아 피 흘리는 가죽 옷을 입혀 주셨듯이, 나에게도 흠이 없으신 주 예수 그리스도의 의의 옷을 입고 영혼의 새 길을 준비하라고 하신다. 주님의 준엄하신 명령을 이제라도 아멘으로 받아들이고 있으니 하나님의 크신 은혜이다.

하나님이 악을 허용하실 때에는 더 영광스러운 계획이 있으신 것이다. 나의 모든 것을 내려놓게 하신 것은 더 큰 특권을 주시기 위함이다. 우둔한 인간이 하나님의 그러한 계획을 잠시나마 몰랐을 뿐이다.
나 또한 이제라도 내 십자가를 지고 예수님을 따라 목회자의 길을 가라는 나에 대한 하나님의 계획을 알았으니 뒤늦게나마 성령 하나님이 주신 지혜이고 은혜이다.

오늘 아침에도 눈을 뜨게 하시고 일어설 힘을 주신 주님의 사랑에 그저 감사할 뿐이다. 때때로 온몸이 떨리고 뼈가 시린 고통으로 눈을 뜨지만, 회개로 시작하는 나의 예배는 찬송이 되고 기도는 어느덧 나의 소망이 되었다. 나의 죄를 씻어 주시고 예배를 받아 주셨다. 참된 소망으로 어떠한 고난에도 견딜 수 있는 용기를 주셨다.

경건하지 못한 우리를 거룩하게 하시기 위해 예수님은 성문 밖에서 고난을 당하셨다. 나 또한 영문 밖 미국에서 그분의 치욕을 짊어지고 살고있다. 골고다 언덕으로 가서 반드시 주님을 만나리라. 십자가 앞에서 나를 죽이고 주님과 하나가 되며 주님이 나의 참 주인 되시기를 간구드린다. 주님의 고난을 헛되지 않게 하기 위해 나는 오늘도 본향인 하늘나라의 소망만을 바라보고 고통을 이기고 있다. 히 13:12-13

요셉의 형들이 시기와 질투로 요셉을 이집트로 팔아넘기는 것을 허락하셨듯이 내 제자들의 탐욕마저도 하나님의 계획 하에 두셨다가 나를 바로세우기 위해 이용하신 것이다.

근심이나 걱정, 고난이나 박해, 기근이나 칼 그리고 모든 위험으로부터 이제까지 나를 지켜주셨다가 정하신 때에 가야할 바른 길을 가라고 채찍으로 인도하셨다.

늦지 않았다.

이제라도 하나님만을 바라보고 방향성을 잃지 않고 목적 있는 삶을 살고 있으니 결코 실패하지 않았다.

하나님 아버지의 결정은 흔들리지 않으신다. 요한복음 6장 본문 내용과 같이 선택하신 사람들 중 한 사람도 잃지 않으시고 마지막 날에 모두 살리시는 하나님이심을 깨달았다. 요 6:39

"어느 누구도 내 손에서 그들을 빼앗을 수 없다." 요 10:28

나를 향한 하나님의 계획을 누구라도 바꿀 수 없다.

어느 누구도 도망갈 수 없다.

하나님은 천지를 창조하신 통 큰 분이시지만 버러지 같은 나의 인생도 결코 소홀히 하지 않으셨다. 고난 중에도 항상 나를 위로해주시고 함께 하신다는 것을 알게 해 주셨다.

이민 세대의 후손들은 선교의 적임자들이다.

현재 한국인으로 태어나 미국에 살고 있는 많은 동포들은 왜 미국에서 살고 있을까? 많은 사람에게 물어 보았다. 나름대로 그럴만한 이유가 있었으나 정확한 답을 회피하고 있었다. 그러나 많은 사람들은 이미 알고 있는 듯했다.

하나님께서 보내셨다. 결코 우연은 아니었다는 것을 그들도 알고 있었다. LA시내에는 한 블럭 건너 한국교회가 있다. 많은 성도들이 참된 신앙을 가지고 있다.

미국은 현재 문란한 성행위 등으로 가족관계가 붕괴위기에 처하고 레 18:22-23 동성결혼마저 합법화됨에 따라 성적 정체성이 강력히 도전을 받고 있다. 마약 중독이나 포르노, 잦은 총기사고 까지 겹쳐 혼란한 상태이다. 믿는 사람으로서 영적 고통을 많이 받고 있다. 이러한 현상은 미국에서만이 아니다. 점차 세계로 확산되고 있다.

우리는 1907년 평양대부흥운동과 1870년대부터 1920년까지의 미국의 대각성 부흥운동을 들어서 잘 알고 있다. 우리 선조들은 미국, 영국으로부터 파송된 선교사들의 도움으로 성령운동을 시작할 수 있었다.

그러나 지금은 사정이 바뀌었다.

이제는 한국 사람들에게 선교의 주체가 되라고 사명을 주셨다. 빚진 자의 심경에서 그들에게 돌려주라고 하신다. 나에게는 물론 특히 미국이나 일본에서와 같이 외국에서 살아본 경험이 있는 디아스포라들에게 앞장서라고 하신다.

이민생활의 고난은 배고픔만이 아니었다. 언어장벽과 인종차별이라는 이중적인 고통을 당하면서도 부모는 자식 앞에서, 자식은 부모 앞에서 실컷 울어보지도 못했다. 그러면서도 그들은 믿음으로 이것들을 잘 극복하고 적응해 좋은 경험을 쌓아왔다. 하나님께서 연단의 기회로 삼아 다른 문화권에 가서 기독교 신앙을 선교하는데 적합한 사람으로 단련시키셨다.

하나님은 모든 일을 친히 하시지만 혼자하지 아니하시고 우리와 더불어 일하신다. 우리에게 사명을 주시되, 사명을 받은 우리를 그 분의 동역자로 인정해 주신다. 목회자나 선교사만이 아니다. 믿는 사람은 모두 함께 하늘의 부르심을 받은 거룩한 형제들이며 히 3:1 왕 같은 제사장들이요 하나님 나라의 백성으로서 하나님의 아름다운 덕을 선포하게 하는 사명을 주셨다. 벧전 2:9 하나님은 우리를 부르시고 동역자로 삼아 주셨다. 우리를 통해 하나님의 영광을 드러내신다.

동역자를 영어로 하면 co-worker 또는 staff라고 한다. 성경에서 staff는 지팡이가 된다. 구약시대 지팡이는 유다의 지팡이처럼, 모세의 지팡이와 같이 소유자의 인격과 능력을 상징하였다. 다윗 또한 주님의 지팡이와 막대기가 자신을 안위하신다고 하였다. 시 23:4

우리의 영원한 동역자는 주님이시다. 바울은 배가 난파되어 Malta에서 독사에 물렸을 때에도 아무런 해를 당하지 않았다. 행 28:6 그가 죽지 않자 멜리데 원주민들은 그를 신이라고 하지 않았는가? 주님은 우리의 동역자로서 우리의 지혜이고 의로움이며 거룩함이고 구원이 되신다. 우리의 지경을 넓히시는 우리의 지팡이가 되신다.

헬라파 유대인인 바울이나 바나바가 고린도나 에베소에서, 로마에서 이방인들에게 선교하고, 빌립 사도가 에디오피아 내시에게 복음을 잘 전할 수 있었던 것도 문화적인 충격을 한 번 겪어 본 경험이 있었기 때문이었다.

다윗이 굳건한 반석 위에 터를 준비하고 그의 아들 솔로몬을 통해 하나님의 거룩한 성전을 건축해 갔듯이 영어를 잘 못하는 이민 1세대에게 하나님 나라 건축을 위한 터전을 마련하고 미국식 교육을 받고 영어를 잘하는 우리 후손들을 통해 선교의 사명을 완수하라고 하신다.

예수님께서 부활하셔서 첫 번째 막달라 마리아에게 나타나시어 부활의 산 소망을 전하라고 하시고, 도마에게 믿음을, 베드로에게 사랑을 회복시켜 주셨듯이 우리들도 영적 무기력에 빠진 사람들에게 가서 산 소망을 전하고 믿음과 사랑을 회복시켜 주라고 하신다.^{요 20장-21장} 인종차별, 증오범죄, 동서남북 간, 좌우 간 각종 대결을 회개하고 서로 화목하라고 권면하여야 한다. 특히 남미로부터 아시아로부터 밀려오는 이민자들은 미국 사회에서 또 다른 사회적 갈등요인으로 자리 잡고 있다.

우리의 아들, 딸의 3세대, 4세대 이민후손들을 통해 방황하는 그들을 위해 경건함을 회복하는 부흥 운동의 주역이 되라고 하신다. 하늘나라의 제사장이 되어 생명나무로 오신 예수님을 전하라고 하신다.

예수님이 다시 오시기 전 미국이 마지막 선교지가 될 수도 있다.

"네 손에서 둘이 하나가 되리라"^{겔 37:19}

예수님 안에서 유대인과 이방인이 하나가 되듯이 미국인과 이민자들이 하나가 되며, 기름 부은 자와 양들이 하나가 되는 축복을 받을 것이다.

나에게도 소명을 주셨다.

여호와 하나님께서는 결코 나를 버리지 아니하시고 나에게도 소명을 주셨다.신 31:6

나는 2021년 미국에서 소정의 신학대학원 과정을 마치고 선교사로 파송을 받았다. 이방인 고넬료와 같이, 노예로 살다가 도망간 오네시모와 같이 고난을 통해 진정한 신앙인으로 거듭나게 하셨다. 고난을 통해 나의 삶 속에서 무엇이 가장 중요한 것인지를 깨닫게 하셨다. 한 때 하나님과 등지고 살았지만 채찍으로 돌이켜 주셨다.

고난을 통해 단련시키고 순종함으로 예수님 앞에 무릎을 꿇게 하셨다. 그리고 사명을 주셨다. 내 안에 사명을 감당할 권능 즉 말씀을 주시고 표적도 주셨음을 나는 알고 있다. 말씀은 곧 그리스도이시고 능력이시다. 서원한대로 60세가 되어 이제라도 말씀만을 붙들고 예정된 길을 가라는 하나님의 명령에 순종하고 있으니 은혜로다.

욥의 말처럼 하나님은 우리의 삶에 대한 세세한 계획을 가지고 계신다는 믿음이 들어왔고, 욥 23:14 나를 지켜보고 계신다는 확신이 생겼다.

"주여! 한 영혼이라도 하나님께 돌아서도록 하는 기적을 이루게 도와주옵소서."

사망의 권세 앞에서 절규하는 한 영혼의 부르짖음을 듣고 그 영혼의 구원을 위해 거라사인의 지방에까지 찾아가신 예수님과 같이, 한 사람의 영적 깨우침을 위해 어디든지 무엇이든지 할 수 있다는 것을 보여 줄 것이다. 흙으로 빚어진 한 사람의 마음 판에 그리스도 영이 뿌려져 뿌리를 내릴 때 얼마나 많은 열매를 맺게 될 것인지는 하나님만이 아신다.

어느 사람이 나에게 묻는다.

"늦은 나이에 목사안수를 받았으니 목회할 장소는 정하셨는가요?"

"오직 성령 하나님만을 바라보고 가렵니다."

그렇다.

하나님의 종으로서 새로운 사명을 주셨으니 그에 합당한 권능도 주실 것을 믿는다. 종은 사는 동안 무엇을 먹고 입을 것인지 세상 모든 근심이나 걱정, 심지어는 죽고 사는 것까지 모두 주인이 결정해 주기를 기대한다. 바울은 자신을 예수 그리스도의 종이라고 고백하였다.^{롬 1:1} 그렇듯이 나 또한 나의 참 주인이신 예수님이 모든 것을 결정하고 예비해 주실 것을 기대한다. 사역할 장소도 방법도 이미 작정해 놓으셨음을 믿는다. 주께서 나의 앞뒤를 둘러싸시고 내게 안수하셨다.^{시 139:5}

'내가 가는 길을 그가 아시나니'^{욥 23:10}

욥의 고백만이 아니다. 그곳이 어디이든 무슨 일이든지 나는 순종하고 따라갈 뿐이다. 성령 하나님께서 끝까지 함께 하시면서 나를 사랑으로 인도하실 것을 믿기 때문이다.

"사람이 무엇이기에 주께서 그를 생각하시며 인자가 무엇이기에 주께서 그를 돌보시나이까?"^{시 8:4}

다윗의 고백처럼 택함을 받은 종으로서 나에 대한 하나님의 크신 사랑 앞에 그저 놀라고 있을 뿐이다.

하나님께서 저를 선택하시고 구원해 주셔서 감사합니다.
죄많은 육신의 노예로부터 벗어나 진정한 자유를 누리게 하심을 감사드립니다.
저의 영혼을 경건케 하시고, 하나님께 더 가까이 나아갈 수 있도록 허락해 주옵소서.
한국 교회의 영적 부흥과 한국의 지도자들을 위해 기도하는 종이 되게 하소서.

Thankfulness Came
Like a Gentle Breeze

2. 우리의 참주인은 하나님이시다.

우리는 하나님을 알면서도 감사할 줄 몰랐고, 썩지 않는 하나님의 영광을 썩어질 사람이나 새나 짐승이나 기어 다니는 동물의 우상으로 바꾸었고, 하나님의 진리를 거짓과 바꾸고 창조주 대신 피조물을 경배하고 섬겼다. 롬 1:23-25

우리의 참주인은 하나님이시다. 하나님은 천지를 창조하시고 자연만물을 통해 계시하시고 롬 1:20 자기임재를 통해 자신을 우리에게 알려 주셨다. 우리들의 기도 중에 환상을 통해, 계시를 통해 알려 주시고, 지금 이 순간에도 성경 말씀을 통해서도 알려 주신다. 구원의 기쁜 소식을 말씀해 주신다.

그런데도 '하나님이 안 계신다'고 말하는 이가 아직도 많다. 시 14:1 인간의 어리석음이고 완고함 때문이다. 그들의 완고함 때문에 총명이 어두워지고 무지함으로 하나님과 멀어진 것이다. 엡 4:18

하나님은 사랑으로 천지를 창조하셨다.

하나님께서는 천지를 창조하셨다. 우주 만물과 천체의 주밀한 운행과 자연의 신비로움, 그리고 철 따라 아름다움을 뽐내는 자연을 볼 때마다 절대자이신 하나님의 크나큰 사랑을 실감하지 않을 수 없다.

하나님께서는 햇빛과 비를 주시고, 때에 따라 온갖 좋은 양식과 풍성한 은혜로 채워 주셨다.^{약 1:17} 사람을 위해 천지만물을 창조하셨다.

여호와 하나님께서는 말씀하신다.

'내 손이 짧으냐. 너는 내 말이 네게 어떻게 하는지 보리라.'^{민 11:23}

농부에게는 추수하는 방법까지도 가르쳐 주시고, 땅을 돌보시어 윤택하게 하시고 단비로 복을 주시고, 싹을 트게 하시고 넘치게 축복해 주셨다.^{사 28:29, 65:9-10}

그와 같이 우리에게도 우리에게 잘하는 자만이 아니라 원수에게도 같은 사랑을 베풀라고 하신다. 하늘에 계신 아버지의 온전하심과 같이 우리도 온전하라고 하신다.^{마 6:43-48}

그 뿐만이 아니다.

'사람의 영혼은 여호와의 등불이시다.'^{잠 20:27}

인간의 각 심령에 양심의 등불을 주시어 도덕적 선을 권장하고 선한 질서를 촉진하여 이 사회를 이끌어 가신다. 성령 하나님의 역사하심으로 사회의 질서가 유지되고 있다.

하나님께서 만들어 주신 모든 우주만물과 사회 질서가 우리 인간이 살기에 얼마나 적합한지, 정확한지 그 신비스러움에 놀랄 따름이다.

모든 것이 관계 속에서 의미 없는 것은 하나도 없다. 사계절, 먹이사슬, 자연 순환, 생태환경 모두 하나가 되어 움직이고 있다. 이로써 하나님께서는 자신이 살아계심을 입증하고 계신다.^{행 14:17}

그러나 이러한 일반계시는 자연 만물과 사회질서라는 너무나 평범한 형태로 우리에게 다가왔기 때문에 우리가 이를 미처 깨닫지 못하고 있을 뿐이다. 하나님의 은혜와 사랑을 너무 당연히 여겨 실감하지 못하고 있을 뿐이다.

하나님께서는 세상을 창조하시면서 마지막 날에 사람을 만드시고 기뻐하셨다. 아주 많이 기뻐하셨다. 그리고 사람에게 모든 자연 생물을 맡겨 주시고 관리하도록 하셨다.^{창 9:1-3} 하나님께서는 그리스도 안에서 하늘에 속한 모든 신령한 복을 주시려고 하나님의 형상대로 우리를 그 분의 동역자로 만드셨다.^{엡 1:3} 인간을 사랑하셨기 때문이다. 인간을 위해 첫날부터 여섯째 날까지 우주 만물을 창조하셨고, 우리 인간과 하나가 되어 화목한 관계로 살고 싶으셨다.

그러나 첫 사람인 아담이 하나님을 배신하고 말았다. 사탄의 유혹에 빠져 하나님께 불순종함으로써 하나님과 결별할 수밖에 없었다. 그 결과 우리들은 하나님과의 첫 사랑을 잃어버렸다. 하나님의 형상대로 만들어진 사람이 하나님처럼 되려고 하였으나 오히려 죄의 노예가 되고 말았다. 그래서 영적 후손인 우리들은 그 죄의 굴레에 빠져 방황하고 있다.

'아담은 자기 형상과 같은 아들을 낳아...'

하나님과 떨어진 자들은 선행을 베풀 줄을 모르고 완전히 타락하여 가증한 악만을 행하게 되었다.^{시 53:1 참조} 선을 행하는 자가 없으니 하나도 없고,^{롬 3:10, 시 14:1-3, 사 53:1-3, 전 7:20} 복음을 스스로 받아들일 수 있는 능력도 없어졌다.^{엡 2:8-9} 세상에 속한 자로서 영적세계에는 눈먼 자요 하나님의 영광에 대해서는 말 못하는 자가 되고 말았다.

그럼에도 하나님께서는 인간을 진정으로 사랑하시어 선지자, 예언자들을 통해 성경과 율법을 주셨고, 이제는 율법과 성막의 실재이신 독생자 예수님을 두 번째 사람으로 보내시어 우리에게 특별히 계시[2]하시고 병자를 치료하시고 구원의 은혜와 진리의 말씀을 주셨다.

첫 사람으로 사망이 왔으나 두 번째 사람으로 말미암아 죽은 자의 부활과 영원한 생명을 주셨다.^{고전 15:21} 아무런 공로 없이 그저 우리의 마음속에 예수님을 영접만하면 그분은 우리와 함께 계시면서 우리를 주관하신다. 살아서 역사하시는 것을 우리에게 체험할 수 있게 해 주신다. 그래서 우리는 우리의 몸이 살아계신 하나님의 성전임을 깨닫게 되고 점점 성화되어 그분의 존재를 입증하려고 애쓸 필요도 없게 된다.

하나님은 여전히 우리를 사랑하신다.

우리는 하나님의 사랑을 분별할 줄 모르고 살고있다. 5명의 남자를 두고도 진정한 남편이 없었던 사마리아 여인과 같이 우리는 하나님의 참 사랑을 받지 않은 것처럼 허망함과 절망 속에서 방황하고 살고 있다.[3] ^{요 4:22, 강요ㅣ, 139면} 재벌이나 권세가와 같이 세상의 재물과 명예를 다 가져도 예수님이 그들 마음속에 계시지 않으면 영원한 안식과 평강이 없다. 성령의 인도하심을 받지 못한 것이다. 하나님이 숨겨 놓으신 비밀을 제대로 알지 못한 결과이다.

사랑은 받아본 자 만이 제대로 사랑할 줄을 안다. 그런데 우리는 하나님의 크신 사랑을 경험하고도 그것이 사랑인줄을 모르고 살고 있을 뿐이다. 우리가 하나님의 존재를 믿는다고 하면서도 하나님의 사랑을 제대로 알지 못하고 그래서 하나님을 온전히 예배드리지 못하고 있다. 우리의 우매함 때문이다.

---

2 하나님의 복음과 언약은 아브라함과 예수님께 직접 주셨다. [갈 3:8, 16, 19]
3 존 캘빈/편집주 역, 영한 기독교 강요 Ⅰ-Ⅳ, 성림(1996) 참조

회의론자인 니이체는 '신은 죽었다'고 하고, 하나님께서는 천지를 창조하시고 인간 세상에는 관심이 없어 등을 돌리셨다고 하는 주장마저 있다.
혹자는 기도하고 기도해도 응답하지 않으신다고 하여 하나님은 공평하지 않다고도 한다. 모두 사탄의 지배를 받고 있는 것이다.

요셉은 형들의 시기와 질투로 애굽으로 노예 되어 팔려가면서 울면서 여호와 하나님께 기도드렸다. 그러나 하나님께서는 응답하지 않으셨다. 팔려간 지 22년의 기다림 끝에 그가 애굽의 총리가 되고, 이스라엘 백성을 기근으로부터 살리는 영광을 이룰 수 있었다. 더 큰 영광을 위해 하나님께서는 그때까지 예비하시고 기다리셨다. 나 또한 잠시 미국에 다녀오겠다고 한국을 떠난 지 벌써 3년이 되었다. 한때 하나님이 공평하시지 않다고 오해도 하였다. 그러나 나에게 믿음의 은사를 주시고, 목회자로 안수까지 해주시고 서원도 지킬 수 있게 해 주셨으니 얼마나 큰 축복인가? 하나님은 하루도 손 놓고 가만히 계시는 분이 아니셨다.

믿는 우리는 하나님의 침묵을 두려워할 필요가 없다. 하나님께서는 침묵하시는 것 같지만 지금 이 순간에도 살아서 역사하시고 우리와 함께 운행하고 계신다. 예수님은 귀신들린 딸을 구원해달라는 이방인 여인의 외침에도 한동안 침묵하셨지만 그 여인을 여전히 사랑하셨듯이 마 15:23 변함없이 우리를 사랑하고 계신다. 응답이 없는 것 같지만 하나님의 시간표대로 때가 아직 이르지 않았을 뿐이다.
요셉은 하나님의 그 크신 사랑을 알았기에 인내로서 하나님의 응답을 기다릴 줄 알았고, 그 크신 자비를 몸으로 체험하였기에 사랑으로 형들의 거짓된 삶을 이길 수 있었다.
하나님은 창조주이시니 우리의 참 주인이시고 아버지이시다. 우리는 하나님이 직접 만드시고 영을 불어 넣어주신 걸 작품이고 하나님 나라 건설을 위해 선한 일을 위하여 지으심 받은 천사보다 높은 존재이다. ᵉᵖ ²:¹⁰ 하나님의 형상에 따라 거룩하고 선하고 공의롭게 높은 수준으로 만드셨다. 그리고 독생자 예수님을 우리를 위해 보내 주셨다. 천사들을 위해 보내 주신 것이 아니다. 말씀으로 만드신 천지만물은 우리에게 주신 일반은총이고 선물이다. 인간인 우리는 만물의 으뜸이요, 만물은 우리에게 관리하고 누리도록 맡겨 주신 피조물일 뿐이다.

그런데 사람이 타락함으로 만물도 저주받아 탄식하고 있다.

'피조물이 고대하는 바는 하나님의 아들들이 나타나는 것이니'ᵣᵒᵐ ⁸:¹⁹

오히려 나는 피조물로 하나님을 만들었다.

하나님께서는 우리에게 우주만물을 관리하면서 그 복을 누리라고 하셨다. 하나님은 사람과 좋은 관계를 유지하면서 친구처럼 살고 싶으셨다. 이렇게 선하시고 온전하신 하나님의 뜻을 우리가 제대로 알았다면 우리는 늘 하나님의 영광을 찬송하고 하나님이 주신 복을 누리며 살 수 있었을 것이다.ˢᵃ ⁴³:²¹ 그것이 우리를 창조하신 목적이기 때문이다.

그럼에도 인간은 로마서 본문 1장과 같이 하나님께 감사할 줄 모르고, 하나님의 자녀임을 잊어버리고 오히려 하나님의 영광을 썩어질 우상으로, 하나님의 진리를 거짓으로 바꾸고, 창조주 대신 피조물을 경배하면서 살고 있다.ʳᵒᵐ ¹:²³⁻²⁵ 내 안에 계셔야 할 그리스도의 영을 내 몸 밖의 우상으로 만들어 지니려 하고 있다.

어리석은 인간은 주신 은혜를 잊어버리고 자기중심으로 살고 있다. 하나님을 믿는다고 하면서도 자기의 기준과 판단으로 믿고있다. 자기중심으로 하나님을 믿는 것은 하나님을 제대로 알지 못하고 제대로 섬기는 것도 아니다.ᵏᵃⁿᵍʸᵒ ᴵ, ¹³⁹면 이하 참조 첫째로, 하나님도 마땅히 이렇게 하실 것이라는 생각으로, 내 뜻대로 내가 만든 하나님을 믿고 살았다.

이스라엘 온 지역에 기근이 심해지자 사람들이 기근이 없는 애굽 땅으로 이주하기로 결심하였다. 애굽 땅을 평화의 땅으로 생각하고 하나님이 주신 약속의 가나안 땅을 버리기로 이미 작정하고 있었다. 그러고도 선지자들을 통해 하나님께 뜻을 물어보는 뻔뻔함을 보였다. 그들에게 중요한 것은 하나님의 뜻이 아니라 애굽으로 가겠다는 그들의 주장이었다. 하나님께서도 마땅히 그러실 것이라고 끼워 맞추었다. 자신들의 결정을 정당화하려 한 것이었다. 결국 그들이 찾아간 애굽은 예레미야의 예언대로 바벨론으로부터 공격을 받아 전멸되었고, 자신의 뜻대로 살던 유다사람 또한 애굽 사람과 함께 그 곳에서 죽고 말았다.^{렘 42:20}

예수님을 죽이는 것이 하나님을 섬기는 일로 알았던 대제사장이나 바리새인들이 그랬다.^{막 14:64} 벧엘은 아브라함과 야곱이 제단을 쌓은 곳이다. 그러나 그곳 벧엘과 단에 금송아지를 두고 하나님으로 섬긴 여로보암 왕 또한 그것이 하나님의 뜻이라고 정당화하였다.^{왕상 12:12}

나 또한, 군대생활하면서 첫 번째 교통전경으로 차출 되었고, 교통순경과 같이 교통정리와 교통법규위반 차량에 대해 통고처분 속칭 스티커 발부업무를 담당하였다. 내 눈으로 위반차량을 적발하면 무슨 일이 있더라도 스티커를 발부하였다. 제대로 하였다. 30일간이나 운전면허가 정지되면 다니던 회사에서 쫓겨난다는 운전기사님의 안타까운 말을 듣고도 무시하였다. 임신 중인 부인을 위해서라도 용서해달라고 하면서 자신이 운전할 수 없게 되면 식구 모두가 굶게 된다는 절박한 목소리에도 눈을 감고 말았다. 한번은 관공서 출퇴근 버스차량을 적발하였다가 혼쭐나기도 하였다.

진정으로 잘못을 뉘우치는 그들에게 사랑으로 선처하지 못했다. 공의의 하나님께서도 마땅히 이러실 것이라고 생각하고 위안을 삼기까지 하였다. 그러나 지금은 깊이 후회하고 있다.

율법도 하나님이 주신 것이니 영광이 있었다. 그러나 사랑으로 조명되지 않은 율법은 더 이상 유효하지 않음을 당시는 몰랐다.

둘째로, 이렇게 하면 하나님이 좋아하실 것이라는 나의 잣대로, 나의 생각대로 하나님을 믿었다.

하나님의 뜻을 살피거나 더 이상 하나님의 뜻에 순종하지도 헌신하지도 않으면서도 내 스스로 위안을 삼고 살았다.

사울은 하나님의 명령에 따라 아말렉을 진멸하였으나 살찐 송아지와 어린 양을 남겨 두었다. 아말렉이 어떤 나라인가? 출애굽 당시 이스라엘 백성을 괴롭힌 나라이었다. 하나님께서는 약한 나라, 나약한 사람을 괴롭히는 것을 제일 싫어하신다. 그래서 하나님께서는 사울로 하여금 아말렉을 공격하되 모두 진멸하라고 하셨다. 그럼에도 사울은 하나님의 명을 거역하였다. 남겨놓은 살찐 송아지로 제사 드리면 하나님께서 기뻐하실 줄 알았다고 변명하는 뻔뻔함마저 보였다. 하나님께서는 제사보다도 하나님의 뜻을 제대로 알고 순종하기를 기뻐하신다는 것을 그는 몰랐다.^{삼상 15:22, 호 6:6} 사울은 끝내 하나님으로부터 버림을 받았다.

나는 평검사시절 일단 입건된 피의자에 대해서는 강제수사를 통해서라도 죄를 긁어모아 기소하려 하였다. 피의자가 부인하면 명목상은 증거인멸이라고 하지만 내심은 괘씸죄를 적용하여 원 사건과 관련이 없는 별건을 추가해서라도 구속하려 하였다. 이렇게라도 해서 질서를 회복해가는 것을 하나님께서도 좋아하실 것이라고 생각하였다. 그러나 모든 것은 나의 교만이고 헛된 정의감이고 공명심이었다는 것을 뒤늦게나마 깨닫고 있다.

Lex Talionis

'눈에는 눈, 이에는 이'라는 탈리오 법칙이 있다. 이는 피해자의 입장에서 가해자를 똑 같이 처벌하라는 것이 아니다. 가해자로 하여금 피해자에게 가한 상처 이상으로 울면서 회개하게 하는 것이 정의에 합치된다는 의미이다. 그 의미를 제대로 알지 못하고 가해자를 똑같이 처벌하려고만 했으니 나는 검사로서 자격이 없었다. 하나님이 주신 검을 참된 평화가 아닌 거짓된 화평을 위한 도구로 사용하고 말았다.

셋째는, 이 정도는 눈감아 주실 것이라는 생각으로 죄책감마저도 가지지 않았다.

나는 모태신앙인이다. 모태신앙은 어머니 태로부터 주님께 맡겨진 자이고, 태어나면서부터 주님을 나의 하나님으로 영접한 자가 아닌가? 시 22:10 그러나 60평생을 교회의 마당만을 밟는 발바닥 신자로 살아왔다.

교회에 다니면서 교회를 통한 은혜와 위안만을 얻으려고 했고, 교회에 대한 신자로서의 책무와 사랑, 헌신에는 등을 돌렸다. 하나님을 올바로 영접하지 못했다.

때맞추어 신년 운세를 보고, 어려운 일 당하면 삼재(三災)가 언제 나가냐고 묻기 위해 무속인을 찾아 갔다. 겉으로는 부인하는 척하면서도 내년 한해 운수가 대통한다고 하면 그냥 좋았다. 이 정도는 눈 감아 주실 것이라고 생각하였다.

때로는 공적인 업무를 수행하면서도 무속인을 찾기까지 하였다. 뇌물죄로 조사해야 할 피의자가 몇 일전부터 휴가를 내고 소재가 불명이라고 한다. 수사관들에게 수사보안을 강조하였더니 파견 나온 老 경찰관이 한 마디 거들었다.

"검사님, 용하다는 점쟁이가 있는데 그 사람을 불러 물어볼까요? 언제 체포되는지, 과연 그가 구속될 팔자인지 궁금해서요."

호기심에 찬 나는 경찰관에게 되물었다.

"아니 무속인이 그런 것도 가르쳐 준대요?"

"그럼요. 제 관내에 용한 ○○○할머니 한분이 계십니다. 불러 오겠습니다."

신바람이 난 모양이다. 무속인 할머니를 급히 불러 왔다.

"검사님, 그 사람은 도망간 것이 아니고 휴가 간 것이 맞습니다. 내일 오후 3시까지 이 방으로 잡혀옵니다."

용했다! 피의자는 제 시간에 내 방에 출석해서 조사를 받았다. 그 와중에 나의 사주팔자를 봐 준단다. 그러더니 오래되지 않아 검찰을 떠난다고 했다. 그러면서 청와대에서 곧 부를 것이라고 덧붙였다. 하나님께서는 이러한 나를 그냥 두지 않으셨다. 안타깝게도 나는 그 사건 수사를 이유로 형사고발이 되고, 제대로 된 수사를 한번 해보지 못하고 검찰을 떠나야 했다. 청와대에서는 물론 불러 주지 않았다.

지금도 많이 후회스럽고 회개하고 있다. 마귀는 항상 이런 형태로 우리를 유혹한다. 처음에는 달콤하게 속이지만 끝내 우리를 파괴하고도 나몰라 한다. 사탄의 유혹에 빠져서는 안 되는 이유가 여기에 있다.

이 모든 것들은 나의 뜻대로 판단하고 믿은 증거이고 내가 만든 신이요 우상이요 거짓된 하나님을 섬기고 있었던 것이다. 내 뜻대로 내가 만든 이미지 형상으로 하나님마저 주무르고 이용하려 하였다.

이제와 생각하니 내가 하나님이 되려고 했던 것이다.

겉으로는 믿는다고 하면서 속으로는 내 방식대로 하나님을 믿었으니 십계명 중 첫 번째와 두 번째 계명을 어긴 것이다. 하나님에 대한 온전한 믿음이 아니었다.

구세주의 보혈로 거룩함을 받았음에도 하나님을 멀리하고 어둠의 자녀와 같이 행동하였다. 내 마음속에 하나님의 영 대신에 세상의 재물이나 권력, 명예와 세상의 평판에 사로잡혀 나만의 우상을 만들어 가면서 살았다. 하나님을 믿는다고 하면서도 하나님의 말씀을 저버리고 내가 주인이 되어 온갖 부정한 생각, 악한 마음과 행동으로 오류와 절망 속에서 살아 왔다.

Talk is cheap!

믿는다고 말하기는 쉬우나 제대로 믿기는 어려웠다. 말씀은 내 입술에는 달지만 내 배에는 쓰다고 했다.^{계 10:10} 말씀의 은혜는 달지만 말씀대로 살고 말씀을 전달하면서 사는 것은 고난의 길이기 때문이다.

나는 검사로, 로-스쿨 교수로 재직하던 35년 동안 악한 영의 지배를 받고 어둠의 사탄에 굴복하고 말았으니 아무런 소망이 없이 살았다. 가까운 곳에만 집착해서 먼 곳을 보질 못했다. 눈앞의 세상 것에만 취해 있으면서 하나님 나라의 영원한 것을 보지 못했다. 다람쥐 쳇바퀴 돌듯이 5분 10분 시간을 따져가면서 삶의 감옥에 갇혀 살았다. 나의 성공과 행복만을 위해 살았다. 안식년은 없고 주일마저 겨우 교회에 가서 구경하듯이 예배를 보고 나왔을 뿐 진정으로 예배드리지 못하였다. 안식일 또한 다음 주 해야 할 업무 준비로 쉴 틈이 없었다. 주님이 우리의 심령에 거하시도록 빈들이 되어야 한다는 것을 알지 못했다.^{마 14:13} 내 안에 주님이 오시면 주님의 능력이 나의 능력이 되시고 지혜가 되는 줄을 몰랐다.

우주 만물은 사람들에게 관리하도록 만들어주신 하나님의 은혜이고 사랑이시다.^{창 1:26-28} 그럼에도 우리는 하나님께 경배 드리기는 커녕 오히려 하나님의 영광을 썩어질 피조물로 바꾸어 우상을 만들어 가고 있지는 않은 지 나를 돌이켜 점검해 보아야 한다.

과연 나의 참주인은 하나님이신가?

나는 과연 세상의 그 어느 것보다도 하나님을 더 사랑하고 있는가? 자식이나 재물, 명예를 더 사랑하고 있지는 않은가? 육신의 정욕과 탐욕 그리고 세상 것들에 취해 더 이상 내가 주인 되어 죄를 지어서는 안 된다.

하나님은 하나님의 형상대로 우리를 만드셨다. 하나님의 속성대로 거룩하고 경건하게 우리를 만드셨다. 그것은, 첫째로 하나님은, 우리를 하나님의 참 자녀로 삼아 우리의 참 주인으로서 우리의 삶을 인도하시는 분이라는 의미요, 둘째로 우리는, 하나님의 자녀로서 하나님 나라를 상속받을 귀한 존재라는 의미이다. 따라서 우리는 하나님께서 처음 만드신 에덴 동산의 참 사람으로 거듭나야 한다. 하나님께서 만물을 창조하시고 참 사람에게 베풀어주신 하나님의 첫 사랑을 회복하여야 한다. 만물도 우리가 하나님의 자녀가 되기를 고대하고 있다.

내가 주인이 되어 살면 끝은 죄와 사망이지만 주님의 뜻대로 살면 영원한 생명과 기업을 받게 된다. 그러나 더 이상 회개하지 않고 내 뜻대로 살면서 경건함을 회복하지 않으면 이 땅에 사는 모든 자와 들짐승, 바다의 고기와 공중에 나는 새들을 모두 멸하시겠다고 경고하셨다.[호 4:3]

성경을 읽고 경건함을 회복하여야 한다.

하나님께서는 신구약 성경 66권을 우리에게 주셨다. 하나님의 사랑을 제대로 알지 못하는 우리들에게 성령을 통하여 특별계시로 주셨다.

구약성경은 우리에게 구원의 메시아를 보내주신다는 약속이며, 그 약속이 예수 그리스도를 통해 그대로 이루어졌음을 보여 주는 것이 신약성경이다. 예수님께서는 말씀하셨다.

"(구약)성경은 곧 내게 대하여 증언하는 것이니라."[눅 24:44, 요 5:39]

구약은 천지의 창조와 인간의 타락 그리고 구원의 약속을 기록하고 있지만 이러한 구원의 약속은 예수님을 통해 완성되었음을 기록하고 있는 것이 신약이다.

성경은 사람으로 오신 예수님은 하나님의 최고의 자기계시 이심을 분명히 기록하고 있다. 예수님을 뵌 자는 하나님 아버지의 얼굴을 뵌 자이다. 예수님은 하나님의 충성된 증인으로 우리에게 오셨다.^{계 1:5}

"나를 본 자는 아버지를 보았거늘 어찌하여 아버지를 보이라 하느냐"
요 14:9

예수님은 하나님 아버지를 보여 달라는 빌립의 요청에 분명히 대답하셨다. 우리는 우리의 눈으로 볼 수 없었던 하나님의 공의와 사랑을 예수님을 통해 분명히 볼 수 있었다.^{요 1:18}

성경은 예수님의 죽으심과 부활에 관한 모든 진리를 담고 있다. 참된 하나님과 예수님을 통한 구원의 진리를 기록하면서 하나님의 무한하신 사랑과 자비에 관한 감사와 찬양 그리고 기도가 모두 포함되어 있다. 사람들의 온갖 추행이나 악한 행동을 그대로 드러내 보이면서도 그 안에 진리를 담고 있다.

며느리 다말과 간음한 시아버지 유다의 이야기, 롯과 두 딸들과의 근친상간은 물론 기생 라합과 과부 룻의 이야기를 적나라하게 기록하고 있다. 그러면서도 하나님께서는 유다를 포함하여 그 후손으로 다윗을 주시고, 예수님을 보내시어 우리를 죄의 속박에서 구해 주시고 자유롭게 해 주셨다는 진리를 전하고 있다.

이러한 모습으로 예수님을 우리에게 보내 주신 것은 세상의 약한 자들을 택하시어 강한 자들을 부끄럽게 하시기 위함이었다.^{고전 1:27, 약 2:5} 인간의 행위에 의한 공로가 아니라 하나님께서 택하신 백성에게 거저 주시는 은혜임을 분명히 보여주셨다.

성경을 읽으면 진리가운데 우리에게 소망을 주신다. 아무리 사소한 문제라도 성경 안에서 해답을 찾게 해주신다. 말씀을 읽고 듣고 묵상하면 영육간의 병을 치유해 주시고 영생을 얻게 하신다. 십자가 위에서 죽으심으로 모든 것을 다 이루어 놓으셨다. 성경 말씀은 하나님의 권능이시며 예수 그리스도 그 자체이시기 때문이다.

사랑하는 나의 아들들아! 틈틈이 성경을 읽고 묵상하여 하나님이 주시는 진정한 뜻을 되새겨 보아라.^{시 1:2} 주야로 성경을 묵상하면 하나님께서 답을 주신다. 내 안에 거하시는 성령 하나님이 그날의 행할 일을 영감의 소리로 들려주신다. 떠오르는 영감은 하나님께서 주시는 레마^{ρῆμα}가 된다. 레마는 그날그날 어려운 문제를 해결하고 살아가는 영적 양식이 된단다.

밤샘기도로 성령의 충만함을 받아 구원의 역사를 이루신 예수님과 같이 성경말씀을 주제로 열심히 묵상하고 기도드리면 성령 하나님께서 우리의 마음을 뜨겁게 하시고, 풍성한 은혜로 채워주신다. 성령의 충만함으로 그때그때 문제를 해결할 능력도 주신다.

느헤미아는 하나님을 '크고 두려우신' 여호와라고 표현하였다.^{느 1:5} 자신이 안고 있는 고통이나 문제보다도 훨씬 크신 하나님이셔서 무슨 문제이든지 해결하지 못하실 것이 없다는 의미이다.

"주의 말씀은 내 발의 등이요 내 길에 빛이니이다."^{시 119:105}
우리가 성경을 읽을 때 말씀은 우리에게 빛이 되시고 새로운 마음으로 세상 것과 구별된 거룩한 삶을 살아가게 인도하신다. 영원한 생명으로 인도하신다.

어느 사형수는 빈곤한 가정에서 태어나 부모님으로부터 사랑을 받지 못하고 자랐다. 성장해서 군에 입대하였고 대대장의 당번병으로 근무하였으나 그들로부터도 사랑을 받지 못하고 오히려 절도 등 죄로 감옥에 갇혀 옥고를 치르게 되었다. 그러자 사회에 대한 불만과 그들에 대한 원망으로 복수할 생각을 했다고 한다. 결국 그는 도끼로 대대장 일가족을 살해하였고, '살인귀'라는 이름으로 사형선고를 받아 형장의 이슬이 되었다. 다행히도 그는 죽기 전에 하나님을 만나 진정으로 회개할 수 있었다고 한다. 세상 법으로는 그의 육에 속한 몸을 죽였으나 그에게 성경을 전한 목사님의 나눔과 성경 속의 하나님의 사랑으로 그의 영혼을 영원히 살릴 수 있었다. 신약성경 속에 살아계신 예수님을 만나 영원한 생명을 얻을 수 있었으니 참 다행이다.

요즘 사람들은 하나님께서 초대교회와 같은 능력을 보여 주지 않으시고 표적도 없다고 불평한다. 들은 바 그 말씀이 그들에게 유익하지 못한 것은 듣는 자가 믿음과 결부시키지 아니하기 때문이다.^{히 4:2} 우리 삶의 중심은 예수님이 되어야 한다. 목회자로부터 선한 말씀을 들어도 능력을 나타내지 못함은 믿음으로 복음을 받아들이지 못한 증거이다. 말씀으로 오신 예수님을 진정으로 영접하지 못한 결과이다. 나의 마음속에 있는 그리스도의 영이 소멸되어 능력을 보여 주시지 못한 것이다.

'주와 합하는 자는 한 영이니라'^{고전 6:17}

그리스도의 영이 우리와 함께하시면 우리는 원래의 참 사람으로 회복해 가고 하나님의 자녀가 된다. 하나님의 자녀가 되면 만물까지도 회복되어 간다.^{롬 8:19} 만물이 우리 때문에 저주를 받았기 때문이다.^{창 3:17} 그리스도의 지혜와 능력이 주님 안에서 우리의 지혜와 능력이 된다. 사탄의 저주로부터 해방이 되고 진정한 자유와 평강을 누리게 된다.

성경을 매일 읽고 묵상함으로써 성령의 충만하심과 역사하심을 통해 경건함을 회복하고, 우리 삶속에서 우리 주 예수 그리스도와 하나 되는 것이 우리의 참 주인이신 하나님과의 관계를 회복해 가는 길이다.

주님, 저는 하나님의 응답을 기다리지 못하고 초조한 마음에 거짓의 하나님,
우상의 하나님을 만들어 곁에 두고 살았습니다. 영광과 권능의 하나님을
피조물로 바꿔버린 저의 교만함을 죄로 선포하고 회개하오니 용서해 주옵소서.
주님! 제 안에 오셔서 참사람으로 거듭나게 하시고
하나님의 첫 사랑과 은혜를 깨달아 가게 하소서.

Thankfulness Came
Like a Gentle Breeze

3. 열정적으로 예배를 드리자.

형제들아 내가 하나님의 모든 자비하심으로 너희를 권하노니 너희 몸을 하나님이 기뻐하시는 거룩한 산 제물로 드리라 이는 너희가 드릴 영적 예배니라.^{롬 12:1}

주! 너의 하나님의 영광을 위해 연합하여 소리 높여 찬양하라. 온 땅이여 여호와께 즐거이 소리칠 지어다. 소리 내어 즐겁게 노래하며 찬송할 지어다.^{시 98:4}

교만과 체면을 버리고 열정적으로 하나님께 기도드려라. 소리 높여 찬송 드리자. 정성스럽게 준비하여 자신을 향기로운 예물로서 영적 산제사를 드리자.^{롬 12:1}

그러면 우리는 예배를 통해 거룩한 제사장이 된다. 예배는 우리의 축복의 창구가 된다.^{벧전 2:5-9} 크고 놀랄만한 이적을 우리에게 드러내시고 보여 주신다.^{신 10:21}

우리는 하나님을 찬양하여야 한다.

　아담의 원죄를 이어받은 우리는 하나님 보시기에 선한 행동을 전혀 할 수 없었다. 그러나 하나님 아버지께서는 경건하지 못한 우리를 사랑하셔서 우리를 구원하시기로 계획하셨다. 그리고 성자 예수님께서는 아버지의 뜻에 따라 십자가에서 우리를 대신하여 죽으시고 부활하셔서 우리의 길이요 진리요 생명이 되셨다. 성령 하나님께서는 그 길을 따라 택함을 받은 우리들을 하늘나라로 인도하신다.[엡 1:3-14]

　얼마나 놀라우신 삼위일체 하나님의 자비이신가? 할렐루야! 그 은혜를 높이 찬양 드리자. 그래서 우리 인생의 목적은 자신의 성공이나 행복이 아니라 하나님의 영광을 찬양 드리는 것이어야 한다.[사 43:21]

　하나님이 준비하신 복을 모두 받는 길은 예수님의 말씀에 따라 전심을 다해 찬양하고 하나님께 경배 드리는 것뿐이다. 보좌에 앉으신 이와 어린 양에 대한 찬양과 성도의 기도와 아멘으로 예배드리는 것이다.[계 5:8-14]

　예배는 다른 사람의 찬양에 형식적으로 편승하는 것이 아니다. 구경꾼으로 예배를 보는 것이 아니고, 진정으로 자신을 산 제물로 드리는 축제가 되어야 한다. 예배는 혼자드릴 수도 있고, 가족과 함께할 수도 있다. 성도가 연합하여 드리는 것이 좋지만 하나님께서는 합당한 자의 예배만을 받으신다. 합당한 자의 기도와 찬양에 응하시고 얼굴을 비추신다. 예배는 하나님과 일대일로 눈을 마주쳐야 하는 것이기 때문이다.

　'아벨의 제사는 받으셨으나 가인의 제사에는 얼굴을 돌리셨다.'[창 4:4-5]

　예배는 내 뜻대로 드리는 것이 아니라 하나님의 뜻에 합당하게 드려야 한다. 이스라엘 백성이 성막과 언약궤를 하나님의 말씀대로 만들어 믿었듯이 하나님과 나누는 영적교제 또한 하나님이 기뻐하시는 방법으로 드려야 한다.[출 36장-37장] 옛 제사장이 소나 양의 번제물을 제단 위에서 불사르고, 고운 가루에 기름과 유향을 넣어 태워 좋은 향기를 올려드림과 같이[레 1:9, 17, 2:1-3] 자기 자신을 하나님 제단에서 영적 산 제물로 드리라고 하신다.[롬 12:1]

'영적 산제사'를 드린다는 것은 무엇을 의미하는가?

우리가 콩을 맷돌에 넣고 정성스럽게 하나 둘 콩 껍데기를 벗기고 빻아서 가루로 만들어 가듯이 서로를 불신하고 화냄을 참지 못하고 죄 많았던 우리의 옛 모습을 하나 둘 벗어버리고 깨어져 가야 한다.

그렇게 빻은 고운 가루가 소리 없이 자신의 모든 것을 태워 향기로운 제물이 되듯이 깨어진 우리 자신을 송두리 채 영적 제물로 드리는 것이 산제사이다.

"이 백성은 내가 나를 위하여 지었나니 나의 찬송을 부르게 하려 함이니라."[사 43:21]

오만한 자기 자신을 내려놓고 겸손한 자세로 육신의 정욕과 불경건함으로 가득 찬 자신의 영혼을 성령의 불로 태우고 마지막 남은 육신마저 희생 제물로 봉헌하는 것이다.[마 16:24] 바울과 같이 자신을 매일 죽이면 성령이 우리의 주인 되시어 경건함을 회복하게 하시고, 우리와 연합하여 적과 싸우시어 적들을 우리들의 손에 넘겨주신다.

하나님께서는 135,000명의 미디안의 연합대군 앞에 300명이라는 극소수의 기드온 병사만을 남기도록 명령하셨다. 그리고 여호와 하나님의 말씀에 따라 행하게 하심으로써 미디안 연합군대를 진멸해 보이셨다. 기드온 군대는 육신에 비유되는 항아리를 깨뜨려 자신의 몸을 희생 제물로 드리고, 횃불을 흔들어 자신의 정욕을 불태웠으며 나팔을 불면서 주님을 높이 찬양했을 뿐이었다.[삿 7:6-8]

마음을 다하고 성품을 다하고 뜻을 다하여 진정으로 하나님의 영광을 찬양 드리는 것이 우리 자신을 영적 산제사로 드리는 것이다. 예수님

께서는 그것이 어떤 번제물이나 제사보다도 낫다고 하셨다.^{막 12:33}

열정적으로 찬양 드려야 한다.

하나님께서는 우리가 열정적으로 드리는 찬양을 즐겨 받으신다. 의례적이고 미적지근한 예배는 쳐다보지도 않으신다. 뜨겁지도 아니하고 차지도 아니하면 토해 버린다고 하신다.^{계 3:15} 혼신을 다해 열정적으로 예배를 드리면 언제든지 기쁘게 받으시는 하나님이시다. 그래서 우리는 온몸으로 충성을 다해 찬양하여야 한다.

뿔과 굽이 있는 살찐 황소를 드리는 것보다 열정적으로 드리는 예배를 즐겨 받으시는 분이시다.^{시 69:30-31}

언약궤를 다윗 성으로 옮기면서 깡충깡충 춤을 추던 다윗과 같이^{삼하 6:14,20} 홍해를 건너온 미리암과 같이^{출 15:20-21} 구원의 기쁜 소망을 가지고 열정적으로 드리는 우리의 예배를 기쁘게 받아 주신다.^{삼하 6:14, 20} 그리하면 우리에게는 능력이 생기고 미래를 좌우하는 권능이 쥐어진다.

사탄이 인간을 멸망케 하는 가장 쉬운 방법은 무엇일까?

인간을 교만하게 만드는 것이다. 교만하게 하여 하나님으로부터 멀어지게 하는 것이 사탄의 장난이다. 그래서 하나님께서는 사람으로부터 칭찬받으려고 하면 할수록 자랑하지 못하도록 시련을 주신다.

분열된 남유다 왕국의 8대 왕 요아스는 처음에는 하나님의 뜻에 따라 행동하고 하나님을 열정적으로 찬양하였다. 그러나 차츰 세월이 지나 오만해지자 그 후에는 배신까지 하였다. 그는 엘리사로부터 화살을 손으로 집어 땅을 강하게 치라는 하나님의 말씀을 전달받았다. 그러나 왕은 의례적인 행사정도로 생각하고 시큰둥하게 행동하고 말았다. 열정이 식었기 때문이었다.

그는 화살을 집어 들었으나 땅을 형식적으로 세 번 토닥거리고 만 것이었다. 하나님의 사람인 엘리사가 안타까워 말했다.

"대여섯 번 더 열심히 강하게 땅을 내리쳤다면 아람군대를 완전히 멸망시킬 수 있었을 것입니다." 왕하 13:17-19

요아스 왕은 개인적인 교만과 하나님에 대한 불신, 백성들의 시선과 자신의 체면을 생각하면서 자기 개인과 나라의 소망을 모두 불살라 버렸다. 백성들 앞에서 스스로 낮아지는 모습을 보여주기 싫었던 것이다.

자신의 교만함으로 하나님에 대한 열정을 드러내지 못한 것이다.

그는 하나님이 주신 권능을 백성을 섬기는 데 사용한 것이 아니고 오히려 자신의 지위를 지키기 위해 하나님이 주신 말씀을 이용하였던 것이었다.

'막대기가 자기를 드는 자를 움직이려 하며' 사 10:15

모든 것이 하나님의 섭리 안에 있는 것을 깨달으면 어찌 스스로를 자랑하고 주인노릇하려고 하겠는가?

"너희가 진심으로 나를 찾고 구하면 나를 만날 것이다." 렘 29:13

우리가 진정으로 나를 버리고 하나님께 열정적으로 찬양을 드리고 시선을 고정하여 하나님만을 바라보면 하나님께서는 우리에게 얼굴을 비추시고 합당한 능력을 주신다.

연합하여 찬양과 기도를 드리자.

주님은 한 분이시요 믿음도 하나요 세례도 하나이다. 한 성령으로 세례를 받았으니 유대인이나 헬라인이나 종이나 자유인이나 모두 한 목소리, 한 몸이 되어야 한다. 엡 4:5, 고전 12:13

교회의 머리는 예수님이시다. 맡은 자들에게 구할 것은 예수님에 대한 사랑이고 충성이다.^{고전 4:2} 혼자서 하나님의 사역을 다 할 수는 없다. 하나님은 우리를 혼자 살지 않고 서로 의지하면서 살도록 만드셨다. 그래서 하나님의 사역 또한 동역자의 협력이 필수적이다.

오늘도 사탄은 믿는 자들에게 홀로 서도록 유혹하고 있다. "그 교회 목사님께는 배울게 없다." "신학대학 교수가 배우지 않은 나보다 더 몰라." "그 장로님은 개인적인 욕심으로 교회 일을 하고 있어서 도움이 전혀 안 된다."는 말을 하면서 연합하여 예배드리는 것을 방해하고 있다. 겸손과 온유한 마음으로 서로 존중하고 섬기지 못하도록 자존심을 부축이고 교만한 마음을 충동질하고 있다.

우리가 이러한 사탄의 유혹에 빠지지 않고 예배를 통해 하나님과 하나가 되기 위해서는 동역자의 도움이 절실히 필요하다. 그래서 **예배는 연합하여 드리는 것이다.** 예배는 성령을 통해 그리스도와 연합하여 한 몸을 이루듯이, 교회 공동체를 중심으로 성도가 연합하여 하나가 되는 것이다.^{강요IV,81}

각자 받은 은사는 공동체를 지탱하는 데 유익하게 사용되어야 한다.^{고전 12:7} 받은 은사를 사랑으로 교회를 위해 사용하는 것이 참 은사이다. 자신의 이익만을 위해 사용하면 공동체는 분열되고 만다. 그는 사탄의 유혹에 빠져 예배를 방해하는 자가 될 것이다.

은사는 모든 사람에게 유익하게 주어진 것이므로, 각 지체들이 한 마음과 한 뜻으로 온전히 합하여 하나님께 충성하고 기도하고 찬양하는데 각자의 은사를 사용하여야 한다. 성령 하나님께서 그분 뜻대로 각 사람에게 다른 은사를 나누어 주셨기 때문이다.^{고전 12:4}

다른 사람을 위해 연합하여 드리는 기도에는 특별한 능력이 주어진다. 바울이 자신의 전도여행기간 동안 다른 사람들에게 자신을 위해 기도해달라고 당부한 것도 중보 기도로써 서로가 믿음의 동역자임을 확인시켜 주면서 그 기도에 갑절의 능력이 있음을 보여준 것이었다.^{롬 15:30}

'서로 기도하라. 의인의 간구는 역사하는 힘이 큼이라'^{약 5:15-16}

여럿이 모여 서로를 위해 하는 중보기도, 공생의 기도의 중요성을 강조하는 이유도 여기에 있다. 동역자들과 온전히 하나가 되어 찬양과 기도를 드림으로써 하나님과 연합할 수 있다면 그 자체가 예배의 진정한 목표가 되고 완성이 된다. 우리는 의로운 중에 주의 얼굴을 뵈오니 예배를 마칠 때에 주의 형상을 뵙고 주님의 형상을 닮아갈 것이다.^{시 17:15}

예배를 통해 예수님과 하나 된다.

인간이 원죄를 가진 채로는 하나님께 나아갈 수가 없었다.

그래서 하나님께서는 독생자 예수님을 사람으로 보내시어 우리를 대신하여 희생 제물로 삼으시고 우리를 구원해 주셨다.

구약시대 죄인은 희생제물의 머리 위에 안수함으로써 제물과 하나가 되었고 깨끗함을 얻을 수 있었다. 다윗이, 언약궤를 옮기면서 번제와 화목제를 드려 소와 양의 피를 뿌리고 향을 피워 그 위를 걸어감으로써 화목제물과 하나가 되었다.^{삼하 6:17}

신약시대를 사는 우리는 과연 '예수님과 하나'가 되는 방법이 무엇일까? 예수님께서 우리에게 주신 새로운 계명을 준행하는 것이다. 영을 다하여 하나님을 사랑하고 이웃을 섬기는 것이다. 우리 속에 계신 성령의 인도하심을 따라 매일 매일의 삶 속에서 하나님께 예배드리고 이웃을 사랑하는 것이다.

무엇보다도 먼저 우리는 하나님께서 주신 은혜에 감사의 찬양을 드리고 모든 일을 하나님께 고하고 간구하는 것이다. 찬양하고 기도로 예배를 드리는 것이다.

예배는 시간이나 장소를 가리지 않는다. 우리의 구원자이시고, 우리의 기도를 하나님께 전달하는 중보자이신 예수님과 함께라면 예배는 어디에서 드리든지 문제되지 않는다. 반드시 교회 건물 안의 예배당이 아니더라도 직장의 사무실이든지, 학교 운동장이든지, 가정이든지, 골목길 모퉁이 카페이든지 삶의 현장 어디에서든지 예수님과 하나 되는 믿음이 있는 장소라면 족하다. 요 4:20-22

예배는 우리를 예수님과 하나가 되게 한다. 예배는 우리로 하여금 하나님 보좌 앞으로 나아가게 한다. 그리스도 안에서 하나님의 영광된 얼굴을 만날 수 있게 한다.

예배를 통해 말씀으로 오신 예수님과 우리는 하나가 되었다. 예수님과 하나가 됨으로써 우리는 하나님의 양자가 되어 하나님을 우리의 아버지로 부를 수 있는 특권까지 가지게 되었다. 하나님께서 그 아들의 영을 우리 마음 가운데 보내시어 우리로 하여금 아바 아버지라 부를 수 있게 하셨다. 갈 4:6, 롬 5:5

아브라함도 말씀의 하나님을 뵙고 아들 이삭을 낳는 축복을 받았고, 야곱은 얍복강 앞에서 형 에서와 화목할 수 있었다. 그는 세겜을 도망치듯이 나와 가나안 땅 루스 곧 벧엘에 이르러 거기서 제단을 쌓고 예배를 드리자 하나님께서는 그에게 얼굴을 비추시고 기적을 보여 주셨다. 창 35:5-7 기드온도, 삼손의 아버지 마노아도 하나님의 얼굴을 뵙고 기적을 이룰 수 있었다.

오늘도 하나님께서는 말씀하신다.

"너희는 내 얼굴을 찾으라." 시 27:8

그리하면 우리에게 얼굴을 향하시어 평강을 주시는 하나님이시다. 민 6:24-26 말씀으로 오신 예수님을 영접하라. 열정적인 예배 가운데 예수님을 통해 우리에게 하나님의 얼굴을 비추신다.

나는 오늘도 LA근교 교회에서, 가정에서 열심히 말씀을 전하고 예배를 드리면서 간절히 기도드리고 있다.

말씀으로 오신 예수님을 영접하고 하나가 되기를 원합니다. 주님의 얼굴을 내게 숨기지 마옵소서. 비록 멀리 쫓겨 왔으나 저를 버리지 마옵소서. 죄인은 주님의 얼굴을 뵈올 수 없으니 진정으로 저의 죄를 고백합니다. 지난날의 탐욕과 잘못, 회한마저 내려놓고 주님의 음성을 듣고자 기도드립니다. 마음의 눈을 열어 주님의 뜻을 알게 하시고, 저에게 주어진 소명을 깨닫게 가르쳐 주옵소서. 욥과 같이 이 환란을 통해 단련되고 정금같이 되기를 원합니다. 욥 23:8-10 이 환란을 담대히 맞서 헤쳐 나아갈 수 있도록 힘을 주시고 능력을 주옵소서. 주님만을 꼭 붙잡고 주님의 도를 따르겠나이다. 여호와 하나님을 찬양합니다.

우리 주 예수 그리스도는 예배의 중심이 되시며, 예배 중에 예수님과 하나가 된 우리는 비로소 하나님의 참 사람, 참 자녀가 된다.

주님! 저는 비록 홀로 있지만 외롭지 않습니다. 독생자 예수님을 화해의 제물로 삼으시고 우리가 예수님과 하나 되고 친구 같은 아버지가 되어 주심을 감사드립니다.
주님과 하나가 되어 주님의 영광을 드러내는 저희들이 되게 도와주소서.
이 시대에 딱 맞는 하나님의 뜻을 전하는 동역자도 보내 주시어
대한민국 교회 공동체의 유익이 되게 하소서.

Thankfulness Came
Like a Gentle Breeze

4. 하나님 보좌 앞에 나가는 다른 길은 없다.

예수께서 대답하시되 첫째는 이것이니 이스라엘아 들으라. 주 곧 우리 하나님은 유일한 주시라 네 마음을 다하고 목숨을 다하고 뜻을 다하고 힘을 다하여 주 너의 하나님을 사랑하라 하신 것이요. 둘째는 이것이니 네 이웃을 네 몸과 같이 사랑하라 하신 것이라. 이에서 더 큰 계명이 없느니라. ^{막 12:29-31}

하나님께서는 모세에게 하신 첫 번째 언약의 한계와 흠을 아시고, 예수님을 보내시어 새 언약을 주셨다.^{히 8:7} 출애굽 당시 타락한 이스라엘 백성을 구원하시려는 뜻에서 율법을 주셨다. 그러나 백성들이 연약하여 온전히 율법을 지켜 순종하지 못하므로 율법은 더 이상 유효하지 않게 되었다.^{히 7:18} 그래서 하나님께서는 우리에게 두 번째 언약을 주셨다.

성부 하나님께서 예수님을 보내셨다.

여호와 하나님께서는 타락한 이스라엘 백성들을 다스리도록 모세에게 첫 번째 언약을 주셨다. 십계명을 주시고 율법을 주셨다.

너희는 네 주변의 민족들이 믿는 다른 신들을 따르지 말며 신 6:4-5 네 부모를 공경하고, 형제에게 복수하거나 원한의 마음을 품지 말라고 가르치셨다. 레 19:18

그러나 율법은 죄의식 없던 사람들에게 경각심을 주기는 하였지만 그것만으로는 부족했다. 은총과 자비가 없이 율법의 정죄함만으로는 우리를 구원해 줄 수 없고, 영원한 생명을 줄 수도 없었기 때문이다.

옛 율법도 온전히 지킬 수만 있다면 의롭고 영광스러운 것이었다. 신 6:25 율법도 한 때 이스라엘 백성을 구원하기 위해 하나님이 주신 계명이시니 나름대로 영광이 있었다. 그러나 나약한 인간이 율법을 온전히 지킬 수도 없었고, 죄책감만 가지는 이중적인 생활을 할 수밖에 없었다. 그래서 하나님께서는 예수님을 보내셨다.

"내가 너희에게 새 계명을 준다. 서로 사랑하라. 내가 너희를 사랑한 것같이 너희도 서로 사랑하라." 요 13:34

믿음의 빛 아래서 율법이 사랑의 정신으로 재조명되었다.

사랑은 율법의 완성이다. 하나님께서 예수님을 보내신 것은 전적으로 그분의 사랑이셨다. 예수님을 사람으로 보내시어 우리의 죄를 대신하여 십자가상에서 죽게 하시고, 성자 하나님이신 예수님의 희생을 통해서만이 우리가 의롭다고 인 치심을 받고 영원한 생명을 얻을 수 있게 하셨다.

"너희가 서로 사랑하면 이로써 모든 사람이 너희가 내 제자인줄 알리라." 요 13:35

예수님은 세상에 계시는 동안 사랑을 몸소 실천함으로써 제자들에게 모범이 되셨다. 율법보다는 사람의 생명이 중요하다. 예수님께서는 율법으로서는 얻을 수 없었던 구원을 자신의 희생으로 얻게 하셨다. 사랑으로 율법을 이기신 것이다.

예수님은 하나님께로 나아가는 우리의 유일한 길이요, 진리요, 생명이 되셨다.요 14:6 영생으로 가는 그 길은 좁고 찾는 자가 적다.마 7:14

율법학자나 바리새인들은 의식이나 제도, 율법을 붙잡고 살았다. 오직 말씀으로 오신 예수 그리스도 한분만이 우리의 구세주가 되신다는 것을 몰랐다.

이제는 율법이 아니라 예수님을 통해서만 구원을 얻고 영생을 얻을 수 있게 되었다. 더 큰 영광이신 예수님이 오심으로써 율법은 더 이상 영광스럽게 될 수 없게 되었다.고후 3:9-10

새 포도주를 낡은 가죽 부대에 넣지 아니한다.마 9:17 새 포도주로 오신 예수님 이외 하나님의 보좌 앞에 나아가는 다른 길은 없다. 말씀으로 오시고, 새 언약으로 우리에게 오신 예수님과 하나가 됨으로써 비로서 우리는 하나님께로 나아갈 수 있게 되었다. 그래서 우리는 예수님의 삶을 주목하고 살아야 한다. 과연 예수님은 어떤 삶을 사셨을까?

첫째로, 예수님은 하나님 아버지께 늘 순종하셨다.

예수님께서는 하나님의 뜻에 따라 행동하고 순종하시므로 하나님께서 늘 기뻐하셨다.요 8:29 착한 효자로서 하나님께 항상 순종하심으로써 하나님과 늘 동행하실 수 있었다. 그러나 십자가에서 돌아가시기 전 우리의 죄를 대신하여 죄인이 되셨을 때만큼은 잠깐이나마 하나님으로부터 떨어지셔야 했다.

"나는 목이 마르다."요 19:28

그때만큼은 예수님은 하나님 아버지의 사랑에 대한 갈증을 느끼셨다. 예수님께서는 십자가 위에서 우리를 대신해서 우리의 죄를 짊어지셨다. 정오부터 오후 3시까지 온 땅이 어둠으로 뒤덮였다.

그 때 예수님께서는 인간의 죄를 대신 짊어지시어 삼위 일체 하나님이시면서도 하나님 아버지, 성령 하나님과 잠시 떨어질 수밖에 없었다.

죄인은 하나님을 뵈올 수 없기 때문이었다.

삼위일체 하나님이신 예수님은 홀로 사람 되시어 죄인 된 몸으로 외로움에 절규하셨다.

"어찌하여 나를 버리시나이까?"[마 26:45-46]

나는 조용한 시골마을 출신이다. 어릴 적 아버지와 함께 산머루를 따러 갔다가 아버지와 떨어져 산 중에서 길을 잃어버린 적이 있었다. 혼자 버려졌다는 마음의 상처가 얼마나 크고 얼마나 두려웠던지 지금도 저녁노을을 바라보면 그때의 아픔과 두려움이 스며온다.

이제는 그런 아버지를 하나님께 보내드린다. 약 50년이 지난 오늘 아버지가 계시는 요양원에서 응급 시에도 CPR이나 CFT 등 응급처치를 원하지 않는다는 서류에 보호자로서 서명하였다. 노인을 편하게 보내드리자는 취지라고 설명 들었다. 아버지의 손을 잡고 아버지의 영혼을 하나님께 맡겨드린다는 기도를 올려드렸다.

그의 상처는 우리의 죄악 때문이었다. 예수님께서는 하나님 아버지의 신성한 계획을 완성하시기 위해 우리를 대신하여 인간성이 완전히 파멸되는 고통을 감내하신 것이다.

그가 채찍에 맞음으로 우리가 나음을 입었다.[사 53:5]

예수님께서는 하나님 아버지를 진정으로 사랑하셔서 하나님 아버지의 뜻에 따라 순종하심으로써 하나님 우편보좌에 앉으실 수 있었다.

'옳소이다. 이렇게 된 것이 아버지의 뜻이니이다.'[마 11:26]

예수님은 참기 어려운 고난 중에서도 자신의 뜻보다 하나님의 뜻을 먼저 생각하고 하나님의 뜻이 자신을 통해 이루어졌음을 감사드렸다.

예수님께서는 우리에게 하나님과 항상 동행할 수 있는 비밀을 가르쳐 주셨다. 예수님께서는 새 언약으로 두 개의 계명을 주셨다. 그 첫째 계명으로, 영을 다하고 정성을 다해 하나님을 사랑하라고 말씀하시고 요 4:24 몸소 실천하셔서 우리에게 본보기를 보여 주셨다. 하나님이 우리를 먼저 사랑하시고 자비를 베푸셨기 때문이다. 요일 4:19

'영을 다하고 정성을 다한다'는 것은 자신의 모든 마음을 다하고 성품을 다하여 하나님을 섬기고 헌신한다는 의미이다. 영으로 구하고 혼으로 찾으며 몸으로 두들겨 하나님의 얼굴을 뵙고 교제하는 것이다. 그 길은 곧 내 안에 예수님을 영접하는 것이다. 마 7:7-12 내 영혼이 하나님의 뜻에 따라 살아서 잘됨 같이 어떠한 환경에서든지 예수님 안에서 하나님을 온전히 섬기는 것이다. 요삼 2

둘째로, 예수님은 항상 이웃을 사랑하셨다.

예수님께서는 우리에게 두 번째 계명으로 서로 사랑하라고 가르쳐 주셨다. 예수님이 우리를 위해 희생하심과 같이 우리도 서로 사랑하라고 하신다.

예수님께서는 우리를 위해 가난하게 되셨고 그의 가난으로 우리를 부요하게 하셨다. 고후 8:9 예수님은 인간으로 오셔서 하나님으로서의 특권을 내려놓으심으로써 가난하게 되었고, 죽으심으로써 우리를 구원해 주시고 영원한 생명을 주셨으며 우리를 부유하게 만들어 주셨다. 예수님께서는 우리를 위해 목숨까지 바치는 사랑을 하셨다.

서로 사랑하는 것은 서로에게 해가 되지 않는 것만으로는 부족하다. 말과 혀로만 사랑하지 말고, 손과 발, 입 등 모든 지체로 남을 도와주고 행동과 진실함으로 말을 뒷받침하여야 한다. 요일 3:18 그것이 마음에서 우러나오는 진정한 사랑이다.

"주님, 언제 주님께서 배고프신 것을 보고, 우리가 음식을 주었습니까?" 마 25:31-46 그러자 예수님께서는 대답하셨다.

"내 형제 중에 지극히 작은 자 하나에게 한 것이 곧 내게 한 것이니라."

여기서 '지극히 작은 자'라 함은 자신이 받은 은혜를 세상 것으로는 되갚아 줄 수 없는 자를 말한다. 진정한 금식은 이와 같이 주린 자에게 내가 먹을 것을 나누어 주는 것이다. 유리하는 빈민을 내 집에 들이며, 벗은 자를 보면 입혀 주어야 한다. 사 58:7 당장 살 집과 음식이 필요한 형제에게 말로만 잘 먹고 잘 살라고 축복하면 무슨 소용이 있는가? 약 2:16, 요일 3:17, 18 곤궁에 빠진 형제에게 필요한 물질적인 도움을 주어야 한다.

주여! 저에게도 그들에게 다가가 섬길 수 있도록 용기를 주소서.

고통을 서로 나누는 것 또한 사랑이다. 진정한 사랑은 실질적인 희생(substitutionary sacrifice)을 요구한다. 우리에게 없는 것을 새로 만들어 주라는 것도 아니다. 하나님께서 우리에게 주신 우리의 시간과 능력, 지혜와 물질의 축복을 고통 중에 있는 자와 나누라는 것이다. 시간을 가지고 관심을 보이고 애정을 가지고 다가가 필요한 것을 건네주라는 것이다.

때에 따라서는 자기의 목숨까지도 내어줄 수 있는 것이 최고의 나눔이다.

2001년 이수현군은 일본국 신 오쿠보 역 안에서 이름 모를 일본인을 구하기 위해 선로에 뛰어내려 자신의 목숨을 바쳤다. 일본에서의 유학생활이 순탄치만은 않은 사회적 분위기에서 일본인을 위해 한국인이 희생되었다는 것은 우리에게 신선한 충격으로 다가왔다. 반면 같은 해 고이즈미준이치로(小泉純一郎)는 일본국 수상으로 취임하자마자 야스쿠니 신사를 참배하기 시작함으로써 국내외로부터 많은 비판을 받았다.

자신의 나라와 선조만을 사랑하는 고이즈미 총리의 차별적인 사랑보다는 예수님의 사랑을 실질적으로 실현하고 내 이웃을 내 몸같이 사랑한 이수현 학생의 보편적인 사랑을 우리는 더 의롭다고 인정한다.

'사람이 친구를 위하여 자기 목숨을 버리면 이보다 더 큰 사랑이 없나니' 요 15:13-14

故 이수현군은 자신의 몸을 바쳐 한국과 일본 간의 화목을 선물하였으니 사랑으로 고이즈미 총리를 이긴 것이다. 그는 생명의 나눔으로 예수님의 친구가 되었다.

성령 하나님의 도움을 받아 예수님을 따라간다.

성령 하나님은 우리들에게 하늘나라의 비밀을 알려 주셨다. 다른 종교와 달리 하늘에서 오신 분이 우리에게 하늘나라를 설명해 주셨으니 이보다 더 큰 증거가 필요할까?

성령은 우리가 어떻게 예수님을 우리의 진정한 그리스도로 영접할 수 있는지 가르쳐 주셨다. 우리는 사랑하는 사람의 말은 무엇이든지 듣고 신뢰하려고 한다. 그리고 그 사람에게 기쁨을 주기 위해 그 사람의 생각에 맞추어 그 사람이 좋아하는 일만을 골라서 한다.

어느 중견회사의 여사장은 사랑하는 사람이 운영하는 카페에 나가 직접 손님을 맞이하고 설거지도 도맡아 한다. 회사의 많은 직원들의 만류에도 불구하고 그 일을 마다않고 즐겁게 할 수 있는 것은 마음에 그 사람에 대한 사랑이 있기 때문이다. 매일 매일 조그마하지만 커피잔속에 사랑을 듬뿍 담아 손님들에게 실어 나르고 있다.

그렇다. 우리가 예수님을 진정으로 사랑한다면 그분의 생각에 맞추어 그분이 좋아하시는 일만을 골라서 하게 된다. 그 길은 각자의 십자가를 지고 예수님을 따라가는 방법이다.^{눅 15:27}

십자가를 진다는 것은 죄의 대가로 법률적으로 사형선고를 받아 죽은 자가 되어야 한다는 의미이다. 죄의 권세에서 벗어나 다시는 죄의 종노릇을 하지 말아야 한다는 것이다.^{롬 6:6}

바울은 자신이 매일 죽는다고 했다.^{고전 15:31} 자신의 헛된 욕망, 탐심, 교만, 위선, 불평, 불만, 원망을 매일 죽이고 예수님을 본받아 자신의 지체를 의의 병기로서 하나님께 드리겠다고 고백하였다.^{롬 6:13, 고후 5:8}

그럼에도 죄는 죽지 않고 여전히 살아서 사탄의 유혹을 받게 한다.

"하나님 오늘도 형과 화해하지 못했습니다. 홀로 목회를 하는 형의 모습이 보기에 안타까워 아침마다 밥을 지어 형과 같이 먹기로 약속하였습니다. 그러나 밥을 함께 먹으면서도 마음의 벽을 헐지 못하였습니다. 형의 말 한마디에 서운해하고 억울함을 해명하려고 하는 나 자신을 발견하고 놀랐습니다. 이를 죄로 선포하고 회개하오니 용서하시고, 나의 철옹성 같은 완고한 마음을 열어 주옵소서. 귀먹고 말 더듬는 이에게 하셨던 것처럼 '에바다' 나의 굳게 닫힌 마음 문을 열어 주소서.^{막 8:34} 모든 것을 하나님 아버지께 맡겨 드립니다."

이 책의 마지막 교정이 들어가기 전 형으로부터 안타까운 소식을 들었다. 암이 온 몸에 퍼져 병원에 입원했다는 말을 듣고 참기 어려운 고통으로 괴로워했다. 이제야 형님께 진심으로 죄송하다는 마음을 전하고 있으니 나는 참 어리석은 자이다.

바울은 이러한 현실적인 자신의 삶을 곤고하다고 하고, 보혜사 성령의 도움 없이는 아무 것도 할 수 없음을 안타까워했다.^{롬 8:9}

예수님을 따라 간다는 것은 예수님의 새 언약을 신뢰하고 그 말씀대로 살아간다는 의미이다. 말로만 지키는 것이 아니라 입으로 선언하고 몸으로 실천함으로써 거룩함에 이르는 것이다. 다른 길은 없다. 그 길은 모든 것을 하나님께 맡겨 드리고 성령 하나님의 인도하심을 따라가는 것이다. 지름길은 없다. 무엇이 새 언약에 따른 행동인지, 말씀에 합당한지는 그때그때 성령님께 고하고 주신 말씀에 따라가는 길 밖에 없다. 내 안에 오신 성령의 말씀에 따라 순종하는 생활이다.

하나님께서는 말씀을 늘 묵상하고 그대로 살지 못함을 끊임없이 회개하는 다윗을 특히 사랑하셨다.^{시119:97} 말씀에 대해 이해가 부족하면 성령 하나님께 지혜의 영을 달라고 간구 드리자. 말씀을 묵상하면서 조용히 아뢰면 보혜사 성령께서는 어떤 방식으로든지 우리에게 정확한 의미를 가르쳐 주시고 인도하신다.

사랑의 하나님, 우리에게 보내주신 예수님이 우리의 그리스도이심을
알게 해 주셔서 감사합니다. 놀라우신 하나님의 사랑을 알아갈 수록
제 몸은 더욱 겸손해집니다. 하나님이 우리를 사랑하심 같이
저도 지극히 작은 자를 섬길 수 있도록 저의 악한 마음을 성령으로
치유해 주옵소서. 예수님이 가르쳐 주신 새 언약대로 살기를 원합니다.
성령이여 나를 인도하소서.

Thankfulness Came
Like a Gentle Breeze

5. 너희는 항상 기도하라.

뜻이 하늘에서 이룬 것같이 땅에서도 이루어지이다. ^{마 6:10}

기도는 하나님께 감사드리고 중보자이신 예수님을 통해 우리의 소망을 하나님께 아뢰는 시간이다. 하나님과 친교하는 시간이다. 하나님과 가까이 할수록 우리의 영성은 충만하게 된다. 그리고 우리의 무거운 짐을 내려놓고 우리의 문제를 해결해 달라고 간구 드린다. 그러면 예수님께서는 함께 짐을 나누어 져 주시고 동행해 주신다.

예수님은 무지한 우리에게 기도의 우선순서와 방법을 가르쳐 주셨다.

예수님께서는 주기도문을 가르쳐 주셨다.
예수님은, 우리가 마땅히 기도드려야 할 바를 알지 못하기 때문에 우리에게 주기도문을 가르쳐 주셨다. ^{마 6:9-13, 눅 11:1-4}

우리가 먼저 무엇을 구하여야 하는지,^강요Ⅲ, 729면 성령을 왜 받아야 하고, 어떻게 성령의 충만함을 유지할 것인지를 알려 주시기 위해 기도의 방법을 구체적으로 가르쳐주셨다.

먼저, 기도는 하나님 나라에 대한 영광으로 시작되어야 한다.

우리의 삶의 목표가 하나님께 영광과 존귀, 권세를 찬양 드리는 것이기 때문이다. 하나님은 지극히 높으신 분이시며 독생자 예수님이 피로서 사신 우리는 하나님의 자녀가 되고 하나님은 우리의 아버지가 되셨다. 그래서 우리는 하나님의 이름을 망령되게 부르지 않고 거룩함과 존경함으로 아바 아버지라고 불러야 한다. 그렇게 시작하는 것이 참기도가 된다.

우리는 하나님 아버지를 찬양하고 주님의 뜻이 이루어지기를 기도 드려야 한다.

"너희는 그의 나라와 그의 의를 구하라. 그리하면 이 모든 것을 너희에게 더 하신다."^마 6:33

우리 안에 예수님이 오시도록 구하여야 한다. 하나님이신 예수님의 영이 내 안에 오시면 우리는 아무 것도 없는 자 같으나 모든 것을 가진 자가 된다.^고후 6:10 하나님은 전능하신 창조주이시기 때문이다. 주님이 내 안에 오시면 그것이 은혜이고 신앙의 완성이다. 그렇게 되면 우리에게 소원을 주시고 하나님의 기쁘신 뜻을 행하신다.^빌 2:13 예수님이 주신 계명을 지킬 수 있도록 만들어 가신다.

그리스도가 내 안에 오시면 우리의 몸은 하나님의 성전이 되고, 부르심을 받은 우리들의 공동체는 교회가 된다. 그리스도의 몸된 교회는 하나님이 직접 다스리시는 장소이다. 그곳에는 하나님의 지혜와 능력, 총명이 있기 때문에 우리는 주님이 주신 계명을 지킬 수 있게 된다. 그래서 하나님의 충만하심이 교회 안에 가득차면 이 땅은 하나님 나라가 되고 천국이 된다는 의미이다.

다음에 내 안에 성령이 충만하도록 간구 드려야 한다.

내 안에 하나님이 계시면 부족한 것이 없다. 세상의 것은 필요에 따라 더해 주신다. 일용할 육의 양식만을 구해서는 안 된다. 우리의 머리되신 예수님으로부터 생명의 양식, 영의 양식도 함께 구하여야 한다. 그래서 우리는 내 안에 성령이 매일 충만하도록 간구 드려야 한다. 그리하면 머리되신 예수님께서 각 지체에게 영의 양식을 공급해 주신다. 그리고 교회 안에서 형제들과 부딪치지 않도록 서로 이해하고 용서하여야 한다. 용서하기 어려울 때 내 안에 계신 성령 하나님께 믿음을 더해 달라고 기도하라.

마귀의 유혹을 성령의 도움 없이 이겨낼 수 있는 사람은 아무도 없다. 예수님께서도 마귀의 시험에 빠졌을 때 성경의 말씀으로 물리치셨다. 그래서 우리들은 성경을 읽고 묵상하면서 겸손한 자세로 성령의 지혜를 달라고 기도하여야 한다. 몇 개 성경 구절을 암기해 놓으면 마귀를 물리치는 데 적절히 사용할 수 있을 것이다.

나는 거의 최근까지 주기도문 중의 '우리를 시험에 들지 말게 하소서'에 대해 '시험에 꼭 합격하게 하시고'라고 바꿔 기도드렸다. 시험에 '들지 말게' 보다는 시험에 합격하는 것이 낫다는 짧은 생각에서였다. 반드시 틀린 것은 아니지만 잘못 배운 것이다. 아예 사탄의 유혹에 꼬여들지 않는 것이 시험에 합격하는 것보다는 내게 유익이 많지 않겠는가? 사탄의 유혹은 우리들의 약한 틈을 타고 들어와서 우리에게 유익을 줄만한 것이 결코 하나도 없기 때문이다. 최근에서야 '사탄의 유혹에 빠지지 말며 굴복하지 않게 하소서'로 고쳐 이해하게 되었다.

끝으로, 우리는 기도의 말미에 '예수님의 이름으로 기도 드립니다'고 고백한다.

예수님이 우리의 중재자가 되신다는 믿음으로, 예수님의 공로로 구원받은 자되었으니 예수님이 가르쳐 주신 방식대로 기도드려야 한다는 의미이다.

매일 주기도문으로 기도드리면 우리 안에 계신 성령 하나님께서는 그분의 뜻대로 우리의 삶을 바꾸어 가시고, 주변상황도 바꾸어 주신다. 성령이 충만하게 되면 성령이 우리를 인도하여 능력을 발휘하게 하시고 하나님의 영광을 드러내게 하신다.

기도의 시작은 담대히 나가 회개하는 것이다.

'너희가 무엇이든지 은혜의 보좌 앞에 담대히 나아가 예수님의 이름으로 구하라. 그리하면 하나님 아버지께서 너희에게 주실 것이다.'요 15:16, 히 4:16

오직 우리의 중재자이신 예수 그리스도의 보혈에 힘입어 담대히 보좌 앞에 나가야 한다.

'담대히 나간다'는 것은 어떤 의미인가?

남의 이목을 보지 않고, 거침없이 나아가 부르짖으라는 의미이다. 닫힌 나의 마음 문을 활짝 열고 소리쳐 부르짖으라. 죽어가는 딸을 살려달라고 예수님 앞에 무릎을 꿇고 매달리는 회당장인 야이로와 같이 자신의 체면을 내려놓아야 한다.눅 8:41-42 12년 동안 혈루병을 앓는 여인과 같이 예수님의 옷자락이라도 만지려는 심경으로 자신의 수치를 들춰내는 것이다. 앞 뒤 캄캄한 곳에서 소리치는 맹인과 같이 남의 눈치를 보지 않고 부르짖어야 한다. 마 9:18-31

자기의 지식과 권세를 앞세우지 말고, 겸손한 척 교만해서도 안 된다. 예수의 피를 힘입어 성소에 들어갈 담력을 가져라. 히 10:19 백성의 간구함을 올려드린 모세와 하나님의 말씀을 내려주던 엘리야 두 증인을 통해 예수님은 우리의 중보자이심을 분명히 보이셨다. 우리에게는 하나님께서 사랑하시는 아들이요 기뻐하시는 자 오직 예수님 한 분 이외 아무 것도 필요치 않다. 마 17:1-8, 눅 9:28-36

하나님은 아브라함에게 말씀으로 주신 이삭도 버리게 하셨다. 정당하게 주신 경험, 지식, 재물 모두 버리고 우리에게 예수님 한 분만을 바라보고 살면 만유를 가지게 된다는 것을 깨닫게 하신다.

우리의 중보자이신 예수님의 이름으로 성소에 들어가 부르짖으면 큰일이든 작은 일이든 무슨 일이든지 응답해 주신다. 주님의 놀라우신 역사하심을 보게 될 것이다.

그렇다고 아무런 기도나 다 들어주시지는 않는다.

우리가 예수님의 이름으로 구하듯이 예수님의 이름에 합당한 기도만을 들어주신다.

예수님의 이름에 합당한 기도는 과연 어떤 기도일까?

첫째로 자신의 잘못을 회개하는 기도이어야 한다.

사람은 고난에 처하면 먼저 불평하고 원망한다. 자신의 잘못은 간데 없고 남의 탓만 한다. 끝내 하나님마저 원망한다.

어느 집사님은, 부인을 잃고 혼자 살면서 한쪽 눈병으로 너무 고생하게 되자 하나님을 원망하면서 차라리 죽여 달라고 불평하였단다. 그러자 환상 중에 예수님께서 오셔서 "네가 두 눈을 모두 잃게 되었다면 어떻게 하겠느냐?"고 반문하셨단다. 그 다음부터는 더 이상 눈병에 대해 불평하지 못했다고 한다.

홍해를 건너게 하신 놀라우신 하나님의 역사하심을 몸소 체험하고도 돌아서서 불평하는 것이 인간이다. 이스라엘 백성만이 아니다. 우리도 마찬가지이다. 기도의 시작은 회개이고 끝은 감사이다.

죄인은 하나님을 뵐 수 없고 찬양드릴 수도 없기 때문이다. 모세가 죄인이 되어 약속의 땅 가나안에 들어가 안식할 수 없었듯이 죄인은 하나님이 계신 곳으로 들어갈 수 없다. 신 4:24, 히 3:18-19

회개는 마음에서 우러나오는 통렬한 뉘우침에서 비롯된다. 회개는 주님께 의지하기 전에 자신이 범한 죄에 대해서 통렬하게 뉘우치고, 그 다음에 하나님께 용서를 구할 때 비로소 우리는 깨끗함을 얻을 수 있다.

2002년 일본인 다케 마유미(가명, 책자명 : 완전자백)는 술집 종업원으로서 주인 남자를 맹목적으로 사랑한 나머지 그의 지시로 3명의 단골손님을 살해한 죄(보험사기 목적 살인죄)로 무기징역을 선고 받아 현재 복역 중에 있다. 그는 사건의 전부를 자백하면서, 「완전자백」이라는 책자를 발간하여 많은 사람들로부터 위안을 받았다. 그는 자신이 얼마나 인간 이하의 나쁜 사람이었는지, 자신이 얼마나 나쁜 짓을 했는지 통렬히 뉘우치면서 사건의 전말을 자백하였다. 통렬히 뉘우치고 자백함으로써 적어도 마음의 부담을 내려놓고 평안을 찾을 수 있었다고 고백한다. 나아가 (성령이 임하셔서) 완악한 자신의 마음이 깨어져야 비로소 자백이 허락된다는 명언을 남기기도 하였다.

우리가 회개함으로 '깨끗함을 얻었다'는 것은 외적인 죄뿐 만 아니라 내적인 마음의 죄, 헛된 마음까지 성령의 등불로 정결하게 태워 없애버렸다는 것이다.

내 몸에서 매일 불평과 불만, 저주와 원망이 나온다. 그래서 이제껏 지은 죄가 너무 커 내 마음 심히 아플지라도 참 마음으로 뉘우쳐 다 숨김없이 아뢰면 주 나를 위해 죄를 가리워 주신다. 나를 진정으로 해방시켜 주신다. 새 은혜를 부어 주신다.^{찬 364장}

오늘도 나는 나의 완악한 마음을 깨뜨리기 위해, 죄가 너무 오래되어 콘크리트 옹벽처럼 딱딱해져 버린 나의 마음을 깨트리기 위해 하나님께 기도드린다. 멀리 갈 것도 없다. 나의 작은 가슴은 최고 어려운 나의 마지막 선교지가 된다.

죄를 '가리워' 주시고 새 은혜 주신다는 것은 죄를 깨끗하게 씻어 주신다는 것만이 아니다. 검사가 선처하는 수준의 잠정적인 기소유예 처분이 아니다. 정권이 바뀌었다고 다시 끄집어 낼 수 있는 것도 아니다. 죄의 흔적마저 숨겨 주신다는 의미이다. 그래서 진정한 회개를 통해 마음의 짐까지 내려놓고 하나님께로 돌아갈 수 있게 하신다.

하나님께서는 회개하는 자, 죄 없는 의로운 자의 예배를 기뻐 받으신다. 자기 자랑과 교만으로 기도하는 자의 기도보다도 죄인이라고 회개하는 겸손한 자의 기도를 즐겨 들으신다.^{눅 18:14-17}

나는 일본국 주재 대한민국 대사관의 「법무협력관」으로 재직 당시, 위 '완전 자백'의 출판을 도와준 일본 법무성 검사들로부터 이 사건의 전말과 저자가 완전 자백에 이르게 된 경위에 관해 자세히 설명 들었다. 그래서 그 책을 전부 번역해서 한국 법무부에 보고하였다.

당시는 몰랐다. 보고서에는, 당시 검사의 직접조사의 중요성을 강조하면서 검사가 인내심을 가지고 끈질기게 피의자를 설득하여 자백을 받아 내는 것만이 피의자를 위해서도 필요하다고 지적하는데 그치고 말았다.

진정으로 하나님께 용서받는 길은 자신이 범한 죄에 대한 통렬한 뉘우침이 우선 되어야 한다. 검사의 입술이나 강압에 의해서 자백여부가 결정되어서는 안 된다. 피의자의 진정한 자백을 위해 검사는 먼저 스스로 의로운 자가 되어야 한다. 하나님을 두려워하고 진실하며 불의한 이익을 미워하는 자이어야 하고, 출 18:21 피의자를 진정으로 섬김으로써 그들로 하여금 진실로 뉘우치도록 도와주는 자가 되어야 한다. 인내와 관용으로 그들을 보살펴주어야 한다. 수사가 더 이상 강압적이어서는 안 된다.

그럼에도 나는 당시 이 점을 간과하고 검사의 끈질기고 집요한 조사와 자백의 결과만을 강조하고 말았으니 나는 참으로 어리석은 전달자이었다. 시 32:1, 요일 2:16

둘째, 진정한 회개는 간절하게 매달려 용서를 구하는 것이다.

여호와 하나님께서 응답해 주실 때까지 인내하고 매달려야 한다.
야곱은 밧단 아람에서 돌아오는 도중에 '브니엘'이라 불리 우는 얍복강 나루터에서 하나님이 보내신 천사와 한판 씨름을 하게 되었다. 밤새 간절하고 끈질기게 매달렸다. 그래서 천사를 끝내 이길 수 있었다. 천사가 말했다.
"너의 이름이 무엇이냐?"
"저의 이름은 야곱입니다."
야곱이란 이름은 무엇을 뜻하는가? 남의 발목을 잡은 사람 곧 남을 이기려하고 거짓말하는 협잡꾼이라는 의미이다. 야곱은 회개하고 있었다. 평생 죄인으로 살아왔음을 고백하고 회개하였다.

형인 '에서'보다 어머니의 태에서 먼저 나오려고 에서의 발목을 잡았고, 끝내 에서의 장자권을 훔친 죄, 장인인 라반과 20여 년 동안 서로 속이고 원수가 된 죄, 부인을 여럿 두어 분란을 일으키고 아들 12명이 화목하지 못하게 한 죄, 그리고 가장 사랑하는 아들 요셉을 다른 아들들의 시기와 질투로 팔려가게 방치한 죄 이 모든 죄의 무게가 얼마나 무거운가?

그러자 천사는 말한다.

"이제 네 이름은 더 이상 야곱이 아니라 이스라엘이라고 하여라. 네가 하나님과 겨루어 이겼기 때문이다."창 32:28

아들을 이기는 아버지는 없다. 야곱은 끈질기게 부르짖고 매달림으로써 끝내 아버지로부터 용서함을 받았다. 하나님께서는 이스라엘을 결코 버리지 아니하셨다.

회개하였으면 하나님께 모든 것을 아뢰고 맡겨 드려라.

믿음은 내 마음 판에 뿌려진 씨앗이요 기도와 회개는 이를 성장하게 하고 열매를 맺게 하는 생명의 젖줄이 된다. 기도는 하나님과 의사소통하는 성도의 모든 영적인 행위이다.

기도는 회개하며 감사와 찬양을 그분께 드리고 그분의 뜻을 간구하는 것이다. 기도는 전적으로 하나님만을 바라보고 의지한다는 참된 그리스도인의 표지이자 하나님과 소통하는 창구이다. 순종의 창구이다.

우리의 사정을 낱낱이 아뢰고 간구하고 순종하는 것은 우리의 몫이요 무엇을 어떻게 이루어 주실 지는 하나님의 몫이다.

주권자이신 하나님의 권능이시다.

먼저, 모든 것을 고해드려라.

우리가 멘토(mentor)에게 모든 것을 상세히 알리고 상의하듯이 기도를 통해 매일 매일의 삶속에서 하나님께 우리의 문제를 낱낱이 아뢰어야 한다. 자신의 판단을 유보하고 사소한 일에서부터 중대한 일에 이르기까지 아무 염려하지 말고 하나님께 고해드리고 간청 드려라.^{빌 4:6}

주님은 어떻게 생각하시는지를 묻고, 내가 어떻게 해야 할 지를 고해드려라. '고해드린다'는 것은 주권자이신 하나님께 모든 것을 아뢰고 맡겨드린다는 의미이다. 자기가 해결해 보려는 자기의 생각이나 판단을 보류하고 하나님만을 의지하면서 두 손 두 발을 다 들고 하나님께 전적으로 의지한다는 것이다. 우리가 아무 것도 할 수 없을 때 하나님께서 일을 시작하신다. 그 분은 예수님께서 십자가에서 돌아가셨을 때 부활하게 하시고 보좌 우편으로 올려 주신 분이시다.

기도 중에 우리의 문제를 아뢰고, 우리가 '부족합니다. 모자랍니다. 아무 것도 할 수 없습니다. 주여! 주님의 능력을 믿습니다'라고 고백할 때 비로소 하나님은 개입하신다. 어떤 환경에서도 감사함으로 하나님께 아뢰고 간구 드리면 하나님이 나의 문제를 모두 맡아 주신다.

다윗은 안타까워 외친다.

'내 영혼아 네가 어찌하여 낙심하며 어찌하여 내 속에서 불안해하는가.'^{시 42:5,11, 43:5} 오늘의 실패를 낙심하지 마라. 오늘의 고난을 불안해하지 말고 모두 고해 드려라. 하나님의 섭리 안에 있으니 믿는 자의 끝을 언제나 선으로 인도하심을 믿으라. 우매한 우리가 그 깊으신 하나님의 뜻을 이해하지 못하고 있을 뿐이다.

다음으로, 기도는 하나님의 뜻을 구하는 것이다.

기도하고 간구하는 것은 결코 우리의 뜻과 소망을 관철하려는 것이 아니다. 우리가 인생의 목표를 세우고 긍정적인 생각만을 가지고 우리의 뜻을 관철하려고 해서도 안 된다. 큰일과 감당하지 못할 놀라운 일을 구하려고 힘쓰지도 말라.^{시 131:1} 그러한 기도는 돌에 부딪치고 우리를 낙심하게 할 뿐이다.^{롬 9:32}

예수님 앞에 선 문둥병자와 같이, 기도는 하나님의 절대적인 권세를 인정하고 하나님의 뜻과 생각을 구하는 것이다.

"원하시면 저를 깨끗하게 하실 수 있나이다."^{마 8:1-4}

기도는 하나님의 능력과 하나님의 역사하심을 구하는 것이다.

그러면 성령 하나님은 하나님의 뜻대로 우리를 인도해 가신다.^{잠 3:5-6} 우리의 뜻이 아닌 하나님의 섭리대로 이루어 가신다. 우리가 그분의 뜻을 당장은 알 수도 없고 완전히 이해할 수도 없을 뿐이다. 인간의 감각이나 판단기능은 한계가 뚜렷하기 때문이다.

그래서 우리는 기도를 통해 하나님께 우리의 사정을 낱낱이 아뢰고 주님께 어떻게 생각하시는지를 묻고, 내가 어떻게 해야 할지, 주의 길을 알려 주시고 주를 알게 해 달라고 기도드리자.

끝으로, 낱낱이 아뢰었으면 하나님의 응답을 기다려라.

간구하고 묵상하면 반드시 응답하신다.

나는 다혈질인 내 성격대로 나의 간구함을 속사포처럼 올려 드리고 기도를 마쳤다. 하나님의 응답을 경청할 틈도 없이 아멘하고 일어났다.

잘못된 기도습관이다. 간구 드렸으면 하나님의 응답을 듣기 위해 시간을 가지고 묵상하여야 한다.

기도하는 중에 내적인 감동을 받고 찔림을 얻게 되었다면 성령이 역사하신 증거이다. 하나님의 음성을 듣게 되면 말씀대로 순종하고 행하라. 기쁘신 뜻대로 소명을 다하라. 찔림 그대로 우리의 삶속에서 실천함으로써 생활의 변화를 가져올 수 있다면 하나님의 큰 은혜이시다.

변하는 것은 우리들의 의지적인 선택의 결과이고, 그에 합당한 대가도 치러야 한다. 그러나 매일 매일 변화하는 삶을 산다는 것은 우리들이 하나님으로부터 선택받았다는 증거가 될 것이다.

사랑하는 아들들아! 너희는 할 수 있는 모든 것을 매일 아뢰고 간구하여라. 그리하면 하나님께서는 너희 스스로는 전혀 할 수 없었던 방법으로 일을 해결해 가신다.

너희가 가능한 방법으로 기도드리면 하나님께서는 불가능한 방법으로 답을 주신다.

주님! 기도는 그리스도인의 표지이자 순종의 창구이고 축복의 창구임을
알게 해 주셔서 감사드립니다. 기도를 통해 하나님의 음성을 듣고자 합니다.
주님의 얼굴을 보여주시고 말씀으로 인도해 주소서.
모든 선한 일을 할 수 있도록 저를 온전하게 하사 하나님의 뜻을 이루는
영광의 도구로 삼아 주소서. 주님의 용사된 내게 주님의 일 맡기소서.
예수님이 다시 이 땅에 오시도록
저를 통해 이 땅에서 하나님의 뜻을 모두 이루소서.

Thankfulness Came
Like a Gentle Breeze

6. 항상 우리를 지켜 주신다.

내일 일을 걱정하지 말라. 한 날의 괴로움은 그 날에 겪은 것으로 족하다. 마 6:34

하나님께서는 전지전능하셔서 우리의 모자람을 우리보다 더 잘 아신다. 그러나 우리의 모자람을 채워주실 때에는 필요보다도 우리의 믿음을 먼저 보신다. 우리의 중심을 보신다. 믿음으로 여호와의 이름을 부르는 자, 이웃에게 사랑을 베푸는 자, 여호와를 경외하는 자에게는 구하는 것 보다도 훨씬 크고 풍성한 은혜로 채워 주신다.

Yahweh Nissi
여호와 닛시 하나님은 우리의 깃발이시다.

모세는 여호수아에게, 아말렉과의 전투에서 하나님의 지팡이를 손에 들고 언덕 꼭대기에 서 있겠다고 하였다. 비록 나가 싸우는 것은 여호수아의 군대이지만 뒤에서는 모세가 합심하여 기도드렸더니 여호와께서도 군대를 보내시어 함께 싸워주셨다. 출 17:8-16

전쟁은 여호와 하나님께 속한 것이다.

우리의 힘이 모자란다고 느낄 때 모든 것을 하나님의 뜻에 맡겨드리면, 하나님은 우리를 적으로부터 보호해 주시고 승리할 수 있도록 인도하시는 깃발이 되신다.

'적군과 싸우려할 때 적군의 병거와 말과 백성이 너보다 많을지라도 두려워 말라. 너희 하나님 여호와가 너희와 함께 싸우시고 구해 주신다.' 신 20:1-4

다윗이 하나님의 백성을 조롱하는 골리앗을 상대해서 싸우러 나갈 때 홀로 나가지 않았다. 여호와 하나님이 함께 나가서 싸우셨다.삼상 17:47 그곳은 하나님의 천군천사가 함께하시는 마하나임(Mahanaim) 캠프가 되었다.창 32:2

하나님께서는 우리가 상상할 수 없는 방법으로 하나님의 백성을 지키시고 보호하신다. 악인들의 눈을 감기시고, 때로는 사람을 보내 해결해 주셨다.

엘리사를 죽이려고 도단까지 찾아와 성을 에워싼 많은 아람 군사들의 눈을 어둡게 하시어 엘리사를 구해 주셨다.왕하 6:8-18 소돔 백성들이 롯을 밀치고 문을 깨뜨리려하자 그들의 눈을 어둡게 하여 문을 찾지 못하게 하시고 의인을 보지 못하게 하셨다.창 19:9-11

때로는 우리가 전혀 생각하지 않았던 사람을 보내 문제를 해결해 주신다. 바락이 철병거 군대의 장군 시스라를 추격하던 중에 마침내 그를 죽인 사람은 바락이 아니고 장막 안에 살던 헤벨의 아내 야엘이었다. 가나안 왕 야빈을 이스라엘에게 굴복하게 하는 데 힘없는 아낙네인 야엘을 사용하셨다.삿 4:22-23 하나님은 언약하신 말씀을 이루기 위해 필요한 사람을 미리 준비하시고 이루시는 분이시다.

하나님은 승리의 하나님이시다.

간절히 기도하고 모든 것을 하나님께 맡겨드려라.

히스기야 왕은 앗수르의 산헤립 왕으로부터 침략을 받아 패망의 위기에 처하고, 그로부터 신성모독의 편지까지 받게 되자 하나님 성전에서 그 편지를 펼쳐 보이면서 간절히 기도드렸다.

"내가 너의 기도를 들었고, 네 눈물을 보았노라." 사 38:5

그렇다. 우리도 억울한 일로 고소를 당하거나 소송을 당했을 때가 많다. 그럴 때마다 히스기야 왕과 같이 고소장이나 소장을 가지고 하나님께 펼쳐 보이고 간절히 호소해보라. 하나님께서는 고소내용 하나하나를 열람하시고 반드시 응답하실 것이다. 왕하 19:14-15

가진 것 없이 미국으로 와서 하나님만 바라볼 때 나에게도 하나님이 개입하셨다. 제자들의 고발내용을 아뢰고, 학교의 교수직 해임통지서와 결정문을 펼쳐 보이고 눈물로 기도드렸다. 그러자 여호와 하나님께서는 나의 좁은 시야를 넓혀 주시고 인내함을 일깨워 주셨다. 하나님께서는 그 어떤 것도 나를 해치지 못할 것이라는 위로의 성령도 보내 주셨다. 눅 10:19

'주께서 우리의 모든 일도 우리를 위해 이루심이니이다.' 사 26:12

조용히 기도하는 가운데 하나님의 목소리를 들으라. 그리고 말씀대로 행동하면 우리에게 승리를 안겨 주신다.

'너는 지는 것이 이기는 것이다.'

사람의 지혜로는 알 수 없다. 그러나 예수님이 내 안에 오시면 세상의 방식이 아닌 하나님께서 일하시는 방식을 알게 된다. 억울함을 조용히 참고 하나님만을 의지할 때 하나님께서 일하신다는 비밀을 알게 된다. 여호와 하나님은 맹렬한 불과 같이 앞서 진군하시어 원수마귀를 물리치시고 모든 문제를 해결해 주신다.

'우리는 주만 의지하고 주의 이름을 부르리이다.'사 26:13

하나님은 항상 우리 편이시고 나의 원수 마귀를 쫓아내시는 여호와 닛시이시다.출 17:16

Jehovah Rapha
여호와 라파 하나님은 우리를 치료해 주신다.

바디매오는, 나사렛 예수님이 지나가신다는 말을 듣고 있는 힘을 다해 소리치기 시작했다.

"다윗의 자손 예수여, 나를 불쌍히 여겨 주십시오!"

많은 사람들이 그를 꾸짖으며 조용히 하라고 했다. 그러나 그는 더더욱 소리 높여 외쳤다.

"너의 믿음이 너를 구하였느니라."막 10:47-48

예수님의 말씀 한마디로 그는 바로 시력을 회복하고, 예수님을 따라나설 수 있었다.

혈우병을 앓는 여인은 예수님의 겉옷이라도 만져보려고 군중을 뚫고 손을 뻗쳤다.마 9:20-22 그분의 옷자락이라도 만질 수 있다면 나을 것이라는 믿음이 있었다.

자기 딸을 구하려는 가나안 여인은 인종적인 차별을 뛰어넘어 겸손한 마음으로 간절히 기도드렸다.마 15:20-28

"여인이여 너의 믿음이 크도다. 너의 소원대로 될 것이다."

병상에 누워있는 중풍환자를 치료하기 위해 친구들은 예수님이 계시는 집의 지붕을 뚫고 침상을 내려 환자를 예수님께 다가가게 했다.막 2:1-12 예수님께서는 그들의 믿음을 보셨다.

"아들아 너의 죄가 용서 받았느니라."

예수님께서는 간절히 기도하고, 간절히 요구하는 자들에게 구원을 베푸셨다.

'your faith has healed you.'

너희 믿음이 너희를 구하였다.

하나님은 우리가 기도하고 믿음으로 구하면 삶의 모든 상처를 치유해주신다고 약속하신다. 떠도는 민간요법이나 우리들의 돈 주머니만을 노리는 사람들의 말에 좌우되어 갈팡질팡할 필요가 없다.

검사로 재직하던 시절 무덤을 파고 떠온 시체 썩은 물을 성수라고 하여 그 말을 믿는 사람들에게 고액을 받고 판 혐의로 어떤 무당 할머니를 사기죄 등으로 구속하였다. 피해자 중에는 유력인사도 있었다는 것을 알고 너무 놀란 적이 있다. 인간이 얼마나 어리석으면 그러한 혼탁한 물도 성수로 믿고 마실 수 있었을까? 동료 검사의 말에 의하면 지렁이를 광주리에 넣고 놀라게 하면 엑기스를 품어 내는데 그것이 만병통치약이라고 거짓말하고 팔며, 이를 사먹는 이도 있다고 한다. 자신의 건강을 위해서 인간은 얼마나 더 어리석을 수 있을까 놀랍기만 하다.

그런 민간요법이나 무당의 속임수가 우리를 고통으로부터 구해 주는 것은 아니다.

"이집트의 딸들아! 길르앗으로 올라가 유향을 취하라. 네가 헛되이 많은 약을 쓰나 네게는 치유가 없다."렘 46:11

열정적인 찬양과 간절히 구하는 기도가 그들을 오랜 고통으로부터 벗어나게 해 주었다. 더 이상 의지할 곳이 없는 상태에서 오로지 하나님께 드리는 간절한 기도를 들어 주셨다. 구하는 것을 모두 주신다는 오직 믿음만이 그들을 일어날 수 있게 하였다.

나는 잠깐이면 돌아갈 것이라고 생각하고 홀로 미국에 왔다. 미국에서 나를 가장 힘들게 한 것은 나의 일로부터, 사회적 관계로부터, 열정으로부터 고립되었다는 것이다.

고립은 누구에게나 혹독한 고통으로 다가온다. 많은 사람들 사이에 갇혀있는 것 같지만 투명인간으로 존재한다는 것 그 자체가 감옥이다. 인간에게 가장 큰 저주는 무관심이다. 같이 있으나 존재를 부정 당하는 것, 차라리 시기와 질투는 왜곡되었지만 그나마 관심을 가지고 있다는 증거이다. 사람이 살아있다는 증거이다. 그러나 무관심은 당하는 이로 하여금 절망케 한다. 옆에 있지만 없는 사람처럼 취급 당하는 것, 오늘도 그들에게 다가가 보지만 여지없이 상처만이 돌아왔다.

점차 기도하는 가운데 우리 주 예수 그리스도만이 진정한 치유의 하나님이심을 깨닫게 되었다. 인간으로 오셔서 잠깐이나마 하나님 아버지로부터 버림받아 고립되셨으나 눈물로 기도드리고 하늘나라 보좌에 오르신 예수님만을 꼭 붙잡고 용기를 내어 일어 날 수 있었다. 예수님은 나를 버리지 않으셨다. 오히려 예수님은 상처받은 치유자로서, 내 곁에 다가와 나의 눈물을 닦아 주시고 길르앗의 유향처럼 나에게 새로운 삶의 향기가 되셨다.

주여! 내가 예수님의 도움으로 상처를 치유 받음 같이 나도 고난 중에 있는 자들에게 찾아가 그리스도의 향기를 전하고 싶습니다. 사랑한다는 단 한 마디의 말이나 몸짓으로 그들에게 다가가 새로운 소망이 되기를 원합니다. 고통을 받아본 자로서, 삶의 가치를 찾으려 했던 사회로부터 혹독하게 고립되어 본 자로서 내 경험을 치유의 방법으로 사용하고 싶습니다.

상처를 통해, 고난을 통해 남의 아픔을 이해할 수 있었고, 하나님의 구원의 약속을 체험으로 깨달을 수 있었습니다. 상처를 받아 본 자로서 상처받은 이들에게, 결코 혼자가 아니라 예수님께서 늘 함께 하신다는 것을 알리는 메신저가 되게 하소서. 고난 중에 있는 그들에게 예수님의 능력과 선하심을 보여주기를 원합니다.

하나님께 우리의 상한 마음을 치유해 주시고, 육신의 병을 깨끗케 해 달라고 간절히 기도드리자. 그러면 아버지께서는 예수님의 이름으로 성령님을 보내시어 병을 치료해 주시고 위로해 주신다. 요 16:23

Yahweh Yireh
여호와 이레 하나님은 우리의 복을 예비하신다.

여호와 하나님의 천사가 하늘에서 아브라함을 불렀다.

"아브라함아, 네가 네 아들, 곧 네 외아들까지도 내게 아끼지 않았으니 이제 네가 나를 경외하는 것을 내가 알았노라." 창 22:11-12

하나님께서는 외아들 이삭보다도 하나님을 더 사랑한 아브라함을 믿음의 조상이라고 칭찬하셨다. 아브라함이 고개를 들어보니 숫양 한 마리가 덤불에 뿔이 걸린 채 준비되어 있었다. 아브라함은 가서 그 양을 잡아 자기 아들 대신 번제물로 드렸다. 창 22:13

"번제할 어린 양은 하나님께서 친히 준비하시리라." 창 22:8

아브라함의 믿음은 그대로 이루어졌다. 아브라함에게 이삭을 주셨고, 후손을 크게 번성케 하시겠다는 언약의 말씀을 그는 한 치의 의심 없이 굳게 믿었다. 창 17:1-2, 19 아브라함은 그 땅의 이름을 '여호와 이레'라 하였다. 창 22:14

이와 같이 하나님께서는 복을 주시기 전에 우리의 믿음을 시험하시기도 하신다. 아브라함이 약속의 자녀 이삭을 아비멜렉과의 계약으로 보호받으려 한 생각을 질책하셨고,^{창 22:1-2} 시험하셨듯이 우리도 구하기 전에 우리가 회개할 일이 없는지 믿음으로 행동 해 보이기를 기다리신다. 복을 주시되 시험을 허락하시는 이유이다.

하나님께서는 히스기야 왕에게 많은 복을 주셨다.

하나님께서는 305년 전 다윗에게 언약하신대로 다윗의 믿음을 보시고 그의 후손인 히스기야 왕에게 복을 주셨다. 히스기야 왕은 하나님의 도움을 받아 산헤립의 침공을 막아낼 수 있었고^{대하 32:1-23} 그가 중한 병에 걸려 사경을 헤맬 때에도 하나님은 그를 회복해 주시고 생명을 15년이나 연장시켜 주시는 복을 주셨다.^{대하 32:24-26}

그러한 히스기야도 시험에 빠지고 말았다.

바벨론의 므로닥 발라단 왕의 사절단에게 자신의 보물들과 무기고 등 나라의 모든 것을 보여주며 자신을 자랑하고 만 것이었다.^{대하 32:25-31, 사 39:1-2}

사절단은 겉모습으로 히스기야 왕의 회복을 축하하러 온 것이었지만 내심은 염탐하러 온 것이었다. 히스기야가 바벨론에게 하나님의 전능하신 능력을 보였더라면 좋았을 것을 자신의 공로를 드러내고 무기고 등을 보여주며 자랑하였으니 화를 자초하고 만 것이다. 우리도 때때로 하나님의 영광을 자신의 공로로 자랑하고 교만해 지기도 한다. 받은 은사를 자신의 공로로 자랑하지 않도록 믿는 사람은 항상 조심하여야 한다.

히스기야는 결국 화를 당하였다. 그의 아들 므낫세 왕이 그들로부터 침공을 받아 바벨론으로 끌려가는 수치를 당하였으니 얼마나 안타까운 일인가? 히스기야 왕이 자랑하던 그 많은 보물도 모두 빼앗겼음은 물론이다.

하나님께서는 기도하는 우리의 마음을 보시고, 때로는 우리를 시험하기도 하신다. 우리에게 가장 사랑하는 것을 내놓으라고 하신다. 하나님보다 재물이나 명예, 권력을 더 사랑하는 것이 아닌지 시험하신다. 아브라함에게 하셨던 것처럼 시험에 통과되면 우리는 물론 2, 3대 후손과 몇 백년후의 자녀들에게까지 복을 예비하시는 여호와이레 하나님이시다.

엘 샤다이 하나님은 우리의 피난처이시다.
El Shaddai

하나님은 우리를 보살펴 주시고 감싸주시는 우리의 피난처이시다.

전지전능하신 주님은 우리의 안보를 책임져 주신다. 하나님이 함께 하신다는 믿음이 가장 큰 믿음이다. 마음으로 믿고 입으로 선포하면 마른 땅을 물 댄 동산 같이 절망을 새로운 소망으로 바꾸어 주신다. 하나님은 우리의 보호자가 되시고 후원자이시기 때문이다.

여호와께서는 바벨론의 포로생활에서 석방되어 이스라엘로 돌아가는 하나님의 자녀들을 보호하사, 미리 적국의 동정을 살피시고 보병과 마병을 보내시어 예루살렘으로 돌아가는 길을 지켜 주셨고, 허물어진 예루살렘의 성벽을 복원할 수 있도록 미리 아시고 궁중창고의 재물까지 넘치게 채워주셨다. 스 7:20, 8:21-23

우리의 피난처이신 하나님과 함께하는 한 우리는 결코 죽지 않을 것이다.

우리에게 새로운 사명이 있다면 우리의 삶은 아직 끝나지 않았다. 백성들에게 생명의 말씀을 전하라고 베드로에게는 옥문을 열어 주셨다. 그들의 원수인 바리새인 가말리엘[4] 의 입을 통해서도 살려 주셨다.
행 5:18-20, 34-40

---

4 성령을 받기 전의 사울의 선생

교회의 목사님이 권면하시는 일 즉, 성경을 원고지에 필사하는 일을 열심히 하면 그 일이 끝날 때까지 하나님께서는 자신을 살려주시고 건강도 주실 것이라는 어느 장로님의 믿음 또한 성령이 주신 은혜이시다.

하나님께서는 우리에게 한번 사명을 주시면 사명을 다할 때까지 권세를 주시고, 보호하고 지켜주신다는 믿음이 중요하다.

엘리야가 40일 밤낮을 걸어 400마일 거리인 호렙산에 도착하기 까지 하나님께서는 천사를 보내 두 번이나 먹을 빵과 음료를 주시어 살려 주셨다. 첫 번째 음식은 지치고 나약해진 엘리야에게 Healing을 위해 주신 것이요, 두 번째 음식은 그에게 사명을 주시기 위한 것이었다. 이세벨의 위협으로부터 도망쳐 차라리 '목숨을 가져가 달라'는 그의 외침에도 불구하고 아직 그에게는 사명이 남아있기에 회복시켜 주시고 능력을 주셨다. 다시 이스라엘로 돌아가 세 사람 곧, 아람 왕(하사엘)과 북이스라엘 왕(예후) 그리고 엘리사에게 기름을 부으라는 사명을 주셨다.

세례 요한 또한 예수님께 물세례를 주어 그를 세상에 드러내어 하나님의 아들이심을 증언한 뒤 감옥에 갇혔다가 제자를 보내 예수님이 그리스도이심을 확인한 후에야 비로소 죽임을 당하였다. 주의 길을 준비하고 오실 길을 곧게 하는 그의 사명을 다한 후이었다.^{마 11:1-6, 14장, 막 1:3}

마음을 강하게 하고 담대히 하라. 중요한 것은 네가 하나님의 택함을 받았고 소명을 받았다는 것이다. 우리의 약함을 다 알고 계시는 하나님이시다. 떨지 마라. 하나님 여호와께서 우리의 곁을 떠나지 아니하시고 버리지 아니하신다.^{신 31:6} 성령을 통해 인도하신다.

그렇다. 나에게도 아직 소명이 있다면 죽이지는 않을 것이라는 용기가 생겼다. "원수 마귀가 너를 죽이려고 미쳐있을지라도 너는 결코 죽지 않으리라"는 주님의 목소리가 들렸다.

다윗이 사울로부터 쫓기는 모진 고통 중에서도 하나님의 인도하심 따라 마음의 안식과 평화를 누릴 수 있었듯이 시 23:1-2 하나님은 항상 나의 피난처가 되시고 나를 지켜주신다. 시 16:1 하나님은 위로의 하나님이시고 평강의 하나님이시다.

"나는 전능한 하나님이라. 생육하며 번성하라....왕들이 네 허리에서 나오리라." 창 35:11

"네가 나를 사랑하느냐?" 요 21:15-17

베드로는 예수님께서 바라시는 아가페 사랑을 감당할 수 없었다. 달면 삼키고 쓰면 버리고 마는 인간적인 사랑 밖에 할 수 없었던 자신을 예수님께 진정으로 고백하고 용서를 빌었다. 그러자 예수님께서는 그의 나약함을 아시고 소명을 주시되 그를 강하게 만들어 사용하셨다.

하나님은 그의 이름을 부르는 자에게 합당한 기도 제목을 주시고 모든 것을 이루어 가신다.

믿음이 부족하면 아무것도 이룰 수 없음을 깨닫게 해 주시고, 간절한 기도와 확실한 믿음으로 고난을 이길 수 있도록 지혜와 용기를 주셔서 감사합니다. 하나님의 이름을 부르짖고 온전히 하나님께 의탁하였사오니 늘 기억해 주옵소서.

Thankfulness Came
Like a Gentle Breeze

7. 요나는 회개를 통해 하나님과 동행하였다.

내가 말하기를 내가 주의 목전에서 쫓겨났을지라도 다시 주의 성전을 바라보겠다 하였나이다. 욘 2:4

아밋대의 아들 요나는 하나님을 믿는다고 하면서도 하나님의 뜻을 살피지 않고 자기중심으로 하나님을 믿었다. 하나님이 주신 사명에 대해 자신의 판단이나 편견, 두려움을 가지고 끊임없이 불평하였다. 그는 하나님을 온전히 영접하지 못한 방탕한 선지자이었다.

하지만 그는 거듭된 회개와 용서를 통해 자신을 버림으로써 들림을 받아 참 진리를 깨달을 수 있었다.

세상 지식으로 하나님의 명을 거역하였다.

요나⁵⁾는 하나님의 뜻을 거역하고 도망가고 있었다. 이방인의 나라 니느웨(Nineveh)로 가서 복음을 전하라는 하나님의 신성한 명령을 배반하고 반대

---

5 여로보암 2세 시대이고, BC 782-750 앗수르에서 활동한 선지자

편 스페인의 도시 다시스로 가는 배에 올라탄 것이다.욘 1:3

자신의 지식과 기준으로 판단해서 니느웨로 가라는 하나님의 명령을 거절한 것이다. 그는 하나님의 명령을 도저히 이해할 수가 없었다. 니느웨는 이방인의 나라로서 하나님의 은혜를 받을 자격도 없다고 생각하였다.

니느웨는 어떤 곳인가?

니느웨는 앗수르의 수도이고 앗수르는 요나의 고향인 북이스라엘의 적국이었다. 여러 차례 북이스라엘을 침공함으로써 자신들을 괴롭혔던 나라이다. 당시 유대인들은 선민의식에서 이방민족 니느웨 사람들을 천시하면서도 그들에게 보이지 않는 두려움을 가지고 있었다.

이러한 편견이나 실체 없는 두려움은 참 무섭다. 나는 대학 4학년 때, 친구가 결혼한다고 하여 혜화동 성당에 갔다. 성당 안으로 들어가는 것이 얼마나 두렵고 떨렸던지 입구에 들어가기에 앞서 천장을 올려보면서 한 발짝 한 발짝 들어갔다. 천장이 무너져 내리지 않을까 두려웠기 때문이다. 기독교인으로서 잘못배운 편견으로 성당에 들어가는 자체가 두려웠던 것이다. 천장이 무너질 이유가 없지 않은가? 모태신앙을 가진 자로서 부끄러울 뿐이다. 잘못 배웠다. 천주교를 제대로 알지도 못하면서 실체가 없는 두려움을 가지기 보다는 무엇이 참 진리인지, 어느 것이 더 하나님 뜻에 합당한지 여부를 제대로 비교해 보고 배울 것은 배우고, 비판할 것은 비판하는 것이 무엇보다 중요하지 않을까?

하나님께서는 40일 이내 니느웨를 멸하시겠다고 분명히 말씀하셨다. 그래서 요나는 그 말씀을 인용하면서 하나님의 명령을 거부한 자신의 행동을 정당화하려 하였다. 결국 멸망할 것이라면 굳이 선교할 이유가 없다는 것이다. 사람은 자신의 잘못을 정당화하기 위해 때로는 성경을 인용하는 경우도 있다.

사탄도 예수님을 시험을 하면서 하나님의 말씀을 인용하였다.

"네가 하나님의 아들이라면 여기서 뛰어내려 보아라. 성경에는 '하나님이 천사들에게 명령하여 손으로 너를 붙들어서 네 발이 돌에 부딪히지 않게 하실 것이다'라고 쓰여 있다."

사탄은 예수님께 높은 곳에서 뛰어 내리라고 유혹하였다.

그러나 예수님께서는 오히려 사탄을 타이르셨다.

"또 기록되었으되, 주 너의 하나님을 시험하지 말라 하였느니라."^{마 4:6-7, 신 6:16}

성경이 말하고자 하는 진리는 하나이다. 하나님께서는 사람을 사랑하사 생명이신 예수님을 대속 제물로 보내시어 우리의 죄를 깨끗이 씻어 주시고 그를 믿는 자마다 영원한 생명을 주시고 자유를 주셨다.

믿음은 완전한 것이어야 한다. 세상 것에 미련을 두고 인간의 이성으로 판단해서 선택적으로 믿을 것은 아니다.

창조주이신 하나님의 오묘한 뜻을 피조물이 다 이해할 수는 없다. 믿는 사람에게 고난을 허락하시는 하나님의 뜻을 제대로 알지 못한다고 하여 놀랄만한 일도 아니다. 인간의 지식은 한계가 있기 때문이다. 우리는 하나님의 뜻에 의지하고 완전히 순종하면 된다. 인간의 지식으로 반쪽만의 행함으로, 하나님을 온전히 믿을 수는 없다.

그런데도 우리는 하나님의 말씀을 우리의 지식으로 판단하고 자신의 잣대로 재단해서 인용하고 자신의 행동을 정당화하려고 하고 있다.

세상의 지혜 있는 자는 자기가 판 웅덩이에 빠지고, 자기가 숨긴 그물에 걸리게 된다.^{시 9:15} 모세오경을 암송하고 성경의 권위자라고 하는 율법학자나 바리새인들이 예수님을 메시아로 받아들이지 못하고 끝내 그를 부정한 이유도 성경을 그들 나름대로 해석하고 오해하였기 때문이다. 말씀이 그들에게는 오히려 예수님을 죽이는 흉기가 된 것이었다.

입다가 여호와께 서원한 것으로 죽게 된 입다의 딸은, 아버지에게 처녀로 죽게 된 것을 애곡하기 위해 두 달간의 시간을 달라고 하였다. 이는 처녀가 남편 없이 자식을 낳지 못하고 죽은 것에 대해 수치로 생각하는 이스라엘의 관습이 되었다. 이러한 관습을 누구보다도 잘 알고 있던 율법학자나 바리새인들이 신랑으로 오신 예수님을 메시아로 영접하지 못한 채 영원한 생명을 얻지 못하고 사망에 이르게 된 것을 통곡해야 한다고 성경은 예언하고 있다.^{삿 11:34-40}

요나 또한 자신의 지식으로 하나님의 말씀을 왜곡하고 하나님의 명령을 어기는 중죄를 저지른 것이다. 이처럼 방자한 요나에게 하나님께서는 고난을 허락하시어 회개하도록 하셨다. 요나가 탄 배위로 광풍을 보내시어 경고하신 것이다.

교만은 인간을 분열하게 한다.

폭풍우가 점점 심해지고 요나가 탄 배가 좌초될 위기에 처하자 뱃사람들은 각자의 신들에게 주문을 외우며 엎드려 빌어 보았다. 그러나 아무런 효험이 없었다. 곧이어 알지 못하는 신(unknown god)의 특별한 계시가 있는 것이라고 생각하게 되었다. 하나님이 뿌려 놓으신 양심의 씨앗이 싹을 튼 것이다. 그래서 제비뽑기라도 해서 원인을 찾아보자고 제안하였다.^{욘 1:7}

섭리하신대로 요나가 제비뽑기에 당첨되었다. 뱃사람들은 요나에게 이름과 출신지역, 그리고 민족성을 물었다.

요나는 망설이지 않고 세 번째 물음에 대해 먼저 대답하였다.

"나는 유대인이요!"^{욘 1:9}

요나는 왜 민족성을 먼저 거론했을까? 유대인이 섬기는 하나님께서 진노하셔서 광풍이 불었다는 답변이었을까?

그렇지는 않은 것 같다. 요나가 '하나님이 진노하셨다'고 말한 것이 아니기 때문이다. 단순히 자기 자신을 '유대인'이라고 먼저 소개한 것뿐이다. 자신의 민족성을 앞세운 것이었다. 자신들만이 하나님을 믿는 특권을 가진 선민(選民)이라는 교만함을 드러낸 것이다.

선민의식을 가지고, 교만함을 드러내는 것은 상대방의 시기와 질투를 낳고 분쟁과 분열을 초래할 뿐이다.^{잠 28:25}

예수님께서는 유대인이라는 이유만으로 아브라함의 자손이 된다고 안일하게 생각하는 사람들에게 일갈하셨다.

"하나님이 능히 이 돌들로도 아브라함의 자손이 되게 하시리라."^{마 3:9}

유대인들이 아직도 하나님의 사랑을 받고 있는 것은 사실이다. 그것은 아브라함과 이삭, 야곱에 대한 언약이 있었기 때문이다.^{롬 11:28} 그렇다고 선택받은 민족, 택함을 받은 집안의 후손이라고 스스로를 높일 것은 아니다. 하나님과의 관계는 개인적이다. 아버지로부터 아들에게 혈육이나 족보로 상속되는 것이 아니기 때문이다.

요나는 이러한 진실에 눈을 감고 말았다. 알려고 하지도 않았다. 믿음 가운데 이방인이건 유대인이건 모두가 한 성령으로 세례 받아 한 몸이 되는 지체인 줄을 그는 몰랐다.

인간은 민족성이나 자신의 출신성분을 가지고 서로가 파당을 짓고 자만심을 가지려는 유혹에 빠진다. 우리도 몸소 체험하였다. TK다, 준(準) TK다. 부산이나 호남, 광주출신이라고 하면서 파당을 지었다.

우리나라도 한 동안 지역성에 따라 정치적 색깔도 달랐다. 그래서인지 전라도에서 태어난 나로서는 공직생활 중에 많은 불이익을 받았다. 6.25때 월남하신 아버지가 전라도 태생의 어머니와 결혼하여 그곳에서 재판상 호적을 얻었고 우리 식구는 내가 초등학생 때 서울로 올라왔다.

그런데 TK출신 정권 때에는 주변에서 나를 호남출신으로 분류하였고, 호남 정권 때에는 비호남으로 분류하여 공직 생활동안 내내 불편함을 겪었다.

이러한 파벌성이나 지역, 출신 계파는 자신이나 주변사람들에게 분열을 초래해서 하나님에 대한 사랑을 전달하고 실천하는 데 장애물이 된다. 상대적으로 불이익을 받는 자들에게는 넘어지게 하는 가라지가 되기 때문이다.

예수님은 우리에게 사랑을 주러 오셨다. 오셔서 우리의 지식이 아니라 우리의 생명이 되셨다. 인간의 지식은 우리를 교만하게 하고 온통 정죄하고 분열케 하지만 생명은 우리를 사랑으로 나누어 주고 화합하게 한다. 예수님이 우리 안에 오시면 우리는 없고 오직 예수 한분만이 살아계신다. 기독교인이라고 하면서도, 자신들만의 이익이나 행복을 구한다면 예수님의 참 진리, 참 사랑을 제대로 알지 못한 자들이다. 매일 불평하는 방탕한 요나와 같이, 주인으로부터 한 달란트를 받아 땅에 묻어 숨겨놓은 게으른 종과 같이,^{마 25:24-28} 예수님을 영접하지 못하는 유대인과 같이 자기중심의 신앙, 자기 파벌들만을 위한 은사에 그쳐서는 안 된다.

"나를 바다에 던지시오."^{욘 1:12}

요나는 자신이 제비뽑기에 당첨이 되자 하나님 앞에 무릎을 꿇을 수밖에 없었다. 자신의 교만함을 버렸다. 자신의 잘못을 회개하면서 자기자신의 모든 것을 내려놓고 하나님께 온전히 의지하였다.

민족성을 앞세워 자신의 우월성을 드러내고, 이방인의 사역을 거부하던 그가 갑자기 이방인들을 위해 죽겠다고 나섰다. 자신을 바다에 던져 죽이라고 한다. 놀라운 반전이고 기적이다.

요나는 하나님의 부르심에 거역한 죄가 얼마나 무서운 것인 줄을 알고 있었다. 반면에 이방인들은 그를 죽일 수 없다고 주춤하였다. 그런 잔인한 짓을 차마 하지 못하겠다고 거절하였다. 뱃사람들은 그가 얼마나 큰 죄를 저지른 것인지를 몰랐기 때문이다. 그래서 죄 없는 무고한 자를 죽이는 것은 오히려 죄가 된다고 생각하였다. 그들은 이미 하나님이 뿌려놓으신 양심을 통해 죄의식을 가지고 있었다.

뱃사람들이 요나를 죽이는 것을 주저하고 있다. 그들은 이유 없이 요나를 바다에 던져 죽이는 것을 주저하고 있었던 것이다. 이런 모습을 바라보고 요나는 무엇을 말하고 싶었을까?

성경은 앞으로 오실 예수님의 고난을 예표하고 있다. 그러면서 주저함이 없이 예수님을 십자가에 매달아 죽이려는 유대인들의 어리석음과 대조시키고 있다. 그들은 단순히 시기와 질투심만으로, 그들의 기득권을 지키려는 이기심만으로 메시아이심을 부정하고 예수님을 거리낌 없이 죽이고 만 것이다.

요나가 무엇을 잘못했는지, 하나님의 명령을 거역한 요나의 죄가 얼마나 무서운 것인 줄 뱃사람들은 몰랐다. 그러나 예수님을 십자가에 매달은 이스라엘 백성들은 자신들의 죄가 얼마나 큰 죄인 줄 알려고만 했으면 알 수도 있었다.

뱃사람들은 요나에게 간청하였다.

"하나님의 뜻대로 행한 것이니 자신들에게 죄를 묻지 말아 달라."

무죄한 피를 자신들에게 돌리지 말라고 한다.[욘 1:14] 몇 번이고 몇 번이고 다짐 받은 다음에야 그를 바다에 집어 던질 수 있었다.

그러나 예수님을 십자가에 매달은 유대인들은 달랐다.

"그 피를 우리와 우리 자손에게 돌릴지어다."[마 27:25]

자신들이 피 값을 받겠다고 하였다. 인간의 시기심과 질투심은 이렇게 무서운 것이다. 자신과 지지자들만의 기득권이나 권력을 위해 다른 사람을 감옥에 가두고 쉽게 죽일 수도 있는 것이 인간이다. 그러고도 자신들이 그 사람의 피 값을 치루겠다고 한다. 끝까지 자신들의 행동은 정당하다고 한다. 얼마나 가증스러운가?

요나를 바다에 던지는 순간 바다가 조용해졌다. 하나님의 기적을 체험하는 순간이었다.^{욘 1:15} 조금 전 까지 기세등등하게 모든 것을 집어 삼킬 것 같은 파도가 갑자기 순한 양처럼 잠잠해 진 것이다.

하나님의 팔, 하나님의 능력, 살아계신 하나님의 임재하심을 눈으로 직접 보는 순간이었다. 그때서야 뱃사람들은 요나의 두려움이 무엇이었고, 죄의 대가가 얼마나 무서운 것이었는지를 알았던 것이다.

요나는 자신의 담대한 희생을 통해 이방인들로 하여금 하나님의 놀라운 능력을 체험하게 해 주었다. 그렇게 싫어하던 이방인들에게 몸을 바쳐 하나님의 말씀을 선포한 셈이 되었다.

보고서에 의하면 최근 전도를 하다가 순교를 당한 사람이 년 간 30만 명을 상회한다고 한다. 예수님을 믿는다는 이유만으로 사자에게 찢기고 칼과 총으로 죽임을 당하는 모습 그 자체가 예수님을 믿지 않는 구경하는 자들에게 강한 복음의 메시지가 되고 있음을 우리는 기억한다. 결국 기독교를 거세게 박해하던 로마제국이 기독교를 정식으로 공인하고 국교로 삼은 역사가 이를 말해주고 있다. 순교는 자신의 희생을 통해 택함을 받은 사람들을 구원하시려는 예수님의 사랑을 드러내 보이는 것이다. 잠시 잠깐의 육의 생명을 위해 영원한 영의 생명을 포기할 수는 없다. 순교는 하나님의 역사하심이고 최후의 선교가 된다.

하나님께서는 광풍을 통해 모든 문제를 한방에 해결하셨다. 놀라운 반전이었다.

요나는 자신을 버리고 모든 것을 하나님께 온전히 의지하면 하나님께서는 자신의 뜻을 이루어 가신다는 것을 깨달았다. 영광의 도구로 온전히 사용하신다는 믿음을 회복하였다. 그리고 소명이 있으면 결코 자신을 죽이지 않으시리라는 확신도 가지게 되었다.

모든 것은 하나님의 예정하심과 섭리 안에 있었다. 자연광풍은 지나가고 곧이어 하나님께서는 물고기를 예비하시어 요나를 삼키게 하셨다. 욘 1:17 하나님의 역사하심에 우연은 없다.

평생을 살면서 누구에게든지 그런 반전의 기회가 있었을 것으로 믿는다. 돌이켜 보면 내 뜻대로 살아온 것은 아무 것도 없다. 독자 여러분도 하나님을 진정으로 영접했을 때 여러분을 통해 하나님의 뜻이 이루어지고, 여러분에게 말씀하신대로 이루어졌음을 믿으시라.

나 또한 진정으로 회개하였다.

요나는 바다의 밑바닥, 산 뿌리까지 떨어져 물고기 뱃속에 들어가서야 비로소 자신의 죄를 회개하고 기도드렸다.

'산 뿌리까지 내려갔다'는 것은 인간이 가장 낮은 곳까지 추락하였다는 것이고, 어리석은 인간은 그때서야 자신의 잘못을 돌이켜 보게 된다는 것을 의미한다.

모든 것을 잃고 더 이상 의지할 곳이 없을 때 비로소 예수님께 온전히 의지하는 방법에 눈을 뜨기 시작한다.

나 또한 부장검사 출신이고 로-스쿨 교수라는 지위를 모두 잃고 쫓겨난 이후에야 비로소 깨달았다. '이것만은 지켜주세요'하고 간절히 빌었지만 그것마저 빼앗아 갔다.

전쟁에 진 장수처럼 인생의 참된 역정에서 발가벗겨진 늙은이가 되어서 깨달았다. 망해야 산다는 말이 실감나게 한다. 내가 가진 모든 것이 예수님 한 분뿐이고, 나에게 필요한 것이 오직 예수님 한 분뿐이라는 것을 알게 되었다. 이제라도 하늘나라 비밀을 알았으니 얼마나 큰 은혜인가? 이제는 나 자신의 모든 자존심에 대해 눈을 감고 스스로는 아무 것도 할 수 없음을 고백하고 있다. 오늘도 스스로를 낮추고 겸손한 자세로 하나님의 자녀로 거듭나기를 성령하나님께 간구하고 있다.

내가 존경하는 어느 교수님은, 믿음은 하나님이 숨겨놓으신 비밀을 찾아가는 여정과 같다고 했다. 어릴 적 술래잡기처럼 꽁꽁 숨겨두신 것이 아니라 찾으려고만 하면 쉽게 찾을 수 있도록 하늘나라 보물을 숨겨놓으셨다. 예수님께서도 비유로 말씀하신 이유도 그와 같다.

'찾으라 그리하면 찾아 낼 것이요'마 7:7

이제는 나 자신의 모든 자존심에 대해 눈을 감고 스스로는 아무 것도 할 수 없음을 고백하고 있다. 오늘도 스스로를 낮추고 겸손한 자세로 하나님이 숨겨놓으신 그 비밀 곧 예수님과 십자가의 보혈만을 알고 하나님의 자녀로 거듭나기를 성령 하나님께 간구드리고 있다.

바울은 고백한다.

"예수 그리스도와 그가 십자가에 못 박히신 것 외에는 아무 것도 알지 아니하기로 작정하였음이라."고전 2:2

여호와께서는 통회하고 마음이 겸손한 자와 함께 거하시면서 겸손한 자의 영을 높이시고 통회하는 자의 마음을 소생케 하신다.사 57:15

하나님께서는 높이 계셔도 낮은 자를 굽어 살피시고 멀리서도 교만한 자를 아신다.^{시 138:6}

자기가 어떤 민족성을 가지고, 어떤 대학을 나오고, 과거 어떤 지위, 무슨 일을 했는지에 대해 완전히 눈을 감게 하신다.

오만한 자세를 버리고, 자기와 다른 생각과 사고를 가진 사람을 인정하며 상대방의 결점은 물론 적대감 까지 용서하라고 하신다. 십자가 위에서 원수까지도 용서하시고 포용하신 예수님의 사랑을 본받아야 한다. 그리고 상대방을 섬길 줄도 알아야 한다. 그것이 진정한 의미의 겸손이다.

법학전문대학원이 처음 생기고, 실무가 출신인 내가 모교의 교수로 바로 들어갔으니 몇 몇 교수들이 당황했나보다. 같은 모교출신이라도 야간학부 출신인 나를 동료 교수로 선뜻 받아 주지 않은 것 같다. 극히 일부 교수들이지만 나를 부르는 호칭은 '어이, 아저씨'였다. 검사시절 일본국 주재 한국대사관에 근무한 경력을 살려 일본 중앙대학과 교류를 추진하던 사업에 대해서도 그들은 협조하지 않았다. ㈔형사소송법학회와 ㈔한국포렌식학회를 창립하고, 포렌식 수사 경험을 살려 추진한 일반대학원내 과학수사학과를 신설할 때에도 그들은 냉담했다.

우리 모두가 하나님께서 그리스도 예수 안에서 각자에게 주어진 은혜에 따라 선한 일을 위하여 지으신바 된 것임을 그들은 몰랐다.

그러나 이제 뒤돌아보니 나도 그들을 인정하지 않고 섬기지 못한 잘못이 있었다. 고개를 숙일 줄 모르고, 겸손할 줄 모르고 고개를 더 꼿꼿이 세운 잘못이 컸다. 합력하여 선을 이루어갈 줄 몰랐다. 내 주변을 탓할 줄만 알았지 내 마음 속의 죄가 얼마나 크고 무서운지를 알지 못했다. 나는 죄인이다. 그럼에도 하나님으로부터 긍휼함을 얻어 구원받았다. 구원을 받은 진정한 기독교인이라면 나 자신에게는 엄정하되 남에게는 관대하여야 한다. 이삭이 눈이 어두워져 야곱에게 장자의 축복을 주었듯이 남을 판단하는 것에는 장님이 되어야 한다.

그리고 남에게 다가서기 위해서는 나에게는 일정한 거리를 두어야 했다. 나를 죽여야 내 안에 계신 성령이 역사하신다는 것을 이제는 깨달았다. 문제는 외부에 있었던 것이 아니라 내부에 있었다. 모든 잘못은 나를 버리지 못한 내 마음 속에 있었고, 해답 또한 내 안에 있었던 것이었다.

하나님 아버지, 알량한 저의 자존심, 저의 교만함을 용서하소서! 내가 주님의 눈앞에서 쫓겨나고서야 알았습니다. 이제껏 그들을 용서하지 못하고 섬기지 못하였음도 용서하소서.

요나는 진실로 회개하였다. 늦게나마 산 뿌리에서 하나님의 뜻을 알고 자신의 민족성을 내려놓고 여호와의 명에 따르기로 작정하였다. 그가 고통을 인내하며 겸손한 마음으로 여호와의 명을 따르고 이방인을 섬기는 자세를 가질 때 하나님께서는 그의 기도를 들어주셨다. 물고기로 하여금 요나를 해안으로 안전하게 뱉어 내게 하셨다.^{욘 2:10} 하나님께서 응답해 주신 것이다.

이웃과 슬픔을 나누듯이 이웃과 함께 기쁨도 나누고 싶습니다.
그런데 이웃의 기쁨이 나의 마음에서 시기와 질투심이 됩니다. 시기와 질투는
비교에서 시작하는 줄도 압니다. 그러나 혼자서는 안 됩니다.
하나님과 동등하게 되려는 나의 자존심을 버리고 하나님의 자녀라는 자긍심으로
살아가기를 원합니다. 성령이 나를 주관하시어 남과 비교하게 하는 사탄의 유혹을
물리칠 수 있도록 인도해 주옵소서.

Thankfulness Came
Like a Gentle Breeze

8. 네가 화내는 것이 옳으냐?

너는 수고하지도 않고 재배하지도 않은 박 넝쿨이 하룻밤에 말라 버린 것을 아꼈거든, 하물며 니느웨는 좌우를 분별하지 못하는 자가 십 이만여 명이요 가축도 많이 있나니 내가 어찌 아끼지 아니하겠느냐."은 4:10-11

「성전 안뜰로 들어오는 이방인은 죽임을 당한다.」

유대인들은 경고 문자를 성전 담벼락에 붙여 이방인의 출입을 금지하였다. 하나님을 믿는다는 것이 그들만의 특권이었기 때문이다.행 21:28 그것이 이방인과의 사이에 막힌 담이었다.

종전에는 검찰이나 법원도 엘리트 코스가 있었다. 법무부 출신이나 법원행정처 출신이 아니면 식사 한 끼도 같이 하지 않으려 했다.

요나 또한 하나님을 믿는 것이 그들 민족만의 특권이었다. 그래서 이방인에게 전도하라는 하나님의 명령을 거절하였다.

한 마음과 한 입으로 하나님께 영광을 돌리도록 부름 받은 자들에게 편견이나 차별의식이 있어서는 안 된다.롬 15:6

요나는 뒤늦게 광풍에 휩싸이고 바다 밑 산의 뿌리까지 추락하고서야 비로소 자신의 잘못을 깨닫고 하나님께 회개하였다.

그러나 돌아서자마자 그는 또 다시 불평하기 시작하였다. 그래서 우리는 그를 방탕한 선지자라고 부른다.

돌아서 끊임없이 불평하는 요나

회개하고 하나님에게로 돌아선 요나는 하나님께서 명령하신 뜻에 따라 니느웨로 가서 힘을 내어 외쳤다.욘 3:4

"40일 후에 니느웨는 망한다."

이렇게 담대하게 말할 수 있었던 것은 그가 광풍도 잠재우시는 하나님의 전능하신 능력을 보았기 때문이었다. 하나님에 대한 절대적인 믿음과 신앙을 가졌기 때문이었다.신 18:22

얼마 전 LA에 큰 지진이 있었다. 예배를 드리는 도중에 교회 건물이 흔들리자 성도들이 동요하기 시작하였다. 그러자 목사님이 말씀하셨다.

"저는 오늘 회개하고 왔습니다. 하나님의 은혜의 보좌 앞에 나아가 기도하고 왔습니다. 걱정하지 마십시오. '그들이 너를 치나 너를 이기지 못하리니 이는 내가 너와 함께 하여 너를 구원할 것임이니라'렘 1:19 하나님께서 분명히 회개하는 저에게 죄사함의 기쁨과 반드시 살려주신다는 확신을 주셨습니다."

당시 앗수르 왕 또한 이러한 요나의 목소리에 귀를 기울이고 회개하기 시작하였다. 손과 발로 행한 모든 악으로부터 벗어나는 모습을 보였던 것이다. 바로 전국에 칙령을 내려 백성들에게 회개하고, 금식 기도를 하도록 명령하였다. 심지어 짐승에게 까지도 금식을 요구하였다.욘 3:4

그들이 진정으로 회개하면서 우상숭배와 악한 행동을 끊어 버리자 하나님께서는 니느웨에 대한 분노를 거두셨다.^{출 34:6 참조}

니느웨는 물론 앗수르 국가 전체에 선교의 기적이 일어났다.

눈물로 회개하는 그들에게 하나님께서는 죄를 덮어주시고 오히려 풍성한 은혜로 응답하셨다. 자비로우시며 정이 많아 화내기를 더디 하시는 사랑이 풍성한 하나님이심을 직접 보여 주셨다.^{시 145:8}

그러나 요나의 생각은 달랐다. 막상 요나가 생각했던 것과는 사뭇 다르게 상황이 진행되어가자 요나는 은근히 화가 났다.

그래서 요나는 니느웨에게 예정된 벌을 내리지 않으신다고 다시 불평하기 시작하였다. 이방인에게 은혜를 주시려거든 자신을 죽여 달라고까지 하였다.^{욘 4:3}

그러면서 요나는 성경구절을 인용하였다.

"하나님께서는 죄지은 자들을 징벌하지 않고는 그냥 넘어가지 못하시고, 그 자식들과 그의 자손들에게 3, 4대에 걸쳐 징벌하신다[6] 고 하셨잖습니까?"^{신 5:9, 출 34:6-7}

요나의 이런 행동은 독실한 기독교 지식인들에게는 매우 위험한 발상임을 깨닫게 해 준다. 자신의 행동을 정당화시키기 위해 인간의 짧은 지식으로 함부로 성경구절을 인용하는 것은 어리석은 행동이다.

---

6 여호사밧의 실수로 우상을 숭배하던 아달랴를 그의 아들 여호람의 아내로 삼았다. 그 이후 그녀의 아들 아하시아가 왕이 되었으나 그가 전쟁으로 죽자 아달랴는 다윗 후손으로부터 왕족의 씨앗을 멸하려는 생각으로 자신이 직접 왕이 된 다음 아하시아의 형제들 중 요아스를 제외하고 70명을 모두 죽였다. 훗날 요아스는 왕이 되었으나 그 마저 하나님의 심판을 받았으니 여호사밧의 실수가 다윗 자손의 3-4대까지 하나님의 징벌을 받은 것이다.

네가 화내는 것이 옳으냐?

요나는, 자신은 회개함으로 용서받았음에도 니느웨 사람들의 회개에 대한 하나님의 자비를 도리어 시기하고 질투하였다.

하나님께서는 요나에게 질책하셨다.

"너는 용서받았음에도 어찌하여 다른 사람이 용서받는 것을 시기하느냐?"

우리는 이러한 요나를 보면서 주인으로부터 1만 데나리온의 빚을 용서받고도 100데나리온의 빚을 갚지 않는다고 채무자를 벌하려는 악한 종을 생각한다.

예수님께서는 호통 치셨다.

"네가 나에게 애원하기에 내가 네 빚을 모두 없애 주었다. 내가 너를 불쌍히 여긴 것처럼 너도 네 동료를 불쌍히 여겼어야 하지 않겠느냐?"^{마 18:31-32}

나 또한 검사로 재직하면서 매일 접하는 피의자들의 주장을 변명이라고 여기고 나쁜 사람이라는 프레임을 씌워 이것저것 끌어 모아 구속 수사하려고 했다. 그렇게 했음에도 이번에는 내가 검찰의 수사를 받게 되자 똑같이 따라하는 수사검사들을 향해 과잉수사이고 억울하다고 불평하고 있다. 교수로 재직하면서 조교나 박사제자에게 따뜻한 말 한마디 제대로 해 주지 못하였음에도 그들이 나를 고발하자 신성한 학교에서 지도하는 교수의 아픔을 알아주지 못한 행동이라고 원망하였다.

하나님으로부터 받은 축복을 감사할 줄 모르고 미국 형제들을 제대로 돌보지 못하였음에도 이제는 형제들이 나를 홀대한다고 서운해 하고 있다. 이 모든 허물을 나의 죄로 인정하고 고백합니다. 회개하오니 용서해 주옵소서.

하나님의 크신 사랑을 받았음에도 다른 사람에게 충분히 사랑을 베풀지 못하고, 남을 용서하지 못했으면서 다른 사람에게 용서하지 않는다고 억울해하는 나는 위선자임을 고백한다.

요나는 니느웨가 망하기만을 이제나 저제나 기다리면서 하나님께서 보내주신 박 넝쿨 그늘 밑에서 쉬고 있었다. 그러나 하나님께서 그 다음 날 벌레를 불러 박 넝쿨 잎을 갉아 먹게 하시자 요나는 또 다시 불평하기 시작한다.

"사는 것보다 죽는 것이 내게 나으니이다."온 4:8

요나의 이런 행동은 끊임없이 불평하는 인간의 모습을 그대로 보여주고 있다. 이스라엘 백성 또한 홍해 바다를 가르신 하나님의 영광을 직접 목격하고도 3일 만에 수르 광야에서 마실 물이 없다고 모세에게 불평하는 그들이다.출 15:22

하나님께서는 요나서 4장 본문과 같이 조용히 타이르신다.

"너는 수고하지 않고 재배하지도 않은 박 넝쿨이 없어진 것을 아쉬워했거늘, 하물며 좌우를 분별하지 못하는 자가 십 이만여 명이요 가축도 많이 있는 니느웨를 내가 어찌 아끼지 아니하겠느냐."온 4:10-11

요나가 자신의 행동에 대해 자기 뜻대로 결과를 바라고, 주어진 결과에 편견을 가지고 끊임없이 불평한 것은 하나님의 이러한 은총에 대한 무지에서 비롯된 것이다. 하나님의 은총은 회개하고 세례를 받은 자에게 주는 성령의 선물이며행 2:37 노력의 대가로 받는 것이 아니고 거저 주시는 것이다. 거저 받지 않고 자신의 공로로 받은 것처럼 자랑할 수도 없게 하셨다.고전 4:7

모든 것은 하나님께서 작정하시고 거저주시는 은총이라는 것을 방탕한 요나는 잠시 망각한 것이다.

니느웨는 40일만이 아닌 약 150여년 뒤 BC 612년 끝내 메디아 연합군에게 멸망하고 만다. 그 이유는 그동안 그들이 신앙을 성숙시키지 못했기 때문이다. 잠깐 회개한 후에 다시 시험을 당하자 하나님으로부터 등을 돌려 자신들의 우상에게로 되돌아가고 말았다.나 3:4

니느웨 곧 앗수르는 한 때 북 이스라엘을 치는 하나님의 심판의 도구이었으나 이제는 스스로 심판의 대상이 되어 멸망하고 만 것이다. 인간의 자유로운 선택에 의해 악을 행하고, 교만에 빠진 그들의 행동에 대해 책임을 물으신 것이다.

하나님이 지으신 첫 사람으로 거듭나자.

예수님께서는 당시의 율법학자들의 죄상을 낱낱이 지적하셨다. 말로는 믿는다고 하면서 하나님의 공의와 사랑을 무시한 죄, 높은 자리에 앉아 남으로부터 대접받기를 좋아하는 죄, 화려한 장식으로 가장한 무덤과 같이 겉과 달리 속이 더럽게 부패한 죄, 어려운 사람들에게 선행을 베풀지 않은 죄, 평소 옳은 말을 하며 비판하는 자를 멀리하고 아첨하는 자를 가까이 한 죄, 예수님을 믿지 않으면서 다른 사람도 믿지 못하도록 교회를 박해한 죄를 엄히 꾸짖으셨다.눅 11:42-52

여기에다 본문내용과 같이 남을 시기하고 질투하며 끊임없이 불평하던 요나의 성품까지 보태면 이것 모두는 오늘 우리의 문제가 된다. 어느 것 하나로부터 우리가 자유로울 수 없다.

진정한 그리스도인이라면 하나님이 얼마나 우리를 사랑하시는지, 얼마나 넘치게 채워주시는지 알아야 한다. 이 모든 것이 거저 주시는 은혜라는 것을 알아야 한다. 알았으면 남에게 대접받으려 하지 말고, 자신이 받은 사랑을 남에게 되돌려 주어야 하지 않겠는가? 사랑을 돌려주는 가장 좋은 방법은 에덴동산의 아담처럼 첫 사람으로 거듭나는 것이다. 하나님이 모든 것을 주관하시는 삶으로 돌아가는 것이다.

이를 위해 먼저, 예수님의 의의 옷을 입어야 한다.

택함을 받은 우리는 거짓과 위선의 옷을 벗어 버리고 예수님의 의의 옷을 입고 남을 사랑할 줄 알아야 한다. 예수님은 말씀하셨다.
"너희 의가 서기관과 바리새인보다 더 낫지 않으면 천국에 들어가지 못하리라."^{마 5:20}

예수님의 의는 율법보다 더 지키기 어렵다. 단순히 살인하지 않는 것으로 족하지 않다. 화내는 자, 미련한 놈이라고 정죄하는 자도 살인하는 것과 같다고 하셨다.^{마 5:22} 음욕을 품고 여자를 바라보는 자마다 이미 간음한 자라고 하신다.

입으로는 사랑을 말하고 믿는다고 하면서도 행동으로는 남을 시기하고 질투하며, 약한 자를 괴롭히고 업신여기는 그들은 모두 위선자들(hypocrites)이다. 말보다도 행함이 우선임을 모르는 자들이다. 그들은 환난에 빠지면 하나님께 외친다.

'제가 주를 아나이다.'^{호 8:2}

그러나 하나님을 안다고 하면서도 자신의 뜻대로 믿는 것은 하나님을 제대로 아는 것이 아니다. 그들의 마음속에 예수님이 계시지 않는 사람들이다. 아직도 죄의 속박에서 벗어나지 못한 채 어둠에 갇힌 자들이다.

우리 안에 예수님이 계시지 않으면 아무 것도 이룰 수 없다. 예수님이 우리 안에 계셔서 우리를 다스리실 때 비로소 우리는 그 의를 지킬 수 있다.

둘째는, 진리의 옷을 입고 거룩함으로 구별된 삶을 살아야 한다.

바리새인이나 율법학자들은 형식적인 율법을 넘어 내면의 진리는 깨닫지 못했다. 그들은 율법을 겉으로만 지켰으나 마음속으로는 여호와 하나님을 제대로 섬기지 못했고, 이웃을 제대로 사랑할 줄 몰랐다. 진리의 말씀으로 오신 예수님을 거부하고 말았다. 생명의 말씀을 저버리고 구원의 확신이 없으니 마음속에 평강이 있을 수 없었다. 그래서 그들은 시기와 질투심으로 불안해 할 수밖에 없었다. 그들은 전혀 변할 줄 몰랐다. 썩은 무덤과 같이 심령은 점점 피폐해지고 악취가 나기 시작하였다. 눅 11:44 하나님께서는 무덤과 같이 사람의 겉 뚜껑과 속마음을 다르게 만드실 이유가 없다. 눅 11:40 우리는 거짓에 의해 부패된 옛사람을 벗어버리고 예수님이 가르쳐 주신 의와 진리의 옷을 입고 거룩함으로 구별된 삶을 살아야 한다. 엡 4:22-24 종래 자신의 고집대로 살아온 생활방식과 사고의 틀을 새롭게 바꾸어 가야 한다.

우리 형제들은 LA한 지역에 살면서도 화목하지 못한 채 서로 외면하고 있다. 형제들이 한 아파트에 모여 살면 좀 더 좋아질 수 있겠다는 의견도 제시해 보았다. 그러나 그들은 모두 거절하였다. 목사가 3명인데도 6형제 모두가 조금도 양보하지 않았다. 서로가 안보면 그만이라는 생각으로 살고 있다.

나는 지금까지 그렇게 생각했다. 그래서 형제간의 관계와 화목을 중시하시는 하나님이 무섭지 않느냐고 그들을 원망하기도 했다. 그러나 형제간의 불화의 원인은 매번 나에게 있다는 것을 최근에 알았다. 내 방식대로 그들을 사랑했고 내 방식대로 형제들도 따라주기를 바랐던 것이었다. 그들도 나름대로 서로를 사랑하고 있었고 시간이 좀 더 필요할 뿐이었다. 나는 형제들을 영의 아들 이삭이 아닌, 육신의 형제로만 생각하고 내려놓지 못하고 꼭 쥐고 내 소유로 삼으려 했던 것이다.

성경을 왜곡하여, 육신의 형제는 잠시 잠깐이고 안 보면 그만이라고 생각한 것은 그들이 아니라 오히려 나였음을 깨닫고 진정으로 회개하고 있다.

셋째는, 내 안에 항상 성령의 충만함을 받아 참 사람이 되어야 한다.

하나님이 지으신 첫 사람으로 거듭나야한다. 시기와 질투, 불평과 불만, 미움과 원망을 다 버리고, 세속적인 행동방식대로 사는 것이 이성에 합치한다고 하더라도 우리를 주관하시는 성령 하나님의 뜻에 어긋나면 과감히 바꾸어야 한다. 행동방식만이 아니라 사고의 틀까지 바꾸어야 한다. 이것이 회개의 진정한 의미이다. 요나와 같이 끊임없이 불평하고 살 수는 없다. 사고의 틀 자체를 내 중심에서 예수님 중심으로 새롭게 바꾸어야 한다.

'새롭게' 바꾼다는 것은 하나님이 주관하시던 본래의 사람 모습을 찾아가야 한다는 의미이다. 잃어버렸던 하나님과의 관계를 회복하고 하나님과 동행하는 삶으로 돌아간다는 것이다. 성령이 우리 안에 충만하게 되면 에덴동산에서 하나님과 함께 하던 첫 사람의 모습, 하나님이 베풀어 주시던 첫 사랑으로 회복해 가신다. 그리고 하나님의 뜻을 이루어 가신다.

창조주이신 하나님, 저부터 먼저 거짓과 위선의 옛 모습을 벗어 버리고
진정한 믿음과 경건한 생활태도를 가지고 주님의 형상을 닮아가기를 원합니다.
첫 사람으로 거듭나기를 바랍니다. 하나님과 늘 함께하던 에덴동산에서 베풀어 주신
첫 사랑을 회복할 수 있도록 성령으로 항상 채워주소서. 주님! 저의 사후대책은
하나님과의 관계 회복에 있음을 알게 해 주셔서 감사드립니다.

Thankfulness Came
Like a Gentle Breeze

9. 하나님은 언제 불나시나?

네 하나님 여호와는 소멸하는 불이시요 질투하시는 하나님이시니라.^{신 4:24}
(consuming fire)

하나님의 진노하심은 무섭다. 모든 것을 파괴하고, 불태우시는 하나님이시다. 조상의 허물도 3대, 4대 그 후손에게 까지 미친다.

인내하며 선을 행하고 영광과 존귀, 썩지 아니함을 구하는 자에게는 영생으로 응답하시고, 하나님의 명을 어기고 파당을 지으며 진리를 쫓지 아니하고 불의를 쫓는 자에게는 진노를 퍼 부으신다.^{롬 2:6-8}

우상을 숭배하는 자

모세는 이스라엘 백성에게 첫 번째, 우상숭배를 금하도록 하나님의 계명을 전달하였다. 하나님은 질투의 하나님이시니, 가치 없는 우상과는 경건함을 공유할 수 없다고 하셨다.^{신 4:23-25}

우상을 숭배하는 자는 하나님의 경건함을 무시하는 행위로서 하나님의 분노를 자극한다. 신성을 모독하는 행위이다.

앗수르가 유다를 침공하였을 때, 앗수르의 사신 랍사게가 히스기야 왕 앞에서 "너희 신이 우리의 손에서 이 땅을 구하겠느냐?"고 하나님의 신성을 모독하였다.

그러자 하나님께서는 진노하셔서, 그의 군대 185,000명을 하룻밤사이에 몰살시켰고, 앗수르의 왕 산헤립 또한 니스록 신전에서 그의 신에게 경배하던 중 자기의 아들에게 살해당하고 말았다. 왕하 18:33, 19:35-37

하나님께서는 각 사람에게 행한 대로 갚으신다. 유대 역대 왕들 중 우상을 타파하며 성전을 정결케 하고 화목제, 번제의 제사를 드리고 유월절을 지키도록 한 왕은 모두 하나님의 기적을 체험하였다.

대표적인 왕으로 히스기야(BC 715-686)를 들 수 있다. 히스기야는 여호와의 눈에서 옳은 일만을 하였다. 그래서 위와 같이 적군인 앗수르 왕의 침공을 당했을 때 하나님은 앗수르 군대를 물리쳐 주셨고, 병으로부터 회복시켜주시어 그의 생명을 15년 동안 연장해 주셨다.

또한 선지자 이사야를 통해 해시계를 10도 뒤로 후퇴시켜주는 놀라운 기적과 함께 하나님의 역사하심도 보여 주셨다. 대하 29:2, 왕하 20:6

반면에 하나님께서는 우상을 숭배하고 하나님을 등진 자들에게는 이방인을 도구로 삼아 심판하셨다.

히스기야 왕의 아들 므낫세 왕(BC 686-642년)은, 아버지가 부숴 버린 신당을 다시 세워 우상을 숭배하였고, 자신의 아들까지도 제물로 바쳤으며[7], 하늘의 별무리를 섬기고, 아세라 목상을 다시 세우고 무속인들과 함께 국정을 논의하면서 무고한 사람들을 많이 죽였다. 특히 선지자 이사야를 톱으로 켜 죽이는 범죄를 저지르고 말았다. 그 당시 예루살렘의 피가 이 끝에서 저 끝까지 가득했다고 성경은 기록하고 있다.[왕하 21:3-7] 결국 그는 코에 고리를 꿰고 청동 쇠사슬에 묶여 바벨론의 포로로 잡혀가는 수모를 겪어야 했다.[왕하 21:16, 대하 33:11]

므낫세를 벌하시기 위해 하나님께서는 바벨론을 도구로 사용하신 것이다. 하나님의 진노로 말미암은 최대의 비극이요 수치이었다.[신 4:26, 대하 36:21, 렘 34:8-16] 성경대로 이루어진 것이다.

성경은 또한 하나님의 사람인 야곱의 처 라헬이나 사울의 딸 미갈도 드라빔과 같은 이미지나 형상을 지니고 있었다고 경고하고 있다.[창 31:19, 삼상 19:13]

라헬이 자신의 아버지 라반의 집을 나오면서 들고 나온 드라빔은 그 집안의 household gods
수호신이었다. 라헬은 세겜에서 피의 보복을 우려하여 하나님께서 가라고 하신 벧엘로 이주할 때까지 그것을 가지고 있었다. 뒤늦게 야곱의 지시로 상수리나무 아래 드라빔과 장신구, 귀걸이 등 우상을 모두 내어 땅에 묻어버렸다. 그러나 하나님께서는 우상을 숭배한 그녀를 그냥 두지 않으셨다. 그는 길거리에서 막내아들 베냐민을 낳다가 죽었다.[창 35:4-20] 훗날 그의 후손인 므낫세가 우상숭배로 자신의 무덤이 있는 라마에서 1,500km나 떨어진 바벨론으로 끌려가는 모습을 봤을 때에는 라헬도 자신의 행동을 후회하면서 지하에서 통곡했을 것이다.

---

7 '불 가운데로 지나가게 하였다'는 성경 구절만으로는 그 의미는 모호하다.

세월이 흘러도 우상을 몸에 지니려는 사람의 본성은 바뀌지 않았다. 하나님의 자녀라고 하면서도 하나님을 금이나 은이나 돌로 새겨 만든 형상으로 비유하고 그것들을 여전히 숭배하고 있다.^{행 17:29} 기드온의 에봇도 그랬고, 미가의 신상도 마찬가지이다.^{삿 8:27, 삿 17장}

나는 내 사주팔자에 불(火)이 약해 국화그림을 곁에 두면 좋다고 하는 말을 듣고 검사실과 나의 집 거실에 국화그림을 많이 걸어 두었다. 부처님 오신 날에는 등도 사서 걸었고, 일본을 드나들면서 유사 기독교에도 관심을 가지고 그들에게 강연의 기회도 가졌다. 물론 성당에도 나가 세례와 견진도 받았다. 나의 이름이 약하다고 '玄堂'이라고 쓴 액자를 안방에 걸어두기도 하였다. 책상의 위치를 잘 놓아야 거센 풍파를 맞지 않는다고 하여 검찰청을 옮겨 다닐 때마다 풍수학회 회장을 불러 책상 자리를 옮겨 놓았다. 어느 검찰청에서는 검사실 계장의 옆 자리에 검사 책상을 놓고 앉은 적도 있었다, 검사실에 나를 찾아오는 사람이 "검사님 안계시냐?"고 검사인 나한테 묻기도 했다. 검사책상이 있어야 할 자리에 없으니 검사가 없는 것으로 생각했던 것이다.

상사인 고등검사장에게 검찰총장의 후보지명을 앞두고 사무실의 책상과 의자의 위치를 바꿔드렸더니 실제로 검찰총장이 되셨다. 그러나 총장이 되신 것은 그분의 능력이었고 하나님의 결정이셨지 결코 책상의 위치에 좌우된 것은 아니었음이 분명하다. 나는 매일 매일의 삶속에서 끊임없이 우상을 만들어 가는 우상제조기였음이 분명하다. 40년 동안 광야를 헤맨 이스라엘 백성과 같이 하나님의 말씀을 피조물로 형상화 하고 있었다. 지금 그 많은 행위가 신성을 모독하는 행위이었음을 고백하고 회개하면서 하나님께 용서를 구하고 있다. 내 삶속에 하나님이 동행하시도록 관계 회복을 간청 드리고 있다.

하나님께서는 우리가 일과 중에 쉽게 접하는 그림이나 조각, 형상물의 사용도 소홀히 넘어가지 않으신 분이시다. 매일 접하다보면 그런 것들은 우리의 영혼을 유약하게 하고 숭배에 빠지게 하는 우상이 되기 때문이다. 그래서 하나님께서는 조각상을 만들어 세우는 일과 경배할 만한 비석이나 석상 등 그 어떤 것도 만드는 것을 금하셨다.[출 20:25, 신16:22]

하나님께서는 지금도 꾸짖으신다.

"어찌하여 생명의 양식이 아닌 것을 위하여 헛돈을 쓰며 만족할 줄 모르는 것을 위해 수고하느냐?"[사 55:2]

우상은 아무리 경배하고 찬양하더라도 헛된 것이다. 오히려 눈과 입과 귀와 발의 형상을 가지고 있는 우상은 자칫 우리의 영혼을 굴복시키기도 한다. 반면에 불쌍한 영혼을 회복시키는 능력은 없다.

왜냐하면 우상은 말하거나 보거나 듣지도 못하며 자기 자신 조차도 보호하지 못하기 때문이다.[강요 I, 217면 참조]

광풍을 만나 이방인 뱃사람들이 그들의 우상에 기도해 보았지만 아무런 효험이 없었다. 우상은 바다에 버려졌으나 스스로 아무런 반응도 보이지 않았다. 자기 자신도 구하지 못하였다. 야곱의 처 라헬 또한 그것들을 상수리나무 밑에 묻었으나 아무런 반항도 하지 못했다.

성령을 거스르는 자

바리새인들은 예수님께서 성령의 권능으로 기적을 행하시는 장면을 직접 목격하고도 귀신의 왕인 바알세불을 힘입어 귀신을 쫓아내었다고 비방하였다. 예수님이 귀신들렸다는 것이다.[마 12:24]

예수님께서는, 사람의 모든 죄와 모든 모독하는 일은 용서받을 수 있으나 성령을 모독하는 자는 영원히 용서함을 받지 못하고 영원한 죄의 심판을 받게 될 것이라고 경고하셨다.막 3:29

성령은 죄에 대하여, 의에 대하여, 심판에 대하여 세상을 책망하신다.요16:8 그래서 내 중심으로 사는 모든 것은 죄가 된다.

비록 그것이 실행에 옮기지 않았더라도 내 중심에서 세상을 바라보는 것은 모두 탐심이 되며 우상이 된다.호 3:1

회개하여야 한다.

예수님의 의의 갑옷을 입고 세상의 것들과 구별된 삶을 살지 않으면 심판을 받게 된다고 책망하신다.

'성령을 모독 한다'는 것은 성령에 직접 거스르는 행동만이 아니다. 성령의 책망을 받고도 회개하지 않고 의도적으로 이에 대항하는 자, 하늘의 은사를 받아 성령에 참여하고 선한 말씀과 내세의 능력을 맛보고도 타락하고 회개하지 않은 자들의 행동히 6:4-6 을 모두 포함한다.

그러나 그들은 자신들의 이러한 행동이 죄인 줄도 모른다. 예수님을 영접하지 않으면 알 수가 없다. 내 안에 계시는 예수님이 가르쳐 주시지 않으시면 그것이 얼마나 큰 죄인지를 모른다. 그래서 성경은 이 세상이 얼마나 추하고 악한 것인지를 알고 애통하는 자는 복이 있다고 하였다.마 5:4

하나님의 자녀를 박해하는 자에게 하나님께서는 진노하신다. 믿는 성도는 예수님 안에서 하나님의 자녀이며,갈 3:29 모두가 하나님의 성전이며 귀한 몸이다.

따라서 성도를 괴롭히는 자는 하나님의 자녀를 해치는 자이며, 성전을 함부로 파괴하는 자와 같다.

"너희가 이집트에서 알던 그 끔찍한 질병들을 너희를 미워하는 모든 사람들 위에 내리실 것이다."신 7:15

하나님의 자녀를 해치는 죄는 스데반[8]을 죽인 죄, 예수님의 제자들을 죽인 죄와 같이 그 어떤 죄보다 더 중한 것이므로 하나님의 진노가 가장 심하게 내려질 것이다.^{고전 3:16}

바울을 시기하여 죽이려고 했던 대제사장 Ananias도 로마의 보호를 받다가 유대인의 손에 의해 죽임을 당하였고, 그리스도교를 박해한 왕들 또한 그들의 살을 벌레가 파먹는 혐오스러운 죽음을 맞이하였다. 하나님께 영광을 돌리지 않은 Herod 대왕이 그랬고,^{행 12:23} 기독교 최고의 박해자인 Maximinus는 물론 Agrippa도 그렇게 죽임을 당했다.

하나님께서는 삼키시는 불과 같아서 너희보다 앞서 진군하시며 너희의 적들을 모두 파괴하시고, 너희들 앞에 복종하게 하실 것이다. 약속하신 대로 그들을 쫓아내시고 진멸하실 것이다. 특히 교회지도자들을 모욕하고 해코지 하는 행동, 목회자의 설교 내용을 가지고 평가하려 하거나 말하는 태도가 가볍고 목소리가 틀렸다, 찬송을 못한다는 등의 트집을 잡고 불평하는 행위는 그 개인에게는 물론 하나님의 교회, 하나님의 말씀을 모욕하는 중한 죄가 된다는 것을 명심하여야 한다.

나를 고발한 제자들을 위해 기도드린다. 그들은 자신들의 행위가 얼마나 무서운 죄인지 모르고 저지른 것이어서 불쌍하고 가련하다. 다윗을 배신한 압살롬처럼, 예수님을 배신한 가룟 유다와 같이 그들 또한 내 떡을 나눠먹던 나의 가까운 친구이고^{시 41:9} 제자들이었다. 그래서 처음에는 무척 당황했지만 이제는 모든 것을 이해하고 용서할 수 있게 되었다. 하나님의 섭리이셨다.

---

8 기독교 최초의 순교자

하나님께서는 나를 단련시키기 위해 그들의 헛된 탐욕이나 분노까지도 이용하셨다. 그들의 영혼을 하나님 아버지께 맡겨 드립니다. 그들을 용서해 주시고 위로해 주소서.

나의 욕심 때문에 함께 징벌을 받고 있는 또 다른 제자의 짐을 덜어 주시고 그의 길을 주께서 인도해 주실 것을 기도드린다.

교만해서 회개하지 않는 자
하나님께서는 집권자들에게 기름 부어 주시면서 권한을 주셨다. 주어진 권한으로 선한 행동을 하기 원하신다. 받은 은혜를 감사하면서 베풀기를 원하신다. 그러나 주어진 권세를 남용하여 그들의 배를 불리는 행위를 하나님께서는 미워하신다.

이사야 시대 이스라엘 사회는 권력자나 관료가 상당히 부패한 모습을 보였다. 공직자가 가져야 할 마땅한 자세로서 관대함과 헌신, 화목과 화합을 대신해서 탐욕과 착취, 불신과 갈등, 권력의 남용이 성행하였다.

평화롭고 정의로운 나라 건설보다는 그 들만의 권력의 유지에 급급하면서 계파간의 갈등을 초래하고, 패거리들의 이익을 위해 경제적 이권을 강탈하기에 혈안이 되어 있었다. 지역이다 출신학교다 흑백논쟁을 일삼고 편을 갈라 서로가 서로를 잡아먹어도 분이 풀리지 않는 사회, 정의가 없는 사회가 되어 버린 것이었다.

하나님께서는 주님의 명령에 불복종하는 그러한 권한 남용행위를 싫어하신다. 세상 것에 취해 권력을 이용하여 탐욕과 부패를 저지르는 행위, 지지하는 자들을 결집시키고 반대하는 자들을 핍박하는 편 가르는 행위, 주어진 권력으로 상대방에게 복수를 일삼는 행위, 국민 전체의 복지보다는 오로지 정권 유지에 우선하는 자들의 행위는 권력을 남용하는 행위이다.^{시 9:19-21}

이미 여러 차례 선지자나 예언자들을 통해 경고도 하시고 타이르기도 하셨다. 그러나 권력의 맛에 취해 교만해지고 부패해지자 이 모든 것이 하나님이 거저 주신 은혜인 것을 잊어버렸다.

유다의 요아스 왕은 제사장 여호야다의 아들 사가랴(대언자)의 입을 통한 하나님의 말씀을 무시하였다.

"너희가 여호와를 버렸기 때문에 여호와께서 너희를 버리셨도다."

이런 사가랴의 말을 듣고 화가 난 요아스는 여호와의 성전 뜰에서 그를 돌로 쳐 죽이고 말았다.^{대하 24:20-21} 사가랴가 누군가? 요아스 왕의 형제들은 그의 할머니 아달랴로부터 모두 죽임을 당했으나 요아스 왕만은 고모부인 제사장 여호야다와 고모인 여호사브앗 부부의 도움으로 간신히 목숨을 부지할 수 있었다.

그리고 6년 후 이들 두 사람의 도움으로 왕이 되었다. 그런 여호야다와 여호사브앗의 아들이 사가랴 대언자이다. 사가랴를 죽인 것은 은혜도 모르는 배은망덕한 행위였다. 1년 후에 요아스 왕과 유다 나라는 아람 군대의 침공을 받아 패망하였고, 이를 방조한 유다의 지도자들 거의 모두가 죽임을 당하는 정죄함을 받았다.

마음이 완고하고 강퍅하여 하나님의 경고를 듣고도 회개하지 않은 자에게 하나님의 심판이 내려진 것이다.^{롬 2:5} 하나님은 은혜를 많이 받은 자는 더 많이 회개하고 하나님께로 돌아설 것을 기대하신다.^{눅 12:48} 이 순간에도 집권자나 실력자와 같이 더 많이 받은 자들의 회개를 기다리고 계신다. 은혜를 맛보고도 받은 은혜에 감사할 줄 모르고 사랑을 이웃에게 돌려주지 못한 죄를 회개하지 않은 자는 정죄함을 받을 것이다. 반면에 돌아서 회개하는 자에게는 여지없이 하나님의 얼굴을 비추신다.

므낫세 왕은 바벨론의 포로로 끌려가 갖은 고난을 받으면서 진정하게 회개하고 여호와 하나님의 은혜를 구하였으며 그 조상들의 하나님 앞에서 매우 겸손해져 하나님께 맹세를 드렸다. 그러자 하나님께서는 마음을 돌리시고 그의 간구함을 들어주셨다. 므낫세를 바벨론에서 구하셔서 그의 나라 예루살렘으로 돌려보내주셨다. 그는 귀환 후 선지자 나훔의 도움으로 하나님의 뜻에 순종하는 삶을 살았다.^{대하 33:12,13} 그를 위해 하나님은 선지자를 붙여 주셨다.

하나님 저는 조교들의 아픔을 이해하지 못했습니다. 그들에게 도움이 필요할 때 모른 척 했습니다. 다가가 긍휼을 베풀지 못하였습니다. 나에게 주어진 어린 양들을 위해 사랑으로 먹이고 양육시킬 줄을 몰랐습니다. 이제라도 그들의 앞날을 위해 기도드립니다. 그들을 위한 것이라면 저의 교수직이나 학문적 업적은 아무 것도 아닙니다.

하나님께서는 권세를 가진 자들의 진심어린 회개를 특히 즐겨 받으실 줄 믿는다. 우리가 집권자들, 사회의 실력자들에게 먼저 다가가 그들의 회개를 권고하고 하나님 나라 건설에 앞장 서주기를 우선적으로 기도하는 이유가 여기에 있다.^{딤전 2:1-2} 그들의 진정한 회개가 사회적으로 미칠 영향력이 크기 때문이다.

사랑의 하나님! 권력자들의 마음 문을 여시어 그들이 분냄의 감옥에서
나오게 하시고, 탐욕의 멍에를 벗게 도와주소서. 그들이 좌로든지 우로든지
치우치지 않고 백성 모두를 긍휼히 여기고 진정으로 백성들을
섬길 수 있도록 인도해 주옵소서.

제 2장　구원의 하나님

10. 예수님은 우리의 메시아로 오셨다.
11. 예수님은 희생제물이시고 산 소망이시다.
12. 사람으로 오신 예수님
13. 예수님은 다시 오신다.
14. Sorrowful, yet always rejoicing
15. 나니 두려워하지 말라.
16. 나약함이 온전케 하리라.
17. 고난을 통해 이스라엘 백성을 구한 요셉
18. 십자가를 지고 예수님을 따라간 바울

Thankfulness Came
Like a Gentle Breeze

Thankfulness Came
Like a Gentle Breeze

10. 예수님은 우리의 메시아로 오셨다.

주는 그리스도시요 살아계신 하나님의 아들이시니이다.^{마 16:16}

헬라어 '그리스도'는 히브리어의 '메시아'이고 뜻은 두 단어 모두 기름 부은 자이다. 태초부터 말씀으로 하나님과 함께 계신 그분이시다.^{요 1:1} 구약에는, 구원이 장차 오실 그리스도를 통해 하나님의 은혜로만 이루어질 것이라고 하고, 신약에서는 우리에게 오실 메시아가 곧 우리 주 예수님이라고 한다. 말씀이 육신으로 오신 그분이시다. 구약이건 신약이건 모두 예수님을 모형으로 보여주신다.

때가 차매 하나님이 그 아들을 보내사 여자에게서 나게 하시고 율법 아래에 나게 하신 것은 율법 아래에 있는 자들을 속량하시고 우리로 하여금 아들의 명분을 얻게 하려 하심이라.^{갈 4:4-5}

메시아로 오신 예수님

예수님은 하나님의 유일한 독생자이시며, 인간의 구원을 위해 하늘에서 오셔서 하늘로 돌아가신 분이시다. 하나님께서는 예수님을 우리에게 보내시어 우리의 주님과 그리스도가 되게 하셨다.^{행 2:36}

예수님은 우주만물을 다스리는 권위와 권세를 가지신 왕이시며 우리의 구세주로서 선지자, 대제사장으로 우리에게 오셨다. 하나님께서 말씀으로 기름 부으신 분이시다. 다윗을 통해 왕의 주권을, 모세를 통해 선지자의 권위를, 멜기세덱을 통해 대제사장의 구원을 가지고 구약에 기록된 모든 예언이 우리 주 예수 그리스도 한분을 통해 이루어졌다. 그리고 아론과 그 후손 세례 요한을 통해 길을 열어 준비하셨다.[1]

이제 예수님이 우리에게 오셨으니, 우리는 예수님을 통해서만 의롭다고 인정받고 깨끗함을 받아 하나님께 나아갈 수 있고 영생을 얻을 수 있게 되었다.^{요 14:6}

'선지자와 의인이 너희가 보는 것을 보고자 하여도 보지 못하였고, 너희가 듣는 것을 듣고자 하여도 듣지 못하였다.'^{마 13:17}

구약의 많은 선지자들이나 의인들은 앞으로 오실 메시아를 보고 싶어 했다. 예수님은 그런 영적 메시아 즉 그리스도로 오셔서 모든 것을 이루셨다. 그럼에도 이스라엘 사람들은, 오랫동안 기다려온 자신들의 메시아를 현실적인 왕으로만 바라보려고 하였으니 예수님을 제대로 영접할 수 없었다. 로마의 독재로부터 자신들을 즉시 구원해 주실 통치자로 삼으려 했을 뿐이었다.^{요 18:36}

"주께서 나라를 회복시켜 주시려는 것이 지금입니까?"^{행 1:6}

---

1 아론의 후손으로 엘리자베드의 아들 세례 요한을 보내 예수님의 탄생을 준비하셨다.

그들은 원죄로부터의 구원할 구세주가 아닌 정치적, 현실적인 구세주를 기대하였을 뿐이었다.^요 6:15

장정만 오천 명의 사람들을 긍휼히 여기시어 떡 5개와 물고기 2마리를 가지사 하늘을 우러러 축복하신 다음 떼어 제자들로 하여금 나누어 주게 하셨다.^막 6:41 제자들과의 성만찬 때와 같은 모습으로 하셨다. 예수님이 우리의 생명의 구원자이심을 드러내신 표적이었다. 그러나 이를 알아보는 이는 아무도 없었다.

예수님께서는 사랑의 만찬을 끝내신 다음 제자를 급히 보내시고 산으로 기도하러 가셨다.^막 6:30-44 제자들마저 그 마음이 둔해져 예수님을 바르게 이해하지 못했으며^막 6:52 군중들 또한 예수님을 현실적인 문제를 해결하는 통치자로 삼으려 했기 때문이다. 이것은 메시아에 대한 대중적인 오해를 피하는 방법이셨다. 때가 이르지 않았기 때문이었다. 공생활을 시작하시면서부터 3년 동안을 그렇게 사셨다.

예수님께서는 자신을 단순히 병을 치료하고 기적을 일으키는 사람이기보다는 하나님의 말씀을 전달하는 대언자로 바라봐 주기를 기대하셨다.

"오직 아버지께서 가르치신 대로 이런 것을 말하는 줄로 알리라"
요 8:28

하나님의 말씀 곧 복음을 경청하고 이를 진리의 말씀으로 받아주기를 바라셨다.^눅 8:56 예수님은 우리를 죄의 무지함으로부터 구하시고 생명을 주시기 위해 오신 하나님의 대언자이시고 선지자로 바라봐 주기를 원하셨다.^요 5:46

모세에게 주신 옛 언약도 영광이었다.

'우리 하나님 여호와는 오직 한 분인 여호와이시다.'[신 6:4]

그러나 모세시대 이스라엘 사람들은 이를 온전히 지키지 못하였다.

조금만 힘들면 우상을 숭배하고, 모세에게 불평하고 하나님을 원망하였다. 그래서 하나님은 모세를 통해 이스라엘 백성에게 첫 번째로 십계명을 주셨다.

십계명은 말씀의 하나님, 구원의 하나님께서 주셨다는 말씀으로 시작하고 있다.[출 20:1-2] 모세는 모압 땅에서 가나안 땅을 바라보고 40년 광야 생활을 하던 조상들의 잘못을 되풀이하지 않도록 언약의 말씀을 기록하고 새로운 율법과 이에 대한 재해석을 통해 자손들에게 기록으로 남겨 교훈을 삼도록 하였다.

율법은 죄를 드러내 인간을 속박하고[고전 15:56] 사람으로 하여금 죄인으로 인식하게 해 주었다.[롬 3:20] 자신이 어떤 죄를 저지르고 있는지를 모르는 자들에게 경각심을 주며 율법의 엄격성으로 인간으로 하여금 자기 교만을 없애주었다. 그래서 율법은 하나님의 '의'를 보여주며[신 6:25] 그것을 거울삼아 우리의 죄악상을 드러내 주어 자신을 낮추고 회개함으로 하나님의 도움을 구하도록 하는 효험이 있었다.[강요II, 235면]

모세를 통해 주신 율법도 나름대로 영광이 있었다. 그러나 율법은 우리에게 사랑이나 동정보다는 죄책감이나 미움을 가지게 하였다. 화목한 관계보다는 실적을 중시하였고, 그래서 서로 화목하기보다는 시기와 경쟁을 유발하였다. 그렇다고 나약한 인간이 율법을 온전히 지킬 수도 없었다. 완전히 타락한 그들은 그러한 율법을 완벽하게 지킬 수 없었기에 그들은 항상 저주아래 놓일 수밖에 없게 되었다. 사람의 죄만 부풀리고 생명이 없는 율법이나 예언자들의 속박만으로는 더 이상 하나님께 기쁨을 드릴 수 없었고 의롭다고 인정받을 수도 없게 되었다.

새 언약이신 예수님은 더 큰 영광이시다.

하나님께서는 모세에게 주신 첫 번째 언약의 한계와 흠을 아시고, 예수님을 통해 새 언약을 주셨다.^{히 8:7} 예수님께서는 율법과 예언자들의 시대는 '세례 요한까지'라고 하시면서 새 시대의 삶의 원리는 율법도 믿음의 빛 아래서 사랑의 정신으로 재조명되어야 한다고 가르치셨다.

예수님은 대제사장으로 오셨다. 율법시대 마지막 제사장이었던 세례 요한이 죽음으로써 새 대제사장을 맞이할 준비를 마쳤다. 이제는 하나님께서 말씀으로 기름 부으신 멜기세덱의 계열에 속하는 전혀 다른 제사장이 오셨으니 우리는 더 이상 율법이란 초등 선생 아래 속박되지 않는다.^{히 7:14-15, 갈 3:23-25} 모세는 이스라엘을 노예생활로부터 구하기 위해 율법으로 육체를 속박하였으나 예수님께서는 사랑으로 죄와 율법의 속박으로부터 우리를 영원히 자유롭게 해주셨다. 영원한 생명을 주셨다.

돌 판에 새긴 계명은 우리를 속박하고 죽이는 율법이었다.

그러나 예수님은 살아있는 하나님의 영으로 기록해 주시고, 능력을 주시고 구속해 주시고 생명을 주시는 새 언약으로 우리의 마음판에 새겨주셨다.^{고후 3:3, 렘 31:33} 마음 판에 새겨 주셨다는 것은 우리 마음속에 예수님이 오셔서 살아계신다는 의미이다. 예수님은 살리시는 영으로 오셔서 예수님과 하나된 우리에게 영원한 새 생명을 누릴 수 있게 하셨다.

옛 언약도 영광스럽다. 그러나 더 큰 영광이 나타남으로 인해 더 이상 영광스럽게 되지 못하게 되었을 뿐이다.^{고후 3:9-10} 정죄하는 직분도 영광스럽다. 그러나 의의 직분이 왔으니 더 이상 율법으로 정죄함이 없다는 의미이다. 분명한 것은 율법만으로는 더 이상의 영광은 없다는 점이다.

엘리야는 엘리사를 데리고 하나님의 지시에 따라 길갈에서 벧엘로, 여리고에서 요단강을 건너 가나안땅을 벗어났다.

결국 엘리야는 요단강 반대편에서 하늘로 올라갔다.^{왕하 2:1-9} 여호수아가 이스라엘 백성을 인도하여 출애굽한 이후 가나안 땅으로 들어오던 방향과 반대방향으로 그들은 나간 것이다.

이러한 엘리야의 행로는 무엇을 의미하는가?
지금까지 이스라엘이 지켜온 율법만으로는 구원을 받을 수 없다는 것을 보여주신 것이다. 더 큰 영광으로 오실 예수님의 보혈만이 우리를 구원해 주신다는 사실을 알리고 싶으셨다. 그래서 새로운 언약을 맞이하러 요단강을 반대로 건너 나오게 한 것이다. 그리고 엘리사는 구원의 기쁜 소식을 안고 요단강을 다시 건너 가나안 땅으로 들어간 것이었다.

예수님이 오시기 전까지 우리는 율법 아래 매여 장차 계시될 믿음의 때까지 갇혀 있었던 것이다. 옛 언약은 장차 일어날 좋은 일의 그림자일 뿐 참 형상이 아니었고, 그래서 영원하지 않고 잠시 주어진 과정일 뿐이었다.^{히 10:1} 이제는 율법이나 제사법의 속박으로부터 벗어나 우리의 십자가를 지고 예수님을 닮아갈 때이다. 우리를 구속하시고 우리 안에 생명이 되시고 우리의 삶 속에서 살아계시는 예수님은 chain-breaker이시고 way-maker가 되셨다.

하나님께서는 하고자 하시는 자를 강퍅케 하신다.^{롬 9:18}

모세가 구스여인을 취하자 미리암은 모세 스스로가 선포한 율법에 어긋난다고 그를 비방하였다. 율법에 따르면 유대인은 이방인을 부인으로 맞이할 수 없었다. 그러자 하나님께서는 그녀를 진노하셨고, 그녀는 바로 문둥병자가 되었다.^{민 12:1-10} 미리암은 이방인을 구원하시려는 하나님의 계획을 몰랐던 것이었다. 은혜시대를 예표하시는 하나님의 섭리를 모르고 율법에 얽매어 하나님의 말씀을 거부한 꼴이 되었다.

유대인들은 미리암과 같이 모세가 씌어준 수건을 아직도 벗지 못하고 있다.^{고후 3:18} 대를 이어 예수님이 그리스도이심을 거부하고 있다.^{요 8:33-39} 하나님의 뜻을 거역하고 있다. 독생자 예수님은 대제사장으로 오셔서 우리를 죄로부터 온전하고 완전하게 영구히 속량하셨고, 자유롭게 하셨다. 그래서 우리의 중재자로서 하나님께로 나아가는 유일한 길이 되셨다.^{히 8:6} 예수님의 새 언약은 율법을 단순히 대체하는 것이 아니다. 예수님은 율법이나 예언자들의 말씀을 없애러 오신 것도 아니다.

율법 또한 없어지는 것도 아니다. 그래서 예수님께서는 하늘과 땅이 없어지기 전에는 율법 가운데 한 점, 한 획이라도 없어지지 않고 다 이루어진다고 말씀하셨다.^{마 5:17-18} 의식이나 제사, 절기 모두 말씀 그 자체이신 예수님이 오셨으니 더 이상 의미가 없게 되었다. 완전한 분이 오셨으니 부분적인 것은 더 이상 유효하지 않게 되었을 뿐이다.^{고전 13:10}

율법의 지킴은 구원의 시작일 뿐이었으며, 흠이 없으신 예수님은 율법의 마침이요 모든 사람에 대한 율법의 요구를 다 이루시기 위해 '율법의 완성자'로 우리에게 오셨다. 죄 많은 우리를 대신해서 십자가를 지고 돌아가시고 부활하심으로써 메시아 즉, 그리스도로 오셔서 우리에게 의롭다하시고 영원한 생명을 주셨다.^{롬 10:4}

예수님은 우리의 그리스도이시다. 내 뜻대로가 아닌 주님의 뜻대로
순종하고 행동할 때 예수님은 우리에게 귓속말로 말씀하신다.
"네가 복이 있도다." 하나님 아버지 저에게 그런 믿음을 주셔서 감사드립니다.
우리에게 예수 그리스도를 보내 주시고 경건하지 못한 저를 구원해 주셔서
감사드립니다. 뒤돌아보면 제 뜻대로 된 것은 아무 것도 없습니다.
나 된 것은 모두 하나님의 은혜입니다. 아버지의 사랑이 넘치옵니다.

Thankfulness Came
Like a Gentle Breeze

11. 예수님은 희생제물이시고 산 소망이시다.

그가 자기 목숨을 죽음으로 내던지고 죄 지은 사람들 가운데 하나로 여겨졌으며
많은 사람의 죄를 대신 지고 죄 지은 사람들이 용서를 받도록 중재를 했기 때문이다. 사 53:12
우리는 그리스도 안에서 그의 은혜의 풍성함을 따라 또 그의 피로 말미암아 속량
곧 죄 사함을 받았느니라. 엡 1:7

하나님은 열정이 있으시고 관대하셔서 우리의 사악함이나 배반에 대해서 용서는 하시지만 정의로우시기 때문에 크든지 작든지 죄의 값은 반드시 물으신다.

하나님의 성품은 공의로우시며 자비로우시다. 끊임없이 사랑하시면서 정의를 실현하시기에 무한하시고 완벽하시다. 그런 분이 공의와 자비를 한꺼번에 해결해 보이신 사건이 십자가상의 희생 제물이었다.

예수님을 대제사장으로 보내셨다.

아담과 하와에게 선악과를 먹지 말도록 하나님은 명령하셨으나 그들은 마귀의 유혹을 받아 선악과를 따 먹고 말았다. 그들은 하나님의 말씀에 합당한 이유가 없다고 생각했던 것이다.

그들은 사탄의 본성을 먹었고 그들의 주인이 된 사탄은 그들에게 하나님에 대한 불신을 가지게 하였다. 한번 가지게 된 불신은 끝내 하나님을 시험하려 들었다.

사탄은 누구인가?

원래는 하나님의 천사이었으나 높아지고 싶은 교만함으로 하나님을 배반하고 등을 돌리고 만 자이다. 그래서 사탄은 언제든지 사람으로 하여금 하나님을 시험하게 하고 배반하도록 충동한다. 하나님께 대적하게 한다.^{고전 10:9-10}

"의인은 없나니 하나도 없다."^{시 14:3, 롬 3:10}

사람은 완전히 타락한 죄인이 되어 사탄의 노예가 되고 사망이 모든 사람에게 이르렀으니^{롬 5:12} 영적으로 죽었음을 의미한다. 따라서 거듭나지 않고서는 그 누구도 하나님께로 돌아갈 수 없게 되었다. 죄인은 하나님을 뵐 수 없기 때문이다.

사람의 죄악이 세상을 온통 물들이고 그들의 마음이 항상 악할 뿐임을 보시고 하나님께서는 땅 위에 사람을 지으셨음을 한탄하시고 근심하셔서 인간을 멸하려 하셨다.^{창 6:5-6, 렘 17:9}

그러나 끝내 화를 누르시고 세상을 사랑하사 독생자 예수님을 우리에게 보내 주셨다. 하나님의 깊으신 뜻을 위하여 우리와 다시 교제하시기로 결정하셨다. 그래서 화해의 중재자로서 예수님을 보내 주셨다.

아담 안에서 모든 사람이 죽었으나 그리스도 안에서 그를 믿는 자에게 영원한 생명을 주시기로 작정하신 것이다.^{고전 15:22}

하나님께서는 우리를 구원해 주시기 위해 예수님을 대제사장으로 보내셨다.

예수님은 우리의 대속 제물이 되셨다.

하나님께서는 이사야 53장의 본문에서와 같이 일찍부터 예수님의 구속 사역을 예정하시고 준비하셨다. 하나님께서는 독생자 예수님을 통해 그를 믿는 자마다 의롭다고 인치시고 양자로 삼으시며 하나님 나라의 백성으로 작정하셨다.

예수님을 사람으로 보내셔서 죽음에 내던지시고 죄 지은 사람들 가운데 한 사람으로 여기셨으며 그를 믿는 사람들의 죄를 대신 지고 그들이 용서받도록 예수님을 화목제물로 삼으셨다.^{사 53:12}

이제는 죄를 용서함 받기 위해 희생제물의 피가 더 이상 필요 없게 되었다. 예수님의 보혈을 통해 의롭다하시고 우리의 삶을 하나님과 함께 동행하는 관계로 회복시켜 주셨기 때문이다.

예수님은 자신의 죽음을 통해 우리들에게 참 진리를 깨닫게 하셨다.

한 사람의 불순종으로 사망한 우리가 예수님의 죽으심으로, 순종하심으로 그를 믿는 사람에게 영원한 생명을 주셨다. 하나님이 세상을 사랑하사 독생자를 주셨으니 이는 저를 믿는 자마다 멸망치 않고 영생을 얻게 하려하심이었다.^{요 3:16}

"하나님은 죽은 자를 살리시며 없는 것을 있는 것으로 부르시는 이시라."^{롬 4:17}

예수님을 죽은 자 가운데 살리시고, 죄를 짓고 죽을 밖에 없는 우리를 불러 산 자로 만드셨다.

구원의 새 언약을 주셨다.^{히 8:12, 10:17}

예수님은 우리의 죄를 구원해 주시는 대제사장이 되셨다. 동시에 희생제물이 되셨다. 어느 제사장도 할 수 없는 스스로 십자가의 희생 제물이 되시어 속죄사역의 사명을 다하셨다. 하나님이시고 사람이신 분 만이 가능한 사역이셨다.

예수님의 돌아가심으로 우리가 구원되었음을 믿는 것이 새 언약의 시작이다.

부활하셔서 우리의 구원을 완성하셨다.
예수님께서는 기적을 통해 여러 차례 몸의 부활을 예언하셨다. 예수님은 '죽음과 종말의 열쇠'를 쥐고 계심을 보여 주셨다.^{계 1:18} 나사로를 죽음에서 일으키시면서 이스라엘 선조들에게 하신 여호와의 약속이 어떻게 이루어지는 지를 보여 주셨다.

"주의 죽은 자들은 살아나고 그들의 시체들은 일어나리이다."^{사 26:19}

병자인 나사로를 치유하신 것보다는 죽음에서 그를 살리시기 위해 예수님은 이틀 동안 더 기다리셨다. 이스라엘 통념처럼 죽은 자의 영혼이 떠난다는 3일 동안 그 시간까지 예수님께서는 기다리신 것이었다. 우리들에게 그리스도 자신의 부활을 미리 보여 주시기 위함이었다. 병을 고쳐 주기 위함이 아니요 새 생명 주시기 위해 오신 것임을 분명히 하셨다. 더 큰 영광을 보여주기 위해 기다리셨다.

예수님은 말씀대로 부활하셨다.

성경에 기록된 대로 그분은 돌아가셨다가 성경대로 사흘 만에 다시 살아나셨다.^{고전 15:3-4} 부활은 우리의 죄를 대신해서 돌아가신 예수님의 구원 사역을 하나님이 인정하신 증거이다.

그리스도는 죽은 사람들 가운데서 다시 살아나셔서 잠자는 사람들의 첫 열매가 되셨다.^{고전 15:20} 죽음을 이기시어 우리의 구원을 완성하시고 우리에게 산 소망을 주셨다. 하나님이 우리 구주를 다시 살리셨듯이 그의 권능으로 우리도 다시 살리신다는 소망을 가지게 하셨다.^{고전 6:14} 하나님이 우리를 위해 더 좋은 것 즉, 부활을 예비하셨고 믿음으로 하늘

나라에 들어갈 때 우리는 온전하게 된다.^{히 11:40}

"너희는 위로부터 능력으로 입혀질 때까지 이 성에 머물라."^{눅 24:49}

예수님은 부활하셔서 우리에게 하나님으로부터 의롭다고 칭함을 받게 하셨고 하늘에 오르시어 하나님 우편에 앉으셨다.^{롬 4:25, 히 9:24} 이 세상에 속하지 아니하신 분이시기 때문에 인간이 만든 성소에 들어가지 않으시고, 직접 하늘로 올라가셨다.^{요 8:23} 그러면서도 이 세상에 속하는 우리와 늘 함께 계시는 임마누엘 하나님이 되셨다.

우리가 이 세상에서 사는 동안 보물이 있는 곳에 마음도 있듯이 우리의 마음을 육이 아닌 영에 두며, 이 세상이 아닌 하늘나라만을 바라볼 때 우리는 영원한 생명의 부활을 누리게 된다.^{마 6:21, 16:17-19, 18:14-20, 롬 8:5-9참조} 약속된 하나님 나라의 축복을 사모할 때 성령 하나님께서 우리를 인도하신다. 우리에게 그 어떤 고난이 닥치더라도, 우리의 소망은 빛의 자녀로서 흰옷을 입고 하늘나라에 입성하는 것이다. 하늘나라의 성도들과 같이 청결한 흰옷을 입고 구별되며^{고전 6:11} 우리의 몸 또한 썩지 않은 형질로 변해 몸도 구원 받기를 소망한다. 최후 심판의 날에 광채를 띤 흰옷을 입고 부활하기를 소망한다.^{눅 9:27, 29}

하나님께서는 우리를 사랑하사 독생자 예수님을 대제사장으로 보내시어
우리를 구원해 주시고, 희생 제물로 삼으시어 우리의 죄를 가리어 주시고
부활의 산 소망을 주셨음을 감사드립니다.

Thankfulness Came
Like a Gentle Breeze

12. 사람으로 오신 예수님

그는 근본 하나님의 본체시나 하나님과 동등됨을 취할 것으로 여기지 아니하시고
오히려 자기를 비워 종의 형체를 가지사 사람들과 같이 되셨고 빌 2:6-7

말씀이 육신이 되었다.요 1:14 하나님의 아들이 사람의 아들이 되었다. 신성이 인성과 결합하여 참 하나님이시고, 참 사람이신 한 분이신 그리스도가 되어 말씀으로 오셨다.

하나님은 한 본체이시지만 '위位'로는 성부와 성자, 성령 세 분이시다. 예수님은 하나님이셨으나 자신을 낮춰 사람으로 오시고 죽기까지 순종하심으로써 하나님의 자녀가 된 우리에게 모범이 되셨다.

성부 하나님께서는 그를 지극히 높여 주시고 하늘과 땅과 그 아래 있는 모든 것들이 예수의 이름 앞에 무릎을 꿇게 하시고, 하나님 아버지께 영광을 돌리게 하셨다. 빌 2:8-11

살아서는, 우리 곁에서 모범이 되셨다.

예수님은 인간으로 오셨다. 동정녀 마리아의 아들이고, 야고보, 시몬의 형제이고 그 누이들이 우리와 함께 있듯이 예수님은 인간으로 오셔서 우리와 함께 계셨다.^마 13:55 예수님의 집안은 결코 화려하지 않았다. 마른 땅에서 나온 뿌리와 같이 겸손한 모습으로 오셨다.^사 53:2 예수님은 아브라함의 자손이며, 며느리 다말을 통해 베레스를 낳은 유다의 후손이시다. 기생인 라합, 보아스와 재혼한 룻의 후손으로 다윗과 솔로몬, 그리고 목수인 요셉의 아들로 오셨다.

예수님 또한 자신을 주로 '인자' 곧 사람의 아들이라고 언급하시어 참으로 인간의 자손으로 태어난 인성을 분명히 하셨다.^강요II, 477면

때로는 '하나님의 말씀을 듣고 실천하는 사람이 바로 내 어머니요, 내 형제들'이라고 하여 육적인 가족관계 보다는 아브라함의 영적 자손으로 약속대로 유업을 이을 형제임을 강조하셨다.^눅 8:21, 롬 9:8, 갈 3:29 잠시 동안 함께하는 육의 형제보다는 영의 형제가 하나님과 영원히 함께할 한 가족이기 때문이다.

예수님은 인간의 모습으로 우리 곁에 오셔서 인간의 나약함과 고통을 몸소 체험하셨다.

우리와 같이 배고프셨고 허기져 음식을 드시기도 하셨으며, 피곤하고 곤하여 쉬시고 주무셨다. 십자가 위에서는 인간으로서 한없이 나약함을 보여 주셨고, 사랑하시던 제자들과 그를 따르던 군중들로부터 버림을 받고, 배신의 고통을 감당하셔야 했다.

예수님은 모든 면에서 우리와 동일하게 마귀의 시험을 당하셨고, 유혹으로도 고통을 당해 보셨다. 그래서 시험을 당한 사람의 아픔을 아셨고 상처받은 치유자로서 우리의 상한 마음을 치료할 수도 있었다.^히 12:14

일본에서는 살인사건의 피해자 가족인 유족모임이 있다. 가족이 갑자기 살해당함으로써 겪는 충격가운데 사건이후 1년간이 유족으로서 가장 견디기 어렵다고 한다. 그래서 동종 피해를 당한 가족들과의 만남을 통해 서로의 아픔을 이해하고 사후 심리적인 회복은 물론 법적인 문제까지 조언과 위로를 주는 기회로 삼고 있다고 한다. 동종의 상처를 당해본 사람만이 진정한 상처의 치유자가 될 수 있다는 반증이기도 하다.

예수님은 고난을 통해 제사장에게 필요한 속죄제를 대신하셨다.
다른 제사장과 달리 죄가 없으시지만 스스로를 깨끗하게 하셨다. 예수님은 사람으로 오셔서 인간으로서 겪을 수 있는 모든 고통과 조롱을 당하셨기에 우리의 연약함을 아시고 우리에게 자비로운 대제사장이 되셔서 우리에게 영원한 구원의 원천이 되셨다. 히 2:17-18, 5:9
예수님께서는 사람으로 오셔서 하나님께 절대 순종하는 모습을 보이셨고, 사랑과 겸손함으로 모든 사람을 섬기셨다. 그래서 하나님 나라 백성들에게 선생이 되시어 새 언약으로 사는 우리에게 삶의 모범이 되셨다. 고전 15:23, 42

죽어서는, 우리 죄를 대속하셨다.
첫 번째 사람으로 온 아담의 원죄는 창조주와의 영적인 결별이며 영혼의 죽음이었다. 우리는 유전적으로 원죄를 가지고 태어난 사람들이다. 그러나 첫 사람은 땅에서 났으므로 흙에 속한 사람이지만 두 번째 사람은 하늘에서 오셨다. 고전 15:47
예수님은 피조물이 아니시고 성부로부터 오신 유일한 독생자이시다. begotten son
'독생자'라는 것은 하나님 아버지로부터 나온 아들이라는 의미이고 스스로 존재하시는 분이시다. 인간의 외아들로 태어나신 것이 결코 아니시다. 예수님은 하늘에서 오셔서 땅에서 낳은 인간의 유전적 원죄를 가지지 않으셨다.

하나님께서는 우리에게 예수님을 보내 주셨다. 예수님의 가장 큰 사역은 구원의 사역이었음이 분명하다. 하나님께서는 우리의 죄를 속량해 주시려고 태초부터 하나님의 아들을 육신의 모습으로 보내셔서 육신 안에서 인간의 죄를 심판 받도록 계획하셨다.

먼저, 하나님께서는 첫 사람 아담의 원죄가 사람의 육신으로 보상되어야만 한다고 생각하셨다.^{강요II, 477면}

정의로우신 하나님의 성품이셨다. 예수님께서는 인간의 죄를 대속하시기 위해서는 모든 면에서 사람들과 같아지셔야만 했다.^{히 2:17}

인간의 원죄는 사람만이 갚을 수 있다. 예수님은 죄 많은 우리가 되시려고 사람으로 오셨다. 사람의 피 흘림이 필요하였다. 그것이 하나님의 공의이셨다.

둘째, 하나님의 영광을 손상시킨 아담의 죄는 세상 어느 것보다도 중해서 하나님만이 갚을 수 있었다.[2]

그래서 하나님이신 예수님이 사람의 몸으로 오셔서 우리를 위한 죄값을 치룰 수밖에 없었던 것이다. 예수님은 레위인의 조상인 아브라함으로부터 십일조를 받으셨으니 예수님은 아브라함이나 레위 제사장보다 더 위대한 제사장이시다.

그럼에도 우리들의 죄를 대신하여 십자가상에서 자신의 몸을 바쳐 한 번에 완전하고 영원한 희생 제물이 되셨다.^{요 8:58, 히 7:27}

---

2 중세초기 스콜라 학자인 안셀무스(1033년-1109년), "왜 하나님은 사람이 되셨는가?"

그가 책망을 받아서 우리가 평화를 누리고 그가 매를 맞아서 우리의 병이 나은 것이다.^{사 53:4-5} 예수님은 우리를 위해 하늘나라의 영원하신 대 제사장이 되셨다.

인간에 있어서 사망은 인간성의 완전한 파멸이다. 하나님께서는 그것을 통해서만 공의를 실현하실 수 있었던 것이다. 죄가 없으신 그리스도는 죄인이 되어 돌아가심으로써 하나님의 공의를 실현하셨고, 우리는 그리스도 안에서 의로움을 인 치심 받았다.^{고후 5:21}

의로운 자만이 하나님을 뵈올 수 있다. 혼인잔치에 참석하기 위해 예복을 갖추듯이 의의 예복을 갖추지 않으면 하나님을 만나볼 수가 없다.^{마 22:11-14} 그리스도는 제사장으로서, 순결하고 흠 없으신 우리의 중보자가 되셨다.

그래서 자신의 성결함에 의하여 우리에게 의의 예복을 입혀주시고 우리로 하여금 하나님과 교제할 수 있게 해 주셨다.

부활하셔서, 부활의 방식을 보여주셨다.

예수님은 육신도 구원을 받아 다시 사셔서 죽음을 이기시고 우리의 구원을 완성하셨다. 예수님께서는 믿지 않고 의심하는 도마에게 말씀하셨다.

"네 손가락을 이리 내밀어 내 손을 보고, 네 손을 내밀어 내 옆구리에 넣어보라."^{요 20:24-28}

계속해서 예수님께서는 말씀하셨다.

"내 손과 발을 보고 나인 줄 알라. 또 나를 만져보라. 영은 살과 뼈가 없으되 너희가 보는 바와 같이 나는 있느니라."^{눅 24:39}

만일 영혼이 몸을 떠나 그 본체를 유지하지 못한다면, 도마가 예수님을 눈으로 보고 손으로 만져볼 수 있었겠는가? 몸의 부활은 완전한 구원이다. 우리의 몸은 하나님으로부터 받은 것으로 세상에 사는 동안 사용하도록 주신 것이지만 부활을 통해 우리 몸의 썩어질 본체는 썩지 않는 성질로 변화되어 훨씬 좋은 상태가 되는 것이다.^{고전 15:51-54}

"주께서 내 영혼을 지옥에 버려두지 않으시고 주의 거룩한 분께서 썩지 않게 하신다."^{시 16:10}

우리를 거듭나게 하사 산 소망을 가지게 한 것은 그의 죽음을 통해서 만이 아니라 죽은 자 가운데 부활하심으로 말미암아 된 것이다.^{벧전 1:3}

예수님께서는 죽어서는 사망을 이기시어 하나님의 능력을 보여 주셨고 부활하시어 우리도 예수님과 함께 썩지 않을 몸으로 부활할 수 있다는 산 소망을 우리에게 안겨 주셨다. 본성적으로 죽을 수밖에 없는 우리 몸에 영생을 주셔서 우리 몸의 부활을 보증해 주셨다. 우리의 몸은 영과 영원토록 떨어지지 않는다.

우리는 아브라함에게 대접을 받으신 하나님을 만나볼 수는 없었다. 그러나 하나님께서는 앞으로 오실 예수님의 가시적인 형상을 미리 알려 주신 것이다.

여기서 우리는 중요한 가르침을 배우게 된다.

예수님께서는 사람으로 오셔서 우리에게 부활의 방식을 보여주셨다. 하나님의 형상을 가지고 육의 몸으로 오셨으나 썩지 않을 영의 몸으로, 하늘에 속한 자의 형상에 걸맞게 다시 살아나셨음을 직접 보여 주신 것이다.^{고전 15:49-53} 제자들이 알아 볼 수 있도록 현세의 몸과 같이 가시적인 영의 몸으로 부활하심으로써 우리에게 영과 혼을 다하여 우리의 몸을 깨끗이 보전할 것을 가르치신다.

'그리스도가 강림하실 때까지' 우리의 육체와 영을 온전히 유지하기를 권면하고 계신다.^{살전 5:23}

최근 인권단체나 법학자들은 성적 정체성, 성별 주체성이라는 단어를 혼용하여 사용함으로써 혼란을 부추기고 있다. 우리의 몸은 그리스도가 거하시는 성전이다. 문란한 성적 행위로 더럽혀져서는 안 된다.

하나님께서는 아담과 하와를 만드셔서 남녀를 구분하셨다. 동성연애, 동성결혼은 하나님께서 주신 남녀의 성적 정체성을 직접적으로 해치는 행위이다. 하나님께서는 남성과 여성을 만들어 연합하여 생육하고 번성하라고 하셨다. 그것이 하나님의 뜻이시고 창조하신 목적이다. 남녀 간의 결합이 얼마나 신비로운지, 그 비밀이 얼마나 정교한 것인지, 하나하나 과학적으로도 증명이 되고 있다. 실타래같이 비틀려버린 그들의 왜곡된 사랑을 회복시켜 주기 위해서는 누군가 다가가 참 진리와 창조질서를 전달하여야 한다. 동성 간의 결혼을 합법화하려는 움직임은 사탄의 시험에 빠진 인간의 어리석음이고 교만함 때문이라는 것을 가르쳐 주어야 한다.

동성결혼을 합법화하거나 낙태, 성전환 등의 허용은 인간을 생육하고 번성케 하려는 하나님의 창조적 질서를 해치고 탄생의 신비를 감추려는 사탄의 방해 행위일 뿐이다.

하나님 아버지 앞에서 정결하고 흠이 없이 온전함으로 나설 수 있기 위해서는 세상의 어리석음으로부터 자신을 지켜 영과 육을 깨끗한 상태로 보존하여야 한다.^{약 1:27}

미국 유학생들의 마약문제가 불거져 나왔을 때 나는 미국에서 유학생활을 경험한 내 아들들에게 물어 보았다. '너희들은 마약을 하지 않았니? 유혹은 없었니?' 그러자 두 아들들은 '유혹은 있었으나 검사이신 아버지가 무서워 마약을 안했어요'라고 당당히 말해 놀란 적이 있었다. 어찌되었던 고마운 일이다.

'친구 따라 강남 간다'는 말이 있다. 나쁜 친구들이 좋은 습관을 망쳐 버린다는 성경구절대로 서로가 나쁜 친구가 되어서는 안 된다.^{고전 15:33} 동성결혼, 마약, 매춘, 도박하는 친구를 설득해서 하나님 앞으로 나오게 할 자신이 없다면 그런 친구는 만나지 말아야 한다. 그렇게 해달라고 하나님께 기도드려라.

예수님은 부활하셔서 살아있는 우리에게 현세의 몸과 영을 깨끗하게 보존하도록 권면하신다. 우리의 몸은 그 사람의 인생을 가장 잘 나타내는 모습으로 다시 부활하게 될 것이다. 따라서 우리는 어떤 유혹에도 몸을 더럽히지 않도록 인내하고 자제하여야 한다.^{고후 5:5}

우리와 같은 사람으로 오시고 중재자가 되어 주신 예수님,
저의 나약함을 아시고 매일매일 흔들리는 저의 생각을 붙들어 주셔서 감사합니다.
제가 간구하는 것보다 더 나은 처방을 주시듯이 앞으로 부활하게 될 저의 몸도
현세의 모습보다 더 영화로운 모습으로 부활하게 해 주소서.

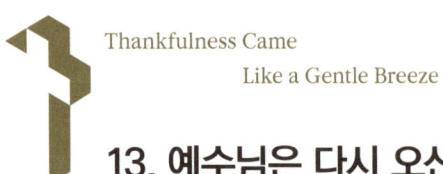

Thankfulness Came
Like a Gentle Breeze

13. 예수님은 다시 오신다.

보이는 것들은 잠깐이나 보이지 않는 것들은 영원하다. ^{고후 4:18}

표적을 보이라던 바리새인들은 나사로 사건을 계기로 돌변하였다. 예수님을 죽이려고 더욱 확고한 계획을 짜고 있었다.^{요 11:53} 죽음에서 나사로를 살려내셨듯이 예수님 또한 부활을 예표하시고 계신다는 것을 그들은 모른 체 하였다.

예수님께서는 다시 오신다. 하나님 나라 완성을 위해 다시 오신다. 오늘이라고 일컫는 동안이 구원의 날이고 오늘은 다시 오지 않는다. ^{히 3:13} 어떻게 임하실지는 알 수 없다. ^{계 3:3} 그래서 항상 깨어있어야 한다.

그들은 메시아이심을 몰라보았다.

예수님은 말씀을 통해 직접 계시하시고 표적을 통해 보여주셨다. 이미 나병환자를 치료하고 죽은 나사로를 살리신 큰 영광을 보여 주셨음에도 바리새인과 율법학자들은 모른 체했다.

병자를 치료하시고 죽은 자를 살려내시며 가난한 자에게 복음을 전하는 것이 메시아에게 예정된 구원사역임을 증거로 보여 주셨음에도 그들은 애써 부인하였다.^{사 35:5-6}

예수님은 이 세상에서 부활의 기적을 드러내심으로써 땅에서 죄를 사할 권세도 있으심을 우리에게 분명히 알게 하셨다.^{눅 5:24}

By this, I know!

대제사장과 바리새인들은 예수님이 사흘 후에 다시 살아나리라는 말씀을 분명히 기억하고 있었다.^{마 28:63-66} 그러나 그들은 끝내 우리의 구원자이시고 기름 부은 자이신 그리스도가 예수님이심을 알 수 있었음에도 알려고 하지 않았다.^{눅 10:21}

메시아이신 지를 묻는 요한의 제자들에게 예수님께서는 있는 그대로를 보여 주시고 설명해 주셨다.^{눅 7:22} 자신을 영적 메시아로 바라보도록 기대하셨고 이를 보고 실족하지 않는 자에게 복이 있다고 하셨다.

이로써 요한은 그가 메시아 곧 그리스도이심을 바로 알아보았으나 바리새인들은 그들의 생각을 조금도 바꾸지 않은 채^{마 11:20} 그 많은 증거들을 우연한 기적 정도로 평가 절하하고 말았다.

요한은 우리들에게 회개하라고 외침으로써 주님이 오실 길을 평탄하게 하였다. 그러나 바리새인들은 자신들만이 아니라 다른 사람에게도 예수님에게 다가가는 길을 막고 말았다.

가버나움이나 벳새다, 고라신 지역들은 예수님께서 공생활 동안 자주 가셔서 많은 병자를 치료하시고 죽은 자를 살리시는 등 표적을 보여 주시던 곳이다. 그래서 예수님께서는 자신을 그들이 구세주로 받아들이고 더 많이 회개하기를 기대하셨다. 그러나 그들 또한 그리스도로 오신 예수님을 부정하고 영원한 생명의 말씀을 듣고도 무시하고 말았다.

그래서 예수님께서는 두로와 시돈과 같이 차라리 이방인 지역에서 이와 같은 표적을 보였더라면 오히려 더 많은 사람들이 구원받았을 것이라고 한탄하셨다. 그러면서 가버나움, 벳새다와 고라신 지역 사람들에게 화를 선포하셨다.눅 10:13-14 가버나움이나 벳새다 지역들은 물이 풍부함에도 불구하고 아직까지 폐허로 남아 있는 것은 이를 입증하는 듯하다.

예수님께서는 복음을 들으나 뿌리를 내리지 못하고, 성령의 조명을 받지 못하는 이스라엘 백성들을 보고 안타까워하셨고, 앞으로 그들이 받을 심판을 생각하시면서 슬피 우셨다.눅 12:47-50

"오늘날 평화에 관한 일을 알았다면 좋았으나 지금 네 눈에 숨기었도다."요 3:36

이스라엘 백성은 이미 예수님의 표적과 활동을 통해 하늘나라를 밝히 볼 수 있었다.시 22장, 사 53장 예수님이 메시아이시고, 중보자이심을 깨달을 수 있었다. 그러나 그들은 눈을 감아버림으로써 예수님을 영접하지 못하고 구원받을 기회를 놓치고 말았다.

아담이 선악과 대신 생명나무 과일을 따먹었더라면 하나님을 등지지 않았을 것처럼… 그들이 예수님을 알아보고 우리의 구세주로 영접했더라면 이 세상은 이미 악이 사라지고 정의가 강물처럼 흐르고 바다의 파도처럼 평화가 넘치는 공의로운 하나님 나라가 되었을 것이다.사 48:18

그들은 현실적인 권력을 이용할 줄도 알았다.

바리새인들과 율법학자들은 결코 예수님을 받아들이지 못했다. 그들의 기득권을 빼앗길까 두려워했던 것이다. 이미 부패한 권력에 기생하면서 사탄에 빠져 불쌍한 영혼을 박해하는 그들만의 잔치에 빠져든 것이었다.

이방인 빌라도마저 예수님이 죄가 없으시고 흠이 없으시다는 것은 분명히 알았다.

위선자들은 빌라도에게 소리친다.

"이 사람을 놓아 주면 당신은 가이사와 친구가 아니다. 누구든 자신을 왕이라 하면 가이사의 적이 된다."^{요 19:12}

그들은 예수님께서 하늘나라의 왕 곧 진정한 의의 왕이시고 평화의 왕이심을^{히 7:2} 부정하면서 이를 위해 짧은 지혜와 계략으로 현실 세계의 권력을 이용할 줄도 알았다.

서로 존중해야할 부부간에도 헤어질 때에는 상대방의 허점을 잡는다. 수사기관을 이용할 줄도 안다.

어느 파견 공무원의 하소연이다. 아내로부터 이혼요구를 받았는데 값나가는 아파트는 아내가 가져가겠다고 했단다. 그래서 아파트를 팔아 반으로 나누자고 했더니 그동안 자기한테 건네 준 금전 내역서를 보여주더란다. 그 내역서는 다름 아닌 공무원인 남편이 공직생활하면서 뇌물로 받은 금원을 아내에게 전달하였는데 뇌물을 건네 받은 일시, 금액, 뇌물제공자 명단, 제공 장소가 정확히 기재된 메모지이었다고 한다.

"이 거... 검사한테 가져다준다....."

할 말을 잃었다. 자신의 욕심을 채우기 위해 언제부터인지 남편의 약점을 잡아 준비해 온 것이다. 현실의 권력을 이용할 줄 아는 영특함마저 보였다.

"너의 품에 누운 여인에게라도 너의 입의 문을 지켜라."^{미 7:5}

부인에게도 해서는 안 되는 말이 있는 것 같다. 부부 간에 서로 다른 점을 인정하면서도 생명의 은혜를 이어갈 동역자라는 점을 잊어서는 안 된다.^{벧전 3:7}

뇌물은 어떠한 형태로든 받아서는 안 된다. 세상은 악하다. 평소 뇌물을 건네주고 자기 사업에 크게 도움을 받았던 공무원은 보호해준다.

웬만해서는 뇌물을 주었다고 불지 않는다. 반면 뇌물 받기를 거부하고 자기 맡은 일만 묵묵히 하는 공무원에게는 그의 부모상에 소액의 부의금을 건네주고도 뇌물을 주었다고 나팔 부는 세상이다.

바리새인들은 기존의 교리를 고수하여야 자신들의 지위나 기득권이 보전된다고 생각했을 것이다. 그러나 참 진리의 빛은 손바닥으로 가릴 수가 없었다.

로스쿨 제도가 출범하면서 나는 2005. 8. 실무가 출신 제1호(?)로 검사직을 물러나 모교 교수로 자리를 옮겼다. 인사차 교수회의에 참석하였다가 모 교수로부터 "당신은 우리들의 뜻을 무시하고 학교 측에서 일방적으로 임용한 사람이니 교수로 인정할 수 없다"는 어처구니없는 말을 듣고 교수회의 석상을 쫓겨 나오듯이 빠져 나왔다. 그 이후로 강제 퇴진당할 때까지 교수회의는 거의 참석할 수 없었다. 후유증이 있었다.

그런데 어느 날 모교출신 교수들이 모여 회의하자고 한다. 학장, 부학장, 주임교수 모두가 특정대학 출신이어서 특정대학 출신위주로 로스쿨 교수를 충원하고 있으니 강력히 항의하자는 것이었다. 겉으로는 공정한 교수선발을 내걸고 있지만 내심 모교 출신교수를 한명이라도, 실무가 출신이 아닌 이론가 출신을 한명이라도 더 뽑자는 속셈이었다.

그들은 법과대학이 변호사를 양성하는 법학전문대학원으로 바뀌고 있다는 사실인식이 부족했던 것 같다. 실무가를 양성하는 학교로 바뀌고 있음을 실감하지 못하고 그들의 기득권이 더 중요했던 것이다.

필자는 합의된 내용에 따라 선뜻 내키지는 않았지만 다음날 아침 법대 1층 로비에서 기다렸다. 그러나 웬일인가? 당일 아침 모교 교수는 한 사람도 출근하지 않았다. 후배 교수에게 전화로 물었다.

"원래 선배들이 다 그런 ○들입니다."

겉으로는 선배 교수들을 욕하면서 스스로도 그런 사람임을 인정한 꼴이었다.

합의는 해놓고 아무도 나오지 않은 것이다. 약속을 어긴 것이다. 나는 예정대로 프랑 카드를 들고 1인 시위를 했다.

'교수선발의 공정성을 확보하라.'

나는 그 일로 인해 학교로부터 강한 경고를 받았고 그 이후 15년 동안 물러날 때까지 학교에서 보직 한번 제대로 받지 못했다.

훗날 알게 되었지만 나는 모교 출신 교수, 그들로부터 완전히 이용당한 것이었다. 학교 측에서 실무가 출신으로 나를 첫 번째 정교수로 임용해 주었는데, 그들은 실무가 출신들의 교수 진입을 두려워 한 것이었다. 나는 그들의 이익을 대변하는 꼴이 되고 말았다. 그들로부터 한방 먹은 것이다. 학교에 큰 누를 끼치고 말았다. 어리석었다.

바리새인들은 새로운 언약으로 오신 예수님을 두려워 한 것이었다. 그들의 기득권을 지키기 위해 예수님을 십자가에 매달았다. 얼마나 큰 죄를 짓고 있는지에 대해서는 관심이 없었다. 십자가 위에 써진 팻말까지 철저히 부정하려들었다. 유대인의 왕이라고 쓰지 말고 '자칭' 유대인의 왕으로 고쳐달라고 까지 하였다.^{요 19:21}

예수님께서는 하나님 나라를 그들로부터 빼앗아 열매 맺을 수 있는 백성에게 주시겠다고 경고하셨다.^{마 21:43}

진정으로 믿는 자는 하나님 나라를 위해 열매를 맺는 자들이다.

믿지 않는 이스라엘로부터 하늘나라의 복을 빼앗아 열매 맺는 이방인에게 주시겠다는 경고이시다.

예수님은 분명한 모습으로 다시 오신다.

그들은 아직까지 예수님이 메시아이심을 부정하고 있다. 그러나 그들은 하나님의 감추신 신비한 비밀을 모르고 있다.

'이 신비는 이방인의 충만한 수가 들어오기까지 이스라엘의 더러는 우둔하게 된 것이라.'^{롬 11:25}

그것은 이방인들의 충만한 숫자까지 구원을 하시려는 하나님의 계획이시다. 이스라엘에 대한 축복을 이방인으로 대체하시려는 것도 아니다. 그들이 넘어짐으로 구원이 이방인에게 이르러 이스라엘로 시기 나게 하려는 것이요, 그들의 실패가 이방인의 풍성함이 되게 하려 하신 것이다.^{롬 11:11-12} 같은 하나님을 믿고 있음에도 이스라엘 백성은 마라의 쓴 물이 되어 괴로움을 당하고 있고, 이방인인 우리는 이삭줍기를 통해 희망을 가지는 룻과 같이 은혜의 시대에 살고 있다.^{룻 1:20-2:9} 유대인이건 이방인이건 결국은 믿음 안에서 하나가 되고, 하나된 온 이스라엘을 구하시려는 것이 하나님의 구원계획이시다.^{롬 11:26}

예수님은 다시 오신다. 예수님께서는 처음 오실 때에는 나귀타고 겸손하신 모습으로 오셨으나 다시 오실 때에는 백마를 타고 승리자로 오신다.^{계 19:11} 큰 권능과 영광으로 오신다.^{마 24:30, 막 13:26}

예수님은 인격적이고 육체적인 형태로 다시 오신다.^{히 9:28, 행 1:11} 사자의 권능을 가지고 독수리와 같이 황소와 같이 우리가 온전히 믿고 의지할 수 있는 모습으로 우리에게 다시 오신다.

믿지 않는 자들을 심판하러 예수님은 다시 오신다.

난리와 소란의 소문을 들을 때 두려워 말라. 이일이 먼저 있어야 하되 끝은 아니다.^{눅 21:9} 예수님의 재림은 믿지 않는 자들에게는 심판이 된다. 예수님께서는 부패와 부도덕, 불공정을 제거하시고 세상의 모든 악을 없애신다. 그리고 사탄의 권세로부터 우리를 구해주신다.

그날은 언제 올지 모른다. 오직 하나님만이 아신다. 하나님의 예정에 따라 하나님이 정하신 시기에 심판의 날은 온다.^계 6:11 인간의 때가 아니라 하나님의 섭리 안에 있기 때문이다. 다만 무화과 가지가 연해지고 잎사귀를 내면 여름이 올 줄을 알듯이^마 24:32 천국복음이 모든 민족에게 전파되어 이방인의 충만한 숫자가 구원 받을 때,^마 24:14 환난이 시작되면 주 예수의 재림이 임박했음을 인식할 수 있을 뿐이다.^마 3:2, 눅 21:31 그 때에는 거짓 그리스도들과 거짓 선지자들이 나타나 믿는 우리를 미혹할 것이다.^마 24:24 속아서는 안 된다.

때가 되면 두 사람이 밭일을 하고, 맷돌질을 하다가 한 사람은 데려가시고 한 사람은 버려두신다. 일상생활 중에 항상 영적으로 깨어 있어야 한다.^마 24:40-41 버림받지 않도록 깨어있어야 한다. 예수님께서는 틀림없이 분명히 가시적인 모습으로 오시기 때문이다.^눅 21:36, 계 3:10

I say to everyone : 'Watch!'^막 13:37

우리는 모든 환난 중에도 남은 자 되어 예수님 앞에 설 수 있도록 항상 깨어 있어야 한다.

"아멘! 주 예수여 오시옵소서."^계 22:20

주님의 재림을 기다리는 우리는 매일 소망을 가지고 힘을 얻는다.^사 40:31 그날이 있기에 오늘의 고통 중에서도 기쁨을 가지고 피곤치 않게 몸을 일으킨다.

주님의 재림을 앙모합니다. 이방인의 충만한 숫자가 하늘나라 백성으로 들어올 때 예수님이 다시 오신다는 구원의 기쁜 소식을 믿고 소망이 있기에 독수리같이 피곤치 않고 강건할 수 있음을 고백합니다.

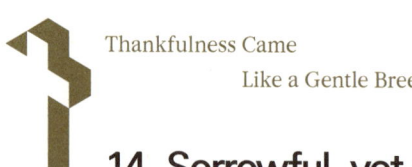

Thankfulness Came
Like a Gentle Breeze

14. Sorrowful, yet always rejoicing

'잠시 받는 환난의 경한 것이 지극히 크고 영원한 영광의 중한 것을 이루게 함이니.' 고후 4:17

    고난은 무엇인가? 모든 고난이 죄와 관련되어 있는 것은 아니다. 하나님은 죄에 대해서 바로 대응해서 응징하지는 않으신다.
    그러나 우리에게 주어지는 고난 가운데 헛된 것은 하나도 없다. 어떤 경우이든 자신이 변하지 않고 흘려보낸 고난은 무익할 뿐이다.
    반면 믿음이 약한 자는 사탄의 의도대로 시험에 빠지고 만다. 고난이 오면 피하려고만 한다.
    나 또한 모든 것을 내려놓고 미국에 와 있다. 잠시 있을 환난을 두려워하지 말고 앞으로 받을 지극히 크고 영원한 소망을 바라보라고 하신다. 나에게 현재의 고난은 어느덧 하나님의 사랑으로 다가왔다.

고난을 통해 생활태도를 바꾸라고 하신다.
    예수님께서는 살아 생전에 앉은뱅이, 문둥병자, 중풍환자에게 죄를 물으시고 그에 대해서 치료를 통해 생명을 구해 주셨다.

그리고 그들에게 더 이상 죄를 짓지 않도록 권면하셨다. 문둥병자에게는 치유하신 후 모세의 율법에 따라 희생제물을 드리라고 하셨다. 요 5:14-18, 마 8:1-4, 막 1:40-45, 눅 5:14 고통은 그들의 죄의 산물이었기 때문이었다.

그러나 예수님이 우리를 위해 돌아가신 후에는 상황이 달라졌다.

하나님께서는 믿는 사람이 죄를 지었다고 해서 그 죄에 대해 바로바로 응징하지는 않으신다. 예수님의 죽음을 통해, 이를 믿는 자마다 더 이상의 정죄함이 없게 하셨기 때문이다. 롬 8:1

그렇다면 고난을 왜 허용하시는 걸까?

먼저, 고난을 치료방법으로 사용하신다.

삶의 변화를 촉구하기 위해 경고등으로 활용하신다. 회개함으로써 그런 죄를 다시 짓지 않도록 변화를 촉구하시고 의롭게 살아가도록 채찍 하신다. 히 12:11

하나님은 고난을 통해 삶의 변화를 요구하신다. 썩어 없어질 구습을 과감히 떨쳐버리고 죄의 속박으로부터 당당히 맞서 깨어 있으라고 말씀하신다. 하나님이 택하신 하늘나라 백성에게는 사탄이 늘 틈새를 노리고 있기 때문이다.

그는 잠자지도 않고 졸지도 않으며 땅을 두루 돌아다니면서 우리의 틈새를 엿보고 있다. 고난을 통해 예수님이 다가오시지만 그 틈을 타 사탄도 우리에게 다가와 속삭인다.

"하나님은 불공평하시다. 좋은 분이 아니시다."

유혹이 다가오고 고난이 닥칠 때 진정한 회개와 함께 유혹에 담대하게 대처하여야 한다. 가나의 혼인잔치에서 첫 표적으로 물이 포도주 됨을 보여주신 것과 같이 우리에게 거듭나라고 말씀하셨다. 요 2:7-8 행동을 바꾸고 생각을 바꾸고 가치관을 바꿔야 한다. 고난을 통해 우리의 겉 사람은 낡고 깨어지나 우리의 속사람은 날로 새로워져야 한다.^{고후 4:16}

바울이 그리스도의 적에서 예수님께로 돌아서고, 바리새인들의 적이 되었듯이 완전히 돌아서야 한다.

우리는 우리의 약점을 버리고 다시 태어나야(born again) 한다. 애벌레가 날개를 달아야 높이 날아오르듯 획기적으로 거듭나지 않으면 하늘나라에 들어갈 수 없다.^{요 3:3} 새 사람이 되지 않는 한 시련은 이겨낼 수 없게 되고 그 시련은 계속될 것이다.

둘째로, 사탄의 유혹을 이길 담대함을 가지게 하신다.

오늘 이러한 사탄의 유혹에 빠지면 내일은 죄를 짓게 된다. 음녀의 포도주에 취해^{계 18:3} 죄에 굴복하면 그것의 노예가 되고, 결국은 사망에 이르게 된다. 유혹은 누구에게나 다가온다. 나에게만 유혹이 오는 것이 아니다.

어느 선교회의 담임목사는 마약을 직접 복용한 전과자로서 마약 중독자들을 위한 치유사역에 전념하고 있다. 그는 현재 10년 이상 마약에 손을 대지 않았지만 마약을 완전히 끊었다고 말할 수는 없다고 한다. 다만 오늘도 내안에 계신 성령의 은혜로 사탄의 유혹을 담대히 거절하고 있을 뿐이라고 고백하였다.

하나님의 백성 중 많은 사람이 유혹을 받고 있으나 대다수 침묵하면서 조용히 이기고 있을 뿐이다.

다윗은 고백한다.

'내가 주께 범죄하지 아니하려 하여 주의 말씀을 내 마음에 두었나

이다.^시 119:11

 특히 고난 중에 있을 때 사탄은 우리에게 다가와 우리를 유혹하고 심령을 파멸케 한다. 성령이 우리의 주인이 되지 않으시면 여지없이 사탄은 우리의 마음속에 들어오려 한다.

 사탄의 유혹은 우리의 약한 틈을 타고 오기 때문이다.

 악한 영은 심지어 실수를 가장하면서까지 우리를 시험하려고도 한다. 예수님을 죽인 본디오 빌라도가 그랬다. 그는 로마 군인으로 하여금 실수인 것처럼 로마황제의 초상이 그려진 깃발을 들고 예루살렘 거리를 행진하게 하였다. 예수님이 돌아가신 후 영적으로 혼돈에 빠진 예루살렘 사람들에게 오직 살아있는 황제만을 숭배하도록 각인시키려는 계획적인 행동이었다. 이에 격분한 예루살렘 사람들은 성령 하나님의 도우심으로 죽기를 각오하고 강렬하게 항의함으로써 그의 음모를 타파할 수 있었다. 그는 결국 해직되어 귀양을 가 자살하고 말았다. 사탄의 시험에 대해 우리가 처음부터 담대히 대처하지 않으면 사탄은 서서히 우리의 모든 것을 빼앗아갈 것이다.

 우리는 성령으로 거듭난 몸이다. 하나님께서 우리를 의롭다고 하시고 다시 한 번 불러 주셨다. 더 이상 시험에 들지 않도록 예수님이 하셨던 것처럼 자신을 낮추고 말씀만을 붙잡고 오직 여호와 하나님만을 바라보고 살아야 한다.^갈 4:11, 5:16

 예수님께서도 돌아가시기 전 겟세마네 동산에서 간절히 기도하셨다. 하나님과 한 번도 떨어지지 않으셨던 예수님께서 죄인으로서 하나님과 잠시라도 떨어질 수밖에 없음을 안타까워하셨다.

"내 마음이 매우 고민하여 죽게 되었으니 너희는 여기 머물러 나와 함께 깨어 있으라."마 26:38

인간적인 고통 앞에서 사탄의 시험에 들지 않도록 담대히 기도하셨다. 아버지의 원대로 뜻이 이루어지도록 기도하셨다.마 26:36-45

셋째로, 우리에게 온유함과 겸손을 가지게 하신다.

부르심을 받은 자들에게는 사탄의 시험이 항상 따라다닌다. 사명이 크면 클수록 고통이 크면 클수록 사탄의 공격도 거세진다. 그럴 때 일수록 하나님께 기도드리고 하나님만을 바라보면 영적으로 하나님의 일하시는 방식에 눈을 뜨게 되고 시험을 이기는 방법도 알게 된다.

모든 것을 합력하여 끝내 선을 이루어 가시는 것이 하나님의 일하시는 방식이다. 끝까지 온유함과 겸손을 가져야 한다. 지는 것이 이기는 것이다.

대학교수로 있다 보니 TV 토론이나 공청회 등을 통해 말싸움할 기회가 많았다. 검경수사권의 문제가 특히 그랬다. 다른 이론가 출신 교수들보다도 수사실무 경험을 가지고 있는데다가 일본의 수사실무를 현장에서 지켜본 경험이 있어서 이론과 실무 양면에서 거세게 공격과 방어를 할 수 있었다. 나는 논쟁에서 이겼다고 생각했다. 그러나 돌아서 올 때에는 후회스러웠다. 똑같이 싸우면서 상대방 측과 갈등만 깊어졌다는 생각을 하게 되었다. 자신을 낮추고 상대방을 섬기는 겸손함과 온유함을 통해 지는 것이 이기는 것이라는 하나님의 일하시는 방식을 몰랐으니 나는 참 어리석은 사람이었다.

우리가 복음을 전하는 방식 또한 마찬가지이다. 우리의 지식으로 설득하려하거나 강권하게 되면 상대방은 오히려 영적인 눈을 감고 구원의 문을 꽁꽁 닫고 만다.

"이것이 민간에 퍼지지 못하게…이 이름으로 아무에게도 말하지 말게 하자."^{행 4:17}

제사장이나 바리새인들은 예수님이 메시아이심을 알 수도 있었다. 그래서 그들은 두려웠던 것이었다. 그런 사람들에게는 좀 더 겸손하게 다가갈 필요가 있다. 예수님께서는 '너희 속에 있는 소망에 관한 이유를 묻는 자에게 대답할 때에는 온유함과 두려움으로 하라'고 말씀하셨다.^{벧전 3:15}

온유함과 두려움으로 우리 자신의 자세를 더욱 낮추고 겸손히 말씀을 전파할 필요가 있다. 사울(큰 자)이 바울(작은 자)로 바꾸어 생활하자 더 큰 일을 할 수 있었던 것처럼 나를 죽이고 겸손과 온유, 관대함과 용서함으로 그들에게 다가가면 성령 하나님이 그들을 변화시키신다. 이것이 하나님이 역사하시는 방식이다.

고난을 통해 우리를 연단하신다.

중보자이신 예수님께서는 자신의 아버지를 우리의 아바(Abba) 아버지 하나님이라고 부를 수 있도록 특권을 주셨다.

"나는 너의 아버지가 되고, 너희는 나의 자녀가 되리라."^{고후 6:18}

아버지는 절대적인 권위를 가지시고, 자녀를 끝없는 사랑으로 보살피시며 보호하시고 은혜를 베푸신다. 때로는 따끔하게 질타도 하시고, 혹독한 훈련도 시키신다. 복수가 아닌 사랑으로 하신다.

사랑하는 자식을 어찌 그냥 버려두시겠는가?^{신 8:5}

하나님의 훈계를 가볍게 여기지 말고 그가 책망하실 때 낙심하지 마라. 성령하나님을 근심하시게 하지 말라. 우리가 그 안에서 구원의 복음을

듣고 약속의 성령으로 인 치심을 받았느니라.엡 4:30, 사 7:13

인 치심은 우리의 영혼이 하나님의 소유이며 보호하심을 보증 받았다는 것이다.계 7:3 주께서는 사랑하시는 사람들을 연단하시고 아들로 받아주신 자마다 채찍질로 징계하신다. 육신의 아버지가 사랑하는 자식을 징계하듯이 영의 아버지로서 채찍질하시며 단련시키신다.히 12: 6-7, 잠 3:11-12

아브라함이 고향 땅을 떠나 가나안 땅으로 간 것도 시련이었다. 모세가 40년 동안 광야생활을 한 것도 이스라엘 백성을 광야에서 인도할 수 있도록 준비시키신 것이다. 다윗이 사울 왕을 피해 10여 년 간을 도망 다닌 것도 단련의 기간이었다. 요셉이 애굽으로 팔려가고 보디발의 아내의 유혹으로 결국 감옥에 갇힌 것도 마찬가지이다.

성경 속의 위대한 인물들은 모두 광야로 내 던져졌다. 모두 혹독한 시련을 겪어야만 했다. 그들은 때로는 억울하기도 하고, 때로는 외로움으로, 두려움으로, 배신감에 슬퍼하기도 했지만 일체 불평이나 불만을 토로하지 않고 반응을 보이지 않았다. 세상과 단절된 그곳에서 자신을 죽이고 모든 것을 하나님께 맡겨 드렸다.

'너희는 광야에서 여호와의 길을 예비하라.'사 40:3

하나님께서 그들을 삼키려는 자들의 저주로부터 반드시 구원해 주실 것이라는 믿음이 있었기 때문에 순종하였다.시 57:1-3 고난 자체가 하나님의 위대한 역사하심이라는 것을 그들은 알고 있었다.

설교의 은사를 받은 조지 휫필드는 야외에서 대중 집회를 개최하곤 했다. 그러자 설교는 교회 건물 안에서만 해야 한다고 하면서 그를 비방하는 사람들이 많았다. 그러나 그는 그런 비난에 대해 침묵하고 반응을 보이지 않았다.

그의 묘비에는 이렇게 적혀있다고 한다.

"그가 어떤 사람이었는지는 위대한 심판의 날에 밝혀 주리라."

   억울하다고 변론할 필요가 없다. 오로지 하나님만이 심판하실 분이시이다. 그는 하나님의 심판의 날에 모든 것이 명백히 드러날 것이라고 믿고 주님의 날개 그늘아래 피난하여 안식을 얻을 수 있었다.

   다윗은 시편에서 고백한다.

   "여호와의 말씀이 그를 단련 하였도다."^{시 105:19}

   하나님은 때때로 사람들의 뒷 담화를 통해, 비방을 통해, 고난을 통해 우리를 단련시키신다. 택함을 받은 성도에게는 끊임없이 시련을 주시고, 시련을 통해 연단의 기회로 삼으신다. 금을 정련하듯이 우리의 마음을 시험하시고 단련시키신다.^{잠 17:3}

   나는 지금 고난을 겪고 있다. 존경하는 목사님의 도움을 받아 누울 자리는 걱정 없지만 수입은 전혀 없고 예금마저 출금할 방법이 없어 궁핍한 생활을 하고 있다. 사울을 피해 도망 다니던 다윗이 수도원에서 사제들이 먹는 빵을 얻어 먹었듯이 나 또한 어쩔 수 없이 가난한 자들을 위한 케어센터에서 심장 약을 공짜로 얻어먹고, 음식은 대학교와 교회의 푸드 뱅크에서 공급받아 살고있다. 계란이나 당근과 양파, 양배추를 주는 날이 제일 좋다.

   최근에는 섬기는 교회의 푸드 사역에 참여하고 남은 야채와 식재료를 얻어 국을 끓여 먹고 있다. 사정이 좋아졌다.

   일주일에 한번 구제사역으로 배추 7박스를 씻어주고 얻어온 묵은 김치에 참치 캔이라도 풀어 넣으면 최고다. 반찬은 사치다.

   한 때는 끼니때마다 찾아오는 배고픔은 또 다른 나의 수치였다. 밥을 지어먹는 내가 스스로 너무 초라했고 살기위해 먹어야 한다는 것 자체가 비참해 보였다.

그러나 이제는 혼자 먹는 밥이라도 식사 때만큼은 행복하다. 참치 국에 밥을 말아 먹고 때로는 간장을 넣고 밥을 볶아 먹기도 한다. 빵이나 쏘시지는 몸에 안 좋다고 안 먹는다. 이제는 사치를 부릴 여유도 생겼다. 나는 지금 훈련소에 갓 들어온 군인처럼 신병교육을 받고 있다. 하나님께서 택하신 아들을 훈련시키시는 중이다. 나의 시련을 단련의 기회로 삼아 아멘으로 받아들이고 있다.

성숙한 믿음을 가진 자에게 고난은 하늘나라로 가는 통로가 된다. 하나님은 택하신 자를 끝까지 지키시고 고난을 통해 선을 이루어 가신다는 것을 알게 하신다. 체험하게 하신다. 그래서 우리는 고난을 통해 어제도 살려주셨듯이 오늘도 살려주신다는 소망을 가지게 된다. 우리가 하나님만을 바라보고 사는 이유가 여기에 있다. 고후 1:9-10

시련을 통해 우리의 지혜는 깊어가고, 심령은 단단해 진다.
"하나님이 나를 단련하신 후에는 나는 순금 같이 되어 나오리라." 욥 23:10

독수리도 새끼가 자라면 자기의 보금자리를 어지럽게 하며 새끼 위에 너풀거려 새끼들을 둥지에서 뛰어 날게 만든다. 그리고 새끼가 땅에 떨어지려 하면 날개를 펴서 새끼를 받는다. 신 32:10-11

불행이나 상처를 통해 내 속에 있는 악을 씻어내고, 매 맞음을 통해 마음의 깊은 곳까지 청결케 하신다. 잠 20:30 그리고 청결한 옷을 입고 예수님을 따라가라고 단련시키신다. 광야에서의 시련은 약속의 땅에 들어가기 전에 이스라엘 사람들을 단련시키기 위한 하나님의 교육방법이셨지만, 하나님의 자녀를 향한 한없는 어버이의 사랑이었고 채찍이었다.

고난은 곧 기쁨이 된다.

십자가의 고통이 없으면 영광이 없다. 공의가 없으면 자비도 없다.

No Cross, No Crown

십자가의 도는 고난의 십자가와 부활의 영광이다. 죽음이 없으면 부활이 없다. 고통이 없으면 영광이 없다. 십자가상의 고통의 흔적이 우리 몸에 없으면 온전한 그리스도인이 아니다. 그래서 바울은 예수 그리스도와 그가 십자가에 못 박히신 것 이외에는 아무 것도 알지 아니하기로 작정하였다고 고백하고 있다. 고전 2:2

고린도후서 4장 본문과 같이 잠시 받는 환난은 지극히 크고 영원한 영광에 비하면 아무 것도 아니다. 바울은 십자가의 신비를 알았기에 고통 중에서도 기쁨이 있었다. 십자가의 능력을 알았기에 자신을 심판하는 아그립바 왕에게도 담대히 말할 수 있었다.

"이렇게 결박된 것 외에는 나와 같이 되기를 하나님께 원하나이다." 행 26:29

헬라인에 대한 조롱도 아니었다. 바울 자신의 가슴 벅찬 구원의 기쁜 소식을 그대로 전하였을 뿐이다. 십자가는 믿지 않는 유대인이나 헬라인에게는 미련한 것이지만 믿는 우리에게는 하나님의 능력이고 지혜가 된다. 고전 1:18

요즘 세대는 십자가의 고난은 벗어버리고 부활의 영광만을 누리려고 한다. 하나님의 뜻을 구하기보다는 자신의 뜻을 이루려는 기복신앙일 뿐이다.

'예수님의 돌아가심을 우리 몸에 짊어짐은 예수님의 생명도 우리 몸에 나타나게 하려 함이라.' 고후 4:10

이제는 내가 사는 것이 아니요 오직 내 안에 그리스도께서 사는 것이요 성령이 나의 참 주인이 되신다. 갈 2:20

하늘나라 법률에도 일사부재리의 원칙이 적용된다. 하나님은 한 입으로 두 말 하지 않으신다. 이미 벌하시거나 가리워 주신 죄에 대해서는 다시 벌하지 않으신다.히 10:17, 요일 1:9 같은 행위로 오늘도 꾸중하고 내일도 꾸중하는 남편이나 아내의 입방아와는 근본적으로 다르다.

심판의 날에 받을 지옥의 고통을 생각한다면 이 세상에서의 어떠한 고난이나 슬픔도 기꺼이 참아낼 수 있지 않은가? 그날의 심판을 당겨서 미리 경고하고 가벼운 벌로 사면해 주시는 것이다.

하나님께서는 고통을 주시기 위해 우리에게 고난을 주시는 것이 아니다. 믿는 우리를 고생하게 하고 근심하게 하는 것은 하나님의 본심이 아니시다.애 3:33 우리를 통해 하나님의 영광을 드러내시기 위함이다. 현재의 고난은 장차 우리에게 나타날 영광에 비교하면 아무 것도 아니다.롬 8:18 믿는 자의 고난은 하나님이 계셔 역사하신다는 살아있는 증거다.

나는 초등학생 시절 신문배달을 하는 큰 형을 돕기 위해서 새벽 일찍 일어나야했다. 너무나 귀찮고 힘들었다. 조금이라도 더 자고 싶었다. 그러나 일어났다. 신문 배달을 끝내면 형이 사주던 호떡이 얼마나 맛있었는지 그 맛을 기억하면서 일어날 수 있었다. 조그만 행복이지만 그 때만큼은 호떡 하나로 그 이상 세상에 부러울 것이 없었다. 일상생활에서도 주변을 돌아보면 고통 뒤에는 기쁨이 있음을 쉽게 찾아볼 수 있다.

더 큰 영광을 예비해 두시지 않는 한 우리의 자리를 빼앗아 가지 않으신다. 검사직이나 교수직을 함부로 빼앗지 않으신다. 하나님께서 나의 고난을 넘어 특별한 사명을 계획하시고, 축제의 만찬을 준비해 놓으셨음을 믿는다.계 19:6-9

매일 매일 받는 고난에 비해 앞으로 얻게 될 영광은 비교할 수 없을 만큼 크고 높고 영원하다는 것을 바울은 알았기에 롬 8:18 그에게 고난은 곧 기쁨이 되었다.

고난을 통해 지극히 큰 영광을 바라보라.

인생은 여러 가지 이유로 슬픔이 많아 마치 눈물 골짜기를(the Valley of Baca) 지나가는 것과 같다. 나에게 이런 고통을 왜 주시나, 왜 나에게 이런 불행이 닥치는가? 억울하고 이해하기 곤란한 경우도 많다. 그러나 우리의 슬픔이 어떤 것이든지, 얼마나 오래된 것이든지 하나님께 조용히 아뢰면 이겨낼 수 있도록 방법을 가르쳐 주신다. 그리고 하나님의 말씀에 순종하면 영원한 생명의 길로 안내하신다.

밤새 고기를 잡지 못한 베드로에게 예수님께서 다시 한 번 깊은 데로 가서 그물을 던지라고 하실 때 어부로서 전문가인 그는 이해하기 어려웠을 것이다. 그러나 주님의 명령에 따라 순종하여 그물을 던졌다. 눅 5:5

예수님의 말씀을 믿고 행한다는 것은 내 생각과 일치한다고 신뢰하는 믿음이 아니다. 우리의 사정을 모두 아뢰면 예수님께서는 우리에게 가장 좋은 상황을 만들어 주신다는 확신을 가지는 것이다.

베드로는 예수님의 말씀대로 그물을 던졌다가 많은 고기를 건져 올리게 되자 무릎을 꿇고 용서를 빌었다.

"나는 죄인이로소이다." 눅 5:8

이미 동생, 안드레를 따라 예수님을 찾아갔다가 자신의 계산으로 돌아온 적이 있었다. 예수님을 한 번 떠난 경험이 있는 그로서는 회개하지 않을 수 없었다.

베드로는 무릎을 꿇음으로써 예수님의 부르심을 받고 다시 예수님을 따라 나설 수 있었다. 믿음을 회복할 수 있었다.

예수님께서는 우리에게 무릎을 꿇고 자신의 잘못을 회개하라고 하신다. 회개하고 돌아오는 자를 생명 샘으로 인도하시고 눈물을 닦아 주신다. 고후 6:10, 계 7:17

나는 미국에 처음 와서 고통을 잊어버리기 위해 섬기는 교회의 벽과 실내에 페인트칠을 하고 화단을 꾸미고 화장실을 청소하고 쓰레기를 치우는 봉사 일에 전념하였다. 새벽 일찍 일어나 통에 가득히 절인 김치를 씻고 성도들이 먹고 남은 접시와 음식을 치우고 설거지를 하며 길거리에 나가 Homeless들에게 음식을 나누어 주었다. 남이 하기 싫어하는 밑바닥 일들을 일부러 하였다. 내 마음 속의 죄성을 물로 씻어 내리면서 무릎을 꿇는 자세로 내 스스로를 낮추고 일하는 동안만큼은 고통을 잊어버릴 수 있었다.

일이 끝나면 여전히 고통은 나를 기다리고 있었다. 그러나 이런 일을 거듭할수록 나에게도 점차 삶의 기쁨이 찾아오고 소망이 다가왔다. 예배를 마친 성도들이 나에게 와서 "깨끗한 환경을 만들어 주어 고맙습니다"하고 인사하고, 예배 후 오찬을 나누는 사람들의 행복한 모습을 보고 기쁨을 찾았다. 이웃을 위해 일하는 기쁨이 무엇인지를 알게 되었다. 교회 앞에서 열심히 차량을 정리하고, 푸드 사역으로 음식을 나누고 봉사하는 사람들의 나눔의 행복을 이제야 실감할 수 있었다. 미국으로 쫓겨나서야 비로소 알게 되었다. 나는 참 어리석은 늦둥이다.

우리가 주목해야 할 것은 보이는 것이 아니요 보이지 않는 것이니 보이는 것은 잠깐이요 보이지 않는 것은 영원하다. 고후 4:16-18

잠시 있을 환난을 두려워하지 말고 앞으로 받을 지극히 크고 영원한 영광을 바라보라고 하신다.

나는 비록 이 세상의 절망으로 넘어졌으나 소망으로 일으켜 주신 하나님께 감사드린다. 새로운 길, 새로운 사명, 평소 꿈꾸어 왔던 하나님 사역의 길을 열어 주시고 그에 합당한 권능도 주시고 동역자도 주시고, 독수리 같이 날개도 달아 주셨다.

믿는 자에게 위안의 샘을 준비하시어 어려운 상황 하에서 소망을 가지게 함으로써 평화를 주시고 기쁨을 주신다.[시 84:6] 항상 변함이 없으신 하나님께서는 어떤 어려운 상황 하에서도 우리에게 더 큰 영광을 바라보게 하신다.

그래서 다윗은 고백한다.

'주께서 꺾으신 뼈들도 즐거워하게 하소서.'[시 51:8]

고난을 허락하시고 나를 돌아보는 지혜를 주셔서 감사드립니다.
바울사도와 같이 믿음으로 이기는 자가 되게 하시고
끝까지 남는 자가 되기를 원하나이다.
고난 중에도 우리를 안고 가시는 하나님의 선하심을 깨닫게 하소서.
성령 하나님께서 내 곁을 떠나지 마시고 늘 나와 함께 하옵소서.

Thankfulness Came
Like a Gentle Breeze

15. 나니 두려워하지 말라.

예수께서 즉시 이르시되 안심하라 나니 두려워하지 말라. ^{마 14:22-27}

    예수님께서는 오병이어의 만찬을 끝내시고, 제자들을 게네사렛 땅으로 먼저 가도록 배에 태워 보내시고 산에 기도하러 오르셨다. 제자들이 탄 배가 풍랑을 만나 시달리고 있을 때 그들은 물위로 걸어오시는 예수님을 보고, '유령이다'라고 놀라 소리쳤다.

    그들은 예수님이 평소와 다른 모습으로 찾아오시자 그를 몰라보고 두려워 했던 것이었다.

    "안심하라. 나니 두려워하지 말라." ^{마 14:26-27}

안심하여라. 너는 죽지 않을 것이다.

    마태복음 14장 본문과 같이 예수님은 고난 중에 처한 우리를 지켜 주시기 위해 우리에게 다가오신다. 고난을 허락하시고 우리에게 다가오실 때, 우리가 영적으로 깨어 있지 않으면 예수님을 몰라보고 놀라 두려워할 때가 많다.

암에 걸려 생명의 위협을 느낄 때, 가정이 파탄의 위기에 처할 때, 운영하던 사업에 시련이 닥칠 때, 철썩 같이 믿고 있던 친구로부터, 제자로부터 배신을 당했을 때 믿음이 부족한 자는 두려워하고 절망에 빠지고 만다. 예수님께서 다가오시는 것을 모르기 때문이다.

제자들의 눈에는 보이지 않았지만 예수님께서는 이미 제자들의 전후 사정을 다 지켜보시고, 제 때에 오셔서 풍랑을 가라앉히시고 구해 주셨다.^{히 12:5} 예수님은 결코 늦게 오시는 분이 아니시다.

인디언 소년이 장성해서 성인이 되면 깊은 산속에서 홀로 밤을 새우는 성인식을 치른다. 홀로 남겨진 소년은 어두움 속에서 무서움으로 밤을 새지만 소년의 아버지가 아들의 등 뒤에서 뜬 눈으로 지켜봐 주고 있었다.

하나님께서는 아들이 고난을 겪을 때마다 오셔서 그 분의 눈동자로 지켜보시고 필요한 도움을 주시는데 우리가 몰라보고 있을 뿐이다.

'여호와께서 과연 여기 계시거늘 내가 알지 못하였도다.'^{창 28:16}

야곱에게 만이 아니다. 우리에게도 항상 함께 계신다. 우리가 세속적인 고민에 빠져 영의 눈이 어두워져 하나님의 손길을 볼 수 없을 뿐이다.

예수님께서는 물으신다.

"고난을 당할 때 너의 믿음은 어디 갔느냐? 무엇을 두려워하느냐?"^{눅 8:25}

하나님께서는 어려운 시기에 우리를 돌보시기 위해 오셔서 우리 곁을 떠나지 않으신다는 믿음을 가지라고 질책하셨다.

예수님은 우리를 살려 주시는 의사로 오셨다. 고치지 못하시는 병은 없으시다. 그가 찔림은 우리의 허물 때문이요 그가 상함은 우리의 죄악 때문이요 채찍에 맞으므로 우리가 나음을 받았도다.^{사 53:5}

우리는 어려움이 남의 일처럼 멀리 있을 때에는 온통 주님을 믿는다고 고백한다. 그러나 막상 자기에게 어려움이 닥쳐오면 세상 권력은 커지고 하나님의 존재는 작아지고 만다.

바리새인은 율법으로 오신 하나님을 믿는다고 한다. 그러면서도 직접 사람으로 오신 예수님을 영접하지 못하고 있다. 우리도 마찬가지이다. 하나님을 믿는다고 하면서도 막상 우리에게 고난이 닥치면 우리의 믿음 또한 잃어버리고 만다. 아니 베드로처럼 하나님을 쉽게 배신하기 까지 한다. 믿음이 부족한 탓이다.

"안심 하여라! 두려워하지 말라. 너는 죽지 않을 것이다."삿 6:23-24

하나님은 평강의 하나님, 샬롬의 하나님이시다. 우리가 처한 환경을 두려워하지 말고 낙심하지 마라. 섭리로 주신 어려운 환경을 더 없는 축복의 기회로 여기고 우리 안에 계신 예수님께 맡겨드리면 놀라운 역사가 이루어진다.

사탄은 우리가 어려운 일을 당할 때 틈을 보고 찾아와 속삭이고 유혹한다.

"하나님은 안 계신다."

사탄의 유혹에 빠져 믿음이 약해지거나 하나님의 임재하심을 의심해서는 안 된다.

"믿음이 작은 자여 왜 의심하였느냐?"마 14:31

여호와는 아브라함에게 수태하게 하는 능력을 주시고 이삭과 야곱을 주시겠다는 약속을 지킨 신실한 분이시며 '샬롬'의 하나님이시기 때문이다.삿 6:22-24

그렇다면 믿는 자는 자신에게 닥친 고난을 어떻게 이해하여야 할까?

먼저, 모든 고난을 하나님께서 주관하신다는 믿음이 필요하다.

하나님께서는 모든 고난을 허락하시고 주관하신다. 하나님께서 허락하신 것이니 자기 자신이 주체가 되어 해결하려 해서도 안 된다. 자기 중심으로 문제를 해결하려는 자는 영적으로 아직 어린아이들이다.

고난에 처하면 자신의 뜻으로 헤쳐 나오려고 할 것이 아니라 하나님의 뜻을 구하여야 한다. 하나님의 목소리에 귀를 기우려야 한다. 우리는 고난을 통해 이루시려는 하나님의 뜻이 무엇인지를 묻고 그 뜻에 순종하여야 한다.

"네 길을 여호와께 온전히 맡기라. 그를 의지하면 그가 이루어 가신다." 시 37:5 이것은 맡기고 저것은 내가 해결해 보려고 선택해서도 안 된다. 모든 것을 맡겨 드리면 끝내 선을 이루어 가신다는 믿음을 가져야 한다.

세상적인 근심만으로는 아무런 일을 할 수 없다. 그러나 하나님 뜻에 맞는 근심은 후회를 남기지 않는다. 고후 7:10 하나님의 뜻에 따라하는 근심은 우선적으로 나의 잘못을 인정하고 회개하는 것이다. 오히려 내가 회개하지 않은 죄가 더 있는지 근심하라는 의미이다.

우리 몸에서는 끊임없이 죄성이 흘러나온다. 우리의 생각과 마음에서 나오는 이러한 죄성을 발견하고 이를 끄집어내어 매일 매일 회개하여야 한다. 자신은 없앨 수 없음을 고백하고 성령의 불로 태워달라고 간구드려야 한다. 우리가 죄가 없어서가 아니라 진정으로 회개함으로 우리를 의인이라고 칭해 주셨듯이 항상 죄 가운데 있는 나 자신을 돌아보고 늘 회개하는 자세가 필요하다.

고난은 항상 우리의 잘못과 일대일로 매칭하는 것은 아니다. 그러나 고난을 이유 없이 허락하지는 않으신다. 모든 고난을 주관하시는 하나님께 나의 허물을 진정으로 아뢰고 회개하면 죄를 가리워 주시고 위로를 주시고 고난을 이겨낼 능력과 권능을 주신다.

둘째, 하나님께서는 감당할 수 있는 만큼만 고난을 허락하신다는 믿음을 가져라.

하나님의 부르심을 받고 사명을 다하는 우리들에게 항상 사탄은 우리의 틈을 노린다. 우리의 약한 틈을 타고 우리를 유혹한다. 그래서 하나님께서는 마귀에게 시험을 허락하시되 우리의 사정을 살피시고 우리에게 가장 나은 처방을 하신다.

고난을 통해 채찍을 가하시되 우리가 실족하지 않도록 조절하시고, 끝내 인내하시면서 우리를 견인해 가신다. perseverance 선택받은 우리를 통해 계획하시는 일을 반드시 이루어 가신다.

사명이 남아 있는 동안에는 결코 죽이지 않으신다.

고난을 허락하시지만 한 사람도 잃어버리지 아니하신다. 하나님은 우리의 사정을 제일 잘 아시고 우리에게 가장 알맞은 농도와 방법으로 우리를 훈련시키신다. 그래서 우리는 엄살을 피울 수도 없다.

비록 우리가 고난에 빠져 낙심할지라도 우리 안에 거하시는 성령님은 우리를 떠나지 않으시고 고난을 이기도록 격려하시고 채찍하신다. 요 14:27-31

셋째, 하나님께서는 우리의 고난을 통해 함께 하신다는 믿음을 가져라.

하나님은 고난을 통해 뜻을 이루시되, 함께 싸워주시고 영광을 드러내신다. 때로는 불 말과 불 병거를 넘치게 보내기도 하신다.

바울은 배가 난파되어 Malta에서 독사에 물렸을 때에도 아무런 해를 당하지 않았다. 행 28:6 주님이 함께하시고, 주님의 지팡이가 그를 안보하셨다. 시 23:4

초대 교인들은 공기구멍만 있으면 버티고 산다는 믿음이 있었다. 기독교 박해를 피해 땅굴 속에서 몇 세대를 산 민족이다. 박해를 받을수록 그들은 더 단단해졌고, 흩어져 사마리아 땅 끝까지 복음을 전파하는 계기로 삼았다. 그들은 택하신 백성을 결코 버리시지 않으신다는 믿음이 있었다. 고난을 통해 함께 하신다는 것을 알았기 때문이다.

"그들이 너를 치나 너를 이기지 못하리니 이는 내가 너와 함께함이라."
렘 1:19

고난은 언제 어떠한 형태로 다가올지 모른다. 고난을 당하면 주님은 반드시 우리를 찾아오신다. 그러나 어떤 모습으로 오실지는 아무도 모른다. 그래서 우리는 고난을 통해 우리에게 찾아오실 주님을 맞이할 준비를 하고 항상 깨어 있어야 한다.

때로는 기다릴 줄 알아야 한다.

믿는 사람들은 때로는 기다릴 줄도 알아야 한다. 모든 것이 우리의 뜻대로 되는 것이 아니라 하나님의 시간표에 따라 운행되기 때문이다. 눅 13:34 우리의 필요와 하나님의 계획은 다를 수 있기 때문이다.

기다림은 믿음이다. 기다리면서 인내를 알고 인내하다 보면 하나님께서 예정하신 뜻을 알게 된다. 조용히 기다리면서 자신을 돌이켜 보면 그 동안 보이지 않았던 나의 인색한 모습도 보이고, 반면에 이웃의 큰 사랑도 보인다. 인내하지 못하면 일을 그르치고 만다.

아브라함도 말씀으로 주신 아들 이삭을 기다리지 못하고 하갈을 맞이하여 이스마엘을 낳았다. 조급했던 것이다. 결국 이삭을 얻고 16년간 키운 이스마엘을 쫓아내는 근심을 겪어야했다.

반면 사울은 끝내 하나님으로부터 버림을 받았다. 인내하지 못하고 초조한 나머지 사무엘을 기다리지 못한 채 사무엘을 대신해서 자신이 직접 제사장의 직분으로 제사를 드리고 말았다. 하나님께 합당한 제사를 드리지 못했다. 하나님의 정해진 시간을 무시하고 죄를 지은 것은 그의 초조함이었다.

재정문제, 경제문제, 부부간의 문제, 억울한 일, 불명예스러운 일로 고통을 겪을 때 믿는 사람은 하나님께 기도드린다. 그러나 기도드려도 응답이 없고, 해결책이 보이지 않을 때 우리는 하나님이 과연 계신가? 어디에 계신가? 하나님의 자비와 구원은 존재하는가? 그분의 권세와 능력은 어디에 있는가? 불평하고 낙심할 때가 많다. 그러나 하나님께 묻고 기도하면서 기다려라. 그리고 조용히 하나님의 목소리를 경청하라. 내 안에 계신 성령님의 응답을 기다려라. 아직 때가 이르지 않았을 뿐이다.

지독하게 아픔으로 하나님의 임재가 의심스러울 때, 나에게 과연 하나님은 계신지 회의감이 들고 하나님의 존재를 느끼지 못할 때라도 조용히 기다려라. 의심스럽더라도 믿고 기다리는 자를 하나님께서는 더 기뻐하신다.

주님께서는 우리에게 속삭이신다.

"아무 것도 염려하지 말고 다만 모든 일에 기도와 간구로, 너희 구할 것을 감사함으로 하나님께 아뢰라."빌 4:6

다윗은 여호와 하나님으로부터 소금언약을 받았지만 막상 왕위에 오르기 위해 10여 년 간의 도망자 생활을 해야 했다.

"내가 네 몸에서 나올 네 자손을 일으켜 네 뒤를 잇게 하고 내가 그의 나라를 든든히 세울 것이다."삼하7:12

믿음으로 기다리면 소망을 가지게 한다.

긍정적인 사람은 기다리면서 그 자리에 머물지 않고 달리면서 소망을 찾아 나선다.

'인내로써 우리 앞에 당한 경주를 하며'^{히 12:1}

닫힌 길은 내 길이 아니라고 내려놓고 인도하심을 따라 올바른 길을 찾아 나선다. 소망이 있기에 목적이 있는 삶을 살아 나선다.

나는 한 때 국책연구원의 원장으로 가라고 하여 추석을 지나 취임 준비한다고 했지만 그 길은 내 것이 아니었다. 제1호 청와대 특별감찰관의 적임자라고 전화도 받았지만 그것도 내 길이 아니었다. 특검의 유력한 후보였다지만 동아일보에 의하면 추천과정에서 내 이름 석 자가 사라졌다.

그 이후 특검으로부터 세 차례 특검보를 제의받았지만 이번에는 나의 마음이 내키지 않아 정중히 사양하였다. 특검에게는 이 글을 통해 사과의 말씀을 드린다. 그 모든 것이 내 길이 아니었다. 하나님께서 인도하지 않으셨다.

하나님께서는 하시고자 하는 일의 시작과 끝을 우리가 알지 못하도록 하셨다.^{전 3:11} 고난이 닥치면 앞일이 캄캄해지고, 가진 것 모두를 잃어버린 것 같지만 하나님께서 새로운 문을 예비해 두셨음을 기다리면서 알게 하셨다.

'믿음의 주요 또 온전하게 하시는 이인 예수를 바라보자'^{히 12:2}

내가 가고 싶은 길과 하나님이 인도하시는 길은 달랐던 것이다. 그래서 가던 길을 멈추게 하시고 새로운 길을 열어 주셨다.

비록 더딜지라도 기다리라. 지체되지 않고 반드시 응답하시리라.^{합 2:3} 인내하고 기다리면 하나님은 정해진 때에 반드시 악인을 심판하시고, 의인에게는 좋은 것을 주시는 신실한 분이시다. 예수님처럼 기쁨을 위하여 십자가의 고통을 참고 순종하고 따라가면 길을 열어주시고 안내하신다.

나 또한 인내하면서 성령 하나님의 인도하심을 따라 오늘도 믿음으로 소망을 바라보고 있다.

지나간 실수에 연연하지 마라.
우리에게는 이미 잃어버린 과거보다는 다가올 미래에 더 많은 소망이 있다. 하나님께서 예비하신 새로운 길을 가기 위해서는 나 자신의 능력을 과소평가해서도 안 된다. 그동안 나에게는 수사하는 능력, 가르치는 능력, 남을 설득하고 합의를 도출해 가는 능력을 주셨다.

그냥 지나치는 과정만은 아니리라. 어디엔가 쓰임이 있을 것이라고 믿는다.

지난 일 때문에 마음 상할 이유도 없다. 기가 죽을 이유도 없다. 지나가 버린 과거의 실수에 연연할 필요도 없다. 과거를 버려야 앞으로 나갈 수 있다.

대학원 조교에게 내 이메일의 패스워드를 가르쳐 주었다, 국회, 대법원, 행정 각 부처, 지자체의 비상임위원으로서 회의 참석여부에 대한 답변과 출석하지 못할 경우 위임장을 신속히 보내기 위해서 조교에게 내 이메일 비밀번호를 가르쳐 주고 회신하게 하였다.

당시 핸드폰으로는 이메일을 확인하기도 어려웠고, 메일을 보내는데도 익숙하지 않았기 때문이었다. 그런데 그 학생은 나의 이메일 통신내역 약 16,000여 개를 통째로 긁어모아 타임 테이블까지 만들어 고발하였다.

변호사가 묻는다.

"어떻게 이메일 패스워드까지 남에게 가르쳐 줄 수 있습니까?"

"나의 제자이고 학생이잖아요."

그런 제자의 고발로 나는 교수직을 떠났다. 조교를 너무 믿었던 것이다.

그 뿐 아니다. 16,000여개의 이메일에는 내가 15년 동안 교수로 재직하면서 작성한 논문과 용역과제 책자 파일, 그리고 각국 제도 사례연구, 형사소송법과 사례연습, 포렌식 책자 원고 파일, 논문심사자료, 법률의견서 등 수 많은 자료가 비치, 저장되어 있다. 모든 학문적 업적을 이메일에 저장하고 있었다. 그런 자료를 그들은 가져갔고, 나는 그들에게 속아 순식간에 그것들을 모두 삭제하고 말았다. 나를 고발한 그들은, 고발 후 2일 동안 내 옆에서 나를 지켜보고 있다가 마치 감청당하고 있는 것처럼 상황을 조작하여 나로 하여금 급히 이메일을 모두 삭제하게 한 다음에 연락을 끊고 잠적해 버린 것이다.

그 이후 3년이 되도록 이제까지 연락 한번 없었다. 나는 나의 모든 지식 저장고를 잃어 버렸다.

과거의 잘못 때문에 주저앉아 더 이상 한탄할 수만은 없다. 일어나야 한다. 주님이 주신 새로운 길을 가야 한다.

바울은 말한다.

"나는 하고자 원하는 선한 일은 하지 않고 오히려 원하지 않는 잘못을 저지르고 악행만을 하였다. 만일 내가 원하지 않는 것을 행하였다면 그것을 행하는 자는 내가 아니라 내 안에 거하는 죄가 행한 것이다."

롬 7:19-20

영적으로 거룩한 삶을 추구하던 바울도 자신의 육체에서 나오는 악한 감정, 헛된 욕망과 투쟁하면서 살아야 했다. 그래서 그는 자신의 삶을 곤고하다고 하면서 선을 행하기 원하는 자신에게 악이 항상 함께 있었다고 고백한다.

죄악에 물든 육신과 불완전한 사회 시스템 하에 있는 우리는 우리의 연약하고 헛된 욕망 때문에 죄로부터 완전히 자유로울 수가 없다. 그렇다고 이미 저지른 죄와 허물 때문에 자괴감에 빠져 살 수만은 없지 않은가?

주여 나의 육체에서, 마음에서 끊임없이 죄가 나옵니다. 분노와 원망, 저주가 흘러나옵니다. 호세아의 부인 고멜과 같이 세상의 달콤한 것에 취하고, 아간이 가졌던 것과 같이 나의 탐욕스러운 마음을 성령의 불로 태워 주소서. 복수심에 가득차고, 교만한 나의 행동을 죄로 선포하고 용서를 구합니다. 겸손한 자세로 남을 섬기지 못한 저를 용서해 주옵소서. 저 혼자서는 할 수 없습니다. 불화살로 번제물을 태우고 구덩이에 고인 핏물을 말림같이^{왕상 18:38} 나의 육체의 죄, 마음의 죄를 성령의 불로 태워 주시고 기억하지 마옵소서.^{시 32:5}

나의 분노와 용서는 하루에도 몇 번씩 바뀌어 간다. 아직 성숙하지 못한 탓이다. 굳건한 반석 위에 믿음의 뿌리를 내리지 못한 것이다.

마음을 다스려 보지만 나의 영혼은 또 다시 험한 산길을 헤매고 있다. 더 이상 책상에 앉아 있을 수 없을 때에는 밖에 나가 정신없이 육체적인 노동을 했다. 교회의 담장, 실내 페인트칠, 거리청소, 벽 청소, 쓰레기장 정리, 벽돌쌓기, 설거지, 부엌일, 식당일, 배추 씻는 일 등 일부러 일감을 만들어 가면서 정신없이 시간을 보냈다.
왼팔이 아프고 손가락을 못 쓰고 허리가 고장 나 몇 달간 누워있었고 기어 다닌 적도 있었다. 그러다가 차츰 성경을 읽고 이 책을 쓰면서 마음을 다스렸고, 대학원의 목회학 강의를 듣고 하나님을 알아가면서 기도와 찬양으로 차츰 안정을 찾아갔다. 하나님께서는 나에게 모든 것을 내려놓고 십자가를 지고 예수님을 따라오라고 인도하신다.

"나를 따라 오려거든 자기를 부인하고 날마다 제 십자가를 지고 나를 따를 것이니라."^{눅 9:23}

아무리 돌이키려고 해도 지난날의 허물은 이미 엎질러진 물이다. 계속 과거를 생각하고 복수를 생각하고 상처를 안고 간다면 나의 심령은 피폐해져만 갈 것이다.

"지나간 일들을 잊어버리고 생각하지 말라."사 43:18

나 또한 차츰 나의 모든 잘못은 하나님의 섭리 안에서 일어난 것이었음을 깨달아가고 있다. 나의 잘못은 시험이고 또한 새로운 기회라는 것도 알게 되었다. 성령을 돈으로 사려고 한 마술사 시몬과 같이 나의 명성이나 돈에 대한 욕심으로 억척을 부렸던 과거의 헛된 욕망은 탐욕이었음을 인정하고 모두 다 내려놓고 회개하며 간절히 기도드린다.행 8:24

하루하루 미국 생활은 두렵기만 합니다. 주여 언제까지이니까? 나의 영혼이 방황하고, 마음에 근심하기를 어느 때까지 하오며 원수 마귀가 나를 치며 자랑하기를 어느 때까지 입니까? 어느 때에야 하나님의 얼굴을 뵈올 수 있겠습니까? 언제나 아래로 뿌리를 내리고 위로 열매를 맺게 하시렵니까?사 37:31 오직 주님의 사랑에 의지하오니 나를 받아 주소서. 근심으로 내 눈이 쇠하여 지고 내 모든 대적으로 말미암아 어두워졌나이다. 이제 그만 나의 죄를 용서하옵소서. 여호와여! 돌아와 나의 영혼을 건지시옵소서. 나의 마음은 주의 구원을 기뻐할까 하나이다.시 6:4, 13:1-5

더 이상 과거의 실수와 죄에 빠져 있을 수만은 없다. 기도시간을 통해 몸에서 흘러나오는 분노와 저주, 화냄의 죄악을 벗어 버렸다. 그리고 찬양을 통해 하나님과의 관계회복에 집중하면서 새로운 소망을 가지게 되었다. 권능도 주셨다.

사건의 실체를 찾아가기 위해 기억을 더듬어 증거자료를 준비하여야 하는데 최근에는 하루 종일 찬송만 듣고 있다. 사건에 대한 기억은 점차 사라지고 찬송만이 들린다. 온종일 하나님께 기도하고 찬양을 드릴 때 희망의 메시지가 들어왔다. 주변이 바뀌어가고 도움의 손길이 다가왔다. 신앙의 동역자들이 생기고 나도 점차 변해가고 있음을 느끼고 있다. 내 스스로 변해가고 있다는 것을 느낀다면 이것은 내가 하나님으로부터 선택받았음을 드러내는 증거가 된다. 결혼생활과 같이 신앙생활 또한 혼자 하는 것이 아니었다. 받은 은사를 나누고 서로에게 중보기도를 하는 모임도 생겼다. 새로운 사명, 새로운 희망으로 기쁨이 찾아왔다.

믿음은 인내를 낳고, 인내는 연단을 낳고, 연단은 소망을 낳는다. 하나님께서 관리하고 통치하신다는 믿음이 기다림을 낳았다. 인내는 나를 정화시키고 소금처럼, 정금처럼 단련시켰다. 연단은 나에게 십자가를 바라보게 하고, 십자가는 소망을 주었다. 모진 십자가를 넘어 소망으로 나의 눈을 뜨게 하셨다. 무릎을 꿇고 기도로 하루를 시작하게 하셨다.

더 이상 수치스러운 옛사람이 아니다.

우리가 열정적으로 찬양을 드리고 예배를 드리면 우리는 성령의 충만함을 받게 되고, 어느덧 하나님의 보좌 앞으로 끌어 올려 주신다.^{롬 5:4} 하나님께서는 현재의 모습 그대로 받아 주신다. 실수투성이인 우리의 수치스러운 모습 그대로 보좌 앞에 서게 해 주신다.

일단 하나님 보좌 앞에 끌어올려지면 우리는 더 이상 수치스러운 옛사람이 아니다. 이제는 하나님 나라의 백성이요 긍휼을 얻은 자가 된다.^{벧전 2:10} 그리스도인에게는 이런 표적이 따르리니 곧 예수님의 이름으로 귀신을 쫓아내며 새 방언을 말하게 되었다.^{막 16:17} 기사와 이적은 우리가 하나님의 참 자녀이고 은혜와 권능이 충만하다는 표적이고 증거가 된다. 치유의 능력을 받은 제자들이 자신의 능력에 놀라 기뻐하며 예수님께 자랑하였다.

"주여! 귀신들도 주의 이름으로 우리에게 항복 하더이다."눅 10:17

그러자 예수님께서 타이르신다.

"그보다 너희의 이름이 하늘나라에 기록된 것을 더 기뻐하라."눅 10:20

어느 날 homeless 사역을 하는데 젊은 사람이 휠체어를 타고 다가왔다. 자신의 슬픈 과거를 이야기하면서 어제 저녁 환상 중에 하나님께서 자신의 하반신 마비를 고쳐준다고 하셨단다. 그러면서 나에게 기도해 달라고 했다.

나는 선교사의 통역으로 기도를 해주고 미문 앞에서 베드로가 했던 말대로 위로해 주었다.

"나에게 은과 금은 없으나 내게 있는 것을 주노니 나사렛 예수 그리스도의 이름으로 일어나 걸으라."

그에게 힘을 실어 주었다. 그는 벌떡 일어났다. 1년 동안 방황했던 시절, 말로 다 할 수 없었던 죄에 대해 진정으로 회개하였다.

불가능은 없었다. 믿음의 분량만큼 이루어졌다. 그가 확신으로 휠체어를 버리고 일어났을 때 기적은 일어났다. 그가 강한 믿음을 가지고 있었기 때문이었다. 그 사람도 놀라고 나는 더 놀랐다. 무엇보다도 예수님의 얼굴에 비추신 하나님의 영광을 보고 나 또한 그와 함께 비로소 하나님의 자녀가 되었음을 알고 더 기뻤다.

그리스도인의 삶의 목적은 무엇인가?

하나님의 자녀로서 이적이나 능력을 보이려는 것이 아니다. 참 사람이 되어 하나님의 뜻을 이루어 가는 것이 우리의 목표가 되어야 한다.^{마 7:21}

하나님으로부터 받은 소명에 따라 하나님을 섬기고 하나님의 영광을 드러내는 것이다. 성숙한 믿음으로, 영적으로 깨어있는 눈으로 고난 중에 찾아오시는 예수님을 나의 구주로 영접하는 성숙한 그리스도인이 되는 것이다.

"안심하라. 나니 두려워하지 말라."^{마 14:26-27}

예수님은 언제 어떤 모습으로 우리에게 오실지 아무도 모른다. 분명한 것은 우리에게 어떤 고난이 닥칠지라도 예수님께서는 항상 우리 곁으로 다가오신다는 것이다. 결코 늦게 오시지 않는다.

환난을 당할 때 너희는 여호와 하나님을 찾아라. 그러면 오셔서 옆에 계시면서 나의 짐을 함께 져 주신다.^{시 50:15}

나는 미국에서 생활하면서 고통을 통해 새로운 소망을 주시고 단련시키고 계신다는 믿음을 확실히 가지게 되었다. 2019-2021년 3년간 코비드-19과 육체적인 질병으로 매우 괴로운 시절을 보냈다. 허리의 통증으로 몸을 일으키지 못하고 교회 화장실 바닥을 기어 다니기도 했다. 코로나가 유행할 때에는 무서워 차마 병원에 가보지도 못했다. 통증도 심했지만 혼자라는 사실이 나를 더 힘들게 하였다. 그러나 점차 외로움은 없어졌다. 지독하게 외로울 때 예수님께서 나와 함께 하신다는 것을 느낄 수 있었기 때문이었다.

교회 골방에서 기도드리면서, 제자들로부터 고발을 당하던 수치스러운 옛 사람의 겉옷을 벗어 버렸다. 과거는 현재를 더 이상 암울하게 할 수도 없고 미래를 보장해 줄 수도 없다. 예수님을 영접한 이후 과거와는 단절된 전혀 다른 삶을 살고 있다. 이제는 의의 옷으로 갈아입고 새로운 사명과 권능을 받았으니 하나님의 큰 은혜로다.

요셉의 형들은 시기와 질투로 요셉을 이집트의 노예로 팔아버렸지만 훗날 요셉은 이스라엘 백성을 살리는 하나님의 종으로 크게 쓰임을 받았다.

비록 제자들의 고발로 학교 강단을 떠났지만 나는 지금 탐욕의 죄, 교만의 죄의 속박으로부터 벗어나 예수님을 영접하고, 신학을 공부하면서 성령 하나님의 인도하심을 받고 따라가고 있다. 하나님의 자녀가 되었으니 더 이상 죄에게 종노릇을 할 수 없지 않은가? 하나님의 처방은 정말 오묘하시다. 비록 나의 허물로 학교 강단을 떠났지만 회개함으로 영원한 생명을 얻고 목회자가 되어 하나님 나라 제단에 서있으니 얼마나 영광스럽고 감사할 일인가?

어느 덧 나의 기도는 원망과 하소연에서 감사와 찬양으로 바뀌어 갔다. 주님! 내가 여기 있나이다. 고난을 주시고 삶의 방향을 바로 잡아 주셔서 감사합니다.

저를 하나님의 영광을 드러내는 도구로 써 주소서. 영을 다해 하나님 한분만을 섬기겠습니다. 저를 내 형제자매의 화목제물로 써 주소서. 이웃나라와의 화목 대사로 사용해 주소서. 예수님께서 나를 위해 돌아가셨으니 나의 옛사람은 예수님과 함께 죽었습니다. 더 이상 나를 위해 살지 않고 이웃과 백성, 나라를 위해 살겠습니다. 오직 나를 위해 돌아가신 예수님을 기쁘게 해드리며 살게 도와주소서.^{고후 5:14-15}

아직도 단련 중에 있습니다. 한국에 언제 들어가야 할지 모르겠습니다. 창조주이신 하나님만이 아시오니 모든 것을 주님께 맡겨 드립니다. 주 약속하신 모든 은혜 내게서 주의 뜻대로 이루어지게 하소서.^{행 21:14} 참되고 의지하는 자 주께서 늘 기억해 주실 것을 믿습니다.^{찬 312장}

믿는 사람에게 고난은 예수님께서 다가오시는 신호탄이다. 하나님만을 바라보라는 빨간등이 켜진 것이다. 고난이 오면 자신을 뒤돌아보고 회개하면서 하나님의 말씀을 조용히 기다리는 성숙한 믿음을 가져야 한다. 예수님께서는 우리가 어떠한 어려움이 닥칠지라도 찾아오셔서 예수님 안에서 소망을 가지기를 기대하신다. 골방에서 은밀히 기도하는 가운데 나에게 성령 하나님께서 직접 가르쳐 주셨다.

예수님! 이제까지 저는 고난을 두려워하고 죽음을 두려워했습니다.
그러나 세상은 내 몸을 죽일 수 있더라도 내 영혼마저 죽이지 못함을 깨닫게
해 주셔서 감사드립니다. 내 안에 그리스도의 영이 함께 하셔서 저를 용서하시고
영원한 생명을 주셨음을 확실히 믿습니다.

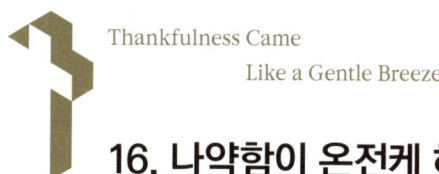
Thankfulness Came
Like a Gentle Breeze

16. 나약함이 온전케 하리라.

나의 여러 약한 것들에 대하여 자랑하리니
이는 그리스도의 능력으로 내게 머물게 하려함이라. 고후 12:7-9

바울은 그리스도를 위하여 능욕과 궁핍, 핍박과 곤란에 빠진 것을 기뻐하였다. 오히려 약할 때가 곧 강함이라고 하신 예수님의 가르침대로 살았다. 예수님을 만난 이후 그는 "누가 약하면 내가 약하지 아니하며 누가 실족하게 되면 내가 애타지 않더냐? 내가 부득불 자랑할 찐대 나의 약한 것을 자랑하리라"고 고백하고 있다. 고후 11:29-30

바울은 끝내 자랑하지 않았다.
바울은 히브리인이고 유대인이며 아브라함의 후손이다. 어느 누구보다도 예수님의 삶을 따라 그리스도인으로 살았다. 그는 셋째 하늘 곧 천국으로 들림을 받아 환상과 계시도 보았다. 고후 12:2

특히 예수님의 이름으로 많은 박해와 핍박을 받아 왔다.

이 정도면 바울이 우쭐할 만하지 않은가? 그러나 바울은 끝내 자랑하지 않았다.^{고후 11:22-33} 교만하지도 않았다. '나는 아무 것도 할 수 없습니다. 나는 부족합니다'라고 고백할 때 하나님께서 개입해 주신다는 것을 알고 있었기 때문이다. 바울은 자신이 교만하지 않도록 육체의 가시를 주셨음도 깨달았다.^{고후 12:7}

"받은 계시들이 지극히 크므로 너무 자만하지 않게 하시려고 내 육체에 가시 곧 사탄의 사자를 주셨으니 이는 나를 쳐서 너무 자만하지 않게 하려 하심이라."^{고후 12:7}

사람은 장자나 그들의 외모를 더 중시한다. 변호사나 의사는 무조건 고급 외제차를 타야 잘나가는 변호사로, 능력 있는 의사로 인정받는다. 호텔을 갈 때는 기사달린 고급승용차를 타고 가야 대접을 받는다. 그러나 하나님께서는 그들의 외모보다도 중심을 보신다.

하나님은 장자인 에서보다는 야곱을 택하셨고, 이스마엘 보다는 이삭을, 엘리압 보다는 다윗을 사랑하시고 더 큰 영광을 주셨다. 그래서 어떤 잘난 사람이라도 그분 앞에서 자랑하지 못하게 하신다.^{고전 1:27-29, 삼상 16:7}

나의 사랑하는 큰 아들아, 너는 미국에서 이룬 모든 것을 낮추고 교만하지 않으니 자랑스럽구나. 언젠가 네가 몸이 아플 때에도 회사에 빠질 수 없다고 하면서 아픈 몸으로 출근하였지. 직장 상사의 말은 천금같이 존중해야 한다면서 행사에도 빠질 수 없다고 하였다. 아빠는 그 모습을 보고 정말 대견스럽게 생각했단다. 상사의 말에 충성하는 것이 조직 전체를 살리는 길이다. 다만 너에게 한 가지 부탁한다면 가난한 사람들, 주변에서 너의 손길을 애타게 바라는 사람들에게 조금 더 관심을 가지고 자선을 베풀었으면 좋겠다. 가난한 자에게 베푸는 것이 예수님께 드리는 것이다. 하늘나라에 복을 쌓는 길이란다.

복음의 진정한 목적은 우리를 낮추는 것이고, 은혜의 역할은 우리 안에 겸손을 심고 키우는 것이다.

하나님을 알아갈수록 그분의 한없는 사랑과 자비 앞에서 겸손해 질 수 밖에 없다. 겸손은 자신을 낮추는 것이지만 그것만이 전부는 아니다. 겸손은 남을 섬기는 데서 드러나기 때문이다.

바울에게는 그런 굳은 신념이 있었다. 마음이 온유하고 항상 겸손한 모습으로 남을 섬김으로써 비로소 예수님을 제대로 영접할 수 있었음을 고백하고 있다.^{마 11:29, 엡 4:10}

스스로는 아무 것도 할 수 없다는 예수님의 겸손을 배웠다.

바울은 겸손함으로써 자신을 낮추었기에 이방인을 섬기는 구원사역의 역할을 다할 수 있었다. 남을 섬기는 것 중에 가장 으뜸은 예수님을 모르는 자들에게 구원의 기쁜 소식을 전하는 것임을 깨닫고, 이방인 전도를 통해 하나님의 자비를 더 큰 영광으로 확대할 수 있었다.^{엡 3:6} 그럼에도 그는 이 모든 것 또한 자신의 공로로 삼지 않고 하나님이 이루셨음을 널리 선포함으로써 예수님을 닮아가는 그리스도인의 겸손한 삶의 모범을 보여주었다.^{행 15:4}

'내가 한 것이 아니요 오직 나와 함께 하신 하나님의 은혜로다.'^{고전 15:10}

내가 나 된 것은 모두 나와 함께 동행 하시는 성령 하나님의 은혜라고 바울은 고백하고 있다.

하나님께 무엇이든지 고하고 순종하였다.

바울은 모든 것을 하나님께 고하고 응답을 받아 행동하였다. 입술로는 하나님을 믿는다고 하면서도 스스로 결정하고 판단해서 행동하는 것은 하나님을 제대로 섬기는 것이 아니다.

스스로 판단하고 결정하는 자기중심의 믿음을 갖는 것은 인간의 어리석음에서 나온 것이다. 인간의 교만에서 비롯된 것이다. 교만한 행동은 기독교인의 자유를 남용하는 행동이다. 성도에게는 모든 것이 허용되나 그렇다고 모든 행동이 유익한 것만은 아니기 때문이다.^{고전 10:23}

남 유다의 10대 왕 웃시아는, 준비성이 뛰어나 정치적으로나 외교적으로 솔로몬 이후 가장 부강한 나라를 이룰 수 있었다. 그는 선지자 스가랴가 살아 있는 동안 그를 통해 하나님을 찾았고 그가 하나님을 찾을 동안에는 하나님께서 그에게 형통의 복을 주셨다. 그러나 스가랴가 죽자 교만해진 나머지 하나님의 뜻을 구하지도 순종하지도 않았다. 또한 자신이 직접 제단에 들어가 향로를 잡고 제사장의 직분까지 수행하였다. 해서는 안 되는 직권을 남용한 행동이었다. 그로인해 그는 여호와의 영광을 더 이상 얻지 못하였다.^{대하 26:5, 16} 그는 즉시 나병환자로 추락하여 여호와의 성전에서 쫓겨나고, 죽어서도 유다왕의 묘실에 들어가지 못했다. 하나님께서는 겸손한 선지자 이사야로 하여금 이를 기록하게 하심으로써 후세에게 교훈으로 삼게 하셨다.^{대하 26:22}

겸손은 자기 분수를 알고 자신의 자리를 지킬 줄 알게 한다. 각 지체는 같은 기능을 가진 것이 아니니, 사람은 마땅히 생각할 그 이상의 생각을 품지 말고 나누어 주신 은사대로 지혜롭게 살아야 한다.^{롬 12:3-4} 웃시아 왕은 왕의 직분을 넘어 제사장의 직분까지 행하는 교만을 보이다가 하나님으로부터 버림받았다.

나의 사랑하는 둘째아들은 겸손할 줄 안다. 언젠가 미국에서 지역대항 중학생 축구경기를 응원하러 갔을 때의 일이다. 나는 볼을 잡은 아들에게 앞으로 드리블해서 차고 나가라고 욕심을 부렸다.

그러자 아들은 나에게 타이르듯이 "내 위치를 지켜야 한다"고 말했다. 겸손할 줄 알았다. 풀백이 센터포드처럼 골 넣을 욕심으로 앞으로 차고 나가면 수비 자리가 비게 된다. 수비에 구멍이 생기면 팀 전체가 흔들리게 된다는 내 아들의 한 마디가 아직도 귀에 생생하다. 34살이나 더 먹은 아버지가 겸손할 줄 아는 어린 아들한테 한수 배웠다.

기름 부은 자라고 하여 모두가 하나님으로부터 선택받은 자도 아니다. 웃시아와 사울은 버림받았고, 바울은 택함을 받았다. 선택받은 우리는 바울과 같이 겸손히 모든 문제를 하나님께 아뢰어야 한다. 그리고 하나님의 말씀을 듣고 그대로 따라야 한다. 순종할 것인지 불순종할 것인지는 우리의 선택이다. 그러나 순종하지 않는 믿음은 온전한 믿음이 아니다. 행동으로 나의 주님이심을 인정해야 한다.

예수님의 제자들 또한 성령을 받기 전에는 자기중심으로 예수님을 따라다녔다. 자기들의 필요에 따라 예수님을 따라다닌 것이었다. 하나님의 뜻에 따라 십자가의 길을 가시려는 예수님을 붙들고 항변하던 베드로에게 예수님은 꾸짖으셨다.

"사탄아 내 뒤로 물러가라."^{막 8:33}

베드로는 하나님께서 다 이루어 가시는 것을 모르고 자기중심으로 생각한 것이었다. 제자들 또한 예수님을 자신들의 왕으로 삼았을 뿐 구세주이심을 몰랐다. 하늘나라의 서열을 생각하면서 서로 큰 자가 되고 싶은 그들이었다.^{막 9:33-37} 결국 자기들 계산으로 믿다가 예수님이 십자가에 매달리시자 예수님을 만나기 전 각자가 하던 일터로 도망가 버렸다.

첫 번째 부르심을 받고 잘못을 회개하고 무릎을 꿇은 베드로마저도 예수님이 십자가에 못 박히실 때 도망가고 말았다. 자기들 생각대로 예수님을 떠나 흩어지고 말았다.

"이스라엘을 회복하심이 이때이니까?"^{행 1:6}

현실적인 세상에만 관심을 가진 그들이었다.

예수님께서 그토록 사랑하시던 제자들마저도 성령이 들어오기 전까지는 자기중심으로 믿었다는 증거이다.

그러나 예수님께서 승천하신 후 함께 모여 기도드리면서 오순절 성령을 받은 후에야 비로소 진정으로 예수님을 메시아로 영접할 수 있었다. 그리고 순종함으로써 하나님의 권능을 드러낼 수 있었다.

우리 중심의 사고와 문제해결 방식만으로는, 나를 통해 이루어 가시려는 하나님의 뜻 곧 하늘나라 건설을 온전히 이룰 수 없다. 우리는 모두 하나님의 섭리 안에 있기 때문이다.

바울은 반문하고 있다.

성령으로 시작하였는데 곧 썩어 없어질 육체로 마칠 수는 없지 않느냐?
갈 3:3, 히 7:26

나약함 가운데 온전함을 이루어 가신다.

바울은 육체의 가시 곧 사탄의 사자를 자신에게서 떠나가게 하고 자신의 나약함을 벗어나게 해달라고 세 번이나 기도드렸다.^{고후 12:7} 그러자 성령 하나님께서는 바울에게 나약함 그것 때문에 자만하지 않고 예수님의 은총을 받았음을 일깨워주셨다.

"나의 여러 약한 것들에 대하여 자랑하리니 이는 그리스도의 능력이 내게 머물게 하려 함이라."^{고후 12:9}

바울은 자신에게 주어진 육체의 가시는, 하나님께 드리는 간구의 기도라고 하였다. 본인에게는 겸손함이며 다른 이에게는 섬김이고 하나님의 역사하심을 통해 받을 축복이라고 까지 하였다.

우리가 약하다는 것을 깨닫고 간구하면 하나님이 함께 하시고 강한 힘을 주신다는 것이다.

바울은 박해를 받고, 모욕을 당해도 그 가운데 힘이 넘치고 슬픔가운데 기쁨이 샘솟는다는 것을 알았다.

왜 그런가?

바울에게는 예수님이 함께 동행 하셨기 때문이다.[고후 12:10] 예수님이 동행하시면 엠마오 노상의 제자들과 같이 마음이 뜨거워지고 평안함의 은총을 입는다.[눅 24:22-32] 우리가 믿는 하나님은 우리가 비록 눈물 골짜기를 걸을지라도 언덕 너머에 기쁨의 샘을 준비해 놓으셨다.[시 84:6]

나약함은 우리의 힘이 된다. 바울은 자신이 다메섹에서 체포되지 않기 위해 바구니를 타고 성벽을 내려가 도망가는 예지를 보였다.[고후 11:33]

"나는 아무 것도 할 수 없습니다. 나는 부족합니다."

바울은 자신이 나약할 때 하나님이 개입하시고 예수님이 함께하신다는 것을 깨달았다.[고후 11:30] 나약할 때가 가장 강하다는 하늘나라의 비밀을 안 것이다.

하나님께서는 므낫세 집안 중에서도 극히 약하고 가장 작은 자인 기드온을 지명하시어 미디안과 아말렉, 동방사람들을 물리치는 도구로 사용하셨다. 그는 여호와의 명에 따라 바알 제단과 아세라 상을 헐고 여호와를 위해 제단을 쌓으면서도 도둑같이 남이 보지 않는 저녁에라야 할 수 있었다. 그의 아버지가 무서웠기 때문이다.[삿 6:25-27] 그러나 하나님께서는 자신의 뜻대로 그런 기드온을 강하게 만들어 사용하셨다.[히 11:34]

다윗도 어린 아이들의 찬양소리가 적들에 대한 하나님의 방패막이가 되신다고 찬양하고 있다.[시 8:2]

하나님의 능력은 매우 약하고 가능성이 없는 자를 도구삼아 큰일을 이루어 내신다.

아브라함과 사라가 육신으로는 모든 것이 끝났다고 깨달을 때까지 기다리셨다가 이삭을 주셨다.

하나님께서는 세상의 나약한 자들을 택하시어 강한 자들을 부끄럽게 하시고, 세상의 미련한 자를 택하시어 세상의 지혜로운 자를 자랑할 수 없게 하셨다.^{고전 1:27, 약 2:5}

세리들과 함께 식사하시는 예수님을 보고 비난하는 바리새인들에게 예수님께서는 경고하셨다.

"너희는 가서 내가 긍휼을 원하고 제사를 원치 아니하노라 하신 뜻이 무엇인가 배우라"^{마 9:13}

나는 현재 고난 중에 있고, 나약한 늙은이가 되었다. 인생 후반에서 모든 것을 잃고 후배 변호사들의 말 한마디에 천당과 지옥을 오가고 있다. 그러나 나에게도 소망이 생겼다.

"나 같은 죄인을 찾아오신 예수님! 감사합니다."

예수님과 함께 한다면 무엇이든 못할 일이 없다는 희망이 생겼다. 하나님께서 주시는 위안과 모든 은혜가 나를 통해서도 이루어진다는 희망을 가지고 있다. 하나님께서는 나 같은 사람을 통해 내가 잃은 것보다 더 큰 영광을 드러내실 줄 믿는다. 이제까지 등 돌려온 십자가의 길을 따라가면서 하늘나라 소망을 바라보고 있다.

우리는 명하신대로 순종하면 된다. 제사보다도 순종을 원하신다. 우리 안에 계신 예수님과 동행하면 우리는 모든 것을 다 얻을 수 있다는 것도 알게 하신다.

나는 하루하루 하나님께 의지하는 방법을 배워가고 있다.

여호와는 나의 목자시니 내게 부족함이 없으리로다.^{신 2:7, 시 23:1} 낮에는 구름기둥으로 밤에는 불기둥으로, 졸지도 주무시지도 아니하시고 지켜주시고 우리를 인도하신다.^{출 13:22}

아무 것도 가진 것이 없는 것 같지만 하나님이 함께하시면 모든 것을 가진 자와 같이 된다.^{고후 6:10}

아버지께서 그리스도 안에서 하늘에 속한 신령한 복을 우리에게 주시되 지혜와 총명이 넘치게 주신다. 이것이 은혜이고 평강이다.^{엡 1:4-8} 샬롬의 하나님이시다. 나약함 가운데 예수님과 함께하면 우리에게 권세를 주시고, 사명을 다할 수 있도록 우리를 온전케 하시기 때문이다.

나의 약점 까지도 귀히 쓰시는 하나님 아버지 감사드립니다.
어린아이와 같이 낮아지고 참되게 의지하는 사람만이 하늘나라에서
큰 사람이 된다는 것을 알았습니다. 저의 나약함이 온전함을 이룰 수 있음을
깨닫게 해주시니 감사합니다.

Thankfulness Came
Like a Gentle Breeze

17. 고난을 통해 이스라엘 백성을 구한 요셉

서로 이르되 꿈꾸는 자가 오는 도다. 자, 그를 죽여 한 구덩이에 던지고 우리가 말하기를
악한 짐승이 그를 잡아먹었다 하자 그의 꿈이 어떻게 되는지를 우리가 볼 것이니라 하는지라. 창 37:19-20

창세기 제 37장 본문은 형제들의 시기와 질투로 인해 은 20세겔[3] 레 27:5 참조 에 이스마엘 사람들에게 팔려 가는 요셉의 고난을 소개하고 있다. 요셉의 일생을 보면 사건 하나하나가 너무나 정교하게 계획되어 진행되었음을 알 수 있다. 사소한 사건 하나하나가 우연은 아니었다. 이 모든 것을 하나님께서 계획하시고 예비하셨다.[4]

---

3 당시 20세 미만의 남자노예의 거래가액이었다.
4 자세한 내용은 졸저, 담장 넘은 축복, ㈜한올엠엔씨(2020. 10. 16.) 참조

어린 시절 요셉은 총명하였으나 아직 성숙하지 못했다.

　요셉의 아버지 야곱은 에서로부터 장자권을 훔치고 어머니의 고향 밧단 아람으로 피신해 있던 차에 라헬을 보고 사랑에 빠진다.

　'시애틀의 잠 못 이루는 밤'이라는 영화에 나오는 맥 라이언이 톰 행크스를 보고 잠 못 이루었듯이 야곱은 라헬을 보고 그녀의 미모를 보고 첫 눈에 반하고 말았다.

　야곱은 자기가 사랑하던 둘째 부인 라헬의 소산인 요셉을 특별히 사랑하였다. 요셉 또한 유난히 총명하여 아버지 야곱의 사랑을 독차지 하였다. 야곱은 그가 마치 재판관이라도 되는 것처럼 그에게 채색 옷을 해 입히기까지 하였다. 그러니 형들로부터 시기와 질투를 받을 수밖에 없었을 것이다.

　그러나 그것이 전부는 아니었다. 요셉은 꿈의 달란트를 가지고 있었으니 꿈을 유난히 자주 꾸고 그것을 거리낌 없이 형제들에게 말하기도 하였다.

　"저의 꿈 이야기를 들어보세요."

　요셉의 꿈을 들은 형들은 분노하면서 틈을 노리고 있었다.

　어느 날 요셉은 아버지 야곱에게도 꿈 이야기를 하였다.^{창 37:10}

　"보세요. 제가 또 꿈을 꾸었는데 해와 달과 11개의 별들이 제게 절을 했어요."^{창 37:5}

　여기서 해와 달은 아버지와 어머니를 가리키는 말이었다.

　"그러면 나와 네 어머니와 네 형들이 정말 네게 와서 땅에 엎드려 네게 절하게 된다는 말이냐?"

　이번에는 아버지 야곱마저도 그를 훈계하듯이 타일렀다.

요셉은 너무 영이 깨끗해 감정을 숨기지 못하고 그대로 말하다보니 형들에게 자칫 자랑이나 교만으로 비춰진 모양이다.

때는 이미 늦었다.

요셉은 결국 형들의 시기와 질투로 이스마엘 상인들의 손에 넘겨지고 노예로 팔려가고 말았다. 애굽의 노예로 팔려가면서 한 번도 떨어져 보지 않았던 아버지와 떨어질 것을 생각하니 너무 무서웠다.

"아버지, 아버지 살려주세요. 아버지! 저를 정녕 버리시나이까?"

그의 간절한 부르짖음은 우리에게 십자가에 매달린 예수님을 연상하게 한다. 삼위일체 하나님이신 예수님은 홀로 사람 되시어 죄인된 몸으로 외로움에 절규하셨다.

"아버지, 어찌하여 나를 버리시나이까?"^{마 26:45-46}

울부짖는 요셉의 기도에 대해서 여호와 하나님은 응답하지 않으셨다. 침묵하셨다. 엘리사의 도단에서의 행한 기도에 대해서는 즉시 응답해 주셨다. 그러나 같은 장소에서 요셉이 종으로 팔려가면서 눈물로 드렸던 기도에는 응답이 없었다.^{창 42:21}

하나님 아버지께서는 더 큰 영광을 위하여 시간이 필요하셨다. 앞으로 있을 이스라엘 지역의 오랜 가뭄과 기근을 기다렸다가 마침내 요셉을 이스라엘 백성을 살리시는 모퉁이 돌로 사용하시기 위해 그를 준비하셨다. 이스라엘 백성을 구원해서 살리시는 때를 기다리셨다가 응답을 주시기로 작정하신 것이다. 응답은 이미 예비하셨으나 때를 기다리시고 계실 뿐이었다.

우리들이 간절히 기도드리면 하나님께서는 반드시 응답해 주신다. 그러나 하나님은 우리의 일정에 맞추지 않으시고 하나님의 일정에 따라 때를 결정하신다. 하나님의 때가 차야 한다.

요셉은 믿음으로 소망을 바라보았다.

요셉은 응답이 더디면 더딘 대로 기다리며 믿음으로 순종하고 살았다. 응답이 더디면 하나님께서 좀 더 지켜보시고 더 오랫동안 동행하고 싶으시다는 것을 믿음으로 알게 되었다. 그렇게 해서 요셉은 항상 하나님과 동행하는 삶을 살았고, 응답이 없더라도 더 열정적으로 찬양과 예배를 드렸다. 구한 것은 받을 줄로 알고 조용히 기다렸다.

요셉이 보디발의 아내로부터 유혹을 받았으나 끝내 거절하였다. 그러자 그녀는 요셉에게 자신을 강간하려 하였다고 누명을 씌웠고, 요셉은 억울하게 감옥에 갇히게 되었다. 그는 오히려 이 기회를 자신에게 있을 찌꺼기를 걸러내는 과정으로 삼았다. 자신에게 더 큰 영광을 주시기 위해 단련시키는 것으로 믿었다. 하나님이 함께하신다는 믿음을 가졌기에 순종하고 기다릴 줄 알았다.

요셉은 법적으로 자기 집주인의 아내를 성추행하려 한 잡범이 되었다. 크게 다투지 않은 것으로 보아 보디발의 부인으로부터 더 이상 수치를 당하느니 차라리 감옥이 낫겠다고 생각했는지도 모른다.

요셉은 잡범에 불과함에도 국가의 반역죄나 왕의 명령에 거역한 자들이 수감되는 특별감옥에 갇히게 되었다.[창 39:20] 보디발이 아내의 부정함과 요셉의 정직한 성품을 알고 배려한 것이었을까?

그것만이 아니었다.

보디발은 바로왕의 친위대장이고, 왕의 죄수들을 가두어 두는 특별감옥의 관리장이었다. 그는 요셉을 가까이 두고 싶었다. 왜냐하면 하나님과 함께 하는 사람과 같이 있으면 주인인 자신도 만사형통하게 된다는 것을 그동안 경험을 통해 잘 알고 있었기 때문이었다.[창 39:3]

어느 중견 기업의 사장은, 자신은 하나님을 믿지 않지만 회사 직원을 선발하는 기준 중 하나가 '기독교 신앙을 가진 자'라고 한다. 노아의 세 며느리가 의인인 노아 옆에 있어서 은혜를 입었듯이 하나님을 믿는 자에게는 하나님께서 그와 함께 하실 줄 알고 있다는 것이다. 그래서 회사직원들이 신자라면 그들이 근무하는 회사도 하나님께서 돌보아 주실 것이라는 믿음은 있다는 것이다.

보디발은 요셉을 10년 가까이 지켜보면서 그와 함께 하시는 하나님이 항상 그와 그 주변에게도 갖가지로 축복해 주신다는 것을 알게 되었다.
섭리하신대로 요셉은 감옥에서 애굽의 왕 바로의 술 관원장과 떡 관원장을 만난다. 그래서 요셉은 그들의 시중을 들면서 국가 법률의 제정과 국정 운영 전반에 걸쳐 배우는 과정을 거친다. 이 모든 것이 우연은 아니었다. 모든 것이 하나님의 섭리 가운데 있었던 것이다.

2019-2021년 3년간 나의 미국 생활은 연일 이상기온과 산불 재앙, 폭동과 약탈행위, 무엇보다도 심한 Covid-19 으로 너무나 어려운 상황이었다. 그럼에도 묵묵히 참고 인내할 수 있었던 것은 내 안에 주님이 함께 하셨음을 알았기 때문이다.
위험이 가까이 있는 중에도 주님의 교회와 교회의 막사 사무실 겸 나의 침실만큼은 안전하였으니 참 다행이다. 내가 모르는 사이에 얼마나 많은 위험들로부터 나를 구해주셨을까? 하나님의 섭리 안에 있음을 깨닫게 된다. 목사님들의 설교를 듣고 새벽기도에 참여하여, 하루하루를 예배와 기도로 시작하고, 하나님과 교제하고 성장하고 있으니 하나님의 크신 사랑이다. 주신 은혜에 그저 감사할 뿐이다.

요셉은 매인 몸이 되어 하나님 한분만을 바라볼 때 하나님께서는 계시를 통해 알려 주셨다. 드디어 요셉에게 꿈 해몽의 능력을 주셔서 자신의 영광을 드러낼 기회가 찾아 왔다.

바로 왕도 칭찬하였다.

'하나님이 네게 모든 것을 보이셨으니 네가 진정 명철하고 지혜롭구나.'
창 41:32,39 요셉은 마침내 애굽의 총리가 되어 왕 다음가는 권세를 가지고 애굽을 통치하게 되었다.

하나님께서는 요셉과 같이 우리에게도 사명을 주실 때에는 합당한 능력도 주시고 권세도 주셔서 우리를 영광의 도구로 사용하실 줄 믿는다.

요셉은 빛의 자녀로서 우리의 모범이 되었다.

흉년은 애굽 땅에서만이 아니라 야곱(이스라엘)의 식구가 사는 세겜 땅에도 혹독한 흉년이 들었다. 흉년 2년차 야곱은 아들 10명에게 말하였다.

"애굽에 가서 식량을 구해 와라."

그래서 요셉의 형들 10명은 식량을 구하기 위해 애굽 땅으로 가서 애굽의 총리인 요셉 앞에 무릎을 꿇고 절을 하게 된다.

요셉은 그들이 자신의 형들이라는 것을 금방 알아보았다. 형들이 묶은 곡식 단들이 자신이 묶은 곡식 단에게 절을 하던 꿈도 잊지 않고 있었다. 그러나 형들은 눈앞에 있는 총리가 자신들이 애굽에 팔아버린 동생 요셉인 줄은 전혀 몰랐다.

유대인들이 그리스도이신 예수님을 몰라보았듯이 형들은 동생 요셉을 몰라보았다. 유대인들이 예수님을 현실적인 통치자로만 바라보았으니 메시아로 오신 예수님을 알아볼 수 없었듯이 요셉의 형들 또한 요셉을 이집트의 총리로만 바라보았던 것이다. 그래서 그가 자신들의 동생 요셉인 줄은 전혀 몰랐다.

"나는 형님들이 죽이려했던 요셉입니다."

"............"

그들은 말을 할 수 없었다.

"나를 애굽에 팔아버린 것은 형님들이 아니었습니다. 저를 애굽에 보낸 것은 하나님이셨습니다. 이스라엘 백성들을 살리시기 위한 하나님의 계획이셨습니다. 하나님께서는 저를 이집트로 보내 이스라엘 땅의 흉년에 대비하셨습니다."

그들은 할 말을 잃어버렸다.

아니 잠시 동안이나마 형들은 요셉이 복수할까봐 무서워 떨었을 것이다. 요셉을 자신들과 같이 육체의 자녀로만 생각하였으니 요셉의 참 모습을 볼 수 없었던 것이다.

육체의 자녀는 마음속에 악한 것을 두었다가 악한 일만하고 입으로는 거짓을 말한다. 진정한 사랑이 무엇인지 모른다. 육체의 자녀들은 돈을 주고 사와도 다시 도망가는 음란한 호세아의 부인처럼 돌아서면 죄를 짓는다. 가시로 그 길을 막으며 담을 쌓아도 도망가는 것이 그들이다.

호 2:6-7

어떤 한국인 교수는 외국에서 유학생활 중 싫다고 떠난 부인을 설득 끝에 세 번이나 집으로 데려왔지만 결국 집을 나가자 그녀를 살해하고 말았다. 그것은 아내에 대한 그의 지나친 집착이었다. 그는 아내를 진정으로 사랑한 것이 아니었다.

그런데 빛의 자녀 요셉은 그렇게 하지 않았다. 하나님께서는 그에게 시련을 통해 소망을 보게 하시고 빛의 자녀로서 거듭나게 하셨다.

빛의 자녀는 마음에 선한 것을 쌓아 두었다가 선한 행동을 하고 입으로는 의와 진실만을 말한다.눅 6:45

"당신들은 나를 해하였으나 두려워 마소서. 내가 당신들과 당신들의 자녀들까지 키우겠습니다."창 50:19,20

십자가의 종축은 하나님과의 관계를, 횡축은 성도들과의 관계를 나타낸다. 십자가는 믿음과 소망과 사랑이다. 그 중의 으뜸은 자신을 헌신하여 우리를 살리신 예수님의 사랑이시다.

요셉과 같이 우리는 빛의 자녀이다. 믿음으로 영원한 생명을 얻고, 부활의 소망을 가지며, 예수님 다시 오시는 날까지 내 몸을 쪼개어 내 이웃에게 사랑과 헌신을 다하는 빛의 자녀들이다.고전 11:23-24

'빛의 열매는 모든 착함과 의로움과 진실함에 있느니라.'엡 5:9

요셉은 형들을 진정한 사랑으로 용서하였으니 그들의 거짓된 삶을 이긴 것이다. 고난을 잘 이겨낸 빛의 자녀로서 하나님의 영광을 드러내는 종으로서 믿는 우리들의 모범이 되었다.

고난 중에도 하나님이 늘 동행해 주셔서 감사드립니다.
이렇게 된 것이 모두 아버지의 뜻임을 깨닫게 하시고 고통 중에도
찬송할 수 있게 해 주시니 너무나 행복합니다.

Thankfulness Came
Like a Gentle Breeze

18. 십자가를 지고 예수님을 따라간 바울

그리스도께서 우리를 위하여 저주를 받은바 되사 율법의 저주에서 우리를 속량하셨으니
기록된바 나무에 달린 자마다 저주 아래에 있는 자라 하였음이라.
이는 그리스도 예수 안에서 아브라함의 복이 이방인에게 미치게 하고 또 우리로 하여금
믿음으로 말미암아 성령의 약속을 받게 하려 함이라. 갈 3:13-14

예수님은 인간의 몸으로 내려 오셔서 율법의 저주로 십자가 위에서 죄인의 몸으로 돌아가셨으나 흘리신 피로 우리를 구원하셨다.

하나님께서는 예수님을 보내시어 예수님의 피로 사망의 권세를 물리치시고 그를 믿는 자마다 영원한 생명을 주신다.^{엡 1:9-10} 이것이 하나님의 지혜이고 은혜이시다. 성령의 도움으로 이러한 하늘나라의 비밀을 알게 된 바울은 예수님을 본받아 고난의 십자가를 지고 이방인 사역에 집중할 수 있었다.

십자가의 고통으로 율법을 이겼다.

바울은 예수님을 따라가는 삶을 살려고 노력하였다. 하나님은 일찍이 아브라함에게 모든 남자는 난지 8일 만에 할례를 하도록 말씀을 주셨고, 그것은 아브라함과 하나님의 언약의 표식이 되었다. 할례는 아브라함의 자손만이 아니라 하나님을 믿는 이방인에게도 요구되었다.^{창 17:9-14}

하나님의 자녀가 되려면 먼저 유대인이 되어야 한다는 것이었다.

바울은 고난 중에 내가 차라리 할례를 설교했더라면 이러한 고통을 받지 않았을 것이라고 고백하였다.$^{갈\,5:11}$ 예수님의 이름으로 그는 참으로 모진 고난을 많이 겪었다. 그가 그토록 지키려했던 바로 율법에 의한 박해이었고 고난이었다.

예수님께서는 '새 언약'으로 오셔서 옛 언약인 율법과 제사법을 낡은 것으로 만드셨다. 낡고 오래된 것은 사라지게 된다.$^{히\,8:13}$ 따라서 바울은 그러한 옛 언약의 속박은 예수님 안에서 더 이상 의미가 없다고 가르쳤다. 할례건 비 할례이건 중요하지 않고, 오직 사랑을 통해 드러나는 믿음만이 중요하다고 하였다.$^{갈\,5:6}$

그런데도 아직도 율법에 얽매여 산다면 예수님의 십자가 위에서의 고통을 무익하게 하고 말 것이다.

나는 검사로서, 세상 법에 얽매어 어리석게 살아왔음을 고백하고 회개한다. 바울 못지않게 율법에 따라, 율법을 지킨다는 명목으로 법기술자로서의 역할에 충실하였다. 피의자로 입건이 되면 일단 나쁜 사람이라고 프레임을 짜고 그에 맞추어 이것저것 수사를 확대해 갔다. 관용을 몰랐다. 형벌의 목적이 무엇인가? 죄의 노예된 자를 죄의 속박으로부터 풀어주고 자유롭게 생활하게 하는 것이 형벌의 진정한 목적이다. 죄로부터 벗어나게 해 주는 것이다. 그들을 위한 것이다.

그들을 회개하게 하고 그들이 사회에 복귀하도록 도와주는 것이다. 그러나 나는 그렇게 하지 못했다. 율법의 이름으로 일단 죄인이라고 정죄하였으면 이것저것 끌어 모아 법망을 씌우는 것이 나에게 검사로서 주어진 책무라고 생각하였다. 그것이 잃어버린 정의를 회복하는 길이라고 생각하였다. 이제 생각하니 모든 것이 검사로서의 교만이었다. 일단 구속자의 숫자를 늘리고 기소인원을 늘리면 성공한 수사라고 생각하였다.

지방세 횡령사건의 주임검사로서 약 120여명을 입건하고, 그 중 30-40명을 구속기소하였다. 시청 세무과 직원은 과장이하 직원 전원을 구속하였다. 병무비리수사본부를 구성하여 수사를 하면서 1년여 동안 100여명 이상을 구속기소하였다. 현장실사를 빙자하여 뇌물을 수수한 서울 경기일원의 국세청 세무서 직원에 대해서도 30여명 이상 최대한 많은 인원을 구속하려고 하였다. 나는 관용이 없었다. 잘하는 것으로만 알았다. 내가 그토록 중시했던 율법, 그 가시아래 속박이 된 후에야 그것이 정의의 탈을 쓴 헛된 공명심이었고 교만이었음을 알게 되었다. 내가 막상 고발되어 수사를 당하고 겪어보니 이제 알게 되었다. 얼마나 어리석은가? 막힌 벽을 바라보고 내가 저지른 지난 잘못들을 회개하고 있다. 나의 교만함으로 인해 마음에 상처를 입었을 많은 분들에게 용서를 구하고 하나님이 주시는 마음의 평강과 더 밝은 길이 그들에게 있기를 기도드린다.

바울은 자신이 십자가의 고통으로 거듭났으니 이는 율법을 이긴 것이라고 확신하였다.

"너희를 위한 나의 여러 환난에 대하여 낙심하지 말라. 이는 너희의 영광이니라."엡 3:13

바울은 율법을 깨고 이방인에게 전도함으로써 고난을 받았지만 구원의 기쁜 소식을 그들에게 전할 수 있었으니 영광이었다고 고백한다. 만일 그가 복음을 전하지 않았으면 감옥에 있지도 않았을 것이다.

고난으로 구원의 기쁜 열매를 얻었으니 율법을 이긴 것이다.

바울은 자신의 십자가를 지고 감으로써 예수님 안에서 거듭날 수 있었다. 그리스도께서 나약한 모습으로 십자가에 못 박히셨으나 오직 하나님의 능력으로 살아나셨듯이 바울 또한 나약한 가운데 그분 안에서 에베소와 고린도에 있는 성도들과 함께 다시 살아날 수 있었다고 고백한다.고후 13:4

십자가의 고난으로 율법을 이긴 것이다.

십자가를 지고 가는 것은 전적으로 자신을 부정하고 예수님께 순종하는 것이다.^{막 8:34} 십자가 앞에서 나를 죽임으로써 내 안에 계신 예수님이 살아나신다. 늦게나마 성령의 세례를 받은 나 또한 나의 십자가를 지고 하나님의 동역자가 되어 다시 오실 예수님의 재림을 준비하고 기다릴 것이다.

구원의 기쁨으로 고통을 이길 수 있었다.

예수님께서는 우리에게 물으신다.

"너희는 가족보다 나를 더 사랑하느냐?"^{마 10:37}

예수님께서는 쟁기를 잡고 뒤를 돌아보는 자는 하나님 나라에 합당치 않다고 경고하신다.^{눅 9:62} 밭을 갈던 황소와 농기구를 불사르고 예언자로서 하나님께 순종한 엘리사와 같이 돈이나 시간, 명예와 세속적인 즐거움에 대한 집착을 버리고 예수님을 따라가지 않으면 예수님의 참 제자가 될 수 없다.

예수님을 믿고 따르는 것은 그 만큼 가시밭길을 예고하고 있다. 고난의 십자가를 지지 않은 자는 예수님을 사랑한다고 말할 수 없다.^{마 10:38, 막 8:34}

예수님은 십자가의 고난과 수치를 견뎌내시고, 소망으로 하늘나라 보좌 우편에 앉으셨다.

바울은 그리스도와 함께 십자가에 못 박혔으니 오직 내 안에 사시는 예수님과 함께 믿음 안에 사는 것이며 영원한 하늘나라 백성이 되는 소망만을 가진다고 고백하였다.^{갈 2:20}

그리고 갈라디아 초대교인들이 구원의 기쁨을 잃어버리고 사는 것을 매우 안타까워했다. 그들 안에 계신 예수님의 뜻에 따라 믿음으로 살지 못하기 때문이라고 지적한다.^갈 3:22 그들이 율법이나 육체적인 욕망으로 다시 돌아갔기 때문이라고 책망하였다.

내 마음에 죄책감을 느끼고 나의 행동이 부적절하다는 생각을 가지면서 기쁨이 없다면, 아직도 사람이 만든 율법이나 육신의 쾌락과 탐욕에 따라 살고 있다는 증거이다.

율법의 마침이요 완성 자이신 예수님을 온전히 받아들일 때만이 우리가 영원한 생명을 얻고 기쁨의 삶을 살 수 있다. 하나님 나라만을 바라보고 예수님을 따라갈 때 비로소 의롭다 하심을 얻은 자되어 사망의 형벌을 잊어버리고 구원의 진정한 기쁨을 회복해 갈 수 있다.

'예수님을 따라 간다'는 의미는 무엇인가?

우리는 예수님의 죽으심으로 갑자기 의롭다고 칭함을 받았으나 아직 변하지 않은 채 문자 그대로 의로운 삶을 살지 못하고 있다. 의롭다 칭함을 받았다는 의미는 악한 세상으로부터 우리가 영의 구원을 받았다는 것이다. 그것은 우리가 모든 악으로부터 벗어났다는 의미가 아니고 더 이상 죄에 속박되지 않는다는 의미일 뿐이다. 하나님의 자녀가 되었으니 더 이상 죄에게 종노릇을 할 수 없다는 것이다.^롬 6:6

갈멜산의 엘리야처럼 어둠의 세력과 당당히 맞서 싸워서 율법의 정죄함으로부터 벗어나야 한다. 빛의 자녀로서 육신의 탐욕과 정욕을 끊어버려야 한다. 신분에 걸맞게 우리의 현상적인 삶도 예수님을 본 받아 경건하게 살아야 한다는 의미이다. 그렇지 않으면 사탄에게 틈을 내 주기 때문이다.

구약시대에는, 속죄단의 숯불을 통해서만 경건함이 회복될 수 있었다.^사 6:6 그러나 이제는 우리 마음속에 예수님이 오셨다. 새로운 언약으로 오셨다. 마음을 다하고 성품을 다하여 하나님 아버지를 진정으로 사랑하라. 그리하면 예수님이 내 안에 거하시고 우리는 예수님 안에 거하나니 우리는 온전한 사랑을 이루게 된다.요일 4:16-17

예수님이 하나님 아버지를 사랑하시고, 친히 우리를 대신해서 희생하심같이 네 이웃을 사랑하라 하신다. 예수님께서 우리의 짐을 긍휼로 나누어 지신 것처럼 우리도 다른 사람의 짐을 사랑으로 나누어 지라고 하신다. 예수님의 새 언약대로 사는 것이 경건함을 회복하는 것이요 예수님을 따라가는 방법이 된다.

창조주이시고 구속자이신 그리스도의 영이 우리 마음에 함께 하시면 우리를 주관하신다. 그리스도의 영이 우리를 가르쳐 주신다. 그리스도의 사랑이 우리의 선한 행동을 뒷받침하고, 그리스도의 권능이 우리의 이기적인 욕망을 억제하신다. 육체적인 욕망대로 살지 못하게 하신다. 성령은 육체의 소욕을 경계하기 때문이다.갈 5-15-17

바울과 같이 예수님을 내 안에 받아들이고 예수님의 행동과 원칙, 생활태도를 본받아 하나님을 사랑하고, 이웃을 사랑하는 것이 예수님을 따라가는 삶이다. 우리가 그리스도 안에 항상 거하고, 우리 안에 그리스도의 영이 우리를 주장하시면 우리는 성령의 말씀대로 순종하고 따라가면 된다. 그러면 우리는 경건함을 회복하고 죄의 노예로부터 벗어나 구원의 기쁨으로 현 세상의 고통을 잊을 수 있다. 흠 없는 자녀로 세상의 빛으로 나타나게 하신다.

우리는 두렵고 떨림으로 혼의 구원을 이루도록 노력해 가야 한다.빌 2:12-15 하나님께서 인간에게 주신 우리의 의지가 필요한 대목이다. 예수님을 따라가야 한다. 나의 유일한 기쁨은 내 안에 지금도 살아계시는 영적 예수님과 동행하는 것이다.

예수님이 하신 것처럼 피난처이신 하나님의 보호하심으로 들어가는 것이다. 순종하는 것이다. 하나님 앞에서 홀로서기는 없다. 내 안에 예수님이 안계시면 나 혼자서는 아무 것도 할 수 없다.

참 진리로 이방인과 하나가 되었다.

바울은 예수님의 수난을 통해 참 진리로 모든 것이 하나가 된다는 것을 알았다. 예수님 안에서 이방인도 유대인들과 동일한 시민이요, 성도로서 하나님의 권속이라 이스라엘의 선택된 사람들과 함께 영원한 하늘나라의 상속자가 된다고 믿었다. 행 13:48

바울은 이방인을 전도하라는 예수님의 명령을 따르는 것이 자신에게 주어진 특별한 사명이요 자신이 지고 가야 하는 십자가라는 것을 알고 있었다. 엡 3:6

유대인은 표적을 구하고, 헬라인은 지혜를 원하고 있다. 유대인은 메시아로서 자신들만의 표적을 구하고, 헬라인은 대가없이 믿음으로만 구원을 얻는다는 기독교 신앙은 이해가 되지 않았다. 그래서 십자가에 못 박힌 그리스도는 유대인에게는 넘어지는 장애물이 되었고, 헬라인에게는 어리석음이 되었다. 그러나 오직 부르심을 입은 자들에게는 그들이 헬라인이든 유대인이든 그리스도는 하나님의 능력이요, 하나님의 지혜가 된다. 고전 1:23-24 '부르심'을 입었다는 것은 진리의 말씀으로 오신 주님이 우리 안에서 새로 태어나셨다는 것이다. 아담의 옛 사람은 죽고 예수님의 생명으로 속사람이 거듭남으로써 하나님의 능력과 지혜가 모두 우리의 것이 되었다는 것이다.

십자가의 수난을 믿는 자는 이방인이건 유대인이건 모두 아브라함의 영적인 후손이 되며 하나님의 약속의 복을 받는 하늘나라 백성이 된다. 갈 3:8-9 이방인이 유대인을 대체하는 것도 아니다. 그래서 바울은 그의 안에서 살아계시는 그리스도와 함께 이방인의 사역에 집중 할 수 있었고, 그로 말미암아 끊임없이 찾아오는 고통의 시련을 감내할 수가 있었다.

애플의 창립자이고, 아이폰과 아이패드의 주역인 스티브 잡스는 스탠포드 졸업식 축사에서,

Stay hungry. Stay foolish.

배고프고, 어리석은 상태로 남아 있으라고 말했다.

이 말은 아마도 진실로 하고자 하는 바를 환경에 구애받지 말고 끊임없이 바라고 노력하라는 의미로 해석된다. 단순히 빵을 위하고, 자신의 명예를 위해서가 아니라 무엇이 진리인지를 갈급한 심정으로 찾아보라는 메시지이다. 바울은 이 세상에 지혜가 있다고 생각한다면 어리석은 사람이 되라고 권한다. 인간의 지혜에 의하면 비록 어리석다고 판단될지라도 참 진리를 구하는 자만이 진정한 의미의 지혜 있는 사람이 될 수 있기 때문이다.^{고전 3:18}

예수님께서 우리를 위해 죽으시고 부활하셔서 우리의 구원을 완성하셨다. 이것이 참 진리이다. 이를 믿는 자는 이방인이건 유대인이건 그리스도 안에서 하나님 나라의 백성이 되고 하나의 공동체가 된다.

하나님께서는 세상의 많은 지혜와 권세를 어리석고 약한 것으로 하여금 부끄럽게 하시고,^{고전 1:27-28} 참 진리를 간구하는 모든 자를 높이신다.^{시 145:18}

성령이시여 율법의 옛사람을 벗어버렸습니다.
오직 참 진리이신 우리 주 예수 그리스도의 은혜 안에서 온전한
그리스도인으로 성장할 수 있도록 인도하여 주소서.
세상 지식이 아닌 예수님을 알아가는 지식으로 날로 새롭게 하소서.

제 3장 나를 도우시는 하나님

19. 나 된 것은 모두 하나님의 은혜

20. 우리는 그리스도의 향기이다.

21. 사탄은 우리의 틈새를 엿본다.

22. 기도하고 구하면 받은 줄로 알라

23. 우리는 빛의 갑옷을 입었다.

24. 물질적인 풍요는 장애물이 되기도 한다.

25. 나누어 주라고 하신다.

26. 내가 어찌 다 갚을 수 있을까?

27. 다음 세대를 준비하자.

Thankfulness Came
Like a Gentle Breeze

Thankfulness Came
Like a Gentle Breeze

19. 나 된 것은 모두 하나님의 은혜

나는 사도 중에 가장 작은 자라. 나는 하나님의 교회를 박해하였으므로 사도라 칭함 받기를 감당하지 못할 자니라. 그러나 내가 나 된 것은 하나님의 은혜로 된 것이니 내게 주신 그의 은혜가 헛되지 아니하여 내가 모든 사도보다 더 많이 수고하였으나 내가 한 것이 아니요 오직 나와 함께 하신 하나님의 은혜로다. 고전 15:9-10

바울은 한때 예수님을 핍박하던 Anti-그리스도인이었으나 뒤늦게 예수님을 만나 거듭나는 축복을 받았다. 이방인 선교에 앞장서 많은 열매를 맺었으나 그는 자신의 공로보다는 성령 하나님께서 주신 은총이요 하나님의 역사하심이라고 고백하고 있다. 바울은 우리 신앙인의 모범이 되었다.

나는 나이 60이 넘어 하나님의 부르심 받은 종이 되었다. 하나님께서 나에게 남겨주신 사명이 무엇일까? 이제라도 부르심 받은 것은 오직 하나님의 은혜로다.

그리스도인은 먼저 성령의 세례를 받아야 한다.

우리는 모두 주님의 뜻에 따라 주님의 손으로 직접 지으심을 받은 주님의 걸작품들이다.^{사 64:8, 계 4:11} 그래서 우리는 항상 자부심을 가지고 하나님께 감사와 찬양을 드려야 한다.

그러나 아무리 걸작품이라도 그 안에 성령으로 채워지지 않으면 허드렛일에 사용되는 빈 깡통에 불과하고 끝내 버려질 것이다. 우리는 예수님의 모형에 불과하다.^{롬 5:14} 그래서 우리가 진정한 그리스도인으로 거듭나기 위해서는 우리의 속마음이 성령의 조명을 받고 진리로 가득 채워져야 한다.^{고후 4:6-7}

'누구든지 그리스도의 영이 없으면 그리스도의 사람이 아니라'^{롬 8:9}

우리의 속마음이 은혜와 평강의 본질이신 그리스도의 영으로 채워져야 한다. 우리 안에 하나님의 형상을 가진 그리스도의 영이 함께 하셔야 우리가 진정한 그리스도인으로서 제 구실을 할 수 있다. 그것이 하나님께서 우리를 하나님의 형상으로 만드신 취지이고 원하시는 뜻이시다.

너희는 성령을 구하라.

지중해 해안도시 가이사랴의 고넬료도 성령 하나님을 구하였다. 하나님께서는 로마군 백부장인 고넬료의 독실한 믿음과 기도 그리고 가난한 자에게 한 그의 선행을 보시고 베드로를 보내 주셨다. 하나님의 사자가 들어와 이르되, '네 기도와 구제가 하나님 앞에 상달되어 기억 하신 바 되었다'고 전하였다.^{행 10:4}

하나님께서는 베드로를 준비하시어 그에게 복음을 전하도록 하시고 세례를 통해 고넬료에게 성령으로 임하셨다.^{행 10:14}

하나님께서는, 베드로에게 꿈의 환상으로 파충류를 주시면서 먹으라고 하셨다. 그러자 베드로는 부정한 음식이라고 거부하였다.

하나님께서는 "내가 깨끗하게 만든 것을 더 이상 부정하다고 말하지 말라"고 타이르셨다. 파충류는 이방인이었고 고넬료이었다. 베드로는 이를 알고 사명을 가지고 고넬료에게 찾아가 세례를 주었다.

하나님은 어떤 민족에게든지 하나님을 두려워하고 옳은 일을 하는 사람에게는 올바른 사람을 보내 때를 놓치지 않으시고 지혜를 주시고 성령의 세례를 주셨다.^{행 10:34-36}

'하나님의 역사하심으로 성령을 받으라.'^{요 20:22}

성령의 세례는 그리스도인의 첫 번째 체험이고 새로운 삶의 권능을 부여받는 도구이며 그리스도 공동체의 지체가 되는 은혜이다.

성령의 은혜를 체험하지 못하면 누구든지 예수님을 주님이라고 할 수 없다.^{고전 12:23} 성령의 세례 없이 혼적인 감동만으로는 믿는다고 할 수 없다. 말로는 믿는다고 해도 고난이 오면 믿음을 쉽게 포기하고 말 것이다.

성령을 받기 전의 제자들도 마찬가지였다.

예수님의 12제자들은 성령을 받기 전에는 자기중심으로 예수님을 따라다녔다. 누가 더 높은 사람인지 경쟁하였고, 가룟 유다는 예수님을 팔아먹기까지 하였다. 베드로 또한 세 번이나 예수님을 부인하였다. 그들은 예수님이 십자가에 매달려 돌아가시자 모두 도망가고 말았다.

제사장이나 바리새인들은 예수님께서 사흘 후에 다시 살아나리라는 것을 기억하고 두려워하였으나^{마 28:63} 제자들은 이를 믿지 못했고 기억하지도 않았다. 예수님이 승천하신 다음 성령을 받고서야 비로소 온전히 믿게 되었다. 예수님의 명령에 따라, 맛디아를 12번째 제자로 채우고, 오로지 연합하여 기도에 힘쓸 때 비로소 성령을 받고 나서야 올바로 믿을 수 있게 되었다.^{행 1:14}

내 안에 성령이 임재하시면 반석 위에 집을 지음같이 믿음이 굳건해지고, 예수님이 하신 모든 표적, 모든 일을 우리도 할 수 있게 된다. 성령이 우리 몸에 거하시면 우리는 예수님을 닮아가는 권능을 받기 때문이다.

예수님께서 말씀하셨다.

"나를 믿는 자는 나의 하는 일을 저도 할 것이요 또한 이보다 더 큰 일도 하리니 이는 내가 아버지께로 감이니라."^{요 14:12}

예수님은 하나님 아버지께로 가시고, 하나님은 예수님의 이름으로 보혜사 성령님을 제자들에게 보내주셨다. 그리고 예수를 믿는 자들마다 하나님의 영이시고 그리스도의 영이신 성령을 보내 주신다고 약속하셨다.

성령은 우리 각자에게 주어진 소명에 적합한 능력을 주시기에 각자 다른 모습으로 임하신다. 우리가 예상치 못한 모습으로 오신다.^{출 3:1} 모세에게 가시떨기나무¹⁾의 불처럼 임하셨듯이 그 모습은 홀연히 비추는 빛이나 맹렬히 타는 횃불일 수도 있고, 우렁찬 폭포수일 수도 있으며 구름기둥 불기둥일 수도 있다.

나는 대학교 3학년 때 기도원에서 고시공부를 하던 중 인근 마을 교회의 부흥 성회에 참석하였다가 폭포수와 빛으로 오신 성령을 받았다. 하나님의 말씀을 묵상하고 기도하는 중에 내 안에 찾아 오셨다.

우리의 생각이나 환상, 그리고 실제적인 체험으로 임하시거나 다른 사람의 말을 통해서 드러내실 수도 있다. 이 모든 것은 하나님께서 결정하시고 행하신다. 사람이 아니라 하나님의 역사하심이시다.

---

1 이집트의 아카시아

성령 하나님이 우리를 인도하신다.

성령 하나님께서는 우리에게 모든 것을 가르쳐 주시고 권능을 주신다. 우리는 성령의 도움 없이는 아무 것도 할 수 없다. 우리는 성령 하나님의 도움으로 지혜를 얻고 우리가 해야 할 소명을 받으며 인도함을 받는다.^{사 48:17} 하나님께 붙들린 삶을 살게 된다.

성령 하나님은 우리의 영원한 중보자이고 위로자이고 대언자이시며 우리를 하나님 아버지 보좌 앞으로 안내하신다.^{요 14:16-17}

아브라함은 자신의 외아들 이삭을 대신하여 하나님께서 희생제물을 친히 준비하실 것을 알고 있었다.^{창 22:8} 자식이 번성하리라는 언약을 믿었고 이삭을 데리고 산을 내려올 것이라는 믿음도 여호와의 사자의 가르침이 있었다. 바로 왕 또한 요셉이 하나님의 영에 감동된 사람이라고 칭찬한 것도 마찬가지였다.^{창 41:38}

지혜가 부족하거든 예수님의 이름으로 하나님 아버지께 성령의 지혜를 달라고 기도드리자. 그러면 꾸짖지 아니하시고 우리들에게 쾌히 진리의 영을 보내주신다. 후히 주시는 분이시다.^{약 1:5} 진리의 영은 성령이시며 성령을 통하여 하나님의 모든 뜻을 이루어 가시기 때문이다.^{요 16:23}

예수님은 제자들에게 당부하셨다.

"너희가 붙잡혀 가서 재판을 받게 될 때에 무슨 말을 할까 미리 걱정하지 말라. 때에 맞게 너희에게 주시는 말만 하면 된다. 말하는 분은 너희가 아니라 성령님이시다."^{막 13:11}

성령은 우리의 변호사가 되신다. 성령이 우리 안에 거하시면 우리를 주관하신다. 그러나 성령이 약하면 우리를 주관하지 못하신다. 그래서 우리는 매일 매일 성령의 충만함을 받아야 한다. 성령은 한 번의 세례로 끝나지 않고 우리의 생활 가운데 매일 매일 계속적으로 일어나야 한다.

'오직 성령으로 충만함을 받으라.'^{엡 5:18}

성령이 충만하게 되면 우리의 삶을 주장하시고 우리를 인도해 가신다. 성령이 인도하시고 우리가 순종하면 성령께서는 우리의 속사람을 변화시켜 강하게 만들어 가신다.^{엡 3:16} 잠자던 나의 능력이 되살아난다. 믿음이 실제가 된다.

하나님의 능력과 권위를 체험한다. 가방 끈이 짧았던 베드로와 같이 전혀 다른 모습으로 진리를 말하게 된다.^{행 4:13} 성령이 내 안에 거하시면 하나님에게 속한 super nature가 된다.

우리 안에 계신 성령 하나님께서는 우리에게 필요한 모든 것을 미리 아시고 준비하시고 채워주신다. 우리에게 주시는 은혜는 우리의 공로가 아니라 거저 주시는 성령의 은사이다. 나의 공로로는 아무 것도 이룰 수 없다. 창조하시고 우리를 택하시고 구속하신 모든 것을 하나님께서 이미 이루어 놓으셨다는 것을 깨닫는 것이 믿음이다.^{롬 8:29-30}

성령 하나님께서는 오셔서 우리에게 얼굴을 보이시고 우리와 교제하시고 능력을 주신다. 모세에게는 이스라엘 백성을 이끄는 기적의 능력을 주셨다.^{출 4:21} 성전을 복구할 기술자들에게는 필요한 기술을 주시고^{출 31:3-11} 이사야에게는 가난한 자에게 좋은 소식을 전하고 슬퍼하는 사람 모두에게 위로하는 능력을 주셨다.^{사 61:1-2}

우리가 성령을 받으면 예수님의 제자들과 같이 권능을 받는다. 교회 공동체의 지체로서 각자에게 직분을 주시고, 그에 합당한 능력을 주신다. 교회의 직분 하나하나도 성령 하나님께서 주신 것이다. 능력이 안 된다고 거절하지 마라. 직분에 맞는 은사도 함께 주시기 때문이다.

우리가 교회를 위해 헌신할 때 안팎에서 더 많은 일을 할 수 있도록 큰 권능을 주신다. 엘리사에게는 갑절의 권능을 주셨다. 주어진 직분에 충실하게 해 달라는 그의 중심을 보시고 그의 기도를 들어주셨다.

나 된 것은 성령 하나님의 은혜로다.

바울은 한때 하나님의 교회를 박해하였으므로 사도라 칭함 받기를 감당하지 못할 자라고 자책하면서도 성령을 받음으로써 이전과는 전혀 다른 삶을 살게 되었다고 고백하고 있다.

'내가 나 된 것은 하나님의 은혜로 된 것이(다)'^{고전 15:10}

고린도전서 15장 본문은 바울 자신의 진정한 고백이다. 오로지 그는 성령 하나님께서 거저 주시는 자비의 선물을 받았다. 아침 7시에 부른 자나 낮 12시, 심지어 오후 5시에 부른 자에게 동일한 품삯을 준 포도원의 주인과 같이 구원은 행위의 공로가 아니라 하나님의 넓으신 자비에 의한 하나님의 은혜이심을 알았다.

뒤늦게 불려온 자는 이방인이다. 뒤늦게 들어왔어도 돈을 먼저 받았다. 구원을 먼저 받았다.

'나중 된 자로서 먼저 될 자가 많으니라.'^{마 20:16}

비록 한때 예수님을 박해하였으나 뒤늦게 거듭난 바울은 이방인과 같이 처음 되는 은혜를 받았다. 바울은 이 모든 것에 감사할 줄 알았다.

자신을 충성되게 여겨 이방인의 선교사명을 주시고 권능을 주셨음을 성령 하나님께 감사드렸다.^{딤전 1:12} 바울을 이방인에 대한 복음의 전도자로 바꾸신 것도 성령 하나님이셨다.^{행 7:58, 8:1} 주신 은혜가 헛되지 아니하여 모든 사도보다 더 많이 수고하였으나 이 모든 것이 함께 동행 하시는 성령 하나님의 은혜라고 바울은 고백하고 있다.

사람으로서는 할 수 없으나 하나님께서는 하실 수 있으시다. 살인자인 모세를 지도자로 바꾸어 주셨고,^{출 2:12} 약한 기드온을 강한 장군으로 만들어 사용하셨다.^{삿 6:25-27} 하나님은 누구든지 택하셔서 바꾸지 못할 사람이 없으시다. 사마리아 여인을 보라. 예수님의 얼굴을 뵙자 그녀의 부끄러운 과거는 깨끗이 사라지고 말았다. 그녀가 예수님을 진정으로 받아들일 때 그녀를 잘 알고 있던 많은 사람들까지도 이제는 그녀를 신뢰하고 그녀의 초대장을 받아 예수님을 만나러 우물가로 나오게 하는 기적이 일어난 것이었다.^{요 4:39}

"내가 행한 모든 것을 그가 내게 말하였어요."

예수님을 만난 그녀는 예수님으로부터 모든 죄를 용서함 받고 새 생명을 얻고 그들 앞에 나서서 담대히 증언할 수 있었다.

나는 60세가 되어서야 성령으로 목사안수를 받았다. 나 같은 죄인도 하나님께서는 귀히 쓰실 것으로 믿는다. 한 사람의 영혼이라도 구하는 영광의 자리에 세워 주실 것을 기대하고 있다. 죄 많은 나를 새로운 사람으로 바꾸어 놓으신 분이시다. 나이가 많다고 하지만 너무 늦지 않았다. 나는 오후 다섯 시에 불러준 포도원의 일꾼처럼 먼저 온 일꾼과 같이 한 데나리온 즉, 영원한 생명을 받을 줄 확신하고 있다.^{마 20:9} 이제부터라도 하나님께서는 나에 대한 세세한 계획을 보여 주셨다. 그 어느 누구도 빼앗아 갈 수 없는 나만의 미래를 준비해 두시고 나의 주인이 되어 주셨다. 나의 나 된 것 모두 성령 하나님의 은혜이시다.

이 모든 것은 우리들의 공로가 아니라 거저 주시는 하나님의 은혜이시고 평강이심을 깨닫고 있다. 우리 주님은 샬롬의 하나님이시다. 하나님은 어제도 계시고 오늘도 계시고 앞으로 계실 전지전능하신 엘로힘^{Elohim} 하나님이시다.^{마 19:26, 눅 1:37}

성령 하나님은 우리에게 오셔서 우리를 결코 떠나지 않으신다. 그래서 우리는 성령의 권능이 약해지지 않도록 매일 매일 성령의 충만하심을 간구해야 한다. 말씀을 읽고 묵상하고 간절히 기도하고 구하면 생명의 충만하심을 주신다.^{마 7:7-11} 우리 안에서 예수님이 살아서 역사하시는 것 그것이 은혜이고 우리의 기도제목이 되어야 한다.

이제라도 저를 불러 주셔서 감사드립니다.
이제부터라도 제 삶을 다스려주시기를 원합니다.
임마누엘 하나님, 저를 떠나지 마시고 예수님 다시 오실 때까지
저를 꼭 붙잡고 인도해 주소서. 항상 충만한 지혜와 권능을 부어주시고
늘 새롭게 하시고 강건케 하시며 뜨겁게 하소서.

Thankfulness Came
Like a Gentle Breeze

20. 우리는 그리스도의 향기이다.

항상 우리를 그리스도 안에서 이기게 하시고 우리로 말미암아 각처에서 그리스도를 아는 냄새를 나타내시는 하나님께 감사하노라. 우리는 구원 받는 자들에게나 망하는 자들에게나 하나님 앞에서 그리스도의 향기니, 이 사람에게는 사망으로부터 사망에 이르는 냄새요 저 사람에게는 생명으로부터 생명에 이르는 냄새라 누가 이 일을 감당하리요. 고후 2:14-16

그리스도는 우리를 위하여 자신을 버리시어 향기로운 제물과 희생 제물이 되셨다.엡 5:2 우리는 성령의 도우심을 받아 그리스도의 형상을 닮아감으로써, 그리스도의 사랑을 전하고 진리를 전하는 그리스도의 향기이고 편지가 된다.

예수님의 형상을 닮아가는 삶

믿는 사람은 자신의 십자가를 지고 예수님을 따라가야 한다. 의와 진리의 본체이신 예수님과 연합하여 하나가 되어야 한다.

'생베 조각을 낡은 옷에 붙일 자가 없나니' 마 9:16

생베로 오신 예수님의 가르침을 받고 성령의 인도하심으로 진리를 알았으니 옛 사람을 과감히 버리고 의의 갑옷을 입고 그리스도인으로 거듭나야 한다. 성막 안의 촛대가 진설병을 조명하듯이 성령 하나님은 우리에게 예수님을 주목하라고 계시하신다. 우리가 예수님과 하나가 되어 그분의 형상을 닮아가도록 인도하신다.

예수님의 형상을 닮아가는 삶의 모습은 과연 어떤 것일까?

그것은 간단하다.
성령이 우리 안에 충만함으로 우리를 주장하시도록 하면 된다. 우리는 법적으로는 의롭다고 칭함 받았으나 아직 육신에 속하고 신령한 자에 이르지 못한 사람들이다.^{고전 2:14-15, 3:1}
우리는 오실 이의 모형에 불과하다.^{창 5:3, 롬 5:14} 외형만을 닮은 빈 껍데기, 말 그대로 허상일 뿐이다. 그래서 우리 안에 하나님의 형상을 가지신 그리스도의 영이 함께 하셔야 제 구실을 할 수 있다. 지혜의 본질이시며 참 양식의 근본이신 예수님이 우리와 함께 하시면 우리는 하나님의 양자 곧 자녀가 되고 하늘나라 기업의 상속인이 된다.

우리의 몸속에서 끊임없이 흘러나오는 유혹을 뿌리치고 예수님을 따라가는 삶의 온전한 변화를 이루어야 한다. 이를 위해서는 우리 안에 오신 성령의 인도하심을 따라 순종하는 길밖에는 없다. 그 길은 험난한 길이 될 수도 있다. 그래서 바울은 두렵고 떨리는 마음으로 구원을 이루라고 권면하고 있다.^{빌 2:12}

우리는 빛의 자녀이어서 믿지 않는 사람과 달리 항상 구별된 삶을 살아야 한다. 예수님을 제대로 알고 그 분의 거룩함을 본받아 예수님을 닮아가는 삶, 그래서 세상과 구별된 삶을 살아야한다.

먼저, 내 영혼 속에 의의 열매를 맺어 가야 한다.^{눅 8:15}
착하고 좋은 마음을 가지고 하나님 말씀을 듣고, 항상 묵상하며 인내하면서 살아가야 한다. 인간은 원래 흙에서 왔다. 그래서 밭으로 비유

된다. 씨앗이신 그리스도 영으로 심고 성령의 도우심을 받아 내 마음 안에 사랑, 희락, 화평, 참음, 자비, 양선, 충성, 온유, 절제가 쌓이게 된다. ^{갈 5:22-23} 그래서 우리는 매일매일 성령으로 충만되어야 한다.

다음으로, 받은 은사를 충분히 활용하여 전도의 열매, 사랑의 열매를 맺어 가야 한다.

우리가 진리를 아는 지혜의 영을 받고 하나님의 은총을 받았으니 하나님과 예수님을 부정하는 자들을 그냥 방치할 수는 없지 않은가? 모든 민족을 제자로 삼아 아버지와 아들과 성령의 이름으로 세례를 주어야 한다.

내 마음에 가장 귀한 것은 함께하시는 그리스도의 영이요 믿는 우리는 성령의 인도하심을 눈으로 볼 수 있고 말씀을 귀로 들을 수 있으니 복이 있다. ^{마 13:16, 19}

반면 믿지 않는 자는 영원한 심판만이 있을 뿐이다. 그가 풍기는 사망의 냄새를 맡고도 그를 방치하면 믿는 우리 또한 같은 심판을 받을 수밖에 없다. 믿는 자의 의무를 다하지 못했기 때문이다. ^{고후 2:15-16}

주인으로부터 한 므나를 받아 열심히 일하여 열 므나를 만든 종의 비유와 같이 우리는 믿지 않는 사람들을 위해 열심히 복음을 전파함으로써 믿음의 열매를 10배 100배 거두어야 한다. ^{눅 19:24}

예수님께서는 전도명령을 하시면서 세상 끝 날까지 우리와 항상 함께 계시겠다고 하셨다. ^{마 28:18-19}

"나는 마른 나무라 말하지 말라."

여호와의 언약을 굳게 믿고 전도하면 육체의 자녀보다 더 많은 열매를 거두어 여호와의 집에 자손이 끊어지지 않게 하시겠다고 하셨다.

육의 아들보다 영의 아들, 약속의 아들 딸은 영원할 것이다.사 54:1, 56:3-5

받은 은사만을 자랑하고 사랑으로 열매를 맺지 못하는 사람은 믿음이 부족한 자이다. 열매를 맺지 못하는 가지는 결국 제거되고 만다. 다른 가지의 유익을 위해 잘려지고 만다. 예수님께서는 열매를 맺지 못하는 자와 죄지은 자들을 위해 은총의 기간을 허락하셨다.눅 13:8-9 그러나 죄의 시간이 길어질수록 마음속의 문신과 같이 점점 돌아서기가 어려워진다.

사람들은 나이 먹어가면서 노후대책을 세우는데 관심을 가지고 있다. 그러나 노후대책보다 더 시급한 것이 사후대책임을 모른다. 자신은 물론 다른 영혼의 구원을 위해 온 정성을 다해 구원의 기쁜 소식을 전해야 한다.

예수님께서 회당에서 가르치시고 복음을 전파하셨듯이, 제자인 우리들은 주님이 하신 사역을 이어받아 구원의 기쁜 소식을 전해야 한다.마 4:23 내 안에 예수님이 계시면 우리는 가만히 앉아 있을 수 없게 된다. 한 사람의 영혼이라도 구하고 싶은 감정이 일어나는 것은 내 안에 주님이 살아 역사하신다는 산 증거이다.

평신도가 나서야할 때이다. 사역은 목사나 교사들만의 몫이 아니다. 곤고한 삶속에서 금식기도를 하고, 철야기도에 집중하여야 한다. 그리하면 성령의 도우심을 받아 내적으로 의의 열매를 맺고, 외적으로 사랑의 열매를 맺어가는, 진정으로 예수님의 형상을 닮아가는 그리스도의 향기가 된다.

우리의 몸에서 그리스도의 향기가 터져 나온다고 상상해 보라. 그렇게 되면 우리의 모습을 보는 이마다 우리의 착한 행실을 보고 주님이 생각나게 되고 주님의 향기를 느끼게 될 것이다.

예수님은 바리새인들의 그 어떤 비방에도 생명으로 응답하셨다. 그랬듯이 우리 또한 누구에게든지 생명의 말씀으로 화답하여야 한다. 화가 난다고 똑 같이 큰 소리로 욕해서는 안 된다.

우리 안에 계신 주님이 살아서 역사하시는 것 그것을 보여 주는 것이 믿지 않은 이에게 전도가 될 것이다.

영적 열매는 예수님의 추천서가 된다.

하나님의 말씀은 우리의 입에는 달지만 먹은 후에 배에는 쓰다. 주님의 말씀은 내게 기쁨이고 내 마음의 즐거움이다.^{렘 15:16} 그러나 말씀대로 사는 데에는 많은 고난이 따른다. 특히 믿지 않는 사람들이 당할 환난을 생각하면 우리의 위장은 쓰디쓸 수밖에 없다.^{계 10:9-10} 하나님의 아들을 짓밟고 언약의 피를 부정하는 사람이 받을 형벌을 알면서도 그들을 이대로 방치하면 우리에겐 오히려 가혹한 심판이 있기 때문이다.^{히 10:26-29}

택함을 받은 우리는 그리스도의 향기이며 생명의 향기이다.

예수님은 "네 이웃을 사랑하라"고 말씀하신다. 강도를 만나 쓰러진 사람을 치료할 여관으로 데리고 가듯이 믿지 않는 사람들을 그리스도의 몸된 교회로 인도하라고 하신다. 그가 예수님을 믿고 구원을 받도록 가르치고 양육함으로써 영적 열매를 맺어야 한다.

육체를 위하여 심는 자는 썩어질 것을 거두고, 성령을 위하여 심는 자는 영생을 거두리라.^{갈 6:7-8}

전도는 하나님의 공의를 실현하는 수단이 되고, 예정과 선택을 이루어 가시는 과정이 된다.

어느 선교사는 부흥성회에서, 대중교통 버스 안에서 단 5분간의 우연한 만남을 통해 회교도 인에게 세례를 주었고, 그 사람은 그 이후 아랍지역에 약 40여개의 개척교회를 세웠다는 말을 전해 주었다.

그 회교도인은 무슬림 가정에서 태어나 형제들 간에 서로 죽도록 싸우다가 형제간의 화목을 위해 새로운 진리를 전해줄 사람을 찾고 있었다고 했단다. 하나님이 그를 미리 준비하셨다. 에디오피아 환관이나 고넬료와 같이 우리에게도 복음을 전하고 세례를 줄 사람을 이미 하나님께서 준비하고 계신다는 것을 실감하게 한다.

"너는 말씀을 전파하라. 때를 얻든지 못 얻든지 항상 힘쓰라."딤후 4:2
성령 하나님께서는 그들을 믿음으로 인도하는 과정에서 우리들을 복음을 전하는 하나님의 동역자로 불러 주셨다. 섭리 안에서 하나님의 일에 동참하고 있다는 생각을 하면 얼마나 기쁜 일인가? 그럼에도 하나님께서는 전도와 선교의 열매를 우리의 공로로 인정해 주시고 우리에게 영광을 돌려주신다.

전도의 열매를 맺는 자를 위해 특별히 소망이나 기쁨이나 자랑의 면류관까지 준비해 놓으셨다.살전 2:19-20 하나님 나라의 확장을 위해 열매를 맺도록 하시고 그에 보응하여 특별한 면류관을 씌워 주신다.

바울은 복음을 전파함으로써 자신이 받을 특별한 보상을 빼앗기지 않게 하기 위해 자신의 몸을 항상 매질하며 독려해왔다고 고백한다.고전 9:27 빛난 면류관을 받기까지 험한 십자가를 붙들고 놓지 않겠다고 다짐하였다.찬 150장

바울이 섬김으로 얻은 첫 열매는 고린도 교회의 교인들이었으며 그 성도들은 그리스도가 직접 써주신 자신의 추천서라고 하였다.고후 3:3

그리스도가 써주신 바울의 사도직 증명서가 곧 성도라는 의미이다. 그러면서 자신의 공로가 아닌 그리스도가 주신 열매라고 고백한다. 그들이 복음의 말씀을 듣고 마음으로 믿어 의를 이루어 갈 것인지 여부는 오직 하나님의 뜻이고 결정이시기 때문이다.

믿음은 사람의 지혜에 있지 아니하며 성령 하나님의 능력에 있다.^{고전 2:5} 구원에 이르는 믿음은 성령 하나님이 주신 믿음이어야 한다. 우리가 믿기로 결정한 믿음이 결코 아니다. 성령에 의하지 않고는 끝까지 갈 수도 없고, 함부로 예수님을 우리의 주님이시라고 말할 수도 없다.^{고전 12:3}

바울의 가르침으로 고린도 교인들의 마음 판에 새겨진 예수님의 새 언약은 그들에게 영원한 생명을 더해 주셨다.

"나의 자비는 네게서 떠나지 않으며 화평케 하는 나의 언약은 흔들리지 아니하리라."^{사 54:10}

돌 판에 새긴 계명^{출 31:18} 은 쉽게 깨어져 없어지지만 영으로 마음 판에 새겨준 언약은 영원한 생명을 주시고 결코 우리 곁을 떠나지 않으신다. 돌 판에 새겨진 율법은 나와는 별개이지만 마음속에 오신 예수님은 우리와 하나가 되시기 때문이다. 전도나 선교는 사도나 목사만의 사역이 아니다. 성도들도 나서야할 몫이다. 사역에 나설 때 하나님께서는 그에 합당한 권능을 주신다. 우리가 전하는 말씀이 참 진리라는 증거로서 여러 표적도 따르게 하신다. 예수님을 영접하지 못한 자, 믿는다고 하면서 자기중심으로 믿는 자들을 위해, 위선자들을 위해 참 진리를 가르치고 양육하자. 그들이 하나님을 더 잘 알 수 있도록 지혜와 계시의 영을 그들에게 비춰달라고 열심히 기도드리자.^{엡 1:17, 골 1:9} 그들은 우리의 기도와 전도의 열매가 되고, 심판의 날에 예수님께서 하나님 면전에서 '이는 나의 참 제자'라고 우리에게 써주실 그리스도의 추천서가 될 것이다.

코비드-19는 새로운 기회이다.

코로나 사태 이후 세상은 많이 바뀔 것이라고 한다. 많은 거래와 비즈니스 활동이 원격 재택근무로, 온라인 교육 및 스트리밍 비디오 서비스가 이루어지고 있다. 원격 의료서비스에 대해 논란도 있었으나 한방에 해결되었다. 우리의 일상생활은 사이버 상의 활동영역에서 더욱 확대되어 갈 것이다. 심지어는 종이화폐가 사라질 것이라는 지적도 있다.

교회 또한 큰 교회, 작은 교회간의 벽이 헐리고 예배의 형태도 달라지고 있다. 좋은 목사님의 설교를 찾아 Internet을 통해 예배드리고 있지 않은가? 그러나 중요한 것은 젊은이들이 그리스도의 몸 되신 성전을 떠날 것이라는 두려움이 있다.

교회는 그리스도의 몸이며 우리는 그 몸의 지체가 된다. 포도나무의 가지가 나무에 붙어 있을 때 제때 영양을 받아 열매를 맺어가듯이 우리가 교회를 떠나서는 영의 양식을 공급받을 수 없고 결국 시들어 죽고 말 것이다. 반드시 공동체로서의 교회만의 문제는 아니다. 그리스도의 몸 된 성전인 개인도 마찬가지이다. 병이 들면 하나님보다도 병원을 먼저 찾고 있다. 코비드-19 이후 큰 교회이건 작은 교회이건 걱정이 태산이다. 그러나 걱정하지 마라. 우리에게는 새로운 기회이고 소망이다.

유다 왕 아사가 100만 명의 구스군대 앞에서 간절히 기도드리자 하나님께서는 구스군대를 물리쳐주셨다. ^{대하 14:9} "힘이 없는 자와 힘이 있는 자 사이에는 주 밖에 도와줄 이가 없사오니…사람이 주를 이기지 못하게 하옵소서." ^{대하 14:11} 아사 왕의 간절한 기도에 응답하셨다.

그렇다. 코비드-19도 주님을 이길 수는 없다. 하나님의 자녀를 이기지 못한다.

'내가 하나님을 의지하였은즉 쉽게 썩어 없어질 바이러스가 두렵지 않네.'시 56:4

우리는 평안할 때 몰랐던 하나님의 은혜를 절박한 상황에서야 비로소 깨닫게 된다. 우리는 이미 경험해 보았다. 지난 IMF시절 청장년의 남성들이 교회를 찾게 되는 영적부흥이 있었다는 통계가 말해 주고 있다. 그동안 하나님을 멀리해 온 참으로 어리석었음을 고백하고 진정으로 회개하면서 용서를 구하자. 은혜의 기간 안에 회개하면 안전한 노아의 방주로 안내하신다. 방주는 노아만이 아니고 그 안에 들어온 노아의 가족 모두를 구원 하였다.

지금은 은혜의 기간이고 용서하는 기간이고 구원의 기간이다.

하나님께서는 코비나-19을 통해 이미 영적 부흥의 계기로 삼으셨다.

왜 출애굽한 이스라엘 백성을 홍해 바다 앞으로 인도하셨을까? 앞은 망망대해이고 뒤에서는 이집트 군대가 쫓아오고 있다. 막다른 협곡에 빠져 버린 것이다.

이스라엘 백성들은 원망하였다. 그러나 모세는 기도드렸다. 그들이 두 손 두 발 다 들고 아무 것도 할 수 없다고 고백할 때 비로소 하나님께서는 개입하신다는 것을 보여 주셨다.

홍해바다 깊은 곳에 마른 길을 준비하고 계셨다.출 14:16

오늘의 막막한 우리들의 상황도 마찬가지이다. 절망이 깊으면 하나님이 보인다. 절망이 아무리 깊더라도 하나님의 사랑이 미치지 못할 곳은 없다.엡 3:19 어둠을 뚫고 예수님이 다가오신다. 깊은 절망 속에서 하나님께 매달리면 우리에게도 홍해바다를 갈라지게 하신 놀라운 역사가 나타날 것이다. 절망 중에도 소망을 가지고 감사하면 감사할 일이 반드시 생긴다. 그것이 믿음이다.

교회에서 알게 된 집사님이 하루 종일 교회에 있는 나에게 묻는다.

"매일매일 그 많은 시간 무엇을 합니까?"

"대부분의 시간을 성경을 읽고 묵상하고 기도드리며 찬송하고 있지요. 때로는 구제사역도 나가고..."

"그럼 나하고 등산이나 갑시다."

3년동안이나 미국에서 차가 없이 살았으니 많이 불편하였다.

"모처럼 차를 태워준다고 하니 이왕이면 먼 곳에 있는 산으로 갑시다."

때로는 시간을 내어 나에게 차를 태워주고 세상 구경시켜주는 사람도 생겼다. 그저 감사할 뿐이다. 오늘도 나는 감사하는 마음으로 예배드리고 기도드린다. 찬송 중에 어느덧 나는 내 문제를 내려다보고 있었다. 하나님의 역사하심을 체험하고 있다. 그동안 나는 내 문제를 올려만 보았다. 그런데 이제는 마냥 커 보이던 사건이 아주 작게 여겨지고 내 안에 거하시는 성령 하나님은 마냥 커 보인다.

변화를 위해서 일정한 대가를 지불해야 한다. 예수님께서도 참된 제자가 되기 위해서는 값비싼 대가를 치러야 한다고 가르치셨다.^{눅 14:26} 지금까지 내가 쌓아 올린 세상에 속한 모든 것들을 내려놓는다. 내려놓고 마음을 비우니 더 큰 문을 열어주신다는 확신이 들어왔다.

나는 이 책을 쓰면서 나의 간증을 통해 내가 이미 은혜를 받고 있다는 것을 알았다. 진리를 주신 목적은 남을 판단하기 위한 것이 아니요 오히려 자기 자신을 살피려 함이라는 존 비비어 목사의 말처럼 이 모든 것이 나에 대한 찔림이고 위안으로 다가왔다. 다윗이 사울을 피해 캄캄하고 절망적인 아둘람 굴에서 기도를 드릴 때 여호와께서 갈 길을 가르쳐 보이시고^{시 32:8} 하나님이 다윗 자신을 위해 어떻게 하실 지를 믿음으로 알 수 있었듯이^{삼상 22:1-3} 나 또한 십자가 넘어 주님 약속하신 은혜가 내게서 모두 이루어지는 소망을 바라보고 있다.

죽음을 넘어서까지 소망을 가질 수 있는 것은 하나님의 약속 때문이고, 하나님은 약속을 지키시는 신실하신 분이시기 때문이다.^{고전 1:9, 살전 5:24} 고통이 기쁨으로 변하고 절망이 희망으로 바뀌는 순간이다. 모든 것이 성령 하나님의 가르침이시고 은혜이시다.

코비드-19도 하나의 기회가 된다는 믿음이 필요하다. 믿는 우리는 스스로 어렵더라도 불평하거나 원망하지 말고, 구별된 삶을 살아서 감사할 줄 아는 삶의 변화를 보여주어야 한다. 불평하고 원망한다는 것은 하나님의 공의와 자비에 대한 확신이 부족하다는 증거이다. 그것을 극복하는 비밀은 성령의 충만함에 있다.

성령이 충만하게 되면 살아서 역사하시는 하나님을 직접 체험하게 하시고 이를 드러내 주신다. 그래서 우리는 보는 사람마다 예수님의 향기를 느끼게 하고 절망을 내려놓고 하늘나라 소망을 바라보게 하는 그리스도의 향기가 된다.

영적 각성의 때가 왔다.
코비드-19 사태를 통해 사람들은 언제든지 죽을 수 있다는 생각을 하게 되었다. 죽음이 먼 나라 이야기가 아니라 아주 가까이 있다는 생각을 하게 된 것이다.

이 글을 쓰면서 서울에 계신 장인어른이 소천 하셨다는 소식을 들었다. 마지막 가시는 길에도 함께 하지 못한 비통한 마음을 금할 수 없지만 나보다 더 아파할 식구들을 생각하면서 모든 것을 하나님께 맡겨 드렸다.

죽음에 대해서 사람들은 두려움을 가지고 말하는 것조차도 꺼려한다. 그러나 육체의 죽음은 우리에게 필연적인 것이며 영원한 생명으로 가는 길목임을 알아야 한다.$^{전\ 7:2}$ 죽을 준비가 되어있지 않으면 영원히 살 준비도 되어 있지 않은 것이다.$^{빌\ 1:21}$ 죽음 뒤의 영원한 생명에 눈을 뜨고 하나님을 알아가는 영적 각성의 때가 왔다.

요셉이 이집트의 총리가 되어 앞으로 다가올 7년의 흉년에 대비하여, 7년의 풍년기간 동안 경작자들로부터 1/5씩을 떼어 받아 저장해 두기로 하였다. 그 양이 바다의 모래알 같이 많아 이를 저장할 특별한 장소가 필요하였다. 그는 하나님의 지혜로 그 장소를 찾았다. 다름 아닌 왕의 무덤인 피라미드이었다. 시체가 썩지 않게 하기 위해 환기시설을 갖추고, 특히 도굴에도 철저히 대비되어 있어서 양식의 저장고로서는 최적의 상태이었다. 곧 이어 흉년기간 동안 그곳에 저장해 두었던 양식을 퍼서 온 백성들에게 나누어 주었다.
피라미드를 죽음의 무덤에서 양곡의 창고, 생명의 창고로[2] 거듭나게 함으로써 이집트 사람들에게 영적인 눈을 뜨게 할 수 있었다.

요셉의 이러한 지혜가 필요한 때이다. 죽음 뒤에 영원한 생명이 있다는 것을 가르쳐야 한다. 영원한 생명을 얻기 위한 유일한 길은 예수님뿐임을 가르쳐야 한다. 하나님이 숨겨놓으신 보물은 예수님과 십자가의 보혈이다. 성령께서 우리들에게 가르쳐 주셨듯이 우리도 젊은이들에게 다가가 가르쳐야 한다.

---

2 졸저, 담장 넘은 축복, 161면 이하 참조

하나님께서는 예수님을 인간으로 보내셨고, 예수님은 인간의 나약함 가운데서 소망을 보시고 사망의 권세를 물리치셨다. 우리의 죄를 대신해서 희생제물이 되셨다. 그래서 예수님과 십자가의 사랑을 우리가 믿으면, 우리에게 죽음의 형벌을 없애주시고 영원한 생명을 주신다.

한 사람의 범죄로 사망이 들어와 왕 노릇 하였으나 믿는 자들은 두 번째 사람 오직 우리 주 예수그리스도를 통하여 생명 안에서 왕 노릇하게 되었다.^{롬 5:17} 그래서 우리는 육신의 죽음도 두렵지 않다.

어두울 때 퍼지는 전염병과 밝을 때 닥쳐오는 재앙을 두려워할 필요가 없다. 여호와는 사망권세를 물리치신 만왕의 왕이시오 우리의 피난처이시오 요새이시기 때문이다.^{시 91:6-9} 우리를 위해 돌아가심으로써 우리가 영원히 죽지 않게 하셨기 때문이다.

하나님의 사랑을 알았으면 영생의 기쁜 소식을 이웃에게 선포하고 전달하여야 한다. 믿음은 들음에서 온다고 하였다. 하나님을 모르는 이들에게 구원의 말씀을 들려 주어야한다.

'이 사람에게는 사망으로부터 사망에 이르는 냄새요 저 사람에게는 생명으로부터 생명에 이르는 냄새라 누가 이 일을 감당하리요.'^{고후 2:16}

하나님께서 추수꾼을 부르신다. 그리스도의 향기인 우리가 나설 때이다. 예수님께서는 떡 다섯 개와 물고기 두 마리를 가지고 축사하시고 떼어 제자들에게 주셨다.

'너희가 먹을 것을 주라.'^{마 14:16}

제자들에게 말씀하셨듯이 우리에게도 말씀하신다. 우리가 받은 영원한 생명을 믿지 않는 자들에게 나누어 주라고 하신다. 큰 권세는 주님께 있으시니 하나님이 택하셨다면 우리가 복음을 전할 때 그가 믿음으로 영원한 생명을 얻는 향기가 될 것이요, 버리셨다면 사망에 이르는 썩은 냄새가 될 것이다. 비록 그들이 믿음을 받아들이지 않는다 하더라도 바울의 말처럼 우리는 그 피의 책임을 면할 것이다.

영적 각성의 때가 왔다.

예수님의 재림이 가까이 왔음을 사람들에게 알리고, 구원의 길은 아주 가까운 곳에 있다는 것을 가르쳐야 한다.

우리의 입과 마음이 우리의 몸에 붙어있듯이 하나님은 우리 몸 가까이 계신다는 것을 알려주자.

'예수님은 나의 주님이시다'라고 외치면 들으실 수 있는 거리만큼 떨어져서 주님은 우리를 기다리신다.^{행 17:26-27} 가까이 계실 때 그를 부르라.^{사 55:6} 그리하면 손을 내밀어 옷자락을 붙잡을 수 있을 거리만큼 앞서서 우리를 인도해 가신다.

믿음은 들음에서 나온다는 비밀을 알게 하시고, 하나님의 말씀을 들려주는
영광의 자리에 저를 동참시켜 주시니 은혜입니다.
베드로에게 어린 양을 먹이고 치라고 하신 말씀
저에게 주신 사역이기를 원합니다. 그리스도의 향기를 잘 드러내는
사랑의 편지가 되도록 저를 인도하여 주소서.

Thankfulness Came
Like a Gentle Breeze

21. 사탄은 우리의 틈새를 엿본다.

근신하라 깨어라 너희 대적 마귀가 우는 사자 같이 두루 다니며
삼킬 자를 찾나니 너희는 믿음을 굳건하게 하여 그를 대적하라. 벧전 5:8-9

하나님께서는 누구에게나 믿음의 씨앗을 뿌려 주셨다. 악인에게도 동등한 햇빛을 주셨듯이 누구에게나 그들이 변명할 수 없도록 말씀도 주셨다. 그러나 하늘나라에 대한 말씀을 들어도 깨닫지 못하면, 길가에 뿌린 씨앗과 같이, 가시밭에 떨어진 씨앗과 같이 복음의 기쁜 소식을 사탄이 와서 금방 빼앗아 가버린다.

믿음이 부족하면 사탄의 유혹에 빠지기 쉽다.
사탄은 우리를 악의 노예로 만들기 위해 모든 행동을 다한다. 사망으로 이끌기 위해 우리의 틈을 본다. 성령을 받은 우리의 머리를 상하게 하고 창 3:15 넘어뜨리기 위해 끊임없이 유혹한다. 하나님의 복음과 성령으로 충만해 있지 않으면 우리는 사탄의 표적이 된다. 마 12:45

사탄에게 틈을 주어서는 안 된다. 엡 4:27

믿음이 부족한 자는 길가에 떨어진 씨와 같아서 영의 양식인 하나님의 말씀을 들으나 마귀가 와서 말씀을 빼앗아 가버린다. 교회에 다닌다고 하지만 진정으로 예수님을 영접하지 못하고, 건성으로 교회에 다니는 사람이다. 쉽게 변명하면서 교회 행사에 빠지고, 자기의 삶이나 영리 행위에 지장을 받을까 두려워서 또는 단순히 귀찮다는 이유로 직분을 받지 않는다. 그러고도 겸손해서 받지 않는 것처럼 행세하기도 한다.

우리는 이들을 '발바닥 신자'라고 한다.$^{사\ 1:12}$ 이런 신자는 사탄의 유혹에 빠지기 쉽다. 그들은 온전히 믿지 못하므로 결코 구원에 이르지 못한다.$^{눅\ 8:12}$

'나와 함께 아니하는 자는 나를 반대하는 자요'$^{마\ 12:30}$

예수님께서는 중간의 회색지대를 허용하지 않으셨다. 미지근하여 뜨겁지도 아니하고 차지도 아니해서 하나님께서는 뱉어 버리신다.$^{계\ 3:16}$

나는 60세가 되면 신학대학원을 가겠다고 입으로는 말하면서도 한 번도 교회의 봉사활동에 참여한 적이 없다. 바쁘다는 핑계이었다. 내심은 귀찮았다. 교수로 재직하면서 틈을 내 '밥퍼' 봉사를 하겠다고 하면서 조그만 트럭을 구입할 계획도 있었다. 생각만하고 아무 것도 시작하지 않았다. 주일이면 여지없이 교회 주변에서 차량을 정리하고 주차를 안내하는 믿음의 형제들을 보면서도 그 사람들은 당연히 그렇게 하는 사람들인 줄로만 알았다. 그런 나를 하나님께서는 토해내셨다. 육의 시간이 얼마 남지 않았다는 것을 아시고 한방에 모든 것을 내려놓도록 미국으로 쫓아 버리셨다. 전임 사역자가 되어 남은 인생을 전부 남을 위해 봉사하고 섬기는 자가 되라고 하신다. 봉사나 섬김 또한 성령 하나님의 은사이심을 일깨워 주셨다.

세상과 쉽게 타협하고 세상 것을 내려놓지 못하고 오히려 집착함으로써 세상의 행복과 육체적인 욕망에 빠진 자들은 사탄의 유혹에 빠지기 쉽다.

갈 곳이 없는 사탄은 그들의 심령 안에 안주하기를 원한다. 하루에도 몇 번씩 마음이 변하는 그들은 예수님에 대한 믿음이 부족한 사람들이다.

자신을 통제하지 못하고 도박, 게임, 술 등에 중독된 자, 탐욕과 색욕에 빠진 자, 인터넷 게임에 중독된 자, 심야시간에 시끄러운 굉음을 즐기고 자동차, 오토바이를 질주하는 젊은이, 분노를 조절할 줄 모르는 사람, 일에 빠져 가족을 사랑할 줄 모르는 사람, 입으로 끊임없이 불평하고 저주하는 자, 손으로 우상을 만들어 그것에 의지하려는 사람들은 모두 믿음이 없거나 부족한 자들이다. 나 또한 이 모든 것으로부터 자유롭지 못하였음을 회개한다.

이렇게 믿음이 없거나 부족한 자는 쉽게 넘어지지만 일어나기는 어렵다. 이들은 낮은 정도의 신앙에 만족하는 자들이다. 따라서 어려운 영적 생활이나 성경을 통해서 회개하라는 말은 그들에게 실효성이 떨어진다. 오히려 믿음 생활 중에 실질적인 체험과 간증을 통해 감동을 줄 수밖에 없다. 믿음이 약한 자들인 만큼 그들의 형편에 맞게 전도하여야 한다. 히 5:12 이해하지 못하면 순종하지도 못할 것이다. 바울이 여러 사람에게 여러 모습으로 복음을 전한 것도 그런 연유에서였다.고전 9:22 이해하기 쉽게 가장 적절한 용어로 실제적인 사례를 들어 하나님이 가까이 계시다는 것을 보여주는 것이 최선이다.

거라사인 지방 군대귀신에게 잡힌 사람을 예수님이 찾아가 치유하셨듯이 막 5:1-20 그들이 아주 멀리 떨어져 있더라도 때로는 그들에게 직접 찾아가 이적을 통해 하나님의 역사하심을 보여주어야 한다.

그들이 하나님을 제대로 알도록 하여야 한다. 하나님을 머리로 믿지 않고 체험으로 알게 하여야 한다. 그들에게 가르치려고 하지 말고 예수님의 그 모습 그대로를 전해 드림으로써 그들로 하여금 하나님의 영광을 직접 체험하게 하여야 한다. 만져주시고 안수해 주시도록 그들을 예수님께로 데려가면 족하다.^{마 19:13}

간증을 통해 살아계신 하나님에 대한 지혜와 지식을 전달해 줌으로써 하나님께서 우리를 얼마나 사랑하시는지, 어떤 소망을 주시는지, 얼마나 풍성한 은혜를 주시는지를 알게 하여야 한다. 굳이 하나님의 존재를 증명할 필요는 없다. 하나님은 항상 살아계시는 분이시니 증명할 필요가 없다는 것이다. 하나님은 살아계신다는 믿음을 보여주고, 자신을 통해 그분이 어떻게 역사하셨는지를 큰 확신으로 보여주면 족하다.^{히 11:6}

예수님은 나의 주님이시라고 입으로 시인하고 하나님께서 그를 죽은 자 가운데 살리신 것으로 마음속으로 믿으면 의롭다고 칭해 주신다.^{롬 10:9} 마음으로 믿어 의에 이르고 입으로 시인하며 손과 발로 행함을 보여줌으로써 구원에 이른다는 것을 알려 주어야 한다.^{롬 10:10}

자기중심의 믿음도 사탄의 유혹이다.

자기 스스로 문제를 해결하려는 교만한 자는 자기중심의 믿음을 가진 자이다. 하나님을 믿는다고 하면서도 하나님이 주신 복을 자신의 공로로 알고 교만에 빠지고, 자기중심적인 신앙을 가진 자들은 하나님을 제대로 믿는 것이 아니다.

하나님의 말씀을 들어 일시적으로 기쁨이 있지만 가시밭에 떨어진 씨앗과 같다. 이 세상의 걱정과 부와 쾌락에 사로잡혀서 질식해 버림으로써 열매를 맺지 못하는 사람이다.

하나님의 말씀을 들을 때 기쁨이 오는 것은 성령의 씨앗이 뿌려진 증거이다. 그들은 은혜 안에 있다지만 기껏해야 3일을 넘기지 못한다. 육신적인 욕망에 사로잡혀 있고, 영적으로는 유약한 상태이기 때문이다. 시작은 성령과 함께 했음에도 세상 일에 눈을 돌리고 자신의 노력과 인맥으로 해결해보려고 하지만 세상 풍랑 속에 빠지고 만다.

베드로가 물위로 걸어오시는 예수님을 보고 놀라 말한다.
"정말로 주님이시면 제게 물 위로 걸어오라고 하십시오."
그러자 예수님께서 말씀하셨다.
"오너라."^{마 14:29}
베드로는 배에서 내려 물 위로 걸어 예수님께로 향해 걸어갔다. 잠시 후 눈을 돌려 주변의 바람을 본 순간 그는 겁이 났고, 그러자 바로 물속으로 가라앉고 말았다.

베드로가 물위를 잠시나마 걸을 수 있었던 것은 예수님만을 바라보는 그의 시선에 있었고, 물에 가라앉아 버린 것은 예수님으로부터 눈을 돌려 세상을 바라보았기 때문이다.

아래를 보면 어두움이고 절망이지만 위를 보면 빛이고 소망이다. 세상을 바라보면 사탄의 권세로 탐욕을 키우게 되고, 하나님을 바라보면 예수님 안에서 믿음이 자란다.

믿음만이 모든 어려움을 해결할 수 있는 길이 되고 예수님을 바라보는 것만이 능력이 됨을 예수님의 제자인 베드로마저 몰랐다.^{갈 3:3 참조} 사르밧 여인과 같이 죽었던 자신의 아들을 엘리야가 살려내는 것을 보고서야 비로소 '예수님은 하나님의 사람'이라고 고백하는 성숙되지 않은 믿음만으로는 부족하다.^{왕상 17:17-24} 보이는 것은 잠깐이요 보이지 않는

것은 영원하다는 것을 알아야 한다.^{고후 4:18}

자기중심으로 믿는 자들에게는, 믿음만이 우리의 힘이고 능력이라는 점을 가르쳐야 한다. 예수님을 바라봄은 능력이요 세상을 바라봄은 두려움이고 좌절뿐이다. 베드로와 같이 세상을 바라보고 마음에 두려움이 찾아오는 순간 물에 빠지고 만다. 사탄은 항상 틈을 엿보고 그들에게 자부심을 가장하여 교만하게 만들고 있다.

하나님께서는 이스라엘 왕 아합을 통해 아람 왕 벤하닷을 심판하셨다. 그런데 아합은 하나님께 묻지도 않고 함부로 벤하닷을 살려 주고 말았다. 마치 전쟁에서의 승리가 자신의 공로인양 도취되어 교만해 진 탓이었다. 결국 그는 자신이 살려준 벤하닷의 아람군대에 의해 죽임을 당하고 말았다.^{왕상 20:34}

그들은 영적으로 아직 초등선생 아래 있는 자들이다. 모든 것을 하나님께 고하고 맡겨 드리도록 그들에게 가르쳐야 한다. 성경을 제대로 이해하고 회개를 통해 영적으로 성숙하도록 안내하여야 한다. 성숙하지 않으면 어려운 세상을 이겨내고 온전한 그리스도인이 될 수 없기 때문이다.

징계는 형벌이 아니다. 사랑의 채찍일 뿐이다. 성령 하나님은 우리가 성숙되어 가도록 우리를 도와 채찍 하신다.

나는 고발된 이후 학교에 사직서를 내고 수리해 주길 바랐다. 몇 사람의 교수에게 억울함으로 호소하고 사직서를 처리해주기를 당부 드렸다. 그러나 그들은 냉정했다. 중징계를 할 수 밖에 없으니 소송을 통해 살아 돌아오길 바란다는 말로 대신했다. 얼마 전에 형사 입건된 교수도 사직 처리한 것이 아니냐고 따져 보았다. 그 사람과 비교하지 말란다.

뒤늦게 회개하였다. 내가 인간의 도움을 받아 스스로 문제를 해결해 보려고 하였구나. 사탄의 충동을 받은 것이다. 믿고 의지할 것은 사람이 아니고 오직 하나님 한 분뿐이라는 것을 잠깐 잊은 것이다. 사탄의 유혹에 빠져 사람에게 의지하려했던 나의 짧은 생각을 회개하고 하나님을 의지하오니 잠시나마 사람에게 의지하려했던 저를 용서해 달라고 기도드렸다.

여호와 라파 하나님! 저로 인해 상처를 받았을 그 교수님들에게도 위안을 주소서. 주님 안에서 주님이 주시는 위안과 평안을 누리게 해 주소서.

나는 한 없이 힘이 없고 나약한 존재라는 사실을 회개와 통회함으로 인정하고, 내 중심의 짧은 생각과 자기 교만을 철저히 버리려고 노력하고 있다. 사탄의 유혹을 과감히 떨궈 버리고 여호와 하나님만을 바라보고 의지하는 것이 믿음이요 능력이라는 것을 깨닫고 있다.

나의 모든 수고와 결과는 나를 택하신 하나님의 은혜이셨다. 나의 공로가 아니었다. 하나님으로부터 채찍을 받고 이제라도 깨달았으니 다행이다.

예수님께서 반문하신다.

"네가 진실로 나의 고난을 헛되게 하려는가?"

말씀에 순종하고 행동에 나아갈 때 기적이 일어난다. 여호와의 명령에 따라 언약궤를 멘 제사장들이 요단강 물을 밟고 멈추면 위에서부터 흘러내리던 물이 끊어지듯이 수 3:13 가나의 혼인잔치에서 예수님의 말씀에 따라 물을 퍼 연회장에 가져다 줄 때 포도주로 변하는 기적이 일어났다. 요 2:9

우리가 하나님만을 바라보고 그분의 말씀에 따라 순종하고 행위로 나아갈 때 비로소 하나님께서는 기적을 통해 영광을 받으신다.

하나님은 항상 내 편이시다. 우주 만물의 창조주이시고 우리의 피난처 되신 엘 샤다이 하나님이 우리 편이신데 그 어떤 고난을 두려워하는가?

하나님은 내 편임을 굳게 믿고, 예수님의 이름으로 하나님께 내 문제를 맡겨드리는 믿음이 필요하다. 예수님에 대한 믿음만이 우리의 약점을 제대로 알게 하신다. 약점을 알면 해결책도 보인다.

약점뿐인 나에게도 어떻게 하나님이 역사하셨는지를 성도들에게 제대로 알림으로써 성도들에게 희망과 큰 위로가 될 것이다. 그래서 약점은 공동체를 더욱 튼튼하게 만든다.

하나님의 역사하심을 통해 성도들을 가르치고 사랑으로 연마하여 모든 성도가 믿음에 관한 온전한 지식을 가지도록 설득하는 것이 교회 사역의 첫 번째 목표이다.

삶에 소망이 없는 사람, 자기중심의 삶을 사는 사람들에게 잘못을 지적해 주어야 한다. 교회가 너무 관대해서 그들의 허물을 고쳐주지 않거나 너무 엄해서 죄인을 용서하지 못해서는 안 된다.

특히 목회자는 그리스도의 사자로서 하나님이 권면하시는 것처럼 그들에게 권징하여 실족하지 않도록 그들의 마음에서 누룩을 제거해 주어야 한다. 그들에게 찌름이 되고 주님에게는 기쁨이 되어야 한다.

교회를 분열하게 하는 자 또한 사탄이다.

사탄은 목회자의 설교와 행동에도 시험을 주도록 성도를 자극한다.

목회직분은 예수 그리스도와 하나님으로 말미암았으며 결코 사람으로 말미암아 받은 것은 아니다.갈 1:1 목회자의 말씀 선포는 예수님으로부터 계시로 받은 성경말씀대로 이루어진 것이다. 그래야 선포된 말씀을 믿고 따라가는 성도들에게 유익함이 있고 은혜가 따르게 된다.갈 1:10-12 목회자의 설교가 성경에 의하여야 하고 결코 자신의 세상적인 지식과 방법에 따라 해서는 안 되는 이유가 여기에 있다.

말씀을 받을 때에도 사람의 말로 받지 아니하고 하나님의 말씀으로 받아들이는 자에게 하나님이 역사하신다.살전 2:13

살아있는 말씀이 되어 내게 능력으로 역사하신다. 그래서 설교자는 무성영화의 변사처럼 무대 뒤에서 맡겨진 일에 전념해야하고 자칫 자신을 직접 드러내려 해서도 안 된다.

설교자가 유창하고 설득력 있게 말하는 재주를 가져야 하는 것도 아니다. 모세나 예레미야도 유창하게 설교하지 못했고, 바울도 마찬가지이었다.출 4:10, 렘 1:6, 고후 11:6 설득의 힘은 은혜로운 말씀에서 비롯된 것이지 말을 전달하는 사람의 재주로부터 오는 것도 아니기 때문이다.

상대방을 우리의 말과 행동으로 바꾸고 설득하려 해서도 안 된다. 우리가 변하는 것 즉 믿음을 가지게 하는 것이 사람의 지혜에 있지 아니하고 하나님의 택하심과 능력에 있기 때문이다.고전 2:5 믿음도 성령 하나님의 인도하심으로 생기게 되는 것이지 사람의 설득에서 오는 것이 결코 아니다.

달콤한 말과 거짓 진리로 목회자의 행동을 비난하고 교회를 분열하게 하는 자는 성령을 모독하는 자이다.

사탄은 우리를 시험에 빠뜨리기 위해 반복적으로 목회자의 설교를 불신하게 만든다. 목회자의 설교나 사생활을 가지고 헐뜯고 목사파, 장로파로 파당을 짓게 한다. 초대 고린도 교회가 바울파, 아볼로파, 게바파, 그리스도파로 나뉘어 분열한 것 또한 사탄의 시험에 빠지고 만 것이었다.고전 1:12-17

교회의 지도자들은 하나님으로부터 기름부음을 받은 사역자들일 뿐이다. 그럼에도 성도가 하나님에 대한 충성보다도 교회지도자를 편애하고 특정인에게 충성하려한다면 반드시 교회가 분열될 수밖에 없다. 선포되는 하나님 말씀보다도 좋아하는 사람들끼리 뒷담화하기를 즐기는 사람은 제대로 하나님을 믿는 사람이 아니다.

성령의 맛을 보고 입술로는 예수님을 말하면서도, 돌아서서 목회자를 비방하고 교회를 분열시키고 떠난 자는 결코 어디에서도 정착할 수 없다. 그의 심령의 주인은 사탄이기 때문이다. 사탄의 유혹으로 선악과를 따먹은 아담의 속성을 그대로 가진 자이다. 그는 사탄의 인도를 받아 하나님의 말씀을 욕되게 하고 그리스도의 몸된 성전을 파괴하려는 사탄의 노예일 뿐이다.

이러한 사람은 성령을 모독한 자로서 결코 용서함을 받을 수 없다. 그러나 우리는 그가 예수님이 오실 때까지 다시 한 번 구원받을 수 있도록 그를 위해 기도드리자.

세상은 사탄의 유혹으로 가득 차있습니다.
때로는 가장 사랑하는 사람, 가장 가까이 있는 사람으로부터
유혹은 옵니다. 서로를 바라보고 싸우기 보다는 손잡고
한 마음, 한 목소리, 같은 생각으로 하나님만을 바라보게 하옵소서.

Thankfulness Came
Like a Gentle Breeze

22. 기도하고 구하면 받은 줄로 알라

무엇이든지 기도하고 구한 것은 받은 줄로 믿으라. 그리하면 너희에게 그대로 되리라.^{막 11:24}

하나님께서는 우리에게 주신 언약을 반드시 지키신다는 믿음에 따라 응답하신다. 믿음으로 기도하면 모두 이루어 주신다. 주 하나님을 믿는 것이 지혜의 시작이다.^{잠 9:10} 내 주 예수님을 믿으면 그리스도의 지혜는 나의 지혜가 된다. 주님과 동행하면 고난의 해결책을 손에 쥐는 것이다. 당신이 만약 고난 중이라면 주님의 손을 꼭 붙잡고 일어나라.

우리의 연약함을 아시고 하나님 우편에 앉으신 예수님이 우리를 위해 간구하고, 성령이 말할 수 없는 탄식으로 우리를 위해 친히 간구하신다.^{롬 8:26-28, 34} 성령 하나님은 우리를 인치시고 보증하셨기 때문이다.

하나님은 우리의 중심을 보시고 응답하신다.

　하나님은 영원하신 시간을 방문하여 만물 위에 임재 하신다. 어제도 오늘도 내일도 우리를 지켜보시고 보호해 주신다. 하나님은 천지를 창조하신 분이시지만 우리 인간 한 사람 한 사람의 세세한 기도 하나 하나도 소홀히 하지 아니 하신다.

　하나님은 우리의 중심을 보시고 기도에 응답하신다.

　주님께서는 우리의 필요에 응답하지 않으시고, 우리의 믿음을 보시고 응답하신다. 우리들의 믿음을 보시고 하나님의 작정하신 계획대로 하나님의 필요에 따라 은혜로 채워 주신다.

　"나의 원대로 마시옵고 아버지의 원대로 하옵소서."^{막 14:36}

　예수님은 항상 자신의 뜻이 아니라 하나님 아버지의 뜻을 구하셨다.
　우리도 십자가를 지고 예수님을 따라가기 위해서는 우리의 욕망을 구할 것이 아니라 하나님의 뜻을 구하는 기도를 드려야 한다.
　엘리사는 엘리야로부터 선지자로서 기름 부음을 받으면서 뒤를 돌아보지 않고 오로지 하나님께서 주신 소명에만 열중하였다.

　그는 집으로 돌아가, 자신이 키우고 관리하던 소 한 쌍을 죽여서 밭 갈던 기구에 불을 지펴 이를 구워 사람들에게 나눠 주며 먹게 하였다.^{왕상 19:21} 소를 잡고 농기구를 불태웠다는 것은 천직으로 생각하였던 농사일을 그만두고 하나님의 예언자로서 충성을 다하겠다는 순수한 의지의 표현이었다.

　그리고 그는 하나님께 갑절의 영감을 달라고 간구하였다. 그것은 엘리야보다 권세와 힘 있는 사람이 되고자 함이 아니었다. 오로지 영과 진리로 하나님을 사랑하고, 온 몸과 마음을 다해 하나님이 주시는 소명을 다하겠다는 생각뿐이었다. 그런 사명을 수행하는 것이 점점 어려워지고 있다는 것을 그는 알았기에 갑절의 영감이 필요했던 것이다. 점점 사회가 악해져갔기 때문이다. 그래서 하나님께서는 하나님의 뜻에 따라 소명을 다하려는 그에게 갑절의 능력을 주셨다.

반면에 바벨론[3]과 같이 자신들만의 욕망과 지나친 탐욕, 헛된 명예를 구하는 것에는 등을 돌리셨다. 하나님의 뜻이 아니셨다. 육체적인 욕망과 세속적인 행복을 위해 기도하는 것은 하나님 뜻에 합당한 기도가 아니다. 손에 피가 가득한 자의 기도는 아무리 많이 드려도 하나님께서 듣지 않으신다.^{사 1:15-17} 악을 버리고 선행을 베푼 손으로 기도드려야 한다. 회개하지 않는 가인의 제사는 받지 아니하셨다. 결국 악인은 자신의 이익과 쾌락만을 위해 하나님을 멀리하므로 하루 만에 그에게 갑절의 고난과 애통함을 주셨다.^{계 18:6-7}

"장막에서 섬기는 자들은 제단에서 먹을 권한이 없다."^{히 13:10}
주 안에서 사역을 하는 자, 예후와 같이 하나님의 사역을 하는 자의 기도는 특히 그들의 중심을 보신다. 공적인 일을 하면서 자신의 이익을 도모해서는 안 된다.^{열하 10:11, 호 1:4}

하나님께서는 사악한 아합을 심판하기 위해 예후 왕을 그 도구로 사용하셨다. 그러나 예후는 결국 스스로가 심판을 받고 말았다. 그가 하나님의 이름으로 아합을 제거하면서 자신의 정적들을 제거하기 위해 이스르엘에 속한 자들을 모두 죽인 악행을 저질렀기 때문이었다.

---

3 현재 이라크의 옛 이름

하나님의 일을 하면서 자신의 이익을 도모하는 순수하지 못한 그의 중심을 보셨기 때문이다.

목회자이든 장로이든 집사이든 재직자 또한 마찬가지다. 교회 일을 하면서 사적인 이익을 앞장세우거나 그 대가를 바라서는 안 된다. 육체적인 탐심으로 기도하는 자에게는 눈을 감으신다. 예수님은 우리에게 쉬 썩어 없어질 이 세상의 재물이나 육신의 평안을 위해 오신 것이 아니다. 그 안에 영원히 사는 새 생명을 주러 오셨다. 우리는 예수님께서 피 흘리신 십자가의 고통을 더 이상 헛되게 할 수는 없다.

하나님께서는 기도에 응답을 주시기 전에 우리의 중심을 보시고 우리의 마음과 동기를 살피신다. 기도하는 자의 마음을 보시고 거짓된 것은 아닌지 위로받을 가치는 있는지 동기를 살피신다.

블레셋의 사악함에 대해 복수심에 찬 삼손의 기도를 들어 주셨다. ^{삿 16:28} 삼손은 비록 들릴라의 유혹과 그의 교만한 태도로 하나님께서 주신 힘을 잃어버리고 지하에 갇힌 몸이 되었다. 그러나 회개함으로 기도하는 그의 진정한 마음을 보시고 그의 부르짖음에 응답하셨다. 우상을 경배하고 하나님을 모독하는 블레셋 사람들에게 자기희생을 통해 징벌을 내려 달라는 삼손의 순수한 동기를 살피시고 그의 마지막 기도에 응답하셨다.

마찬가지로 재물이나 지위, 영화보다는 백성들을 재판하기 위해 지혜와 지식을 구한 솔로몬의 기도를 들어 주시고 풍성한 은혜로 그에게 모든 것을 흔들어 넘치도록 채워주셨다. ^{왕상 3:9, 대하 1:10-12}

우리는 틈만 나면 세속적인 욕심으로 돈과 명예, 그리고 세상 권력에 눈을 돌린다. 그러나 한 몸으로 두 주인을 섬길 수는 없다. ^{마 6:24}

'누구든지 세상을 사랑하면 아버지의 사랑이 그 안에 있지 아니하니 세상과 벗되는 자는 하나님과 원수 되는 것이다.' ^{요일 2:15}

육체적인 탐심으로 기도하는 자에게는 눈을 감으신다. 성령으로 거듭났으니 육체의 욕망을 버리고 오직 여호와 하나님의 뜻에 합당한 기도를 드려야한다.^{갈 5:16}

가장 적절한 때에 응답하신다.

합당한 기도에 대해서는 반드시 응답해 주신다. 그러나 하나님은 우리의 일정에 맞추지 않으시고 하나님의 일정에 따라 결정하신다. 하나님의 일정표는 한 치의 오차도 없으시다.

바울이 예루살렘에서 유대인들에게 잡혀 죽임을 당하려 할 때 현장에서 즉시 구해준 사람은 로마의 천부장과 군인들이었다. 그들은 평소 안토니오 요새에 있다가 때마침 절기에 맞춰 예루살렘에 내려와 있었던 것이었다. 하나님의 시간표는 정확하시다.^{행 21:31-34}

성경에는 '바로, 즉시(immediately)'라는 표현이 자주 등장한다. 특별히 다니엘이나 엘리사의 기도에 대해서는 즉시 응답해 주셨다. "네가 기도를 시작할 즈음에 명령이 내렸다"고 했다.^{단 9:23}

"너희가 부르기 전에 내가 응답하겠고, 너희가 말을 마치기 전에 내가 들을 것이다."^{사 65:24}

부모가 자식의 필요함을 누구보다도 잘 알고 있듯이 하나님 또한 우리의 상황과 필요를 우리보다 더 잘 알고 계신다. 우리의 아버지이시기 때문이다.

예수님께서 문둥병자의 머리에 손을 대시자 즉시 나음을 받았고, 물에 빠진 베드로를 구하실 때에도 즉시 손을 뻗어 구해주셨다. 엘리사의 기도 또한 즉시 응답을 받았다. '불 병거' 천사들을 바로 보내시어 엘리사를 둘러싸고 있던 아람 군인들의 눈을 멀게 하셨다.^{왕하 6:8-23}

그러나 같은 장소인 '도단'에서 요셉이 이집트의 노예로 팔려가면서 눈물로 드렸던 기도에는 침묵하셨다.^{창 42:21} 하나님께서는 이스라엘 지역의 오랜 가뭄과 기근을 기다렸다가 마침내 요셉을 이스라엘 백성을 살리시는 모퉁이 돌로 사용하시기로 작정하셨다. 그래서 자신을 팔아먹은 형제들과의 화해와 이스라엘 백성을 살리시는 때를 기다리셨다가 응답을 주신 것이다. 무려 22년을 기다려야 했다.

나는 가난했기 때문에 오랜 기간 사법시험을 준비할 수 없었다. 그래서 대학교 2학년 때부터 서둘렀다. 당시 사법시험은 1차, 2차, 3차로 이루어지는데, 1차 시험에 합격하면 그 이듬해까지 2차 시험을 치를 자격이 주어졌다. 그래서 2학년 때 1차 시험에 합격하고 3학년 때 2차 시험을 합격할 요량으로 서둘렀다. 비용을 절약하기 위해 방학 때에는 절에 가서 공부하였다. 그러나 하나님은 허락하지 않으셨다. 2학년 때 1차 시험은 1개 차이로, 3학년 때에는 4개 차이로, 4학년 때에는 10개 차이로 불합격되었다. 공부하면 할수록 1차 시험 합격은 멀어져갔다. 그래서 졸업 후 회사에 취직하였다. 퇴근 후 공부하면서 욕심을 버리고 겸손하게 하나님만 바라볼 때 비로소 사법시험 합격의 영광을 주셨다. 회사에 취직한 지 6개월여 만에 사직하고 나왔다. 정성을 다해 근무하지 못한 것을 당시 회사 관계자분들께 이글을 통해 용서를 구한다.

하나님께서는 가장 적절한 시기에 응답하셨다. 섣불리 사법시험에 합격시켜 주지 않으셨다. 나의 공로를 자랑하지 못하게 하셨다. 자세를 낮추고 겸손히 하늘만을 바라볼 때 일으켜 세워 주셨다.

다윗은 일찍이 고백하였다. 고난은 여호와의 '말씀이 응할 때까지라.'

그분의 뜻과 계획에 맞추어 가신다. 그 때까지 그분은 말씀으로 우리를 단련시키신다.시 105:18-19 우리의 사정을 우리보다 더 잘 아시는 분이시니 주님이 보시기에 최고로 알맞은 시간에 손을 내밀어 우리의 고난을 해결해 주신다. 그날까지 지켜 주시고 보호해 주셨음을 성령의 도움으로 알 수 있었다.딤후 1:12

받은 줄 알았으면 즉시 감사하라.

우리가 그분의 뜻에 합당한 기도제목을 정하고 구하면 하나님은 우리가 무엇을 구하든지 들어주신다.

하나님께서 들어주신다는 것을 알면 우리가 구한 것들을 그분으로부터 받았다는 것도 알아야 한다.요일 5:14-15

가나안 땅에 들어가는 여호수아는 이미 여호와의 언약대로 그 땅을 받았음을 믿고 확신하였다. 그 땅에 사는 가나안족속이나 블레셋 족속 또한 그들의 마음은 두려움으로 녹아내리고 있었다.수 2:24 그들도 하나님의 뜻을 소문으로 들어 알 수 있었다. 이미 그 땅을 하나님의 백성에게 주시기로 작정하시고 이스라엘 백성에게 기도하게 하신다는 것을 알고 있었다.

기도하고 구하면 받은 줄로 알아야 한다.막 11:24 하나님께서는 우리에게 주신 언약을 반드시 지키시는 분이라는 우리의 믿음에 따라 응답하시기 때문이다. 그래서 믿고 구하면 이미 받았다는 것이다. 하나님께서 주실 지도 모른다는 믿음만으로는 부족하다. 의심하는 자와 같이 두 마음을 품으면 주님으로부터 무엇이든지 얻을 생각을 하지 말아야 한다.약 1:6-8

반드시 주신다는 확신을 가지고 기도하면 주신다. 자기 아들을 아끼지 아니하시고 내 주신 분이 어찌 아들과 함께 그 모든 것을 주시지 아니하겠느냐?롬 8:32 치유의 은혜도 마찬가지이다. 라파 하나님께서 나의 질병을 치유해주신다는 굳은 믿음을 가진 사람은 깨끗함을 받게 되었다. 만성적인 질병으로부터 회복이 된다. 그러나 치료해 주실 지도 모른다는 생각만으로는 부족하다.

받은 줄 알았으면 즉시 하나님께 감사하라.

문둥병자로 고침을 받은 10사람 중에 한 사람만이 예수님께 돌아와 감사드리는 것을 보시고, 예수님은 반문하셨다.

"이 이방인 외에는 하나님께 영광을 돌리러 돌아온 자가 없느냐?"
눅 17:18

그렇다. 축복과 은혜를 많이 받았음에도 나 또한 이제껏 감사할 줄 몰랐다. 아침에 일어나 출근하고 저녁에 퇴근하는 일상생활을 할 수 있는 것만으로도 얼마나 큰 축복인가? 그런 평범한 생활도 누군가에게는 부러움의 대상이 되고 있다. 병상에 누워있는 사람이 얼마나 많은가? 극히 평범한 생활도 그들에게는 사치가 될 수 있다. 그런데 나에게는 그 이상의 능력까지 주셨다. 그런 평범한 생활의 축복 위에 수사하는 능력, 가르치는 능력까지도 주셨으니 감사할 일 뿐이었다. 그럼에도 감사할 줄 모르고 오히려 일부 제자들에게 '능력이 없다', '미래가 없다'고 비난하고, 때로는 게으르고 무지하다고 무시하고 정죄하였다. 얼마나 교만한 행동이었는가? 주님, 이 많은 저의 허물들을 용서받을 수 있을까요? 시련 중에 있는 다윗의 도움을 잊어버리고 감사할 줄 몰랐던 나발과 같이 하나님으로부터 버림받을까 두렵다.

뒤늦게 그런 일상적인 삶 하나하나 모든 것이 하나님께서 주신 소중한 은혜이고 감사이었음을 깨닫게 되었다.

교회 어느 집사님의 간증이다. 병원에 입원하여 치료받던 어느 날 환상 중에 예수님께서 찾아 오셨다. 병 나음을 받으라고 말씀하셨지만 본인은 몸이 늙고 병들어 이제는 살아도 아무 것도 할 수 없고, 예수님께 드릴 것도 없다고 거절하였단다. 그러자 예수님께서는 "그냥 감사히 받으면 된다"고 하셨단다. 그래서 "감사합니다"라고 말하고 꿈에서 깨어났더니 몸이 한층 가벼워지고 몇 일후 퇴원할 수 있었다고 한다.

하나님께서 주신 기도의 응답에는 그저 감사하면 족하다. 그러나 감사의 표시는 즉시 하여야 한다. 화목제물의 고기는 드리는 그 날에 모두 나누어 먹어야 한다. 이러한 이스라엘의 제사 규례도 같은 취지이다. ^{레 7:15} **그렇지 않고** 시간이 흐르면 사탄에게 감사하는 마음까지도 빼앗길까 우려되기 때문이다.

주여 나에게 예수님 한 분뿐이며, 예수님을 믿는 것이
지혜의 시작이라는 것을 알게 해 주셔서 감사드립니다.
모든 것이 하나님의 은혜입니다. 감사합니다.
온전히 주님께 의지하였사오니 기억하시고 약속하신 은혜
내게서 주님의 뜻대로 이루어지게 하소서.

Thankfulness Came
Like a Gentle Breeze

23. 우리는 빛의 갑옷을 입었다.

내가 어렸을 때에는 말하는 것이 어린 아이와 같고 깨닫는 것이 어린 아이와 같고 생각하는 것이 어린 아이와 같다가 장성한 사람이 되어서는 어린 아이의 일을 버렸노라. 고전 13:11

어린 아이는 초등선생의 지배를 받아야 한다. 모든 것이 성숙되지 않았기 때문이다. 우리는 밝은 눈을 가지고 선함과 악함, 진리와 거짓을 분별할 수 있도록 성숙해져야 한다. 거짓 교훈에 속지 말고 믿음으로 성령의 인도를 받는 성숙한 그리스도인이 되어야 한다.

함부로 남을 정죄하려는 자는 성숙하지 못한 자이다.
　우리 주변에는 언제든지 어느 곳에서든지, 끊임없이 불평하면서 열심히 일하는 사람 옆에서 힘이 빠지게 하는 자, 시비를 걸고 분쟁을 일으키는 자, 사건을 법정으로 가져가는 자가 많다. 그들은 모두 사탄의 유혹에 빠진 자들이다. 고전 6:7

허물어진 성벽을 재건축하는데, 자기는 일하지 않으면서 "일손은 모자라는데 할일이 너무 많다"고 불평하고, "적이 공격해올 테니 중단하자", "공격을 받으면 또 허물어질 것이다"고 말하면서 일하는 사람들의 힘을 빼고 있다. 중단하지 않으면 죽이겠다고 겁을 주는 외부의 적보다도 이러한 내부의 적이 더 무섭다. 때로는 가까이 있는 사람들이 우리를 시험에 들게 하고 우리를 넘어지게 하는 걸림돌이 되고 있다.

외부의 적보다 옆에서 일을 방해하는 사람, 우리 내부의 적이 우리를 더 약하게 만든다. 말로만 믿는다고 하면서 시비를 걸어 분쟁을 야기하는 자는 성숙한 신앙인이 아니다. 하나님의 일을 수행할 수 있는 온전한 자가 아니다.

너희는 두려워 말라. 지극히 크시고 두려우신 주님만을 기억하라.^{느 4:10-14}

이웃을 헐뜯고 시기하고 고발함으로써 열심히 믿는 사람들에게 시험에 들게 하는 자는 성령의 은혜를 방해하는 사람이다. 우리 주변에는 입으로는 하나님을 믿는다고 하면서 이웃을 상대로 자주 고소, 고발하는 사람들이 있다.

자신의 몸에 거하시는 예수님을 의식한다면 그런 행동을 함부로 해서는 안 된다. 고소하는 것은 사법기관을 이용하여 그들에게 보복하는 것이 되기 때문이다. 자칫 허위로 고소하는 행위는 이웃을 해코지하는 행위이기 때문이다.

무속인이 사기죄로 구속되어 송치되었다. 나는 담당검사로서 그 사람의 눈을 똑 바로 보면서 조사하였다. 그러자 그 사람은 눈을 돌리면서 "내가 모시는 강감찬 장군도 검사님을 무서워해요"라고 말한다. 검사 앞에서 조사받는 것은 누구에게나 힘들고 무서운 일임이 분명하다.

경건한 신앙을 경제적인 이익으로 이용하려는 자는 이웃의 믿음을 강탈하는 자와 같다.딤전 6:5 사랑을 버리고 소송으로 가져가는 것은 예수님의 새 언약을 저버린 행동이다.고전 6:6 사랑과 용서를 베푸시고 세상을 이기신 예수님의 고난을 헛되게 하는 행동이다.

이런 사람들은 신앙이 아직 어린 아이 수준에 머물러 있다는 증거이다. 아직 하나님의 자녀로 성숙하지 못해 초등선생의 지배아래 있는 종이나 하인에 불과하다. 성도들을 고소하고, 그래서 성도들을 패배하게 하려는 사탄의 유혹에 넘어진 자들이다.엡 6:11, 계12:10 예수님께서도 사탄의 시험을 받으셨으나 쉬운 길을 포기하고 고난의 길을 택하신 것처럼 우리도 사탄이 지름길로 유혹할 때 그러한 유혹을 물리칠 수 있는 영적 분별력을 갖추고 있어야 한다.

타인을 함부로 정죄해서도 안 된다. 성숙하지 못했으면서 잘못된 잣대로 남을 판단할까 두려워해야 한다. 아직 지혜가 부족해서 참 진리를 제대로 알지 못하기 때문이다.

사람들은 요한에게 먹지도 않고 마시지도 않는다고 하여 '악마'라고 하고, 예수님께는 먹고 마신다고 하여 '대식가'이고, '주정뱅이'이고 세금 징수원과 친구라서 '죄인'이라고 정죄했다.마 11:18-19, 눅 7:35, 19:7 요한에게는 너무 속세를 멀리 떠나 있다고 비난하고, 예수님께는 죄인과 너무 가까이 어울린다고 비난했다. 지혜가 부족하여 성숙되지 않은 어린 아이와 같이 그들의 판단 또한 미숙한 것이었다.

인간은 남을 판단하면서 필연적으로 자신을 높게 평가하는 버릇이 있다. 그것이 오만이고 교만이다. 자신에게는 유리한 기준과 잣대에 따라 판단하고 남에게는 엄한 잣대를 들이대고 쉽게 잘못되었다고 정죄하고 만다.

자신의 생각과 다르면 이단이라고 공격하는 데 재빠른 거짓교사들도 그 중의 하나이다. 그들의 평가는 사람들의 잣대에 기초를 두고 있다. 하나님의 잣대가 아니라 자기들만의 기준으로 속단하고 있다.

최근 국회의 입법과정이나 법률개정 경과를 보면서, 인간이 만든 기준과 잣대가 얼마나 거짓된 것인지를 실감하고 있다. 로-스쿨에서 법 해석론을 가르치면서, 해당 법률의 입법목적과 경위, 문자적인 의미, 다른 조문과의 관계, 사법체계 특히 다른 나라의 입법례까지 참고하여 종합적으로 검토하여야 한다고 가르쳐 왔다. 그럼에도 종합적인 검토 없이 졸속으로 이루어지고 있는 최근의 형사소송법 개정법률(안) 등을 보고, 인간이 만든 법률과 그에 관한 지식이 얼마나 허망한 것인지를 깨닫고 있다.

인간들은 그들이 만든 기준과 잣대보다도 이를 초월해서 충만하게 채워주시는 예수님의 사랑을 모른다.^{엡 3:18} 예수님은 이 세상을 심판하러 오신 것이 아니라 섬기러 오셨고, 오셔서 사랑과 용서를 베푸시고 세상을 이기셨다. 성경말씀대로 다 이루셨다. 빛으로 어둠을 이기셨고, 선으로 악을 이기셨다.^{롬 12:21}

예수님께서는 남을 정죄하려는 자들에게 회개하지 않으면 멸망할 것이라고 경고하셨다.^{마 11:23} 끝없이 불평하고 겉모양만으로 쉽게 남을 판단하고 정죄하려 한 나는 하나님을 온전히 영접하는 성숙한 그리스도인이 아니었다.

성숙한 그리스도인은 빛의 갑옷을 입는다.

그렇다면 성숙한 그리스도인은 어떤 사람일까?

초대교회 당시 관습 중 어린 아이는 노예와 같이 초등교사의 지배아래에서 교육을 받았으면서 그의 지시를 받는 지배 복종관계에 있었다.

"내 하인이 중풍으로 집에 누워 괴로워하나이다."

예수님께서 가버나움에 들어가시니 그 지역 백부장이 예수님께 무릎을 꿇고 간구드렸다.^{4) 마 8:5-13}

"말씀으로만 하옵소서. 그러면 내 하인이 낫겠나이다."

예수님께서는 그의 간절히 구하는 태도와 확신하는 믿음을 보셨다. 비록 그가 이방인이지만 예수님의 말씀만으로도 그대로 이루어진다는 그의 강한 믿음을 보시고 그의 간청을 들어 주셨다.

"이스라엘 중 아무에게도 이러한 믿음을 보지 못하였다."

지역사령관인 백부장이 예의를 갖추어 예수님께 치유를 간청한 '하인'은 과연 그의 '노예'이었을까?

아니다. 병든 자는 그의 어린 아들이었음이 분명하다.^{요 4:46} 나이가 어려 아직 상속인이 되지 못한 사랑하는 아들이었다. 당시 유대관습에 의하면 초등선생아래 있는 어린 아들은 아직 아버지의 자식으로 인정받지 못한 종에 불과하였을 뿐이다.^{갈 4:1-3}

그러나 우리는 예수님 안에서 하나님의 어엿한 자녀가 되었다. 하나님의 자녀로서 영생을 얻었으므로 당당하게 상속인으로서 기업을 상속받을 소망으로 살아야 한다.^{5) 딛 3:7}

---

4 누가복음은 백부장이 직접 간 것이 아니라 장로를 보냈다고 한다. [눅 7:3]
   성경을 쓰는 목적이나 읽는 대상이 달랐기 때문에 약간의 차이가 있었던 것으로 보인다.
5 영생의 소망을 따라 후사(後嗣)가 되게 하려 하심이라. [딛 3:7]

성령을 받아 믿음 생활을 하는 우리는 더 이상 어린 아이의 상태가 아니다. 그러나 바울의 말과 같이 의롭다고 인 치심을 받았으나 아직도 육신에 속한 자는 여전히 어린 아이와 같다고 한다. 시기와 분쟁이 있고, 만족할 줄 모르고 욕심을 가진 자, 파당을 짓는 자는 여전히 육신에 머물러 있는 자이다.^{고전 3:3-6} 우리는 십자가의 능력으로 up-grade 되어 신령한 자가 되어야 한다.^{고전 2:15}

영으로 시작해서 육으로 끝낼 수는 없다.^{갈 3:3} 더 이상 율법을 고집하고 남을 정죄하려 하거나 육신적인 것에 집착하여 후퇴할 수는 없다. 율법의 종이 아니고 참된 자유인으로 거듭나야 한다. 사람이 만든 계명이나 육신의 욕망으로부터 더 이상 속박을 받을 필요가 없다.

약속에 의해 난 자손이니 우리는 어떤 형태의 지배 복종관계도 거부하여야 한다.^{갈 4:2-7, 31} 예수님의 보혈로 속량을 받고 하나님의 자녀로 돌아 섰듯이^{시 14:7} 성령을 쫓아 거짓 선지자나 예언자, 우상의 포로로부터 벗어나 경건함을 회복해 갈 때 하나님은 기뻐하신다.^{갈 5:16-18}

그리스도의 충만함을 이루기 위해 우리에게 성숙하라고 명령하고 있다.^{엡 4:13} 경건한 것과 경건하지 않은 것을 구별하는 능력이 성숙함이다. 이 세상에는 거짓 사도들과 가증된 일꾼들, 자신을 그리스도의 사도로 가장하는 사탄들이 들끓고 있다. 빛의 천사로 가장하고 있다.^{고후 11:14}

우리의 눈은 램프와 같아서^{눅 11:34} 우리의 가슴과 마음의 창구가 된다. 우리는 밝은 눈을 가지고 선함과 악함, 진리와 거짓을 분별할 수 있도록 성숙해져야 한다. 거짓 교훈에 속지 말고 믿음으로 성령의 인도를 받는 성숙한 그리스도인이 되어야 한다.

성령의 도움으로 어둠의 베일을 벗어 버리고, 빛의 갑옷으로 갈아입어야 한다.^{롬 13:12, 엡 5:7}

성령의 도우심을 받아 자유의지를 가지고 빛의 갑옷을 입고 예수님의 삶을 따라갈 때 비로소 우리는 온전한 그리스도인으로 성장해 간다.

그리스도의 사랑은 우리를 온전하게 한다.

인간에게는 각 사람마다 은사의 분량이 개인적으로 주어진다. 하나님께서 사람마다 소명을 주시고, 그에 합당한 은사를 주셨다.^{롬 12:4, 고전 12:4-6} 그러나 받은 은사는 본인 자신의 것으로 그쳐서는 안 된다. 자신만을 위해 주어진 것이 아니기 때문이다.

자신이 받은 은사는 남을 도우면서 사용되어야 한다. 은사는 교회 공동체를 위해 사용될 때 비로소 참 은사가 된다.^{고전 13:9-12} 하나님으로부터 거저 받았으니 이웃에게 거저 돌려주어야 하지 않겠는가? 시간이나 재물, 능력 모두 마찬가지이다. 헌신이 필요한 곳에 은사를 더 해 주신다. 모든 것을 내어주면 더 큰 영광으로 채워주신다.

예수님은 그렇게 하셨다.

하늘나라 권세를 모두 내려놓고 이 세상에 오셔서 모든 것을 다 주심으로써 하나님 뜻을 이루시고 하늘나라 보좌에 오르셨다. 우리가 가진 것을 모두 내어주면 하나님의 필요에 의해 모든 것으로 채워주신다. 우리의 필요가 아니라 하나님의 뜻을 이루시기 위해 필요한 모든 것으로 우리에게 채워 주시고 영광을 돌려주신다.

하나님의 은사이신 믿음 또한 마찬가지이다.

바울의 믿음은 그의 개인적인 신앙에 그치지 않았다. 감옥에 갇혔을 때 지진과 함께 감옥 문이 열려 도망갈 수도 있었음에도 그는 그 자리에 머물러 있었다. 그래서 죄수들이 도망간 것으로 알고 칼을 뽑아 자살하려던 간수장을 살릴 수 있었다.^{행 16:18:27}

베드로가 천사의 도움으로 감옥소를 나오자 16명의 간수 들이 사형당한 것을 보라. 당시 죄수를 놓친 간수는 도망간 죄수와 같은 중형에 처해졌기 때문이다. ^{행 12:19}

바울은 예수님의 사랑과 자비를 실천하는 믿음을 가졌으므로 자신의 믿음에만 그치지 않았다. 고린도전서 18장의 본문과 같이 바울은 장성한 사람이 되어 어린 아이와 같은 유치한 생각과 일을 버릴 수 있었다. ^{고전 13:11}

받은 은사를 남과 비교하지 않았다. 사랑 받아야 할 대상이 질투의 대상이 되어서는 안 되기 때문이다. 믿음을 자신의 이익으로 활용하지 않았다. 감옥의 간수장에 대한 사랑으로 도망가지 않고 그 자리에 머물러 서 있음으로써 그를 살릴 수 있었다. 바울의 이런 행동은 사람을 살리신 예수님의 삶을 따라가는 그리스도인의 모범이 되었다.

사랑은 종교적인 의무로서가 아니라 마음에서 우러나오는 진정한 사랑이어야 한다. 기독교의 사랑은 종교가 아니고 삶 그 자체이기 때문이다.

산을 옮길 만한 믿음을 가지고 있다 할지라도 그것이 개인의 신앙에 머무르고 사랑의 실천이 없으면 아무것도 할 수 없다. ^{고전 12:31,13:13} 오로지 '나뿐'인 믿음의 사람은 다른 사람의 믿음에 걸림돌이 될 뿐이다.

받은 은사를 다른 사람에게 사랑으로 나누어 줄때 하나님은 기뻐하시고 영광을 받으신다. ^{벧전 4:10-11}

돌아온 탕자를 보고 기뻐하는 아버지를 보고 불평하는 형과 같이 겉으로는 전통과 율법을 따른다고 하지만 자비를 베풀 줄 모르는 사람이 이 세상에는 너무나 많다. 그들은 '나뿐'인 사람이고, 믿음의 확신이 부족한 사람이요 진실한 사랑 또한 부족한 사람들이다.

예수님의 제자가 된 아나니아는 사울을 만나 그의 눈을 뜨게 해 주었다. 자신들을 핍박하러 온 사울을 만나는 것만으로도 무섭고 떨렸지만 성령의 도우심으로 그에게 다가가 사랑으로 세례를 줄 수 있었다.^{행 9:17} 하나님에 대한 올바른 믿음을 가진 자는 다른 사람에게 자비를 베풀 줄 아는 사람이다. 예수님께서는 바리새인 종교지도자들에게 그들의 지식에 못지않게 진정한 사랑을 베풀도록 수차례 경고하셨다.^{엡 3:19}

사랑은 완전하다. 그래서 사랑을 베풀면 부분적인 다툼이나 의견충돌은 모두 사라진다. 상대방의 약점을 사랑으로 보완해 주면 더 큰 강점으로 다가온다. 서로가 진정으로 용서하고 사랑하면 하나님의 은총과 긍휼과 평강이 넘칠 것이다.^{요이 1:3}

2015. 6. 사우스캐롤라이나 주 어느 교회에서 백인우월주의에 빠진 청년이 성경공부를 하고 있던 목사님을 포함한 흑인 9명을 총기로 난사한 사건이 있었다. 이에 대해 그 유족들과 교회공동체는 살점이 떨어져 나가는 아픔을 느꼈지만 가해자를 용서함으로써 예수님의 사랑을 몸소 실천하였다.

비록 총기 앞에서 그들은 나약한 존재이었지만 죽는 그 순간에도 십자가 밑에서 하나님 나라를 바라보았기 때문에 담대해질 수 있었다.

믿는 사람들은 예수님과 함께 십자가에서 죽고 그 대신 영원한 생명을 바라보기 때문이다.

그리스도 공동체에는 거룩함이 있고 진리가 있고 용서와 사랑이 있다.^{엡 5:26} 그래서 그들은 가해자를 용서하고 사랑으로 끌어안아 줄 수 있었다. 악을 미워하되 악으로 갚지 않고 선을 행하는 것이 그를 죄악에서 구해 주는 소망이 되었다.^{롬 13:10} 예수님께서 십자가 위에서 하신 것처럼 선으로 악을 이겼다.

원수를 사랑하고 선을 행하며 빌려주되 돌려받을 생각을 하지 않는다면 그 보상은 클 것이요 우리는 가장 높으신 분의 자녀가 된다.눅 6:35

최근에 베버리 하나교회에서는 장례식이 있었다. 권사님이 말기 암 환자인데 그분은 매일 남편 장로님을 앞장세워달라고 기도했단다. 아내인 자신이 먼저 죽으면 남편이 홀로남아 서러움 당할 것을 걱정하였단다. 그런데 권사님의 임종을 앞두고 가정예배를 드리던 중에 남편 장로님이 갑자기 심장마비로 돌아가시게 되었다. 그리고 6일 만에 권사님이 돌아가셔서 함께 합장해드렸다.

장례식장에서 고인의 친구 권사가 대표 기도하였다. 기도 가운데 고인이 되신 두 분은 살아생전에 사랑으로 사셨고, 특히 장로님은 평소에도 권사님의 속내의를 챙겨드릴 만큼 자상하고 친절한 분이셨다고 했다. 그러면서 자신의 남편 '그 인간'은 한 번도 자기에게 그렇게 해 준 적이 없다고 회고하였다. 돌아가신 장로님의 사랑만 언급 했으면 좋았을 건데... 돌아가신 장로님의 '그 사랑'이 부러웠던 모양이다.

그런 사랑은 과연 어디에서 오는 것일까?
스데반이 죽으면서 원수를 사랑하고 용서할 수 있었던 것은 성령의 도우심이셨다. 원수까지 사랑하고 용서하는 마음은 그리스도의 사랑으로부터 오기 때문이다.

나를 고발한 나의 제자와 미국의 형제들을 용서하기 어려울 때 성령 하나님께 기도드렸다. 7번이라도 죄를 짓고 회개하거든 용서하라는 예수님의 말씀을 듣고 제자들이 '우리에게 믿음을 더 하소서'라고 예수님께 간청 드렸듯이눅 17:5 나 또한 '나에게도 믿음을 더하소서. 용서의 문을 열도록 저를 주장 하옵소서'라고 기도드렸다.

그리스도의 사랑은 우리를 온전하게 한다.

우리 안에 성령이 충만하게 되면 태아가 엄마의 태를 열고 자궁 밖으로 밀고 나오듯이 사랑이 외부로 넘쳐 밀고나와 빛을 발하게 된다.^{갈 5:22} 우리가 그리스도의 사랑을 제대로 전할 때 비로소 예수님이 우리의 참 주인이 되시고, 우리는 온전한 그리스도인이 된다.^{엡 3:19}

온전한 그리스도인이 되기에는 많은 어려움도 따른다. 남의 아내를 탈취한 벨릭스 총독은 바울로부터 의와 절제와 다가올 심판에 대한 설교를 듣고 마음에 두려움을 느끼게 되었다. 그러나 그는 거기서 멈추고 말았다. 두려움으로 자기 자신을 내려놓지 못함으로써 자신의 한계를 드러낸 것이었다.^{행 24:25} 그런 두려움마저 내려놓고 주님을 영접할 줄 몰랐다.

다윗과 같이 모든 짐을 내려놓고 하나님께 용서를 구하지 못했다.

"어찌하여 이렇게 무서워하느냐 너희가 어찌 믿음이 없느냐"^{막 4:40} 이를 극복하는 것 또한 성령 하나님으로부터 오는 사랑이다. 원수마저 용서하고 사랑하면 실체 없는 두려움도 사라진다.

일본은 우리의 가장 가까운 이웃이다. 나를 따라 일본에 가서 2년여 기간 동안 공부를 한 나의 두 아들이 일본을 경계하고 있는 듯하다. 일본어를 제 2외국어로 공부하라는 말에 '역사를 왜곡한 나라'의 언어라고 배우기 싫다는 기색이 역력했다.

아들들의 편견을 치유해 달라고 기도드린다. 우리는 믿음의 자손이다. 우리의 선조들은 이미 평양의 대부흥 운동 이후 일본에 대한 모든 미움을 내려놓았다. 하나님 앞에서 사람은 모두 죄인이었으나 예수님의 피 값으로 거저 구원을 받았으니 우리도 일본에 대한 아집이나 편견, 미움 또한 내려놓아야 하지 않겠는가! 물론 실체 없는 두려움도 내려놓아야 한다. 그들의 잘못은 잊지 않고 역사의 교훈으로 삼되 일본과 일본 국민에 대한 미움과 두려움은 내려놓아야 한다.

믿는 사람의 ID는 사랑이고, 비밀번호는 성령 하나님이시다.

원수 마귀에게도 진정한 사랑을 베푼 스데반과 같이 성령 하나님의 인도하심을 따라 하나님 나라만을 바라보고 거듭날 때 비로소 진정한 사랑을 베풀 수 있다.

원수를 사랑할 수 있도록 저에게 믿음을 더하소서.
거짓 교훈에 속지 말고 실체 없는 두려움마저
주님께 맡기고 성령의 인도를 받아 그리스도의 사랑을 베푸는
온전한 그리스도인이 되도록 도와주소서.
내 마음속에 이웃에 대한 사랑이 차고 넘치게 하옵소서.
주님의 성품을 드러내는 삶이 되기를 원합니다.

Thankfulness Came
Like a Gentle Breeze

24. 물질적인 풍요는 장애물이 되기도 한다.

그의 모든 소유물을 치소서 그리하시면 틀림없이 주를 향하여 욕하지 않겠나이까?^{욥 1:11}

하나님께서는 욥을 사랑하시어 필요한 재물을 모두 채워 주셨다. 욥에게만이 아니다. 하나님은 우리에게 필요한 모든 것을 풍족하게 채워 주신다.^{딤전 6:17}

"재물을 주신이도 여호와요 거두신 이도 여호와이시니 여호와의 이름이 찬송을 받을 지어다."^{욥 1:21}

욥은 받은 것에 감사하여 항상 감사의 찬송을 드렸다. 그래서 사탄은 욥으로 하여금 하나님을 부인하게 하기 위해 욥기 1장 본문과 같이 제일 먼저 그로부터 재물을 빼앗아 갔다. 하나님께 소와 양으로 제사 드리지 못하게 하였다.

부자는 교만을 버리고 나누어 주어야 한다.

우리들은 하나님께서 주신 재물로 무엇이든 자유롭게 할 수 있다. 그러나 모든 행동이 유익한 것만은 아니다.^{고전 10:23} 상대방을 사랑한다면 자제할 줄도 알아야 한다.

부딪칠 것이나 거칠 것을 형제들 앞에 두지 않음으로써 형제들이 넘어지지 않게 해야 한다.^{롬 14:13} 다투지 않으려면 그것이 음식이 되든지, 돈이든지 무엇이든지 서로가 부딪칠 것이나 걸림돌을 형제 앞에 놓아서는 안 된다.

사람은 남의 기쁨을 함께하지 못한다.

사람은 다른 사람의 고통은 분담하고 함께 나누어 가질 수 있지만 남의 기쁨만은 함께하지 못한다. 비록 친 형제라도 함부로 자랑하면 시기와 질투를 유발한다. 자랑질은 누구에게나 넘어지게 하는 장애물이 되기 때문이다. 나 또한 내가 가진 재물을 자랑하고 형제들에게 사랑을 베풀지 못한 탓으로 그들로 하여금 시기와 질투를 조장하였음을 회개하고 있다. 재물을 하늘나라에 가져갈 수는 없다.

지상에서 남은 재산은 결국 변호사의 처분에 맡겨놓고 떠날 것이다.^{시 49:6,7,10 참조} 그러나 죽기 전에 하늘나라에 옮겨놓을 수는 있다. 그래서 성경은 관대함으로써 기꺼이 재산을 형제들에게 나누어주고 영원한 생명을 누리라고 권고하고 있다. 그것이 재물을 하늘나라로 옮기는 길이 된다. 예수님께서는 불의의 재물로 이웃을 사는 청지기를 칭찬하셨다.

하나님께서 주신 재물을 사용하여 이웃과 화목하고, 한 사람의 영혼이라도 하나님께로 인도하라고 하신다. 우리의 머리로 따지고, 내가 먹을 걱정과 염려 때문에 주저하지도 말며 주님의 뜻을 이룬다는 성스러운 의무감에서 베풀어야 한다.

"너희 보물 있는 곳에는 너희 마음도 있느니라."^{마 6:21, 눅 12:34}

우리가 두 주인을 섬길 수 없듯이 두 마음을 가질 수도 없다.

사람이 교만해지면 하나님을 경외하지 않고 돈으로 권력자와 결탁하려 하고, 교회와 목사마저도 돈으로 휘두르려고 한다.

미국의 어느 기업의 한국계 오너가 ○○만 불을 교회에 헌금하겠다고 작심하고 목사님에게 전화했다. 목사님으로부터 "헌금 통에 넣어주면 고맙겠습니다"라는 뜻밖의 평범한 대답을 듣게 되자 그는 재차 "○○만 불을 내겠다고요!"하면서 다시 한 번 헌금 액수를 강조했다고 한다. 아마도 그분은 그렇게 큰돈을 헌금한다고 하면 목사님이 화들짝 놀라 고맙다고 해 주기를 바랐던 것이었을까? 그 이후 그 사람은 교회를 떠났고 약정한 헌금도 내지 않았다고 한다. 헌금은 목사에게 주는 것이 아니고 교회에 드리고 하나님께 드리는 것임을 그는 몰랐을 것이다.

거액의 헌금을 담보로 자신을 우상화하고, 성직자를 무시하다 못해 그를 다스리려고 까지 한 것이었다.

믿는 사람은 재물을 금기시해도 안 된다. 하나님께서는 재물을 포함하여 우주 만물을 다스리라고 하셨기 때문이다.$^{창\ 1:27}$ 그렇다고 하여 재물을 과하게 탐하거나 재물로 가지지 못한 자를 다스리려고 해서는 안 된다. 물질적인 풍요만을 고집하는 사람은 자신의 이익만을 생각하고 자신만을 돌보며 즐김으로써 다른 사람과의 관계를 끊고 세상과 점차 고립되어 간다. 때로는 돈 때문에 영적인 분열을 조장하고 교회 성도들이 연합하여 드리는 예배를 방해하기도 한다. 자기중심으로 하나님을 믿는 증거이다.

형제간의 사랑 없이 자신만을 생각하는 고립된 부자는 하늘나라에 들어가기가 어렵다.$^{마\ 19:23}$ 사랑은 나눔에서 시작된다. 부자는 풍족하게 받은 만큼 나누어주는데 인색해서는 안 된다.

하나님께서는 우리를 혼자 살게 하지 않고 서로 의지하면서 살도록 만드셨다. 홀로 고립되어 있는 자는 넘어지더라도 붙들어 일으킬 자가 없다. 세 겹줄은 쉽게 끊어지지 않는다.$^{전\ 4:10-12}$ 중간에 막힌 담을 자기 육체로 허무신$^{엡\ 2:14}$ 그리스도 안에서 모두 하나 되어 연합하여 살아간다는 것은 우리의 축복이다.^갈 3:28 우리 곁에 믿음의 지체들과 함께한다는 것 자체가 치유의 은사이다. 중보기도에 능력을 주시하는 이유도 여기에 있다. 베드로가 감옥에 갇혔을 때 교회가, 그를 위해 연합하여 기도드리자 그가 감옥에서 풀려나는 응답을 받았다.^행 12:5

어떤 목사는, 그의 누나의 간절한 도움의 요청을 거절하였다. 돈을 달라는 것도 아니다. 자신에게 손해되는 일도 아니었다. 이미 해 주기로 한 영주권 신청서류에 싸인 만 해 주면 되는 정도이다. 약간의 서류작성이라는 번거로움이 있을지도 모른다. 그러나 그는 매형이 미워서 해줄 수 없다고 했다. 형제를 온전히 사랑한다면 그 형제와 함께 사는 사람에게도 사랑을 베풀 줄 알아야 한다. 재물로도 형제의 사랑을 사고 팔수도 없음을 그는 누구보다도 잘 알고 있을 것이다. 그래서 그의 다른 형제와 그 지인들이 함께 금식하면서 열심히 중보 기도드리고 있다.

예수님께서는 부자 니고데모에게 재산을 모두 팔아 가난한 자에게 주고 예수님을 따르라고 명령하시고, 도적도 좀도 없는 하늘나라에 보물을 쌓으라고 명령하셨다.^마 19:22, 눅 12:33 가난한 자에 대한 구제사역에 마음과 재물을 집중하라고 하신다. 그러나 그는 그렇게 하지 못했다.

가진 것을 지킬 줄만 알았지 나눌 줄은 몰랐다.

예수님이 돌아가시자 니고데모는 몰약과 향료를 가져다가 예수님의 시신을 잘 처리해 드렸다.^요 19:38-39 그렇지만 그에게 재물은 하늘나라 가는 길에 끝내 장애물이 되고 말았다.

이웃과의 관계, 형제와의 관계를 소홀히 하는 사람은 결코 하늘나라에 들어갈 수 없다. 오히려 화가 있을 것이다.^전 4:10 성경은, 같은 부자인 아리마대 사람 요셉에게는 예수님의 제자가 되었다고 기록되어 있으나^마 27:58 안타깝게도 니고데모에 대해서는 그에 관한 기록이 없다.

풍요로운 재물은 자칫 우리를 넘어지게 한다.

재물은 조금이라도 방심하면 우리를 시험에 빠지게 하고 다시 회개하게 하는 애물단지와 같은 것이다.

100만원을 감사헌금하기 위해 교회로 가져 가다가 마침 공과금이 밀려있다고 하여 11만원을 떼고 89만원만을 헌금하였다. 그 다음날 출판사로부터 전화가 왔다. 마침 미지급된 원고료를 발견하고 보내겠다고 한다. 아니 이게 웬 횡재인가? 그래서 얼마냐고 물었더니 89만원이라 한다. 그 순간 화를 내시는 하나님의 얼굴이 떠올랐다. 하나님께서는 하나님의 재물에 손을 대면 회초리를 드신다.

하나님께서는 우리에게 맡기신 모든 것에 대해 결산 보고를 요구하신다. _{강요Ⅲ, 381면, 눅 16:2} 보고받으실 하나님은 극도로 절제와 검소, 성실함을 강조하는 분이시기 때문에 겉치레와 쾌락만을 위해 그 재산을 낭비하거나 교만하거나 거짓 보고하는 것을 그냥 넘기지 않으신다.

가짜 영수증을 이용하여 회사의 장부를 허위기재하고 회사에 손해를 끼치거나 회사 돈을 유용하는 분식회계(accounting fraud) 범죄는 내부 고발자가 없으면 사실상 드러나지 않는다. 그러나 이러한 범죄마저도 하나님 앞에서는 통하지 않는다. 손바닥으로 태양을 가릴 수 없듯이 숨기려고 해도 숨길 수 없고 만물이 벌거벗은 것같이 모두 드러나기 때문이다._{히 4:13}

성경은 말한다.

"너희가 만일 불의한 재물에도 충성하지 아니하면 누가 참된 것을 너희에게 맡기겠느냐?"_{눅 16:11}

이 세상에서 맡겨진 재물을 성실하게 관리하지 못하면 하나님 나라의 보물을 어떻게 맡기겠느냐고 꾸짖으신다. 잘못이 있으면 청지기 직무를 빼앗을 것이라고 하신다. 우리에게 주신 재물을 잘못다루면 때로는 우리를 넘어지게도 한다. 교회에 땅을 팔아 전액을 헌금하기로 약속하고도 일부를 감추고 나머지만을 내 놓은 아나니아와 삽비라 부부에게 하나님께서는 중한 벌을 내리셨다.

"사람에게 거짓말한 것이 아니요 하나님께로다."행 5:4

부정직하고 탐욕적인 행동은 교회 공동체를 파괴하는 행위이고, 성령을 방해하는 행위이기 때문에 하나님께서는 청지기로서의 지위를 박탈하셨다. 주의 영을 시험하려 해서도 안 된다. 성도로서의 은사는 얻고 싶고, 재물을 나누기에 아까워하는 우리의 이중적인 생활 태도를 하나님께서는 벌하신다.행 5:4

부자는 많이 가진 자가 아니라 남에게 많이 베푸는 사람이다. 따라서 부자에게 필요한 덕목은 자신에게는 검소하고 인색함을 가지되 남에게는 사랑을 가지고 관대하게 베푸는 것이다.

궁핍한 사람은 인내와 겸손을 가져라.

지금 주린 자는 복이 있나니 배부를 것이요. 우는 자는 곧 웃을 것이다.눅 6:21 바울은 약함 속에서 강함이 있고, 고통 속에서 힘이 나며 박해를 받고 모욕을 당해도 그 가운데 샘이 솟는다고 했다.

when I am weak, then I am strong.

왜 그런가?

바울은 은혜가 풍성하신 예수님과 항상 동행했기 때문이다.고후 12:10 바울은 예수님의 이름으로, 예수님 안에서 경건함으로 모든 고통을 이겨낼 수 있었다. 참으로 경건함은 위대하다고 절로 찬양이 나온다고 했다.딤전 3:16 예수님과 동행하는 경건한 삶의 비밀을 모르고 회개하지 않는 자는 항상 배우지만 결코 진리에 도달 할 수 없다.딤후 3:7

믿는 자는 가난한 자 같으나 많은 사람을 부유하게 한다.^{고후 6:10}

그리스도인은 받는 것보다 주기를 더 좋아하며 물질적인 축복보다는 영적인 축복을 바란다. 그래서 물질적으로 항상 부족하여 가난한 자 같지만 하늘나라에 복을 쌓아 두었으니 특별한 상급을 받을 것이요, 구원의 기쁜 소식을 다른 사람에게 전파하고 갑절의 축복을 돌려받으니 그 또한 부유하게 될 것이라는 의미이다. 베드로가 미문 앞의 앉은뱅이에게 비록 금과 은은 없지만 예수님을 믿으면 구원을 얻고 치유함을 받는다고 함도 이와 같다.^{행 3:3}

시련을 당하면 세상 것들은 모두 떠나지만 하늘나라는 더 가까이 온다. 고난을 당하고, 곤궁에 처해야 비로소 기도하며 하나님이 함께 하신다는 것을 실감하는 우리는 그만큼 어리석은 자들이다.

고난이 닥치면 고난을 멀리해 달라고 기도할 것이 아니다. 가난한 자는 더 달라고만 기도할 것은 아니다. 내 자신을 돌아보고 원인을 찾아 깊이 회개하고, 이를 이겨낼 능력과 인내를 달라고 기도하여야 한다.^{행 4:29}

겸손과 인내함으로 하나님께 간절히 매달려야 한다. 하나님만을 바라보아야 한다. 비워야 비로소 채워주신다.

'심령이 가난한 자는 복이 있나니'^{마 5:3}

이러한 비밀을 이미 알고 있었다면 지혜로운 사람이다.

예수님께서는 머리를 대고 누울 자리가 없다고 하셨고,^{마 8:19-20, 눅 9:58} 제자들에게도 여행 중에 배낭이나 두벌의 옷이나 여벌의 신발도 가지지 말라고 하셨다.^{마 10:9-10} 하나님만을 의지하고 바라보라는 믿음의 생활을 몸소 실천하시고 제자들로 하여금 따르게 하셨다. 우리가 하나님께 참 의지하면 하나님께서는 우리의 부족함을 미리 아시고 채워주신다.

어린 시절 가난했던 록펠러는 세계 최고의 부자가 된 비결에 대해 '하나님께 전적으로 의지하는 삶을 살았다'고 술회한 바 있다. 그는 하나님이 주신 재물로 시카고 대학을 비롯하여 많은 대학과 교회를 지어 하나님께 돌려드렸다.

그렇다. 우리가 하나님을 의지하면 하나님은 우리를 오른손으로 꼭 붙잡아 주시고 지켜 주신다. 그래서 우리에게 가난은, 자연스럽게 겸손을 배우게 하며, 고통 속에서 인내할 줄 알고 하늘나라의 소망을 바라보는 기쁨을 가지게 한다.

바울 또한 복음을 전파하는 일에, 이방인에게 헌신하는 것을 당연한 사명으로 알았기 때문에 사례금을 받지 않고, 가난한 삶을 살면서 겸손할 줄 알았다.^{고전 9:17}

어떠한 형편에든지 만족하면서 인내할 줄 알았다.^{빌 4:11} 그래서 부족할 때에는 손수 천막을 기워 충당해가며, 더 갈급한 심정으로 하나님께 의지할 수 있었다.

사람은 가난하고 부족할 때 예수님으로부터, 바울로부터 인내와 겸손을 배워야 한다.

가난할 때, 사람에게 기대면 구걸이고 궁핍하기만 하지만 하나님께 기대면 기도가 되고 부요함이 된다. 억지로 참으면서 사탄의 유혹에 빠지면 재물을 얻게 될 때 반드시 교만해지지만 하나님께 기대면 겸손해지고 자기보다 못한 자를 섬길 줄도 알게 된다.

가난한 자의 덕목은, 비굴하지 말고 가난을 인내하고 소망을 바라보고 기쁨을 보이는 것이다.

주어진 것에 만족할 줄을 알아야 한다.

경건을 추구하는 사람은 주어진 재물에 만족할 줄 안다. 배부름과 배고픔, 풍부함과 궁핍함 중 그 어떤 형편에서도 만족할 줄 알아야 한다. 오늘 먹을 것과 입을 것이 있으면 족하다. 어둠의 사탄은 인간에게 만족할 줄 모르게 한다. 자신이 받은 은혜에 감사할 줄 모르게 한다.

하나님께서 주신 것에 만족할 줄 모르고 자신이 직접 찾아 나가서 욕심을 채우려 한다. 탐욕과 교만은 우리의 영이 사탄의 지배를 받고 있다는 증거이다.

믿지 않는 사람들은 가지지 못한 것에 항상 불만을 가지고 산다. 그리고 가진 자에 대해서는 그가 형제이든 이웃이든 상대방이 누구든지 험담하고 깎아 내린다. 자신들을 착취하고 남의 것을 훔치고 투기해서 돈을 벌었다고 비방한다. 부자들 때문에 자기들이 가난하게 산다고 원망하고 있다. 한편 믿음이 부족한 부자는, 가난한 자를 무시하고, 자신의 겉치레와 쾌락만을 위해 돈을 낭비하고 있다. 그들 모두 자기가 주인인 것처럼 산다고 하지만 모든 것에 사탄의 지배를 받고 있음이 분명하다.

출애굽 당시 이스라엘 백성에게 광야의 삶 또한 어려운 상태이었다.
그럼에도 하나님께 전적으로 의지하고 순종하는 사람들은 만족할 줄 알았다. 그들에게 광야는 푸른 초원이었다. 그러나 불순종하고 불평하는 사람들에게는 만족할 수 없는 고난의 길이었고 결국 그들은 그곳에서 모두 죽고 말았다. 만족하지 못함으로 안식의 땅 가나안에 들어갈 수 없었다.히 4:6-11

하나님께서는 천지를 창조하시고 사람으로 하여금 만물을 관리하라 하셨다. 빛과 공기를 주시고 비를 내리시어 결실을 거두고 음식과 기쁨으로 만족하며 살기를 바라셨다.^{행 14:15-17} 그러나 인간은 가지지 않은 것에 불만을 가지고 자기가 받은 은혜에 감사할 줄 모르고 스스로 부족한 자가 되었다.

만족할 줄 알아야 행복할 줄 안다. 만족할 줄 모르고 겸손할 줄 모르면 남을 섬길 줄도 모른다. 바울은 궁핍한 중에도 자족할 줄 알았기에 이방인 사역에 충실할 수 있었다. 능력과 은혜를 주시는 분 안에서 비록 가난하더라도 무엇이든 못할 것이 없다는 믿음을 가졌다.^{빌 4:10-13}

바울은 재물을 소유개념이 아닌 사명의 관점에서 바라보았기에 주어진 환경 안에서 주신 재물로 할 수 있는 일에 최선을 다할 수 있었다. 자신이 온전한 신앙인으로 되기 위해 가난이나 부유함을 적절히 이용할 줄도 알았다. 그에게 재물은 어떠한 상황 하에서도 은혜의 수단이 되었다.

영광을 드러내는데 사용하기 위해서는 하나님께서 풍성한 은혜로 채워주시고, 하나님의 일을 함께할 동역자도 보내주신다는 확실한 믿음을 가졌다.^{빌 4:19} 그에게 바나바를 보내주셨고, 목숨을 건져주는 제자들도 보내주셨고 브리스길라와 아굴라 같은 동역자도 때에 맞춰 보내주셨다.^{행 18:2-4} 사명을 주시고 그에 합당한 권능을 주신다. 표적도 주셔서 예수님의 참 제자라는 확인도 해 주신다.

주시는 이가 하나님이시지만 일을 이루어 가시는 분 또한 하나님이시기 때문이다.

땅에 있는 지체를 죽여라. 탐심은 우상이다.^{골 3:5}

이기적인 욕심과 교만은 모두 땅위의 육신의 것이요 정욕의 것이요 귀신의 것이니 모두 영적인 분별력을 잃어버린 채 오히려 인간을 지배하는 우상이 된다.^{약 3:14-15} 우상은 우리에게 진리에 눈을 감고 귀를 막아 참 주인이신 하나님께 등을 돌리라고 한다. 하나님께서는 이미 선지자들을 통해 이 세상 것들에 대한 육신의 탐욕을 경고하셨다.

육신의 나를 죽여야 참 주인이신 그리스도의 영이 내 안에서 살아서 역사하신다.^{롬 8:13-14}

안식년을 주시고 나그네처럼 살라하신다.

사람은 배가 부르면 엉뚱한 생각을 한다는 것을 하나님은 알고 계신 것이다. 그래서 7년 주기로 안식년을 두셨다.^{레 25:8-10} 6년이 지나면 그 이듬해 1년은 사람이든 경작지이든 쉬게 하셨다.

안식년 제도는 무엇보다도 하나님과의 영적관계의 회복에 중점을 두고 있다. 안식하면서 온전하신 하나님과 함께하니 영적으로 강건해 지는 것이다. 속사람이 날로 새로워지는 것이다. 경작지 또한 휴경하면서 주신 은혜에 감사드리며 땅의 지력을 회복하라는 취지이다. 성령 하나님이 가르쳐 주신 지혜이다.

나는 교수로 15년 재직했고, 7년 주기로 보면 두 번의 안식년이 예정되어 있었다. 그러나 한번은 처음 시행하는 법무부 주관 변호사시험제도를 만들면서 1년을 보냈고, 두 번째 안식년은 학교에서 일반 대학원에 과학수사학과를 신설한다고 안식년을 뒤로 미루었다가 결국 쫓겨나 가지 못했다.

안식년은 단순히 일을 손에서 놓는 것만이 아니라 하나님과의 영적인 관계 회복에 있다는 사실을 나는 전혀 알지 못했다. 그러자 하나님께서는 모든 것을 내려놓고 예수님 한분만 바라보고 살도록 기회를 주셨다. 비록 쫓겨난 몸이지만 3년 동안 제대로 된 안식년을 보내고 있으니 하나님이 주신 은혜이다. 이제라도 하나님과의 관계를 회복하고 하나님을 제대로 알아가면서 하나님과 동행하고 있으니 천만다행이다.

이스라엘에서는 7번째 안식년의 다음해 곧 50년에 해당하는 해를 희년이라 한다. 그때는 흩어진 가족들이 선조들의 땅으로 돌아가고 그

동안 이웃들에게 건네준 빚을 모두 탕감해 주는 해로 삼게 하셨다.

특히 토지는 하나님의 것이니 돈이 없어 어쩔 수 없이 양도하더라도 형제에게 무르기를 허락하고 형제마저 가난해서 무르지 못하면 50년째 희년에는 원소유자에게 되돌려주도록 계율로 정하였다. 양도하더라도 영영히 팔지는 못하게 한 것이다.^{레 25:23-28} 하나님이 주신 땅이고 지파별로 주신 기업이라는 생각이 강하다.

한국과 같이 좁은 땅에서는 내 땅 네 땅할 것 없이 모든 땅을 공유로 하거나 나라의 소유로 하고 중국처럼 50년간 빌려주는 형식으로 개인에게 사용권을 가지게 하자는 주장도 제기되고 있다. 그러나 나라이든 정권이든 결국 인간이 나누어 주는 것은 하나님이 주시는 것과 달리 왜곡될 수 있음을 역사가 증명하고 있다.

때로는 이스라엘 땅에 7년 주기로 대기근을 허락하시어 가진 것에 집착하지 말고 떠나게도 하셨다. 아브라함도, 야곱도 기근을 피해 애굽 땅 이집트로 이주하였다.^{창 12:10} 독수리도 새끼가 자라면 보금자리를 어지럽게 하여 둥지를 떠나게 한다.^{신 32:11}

이 세상에 영원한 보금자리는 없다. 사는 동안 나그네처럼 순례자처럼 살면서 세상의 재물이나 명예에 집착하지 말라고 가르치셨다.

어차피 하늘나라 갈 때에는 빈손으로 가는 인생이다. 태어날 때는 두 손을 불끈 쥐고 무엇이든지 가지려고 했지만 갈 때는 두 손 모두를 내려놓고 가는 것이 사람이다.

사랑으로 하늘나라에 복을 쌓으라.

　재물이란 하나님께서 우리에게 이 세상을 살면서 특별한 용도로 사용하도록 주신 것이다. 그 중 십 분의 일은 하나님의 것이니 하나님께 돌려드려야 한다.눅 21:3 십일조는 아브라함도 바쳤고, 야곱도 이를 맹세하였다.창 28:22 느헤미야 시대 사람들도 지켰다.느 10:37

　나는 십일조를 온전히 바치지 못했음을 부끄럽게 생각한다. 수입의 30분의 1도 안 되는 돈을 내면서 각종 기부금을 내고 매 주 헌금과 가까운 친척들에게 주는 약간의 돈을 모두 합해 십일조를 낸다는 계산을 해가면서 자위하곤 했다. 나는 주님의 것을 도둑질하였다. 십일조와 봉헌물을 도둑질한 것이다.
　'나의 것을 도둑질하였으므로 너희가 저주를 받았느니라.'말 3:9
　한편 규모는 작지만 탄탄한 모 기업의 상무로, 전무로 재직했던 나의 고교 친구는 십일조를 잘 지켰다. 그것도 세금을 공제하기 전의 연봉에서 온전한 십일조를 바쳤다. 그는 많은 어려움 중에도 다니는 회사의 회장님을 잘 도왔으며 하나님께서는 그와 그 기업에게 풍성한 은혜로 응답해 주셨음을 잘 알고 있다.

　십일조를 공제한 나머지 또한 하나님 뜻대로 필요한 곳에 사용하고 선행의 도구로 사용하라고 하신다. 아낌없이 베풀고 나누어 주는 것이 자신을 위해 하늘나라에 기초를 튼튼히 쌓는 것이고 참된 생명을 얻는 길이다.딤전 6:18, 19 참조
　어느 목사님은 설교시간에 가장 선교하기 어려운 곳이 나의 속마음이고 가장 어려운 사역이 나의 속주머니라고 했다. 부자에게 재물이 믿음의 장애물이 되어서는 안 된다.
　주는 것이 받는 것보다 복이 있다.행 20:35 재산을 팔아 자신의 이웃을 만드는 청지기를 보라.눅 16:8-9 당장은 어렵지만 미래를 생각하고, 물질을

자신의 쾌락을 위해 낭비하기보다는 다른 사람을 위해 그 물질을 사용하는 지혜를 배우자.

빼앗기는 것보다 기쁘게 주는 것이 더 낫다.^{히 10:34}

예수님의 이름으로 재산을 빼앗기면 하늘나라에 복을 쌓는 길이 된다. 억지로 어쩔 수 없이 빼앗기지 말고 기쁜 마음으로 축복하면서 주라. 우리가 자녀들에게 빼앗길 때 행복한 마음으로 주지 않는가? 사랑이 있으면 빼앗기더라도 아깝지 않다. 가난한 자에게 모든 것으로 구제하고 내 몸을 내어 줄지라도 사랑이 없으면 아무런 유익이 없다.^{고전 13:3}

믿는 사람은 금방 사라질 현세보다는 그 재물을 영원히 쌓을 수 있는 하늘나라에 마음을 두고 살아야 한다. 도적도 없고 좀도 없는 하늘나라에서 영원히 소유할 줄을 우리는 알고 있다.^{히 10:34}

내 형제 중의 지극히 낮은 자에게 베푸는 것, 가난한 자에게 베푸는 것은 모두 주님에게 주는 것이며, 여호와께 빌려주는 것이다. 적게 베푸는 자는 주님의 손에 적게 맡기고, 많이 베푸는 자는 많이 맡기는 것과 같다.^{마 25:40, 잠 19:17, 고후 9:6}

지극히 작은 것 하나라도 그것이 시간이 되었든 달란트가 되었든 재물이 되었든 예수님께 바치면 하나님은 그것을 크게 사용하신다. 어린아이의 손에 있던 오병이어로 장정만도 5,000명을 먹이신 분이시다.

가난한 자로부터 받은 담보물이 있거든 사랑으로 반드시 해지기 전에 돌려주어 그것을 입고 자게 하라. 곡식을 수확하거나 과일을 딸 때 그들을 위해 일부를 남겨두어라.

보아스가 룻에게 행한 대로 떨어진 이삭을 줍지 말고 사랑으로 남겨두라. 그리하면 너에게 의로움이 되리라.^{레 19:9-10, 신 24:12-22}

갈라디아 교인들이 병든 바울에게 정성을 다했듯이 병든 자, 고통 받는 자에게 다가가는 사랑도 모두 예수님께 드리는 것이다.

교회에 내는 헌금도 마찬가지이다. 남에게 베푸는 선행과 헌금은 모두 하늘나라에 복을 쌓는 것이다. ^(well-doing)

적고 많음의 양이 중요한 것이 아니다. 억지나 강요도 아니다. 즐겁고 담대하게 사랑으로 주는 것을 하나님은 기뻐하신다. ^(고후 9:7) ^(cheerful giver)

우리를 외롭지 않게 서로 의지하면서
살도록 만들어 주셔서 감사드립니다.
예수님이 하신 것처럼 나 자신보다 가난한 자,
어려운 자의 유익을 먼저 생각하는 사람이 많아져서
이 세상이 화목했으면 좋겠습니다.

Thankfulness Came
Like a Gentle Breeze

25. 나누어 주라고 하신다.

이제 너희의 유여한 것으로 저희 부족한 것을 보충함은 후에
저희의 유여한 것으로 너희 부족한 것을 보충하여 평균하게 하려 함이라. 고후 8:14

많이 받은 자는 자신에게 필요한 것 이상은 다른 사람에게 나누어 주어야 한다. 인색함이나 억지로 주지 말며 기쁘게 주어야 한다. 누구든지 약속한 것이 있으면 반드시 주고, 남에게 줄 때에는 마음에 정한대로 주어라. 시간이 가면 마음이 변해 인색해지는 것이 사람이다.

이스라엘 백성에게 만나를 주시되 많이 받은 자는 너무 많아 남지 않았고, 적게 받은 자는 너무 적어 모자라지 않았다. 출 16:18 그것이 공평하고 정의로운 세상이다.

하나님께서는 남에게 주는 양만큼은 우리에게 더 주신다. 그러나 쉬 없어질 재물보다는 영원한 생명의 양식이 더 중요하다는 것을 잊지 마라.

재물은 하나님의 뜻에 따라 주셨다.

모든 재물은 하나님께 속한 것이요, 채우시고 비우시는 것 모두 하나님이 주관하신다. 하나님께서는 땅을 정복하고, 바다의 고기와 공중의 새와 땅의 생물 모두를 사람에게 다스리도록 맡기셨다.^{창 1:28} 재물과 부요를 누리게 하시며 제 몫을 받아 행복하게 살도록 하는 것이 하나님의 뜻이고 선물이었다.^{전 5:18-19}

'Camels are coming'

아브라함 시대 낙타는 부를 상징하였다.^{사 60:6} 이삭이 묵상을 마치고 고개를 들어보니 멀리서 신부될 리브가가 낙타를 타고 오고 있었다.^{창 24:63-65} 하나님께서는 어머니 사라를 잃고 외로워하는 이삭의 기도를 들으시고 리브가를 신부로 보내 주시고 재물도 풍성하게 채워 주셨다. 믿음을 가지고 순종하면 하나님께서는 풍요로운 물질도 채워주신다.

물질이든 명예이든 모든 것이 나의 공로 같으나 하나님께서 하나님의 필요에 따라 주셨음을 잊지 말아라. 성령의 은혜가 사명에 따라 그 양이 정해지듯이 재물 또한 사람마다 다르게 주어지는 것이다. 적게 주었다고 서운해 하지도 말고 많이 주었다고 자랑할 것도 아니다. 재물은 우리의 필요에 따라 주시는 것이 아니라 하나님의 뜻에 따라 사명에 따라 주어지기 때문이다.

사람마다 가지고 있는 재물의 양은 다르다. 재물로 크게 사용하실 그릇에는 많이 채워주시고, 그렇지 않으면 재물은 적게 주시되 다른 것으로 듬뿍 채워 주신다. 무엇으로 얼마나 채워주실 것인지도 모두 하나님이 결정하신다.

우리는 하나님께서 채우시기 편하시도록 예수님이 성전 앞을 깨끗이 치우셨듯이 우리 마음의 그릇을 깨끗이 비워 두어야 한다.^{요 2:15-16}

주신 재물은 하나님의 뜻에 따라 사명에 따라 사용되어야 한다. 맡겨주신 재물은 위탁물이니 선량한 관리자로서 우리의 의무를 다해야 한다. 하나님이 주신 재물을 무절제하게 낭비해서는 안 된다. 자신의 정욕을 위해 육신의 일을 도모해서도 안 된다.^{롬 13:14} 자신의 쾌락만을 위해 사용하는 재물은 때로는 독이 될 수 있다. 평안히 쉬고 먹고 마시고 즐거워하자는 어리석은 부자와 같이, 욥의 일곱 아들과 세 딸과 같이 재물로 매일 잔치를 베풀고 먹고 마시기를 즐겨하면 하나님의 뜻에 거스르게 된다.

선량한 욥은 자칫 자녀들의 이런 행동이 하나님의 성물에 죄가 될 것을 우려해서 잔치가 끝나면 그들의 인원수대로 흠 없는 숫양을 바쳐 제사를 드렸지만 마귀는 그냥 넘어가지 않았다.^{레 5:15} 마귀는 상대방의 죄성을 보고 근거가 있는 공격을 하기 때문이다. 결국 욥의 아들, 딸들은 사탄의 시험으로 모두 죽임을 당하였으니 아버지 욥의 가슴에 대 못을 박고 말았다.^{욥 1:8-12}

여호와 하나님께서는 과부들에게 속옷과 겉옷을 주어 선행과 구제 사업을 다한 다비다를 다시 살려주시어 사명을 마저 완수하도록 하셨다.^{행 9:36-43} 주신 소명에 합당하게 재물을 사용하니 그녀에게 복을 주시고 생명을 연장해 주신 것이다.

유대인 아볼라에게 하나님의 도를 정확하게 풀어주게 한 브리스길라와 아굴라에게는,^{행 18:24-26} 바울의 동역자로서 재물을 듬뿍 주시어 고린도 교회에 도움을 주는 큰 그릇으로 사용하셨다.^{롬 16:3-4}

하나님이 주신 재물, 하나님이 나의 속주머니를 직접 관리하시도록 맡겨드리자.

내가 아는 선교사는, 노후된 차량의 배기가스검사를 위해 수리비용이 2,500불이나 필요했단다. 그런데 어떤 집사님이 영문을 모른 채 2,500불을 주고 싶다고 하여 깜짝 놀랐다. 그렇지만 그 분이 얼마나 어렵게 사는 분이라는 것을 알았기에 정중히 사양하고 다른 정비업소에 갔는데 뜻밖에도 연료탱크의 고무 가스켓만 교환하면 된다고 하였다. 그래서 단돈 45불에 해결하였다고 한다. 하나님께서는 때로는 재물로 우리들을 시험하기도 하신다.

하나님은 모든 것을 그 분의 필요와 주신 사명에 따라 우리의 주머니를 채워주시고 그 분의 뜻을 이루어 가시는 분이시다.^{마 6:33}

재물에 대한 집착은 우상이 된다.

우리의 마음속에 그리스도의 영 대신에 재물이 차지하고 들어와 있으면 우리는 재물의 노예가 되고 만다. 재물에 대한 지나친 욕심은 우상임을 알아야 한다.

매일 먹을 양식이 있으면 족하다. 오늘 먹을 양식만 있으면 족하다. 주기도문에서 '일용할 양식'을 구하는 취지도 그러하다. 내일 필요한 것은 내일 하나님께서 반드시 주실 것이다. 우리는 매일 성령이 주시는 믿음으로 살아야 한다.

우리 안에 계신 하나님께서 우리에게 약속하셨다. 하늘을 나는 참새 한 마리도 하나님께서 기르시나니 너희는 이것들보다 귀하지 아니하냐?^{마 6:25-30}

오늘 주신 것을 내일도 주신다는 확신이 믿음이다. 하나님의 사랑이고 자비이시다. 이를 잊어서는 안 된다. 오늘 필요한 것 이상을 얻으려 걱정하고 근심하지도 말라. 오늘 먹을 것 이상을 축적해서 쌓아 둘 필요가 없다.

하나님께서는 출애굽한 이스라엘 백성에게 만나를 내리시고 먹을 만큼만 거두라고 하셨다. 이에 불순종하고 많이 거두어 아침까지 남겨두면 벌레가 생기고 냄새가 나 먹을 수 없게 하셨다. 다만 안식일 전날에는 안식일에 먹을 음식까지 이틀분의 양식을 거둘 수 있게 하셨다.출 16:22-30

우리도 매일 매일 경험하는 일이다. 냉장고를 열고, 남은 음식을 버릴 때마다 후회하지 않은가? 그리고도 금방 돌아서서 냉장고에 가득 쟁여 놓는 것이 우리들이다. 믿음이 부족하다는 증거이다.

자기에게 주어진 재물에 만족할 줄 알아야 한다.

하나님이 주신 것만으로 만족할 줄 알아야 한다. 소명에 따라 주신 재물의 양에 만족할 줄 알아야 한다. 그러나 사람의 욕심은 본질적으로 끝이 없다. 지나치면 모자람보다 못하다고 했다. 우리의 삶 가운데 재물에 대한 지나친 집착은 없었는지 한번 쯤 뒤 돌아보아야 한다. 더 이상 재물만을 쫓아가는 재물의 노예가 되어서는 안 된다.

사건사례를 하나 들어보자. 하나님은 공무원들에게 나라를 위하고 백성을 위하라고 권한을 주시고 기름을 부어 주셨다. 따라서 그러한 권한을 자신의 이익이나 안정적인 직장, 돈벌이 수단으로 생각해서는 안 된다.

어느 군청의 공무원은 밤새 토지대장을 변조하였다. 지목이 임야인데 마치 잡종지인양 변경해 주었다. 그래서 그 지역의 아파트개발사업 허가를 받을 수 있도록 도와주었다. 그런 다음 그는 군청으로부터 사직한 후에 버젓이 도와준 그 회사의 이사직으로 자리를 옮겼다. 박봉으로 살다가 억대 연봉에다 자가용까지 받게 되었으니 팔자를 고친 셈이다. 대박이다. 2-3년 징역을 살더라도 미래가 보장되어 있다. 공직을 자신의 돈벌이 수단으로 생각한 것이다. 수사검사로서는 개발사업의 시행허가 자체를 취소해 보려고 애썼지만 이미 분양대금을 내고 선 분양을 받은 피해자가 너무 많아 어쩔 수 없었다.

하나님이 주신 권한을 남용하여 재물에 집착하는 자를 하나님은 제일 싫어하신다. 그는 전리품에 욕심을 갖은 사울 왕과 같이 버림받았음이 틀림없다.

오늘날 재물에 눈이 어두워 돈의 노예가 되는 사람이 많다. 재물에 대한 지나친 욕심은 죄이고 죄의 끝은 사망이다.^{계 18:11-19}

우리는 청문회 과정에서 억척스러움으로 투기재산을 모았다가 추락하는 관료 후보자들을 많이 보게 된다. 이 세상 만물은 창조주이신 하나님의 소유이며 하나님께서 우리에게 잠시 맡겨주신 위탁물이라는 것을 그들은 몰랐다. 하나님이 주신 재물에 만족할 줄 모르고 부당하게 재산을 부풀려서는 안 된다.

죄는 현재도 살아있으며 우리를 지배하기 위해 항상 문 앞에서 도사리고 우리의 틈을 보고 있다는 것을 주의하여야 한다.^{창 4:7}
예수님께서 말씀하셨다.
"한 사람이 두 주인을 섬기지 못할 것이니 혹 이를 미워하고 저를 사랑하거나 혹 이를 중히 여기고 저를 경히 여김이라 너희가 하나님과 재물을 겸하여 섬기지 못하느니라."^{마 6:24}
돈을 사랑하고 욕심을 가지면 하나님을 온전히 사랑할 수 없고, 신앙생활에도 걸림돌이 되고 만다. 돈을 하나님보다 더 사랑하여 우상화해서는 더욱 안 된다.
나는 부장검사로 재직하다가 교수로 전직하였다. 변호사를 하지 않고 서둘러 교수로 온 것에 대해 후회한 적도 있었다. 재물 탓이었다. 교수로 옮긴 후에 월급이 줄어 생활이 조금 더 궁핍해졌기 때문이었다.

어떤 검사는 퇴직의 변으로 "아들에게 피아노를 사주고 싶었다"고 했다. 대다수의 검사들은 나라에서 주는 월급으로 여유는 없지만 그래도 자랑스럽고 청빈하게 공직 생활을 하고 있다. 훗날 변호사로서 노후를 보장받을 수 있다는 생각도 있을 것이다. 그런데 막상 교수로 와서 보니 부장검사 시절보다 월급이 몇백 만원 줄었다는 생각이 들었다. 겉으로는 교수월급에 만족하고 살았지만 가끔은 변호사를 하다가 교수로 오신 동료 실무가 출신 교수님들의 여유로움(?)을 보고 부러워하기도 했다.

그래서 나는 열심히 뛰어다녔다. 행정부처나 지방자치단체의 위원회에 참석하여 한 푼이라도 참석수당을 더 받으려 하였고, 전국을 돌며 변호사 시험 대비 순회특강도 하고, 방송에도 출연하여 공명심도 키워갔다. 만족할 줄 몰랐다.

모든 수입원이 막히고 무일푼으로 미국에 쫓겨 와서야 알게 되었다. 많이 가진 자도 여유롭지 않고 부족한 자도 궁핍하지 않다는 의미를 절실히 깨닫게 되었다.

공직생활을 마치고 받은 퇴직금은 먼저 본 사람 임자라는 말이 있다. 나 또한 1차 형사 고발되어 검사직을 물러나면서 퇴직금을 받았다. 1억 원이 넘는 큰 돈을 몽땅 투자하였다가 나중에 속은 것을 알았다. 한 푼 건지지 못하였다. 하나님께서는 재물에 대한 욕심을 버리도록 가혹하게 교훈을 주셨음에도 제대로 깨닫지 못하였다.

모든 것을 또 다시 잃고서야 깨달았다. 나는 이제껏 가진 것에 만족할 줄 몰랐다. 가진 재산이 모두 나의 공로인줄 알았다. 나눌 줄을 몰랐다.

나눔을 통해 미국사회는 어느 정도 공평한 사회를 구현해 가고 있다. 가난한 사람은 남이 가진 재물을 부러워하거나 시기하지 않고, 가진 자는 기부형식으로 나누어 주는데 인색하지 않아서 좋았다.

내가 섬기는 교회에서는 매주 금요일과 토요일에 식품구제사역을 한다. Food bank라고 불리는 곳에서 대규모로 제공하는 야채와 계란, 음료, 오트밀, 감자 등 생활양식을 받아서 교회 앞에서 가난한 사람들에게 이를 나누어 주는 구제사역을 하고 있다. 내가 다니는 학교에서는 월요일과 목요일에 좀 더 다양한 품목의 식료품을 같은 방식으로 학생들에게 나누어 주고 있다. 나 또한 이러한 푸드사역에 동참하고 남은 것으로 요리를 해서 Homeless들에게 나누어 주기도 하고, 야채와 과일, 오트밀, 우유, 소시지 등으로 나의 끼니를 해결하고 있다. 코비드-19기간 동안 요양단체에서는 가난한 자들에게 도시락을 만들어 매일 나누어 주고 있다. 이러한 구제사역은 미국사회 곳곳에서 대규모로 체계적으로 이루어지고 있다.

이 점에서 미국사회는 건강한 세상이다. 나눔이 있어서 비록 가진 것이 부족한 사람도 먹는 것만은 모자라지 않게 살고 있다. 부자도 나누어 주는데 인색하지 않으므로 원망을 듣지 않는다. 화목의 하나님은 그들의 나누는 모습들을 보고 얼마나 기뻐하고 계실까? 나 또한 하나님이 기뻐하시는 일을 하고 싶다.

하나님으로부터 받은 사랑이 넘쳐 이제라도 이웃에게 나누어 주고, 그들에게 더 가까이 가고 싶다. 하나님이 좋아하시는 일이라면 무엇이든지 하고 싶다.

예수님께서는 고린도후서 8장 본문과 같이 너희가 넉넉함으로 나누면 너희가 부족할 때 채워주심으로 균등하게 되었고, 많이 거둔 자도 남

지 아니하였고 적게 거둔 자도 모자라지 아니하는 것이 정의이고 형평이라고 말씀하셨다. 고후 8:14-15

나눌 줄 모르고 재물에 대한 탐욕과 헛된 명예심만을 키워 온 지난 생활이 너무나 부끄럽기만 하다.

믿는 자는 나눔으로 그분의 영광을 드러내자.

예수님께서 우리에게 물으신다.

"네가 나를 위해 무엇을 하였느냐?"

당장 눈앞에 있는 재물을 잔뜩 움켜만 쥐고 굶주린 사람을 보고도 내어놓지 못하는 이들을 보시고 안타까워하셨다. 독생자 예수님을 희생 제물로 내 놓으신 하나님의 자비를 모르는 사람들이다. 십자가에 순종함으로 매달린 예수님의 사랑을 모르는 사람들이다. 맡겨주신 재물을 자기 소유로만 생각한 것이다.

너의 하나님께서 너에게 복을 주신대로 그들에게 나누어 주어라. 신 15:14

하나님의 명령이시다.

우리는 우리에게 주어진 모든 자산, 그것이 지식이든, 재물이든 받은 은사이든 하나님 뜻에 따라 하나님 보시기에 좋은 곳에 사용하여야 한다. 가난한 형제들을 도와주고 부족하고 필요한 것을 이웃에게 나누어 주라고 하신다.

"할 마음만 있으면 있는 대로 받으실 터이요 없는 것은 받지 아니하시리라." 고후 8:12

없는 것을 주라는 것도 아니다. 미문 앞에 있는 못 걷는 이에게 베드로는 은과 금은 그에게 줄 수 없었다. 그러나 그가 받은 치유의 은사를 나누어 주었다. 행 3:6 사람에 따라서 받은 은사는 재물일 수도 있고, 능력이나 지혜일 수도 있다. 각자 사명에 따라 주어진 권능과 은사를 떼어서 나누어 주라는 것이다. 그것이 주신 분의 뜻이시고 그분의 영광을 드러내는 것이 된다. 그것이 주신 분에 대한 감사의 표현이다.

남에게 나누어 줌으로써 받게 되는 하나님의 긍휼이나 사랑은 직접 경험 해 보지 않고는 느끼지 못한다. 나는 전에는 homeless들이 집단 거주하는 곳에는 접근하지도 않았고, 어쩔 수 없이 지나가야 할 때에는 멀리 돌아가기도 했다. 그러나 이제는 친교제물이 되어 그들에게 가까이 가고 있다. 아는 대로 행동하지 않고 믿는 대로 행동하고 있다는 증거이다. 사람이 알면 위생이니 건강이니 자신의 안전을 찾지만 하나님이 지켜 주시고 기뻐하신다는 믿음이 있기에 그들에게 다가설 수 있었다. 헌신이나 봉사도 하나님이 주신 은사임을 깨닫게 한다.

하나님께서는 독생자이신 예수 그리스도를 우리에게 아낌없이 주셨다. 우리의 죄를 대신해서 희생양으로 삼으시고 공의를 실현하셨다. 그런 축복을 받은 우리 또한 주님께 우리의 삶을 온전히 돌려 드려야 한다. 나의 재능과 재물을 온전히 주님께 바칠 때 주님께서는 우리에게 다른 사람을 섬길 수 있는 마음의 문을 열어 주신다. 그들이 비록 길거리에 쓰러진 환자이고, homeless일지라도 사마리아 사람처럼 가까이 다가가 사랑을 건네줄 수 있게 해 주신다.

우리가 가진 것을 남에게 나누어 주는 것은 하나님의 자비하심을 닮아가고 예수님의 사랑을 닮아가는 길이 된다.

"예수님 형상 나 입기 위해 세상의 보화 아끼잖네."^{찬 452장}
Thomas Chisholm
토마스 치숌목사가 기독교로 개종한 후 성도와 갖는 나눔의 기쁨을 잘 표현한 찬송가 가사이다.

무한한 사랑, 풍성한 긍휼, 슬픈 자 위로와 겸손함, 거룩함, 온유함, 절제함, 인내함으로 나누는 모습이 모두 예수님의 형상이심을 깨닫게 한다.

우리가 가진 모든 것을 주라는 것도 아니다. 부양하는 가족을 소홀히 하면서까지 주라는 것도 아니다. 성경은 말한다. 하나님께 드리는 성물 곧 '고르반'^{Κορβᾶν}이라고 하여 부모님에게 드리지 않고 하나님께 바치는 것만으로 의무를 다했다고 할 수는 없다고 경고하고 있다.^{막 7:11} 레위기에서 부모 공경을 안식일을 지키는 것보다 먼저 기록하고 있듯이 부모공경과 형제 사랑을 강조하고 있다.^{레 19:3}

주신 재물을 사명에 합당하도록 사용하면 하나님께서는 더 풍성한 은혜를 주신다. 많이 심으면 심을 것을 더 풍성하게 해 주시고, 우리 안에 추수할 의의 열매를 더해 주신다.^{고후 9:10}

성령 하나님의 내적 역사하심이다. 재물로 남에게 축복을 주면 너는 더 많은 축복을 받을 것이요 성령이 그렇게 역사하시는지 시험해 보라고 하신다.

롯에게 우선 선택권을 주어 기름진 요단의 온 지역을 그에게 준 아브라함에게는 오히려 더 많은 재물로 복을 주셨다.^{창 13:9-10}

다른 사람에게 우선권을 주고 사랑으로 베풀면 그들이 하나님께 감사드리고 그들의 감사는 우리에게 넘치게 돌아온다는 것을 믿으라. 너희 곳간에 있는 통 안의 밀가루가 떨어지지 않겠고 병 안의 기름이 마르지 않음을 볼 것이다.^{왕상 17:14} 그것이 믿음이다.^{고후 9:11} 의심하고 갈등하는 우리들을 위해 믿음을 굳건히 지키도록 하나님께서는 특별히 의의 면류관까지 준비하셨다.^{딤후 4:7-8}

나는 조그만 교회 식당에 붙은 '플라워 챠트'라는 오찬 기부자 명단을 보고 기뻤다. 주일예배가 끝나면 기부자가 제공한 오찬을 함께 먹으면서 친교의 시간을 갖는다고 한다. 기부자에게 100불, 200불은 큰돈이다. 그러나 함께 나누는 보람은 그 돈 값어치 이상이었다. 애들을 키울 때 애기 목구멍에 넘어가는 것을 보면 부모로서 얼마나 행복했는가? 점점 나이가 들어가면서 옆에 있는 성도들, 형제들이 먹고 기뻐하는 모습을 보고 있으면 얼마나 행복한지, 내가 기부한 100불, 200불이 아깝지 않다는 모습이다. 하나님께서는 우리의 친교제물을 기쁘게 받아 주신다. 마 19:21, 히 10:35

우리가 하나님 뜻에 따라 재물을 사용하면 필요한 것이 무엇인지, 부족한 것은 없는지 하나님께서는 우리보다 더 잘 아시고 채워주신다.

매일 Homeless를 위해 푸드 사역으로 받은 축복을 나누어 주는 미국의 「베레카」자선단체의 체험이다. 식사시간이 되어 사람들이 줄을 서서 기다리고 있었다. 국을 푸고 밥을 퍼 주려고 밥솥을 열어보니 아뿔싸! 밥이 전혀 준비되어 있지 않았다. 밥솥이 고장 난 것이었다. 그런데 갑자기 키 작은 멕시코인 한 사람이 포대 한 자루를 놓고 갔고, 포대 안에는 그날 배식할 충분한 양의 밥이 가득 들어있었다고 한다. 그 이후 그 사람이 누구인지, 그 밥을 어디에서 가져왔는지 찾아보았으나 아무것도 알 수 없었단다. 하나님께서는 그날그날 나누어줄 양식을 미리 준비해 놓으셨다.

하나님께서는 우리의 '필요'와 '원하는 것'을 알고 계시며, 어떤 때는 우리에게 나은 것이 무엇인지 우리보다도 더 잘 아시고 준비해 주신다. 하나님은 우리의 기도를 기다렸다가 응답하시지만 때로는 이미 예비하시고 기도하게 하시는 분이시다.

좋은 일을 하다가 재물이 떨어지면 하나님께서는 필요한 모든 것들을 때맞춰 공급해 주신다. 우리의 기도에 앞서 더 많이 나누어 줄 수 있도록 풍성한 은혜로 더 채워주신다. 나눠주는 대로 하나님께서 채워주신다는 하늘의 비밀을 아는 우리는 행복하다.

나눔은 주신 복에 축복을 보태는 것이다. 나눔은 복을 제대로 사용하는 방법이다. 나눔은 재물을 주신 하나님께 감사의 표현이 된다.

감사의 표현은 재물의 나눔만이 아니다. 하나님께서는 시간과 능력도 우리에게 주셨다. 성도의 찬양도 능력의 나눔이고, 고난에 처한 형제들과 함께 있어 주는 시간의 나눔으로도 그들에게는 큰 위안이 된다.

욥이 아들과 딸을 모두 잃고 슬퍼하는 모습을 보고 7일간 밤낮으로 그와 함께 있어준 친구들 또한 그들에게 주어진 시간을 나누는 것이었다.

하나님께서 주신 시간과 재물, 능력을 나누는 것은 중요하다. 그러나 복음 말씀을 나누고 예수님의 생명을 나누는 것이 무엇보다도 귀중하다.

영원한 생명의 말씀을 나누라.

믿는 사람은 금방 썩어 없어질 이 세상의 양식만을 구하지 말고 영원한 생명의 양식을 구해야 한다. 재물이 많은 청년이 예수님께 물었다.

"내가 무슨 선한 일을 하여야 영생을 얻으리까?"

예수님께서 말씀하셨다.

"네 소유를 팔아 가난한 자에게 주라 그리하면 하늘에서 보화가 네게 있으리라 그리고 와서 나를 따르라."

그 청년은 어떻게 하였는가?

재물이 많으므로 이 말씀을 듣고 근심하며 떠나갔다. 영생을 얻고자 하였으나 재물을 더 사랑한 나머지 예수님의 말씀을 거절한 것이다.^{마 19:16-22}

생명의 주인이신 하나님께서는 어리석은 부자에게 물으셨다.

"오늘 밤에 네 영혼을 도로 찾으리니 그러면 네 준비한 것이 누구의 것이 되겠느냐?"^{눅 12:20}

재물을 얻었지만 생명을 잃으면 모든 것을 잃게 된다.

그렇다면 우리가 영원한 생명을 얻는 방법은 무엇일까?

그것은 하나님이 보내신 예수님을 우리 구주로 영접하는 것이다. 이스라엘 조상에게 하늘로부터 만나를 주셨듯이 우리에게는 하늘로부터 예수님을 주셨다. 만나를 먹은 선조는 모두 죽었으나 하늘로부터 내려온 예수님의 말씀을 먹는 자는 결코 죽지 않을 것이다.^{요 6:29-50}

예수님께서는 내 영혼을 위해 귀중한 피를 흘리셨다. 그 대가로 나를 죄의 노예로부터 구원해 주시고 영원한 생명을 약속해 주셨다. 예수 그리스도는 나에게 영원한 생명을 주신 분이시다. 시간과 공간, 육신과 세상, 죽음을 뛰어넘어 충만하고 온전한 복을 주셨다.

예수님은 우리에게 말씀하셨다.

"생명의 양식을 인자가 너희에게 주리니, 인자는 아버지 하나님이 인(seal of approval)치신 자이니라."^{요 6:27}

'인'치셨다는 것은 그 일을 행할 가치나 자격이 있음을 인정한다는 것이다. 의심할 여지없이 명확히 인정된다는 것이다. 예수님은 영원한 생명을 주실 권한을 가진 분으로서 하나님께서 보증하셨다는 의미이다.

재물은 한 순간에 잃어버릴 수 있지만 우리가 하나님의 자녀이고 하나님 나라의 백성이라는 것은 누구도 빼앗아 갈 수 없다.

요셉도 아버지 야곱이 병들자 급히 자신의 아들 둘을 데리고 야곱에게 가 축복을 받았다. 이집트의 총리직 보다는 하나님의 자녀가 되는 축복을 더 귀중하게 여겼던 것이다.^{창 48:1-4}

지금 우리에게 필요한 것은 오직 하나, 하나님의 말씀 곧 복음의 말씀을 경청하고, 예수님을 우리 구주로 영접하고 이를 선언하는 것이다.

"하나님이 보내신 이는 하나님의 말씀을 하나니 이는 하나님이 성령을 한량없이 주심이니라."^{요 3:34}

한 순간에 없어질 재물보다는 영원한 생명을 주시는 하나님의 말씀을 믿고 따르는 것이 중요하다. 갈릴리 바다 남동쪽에 있는 거라사인의 지방[6] 사람들은 생명의 말씀을 잃고 말았다. 그들은 한량없이 주시는 예수님의 사랑보다도 돼지 2,000마리가 더 귀중했던 것이다. 그들은 재물이 아쉬워 영원한 생명을 주시는 복음의 메시지를 거절하고 말았다. 우리는 하나님께서 마라의 쓴 물 뒤에 감추어 놓으신 단물을 찾을 줄 알아야 한다.^{출 15:23} 재물에 눈이 어두워 영원한 생명의 단물을 알아보지 못한 그들과 같이 미련한 자가 되어서는 안 된다.^{마 8:28-34}

우리에게 주신 사명은 예수님이 우리에게 주신 사랑을 전달하라는 것이다. 받은 은사로 구원의 기쁜 소식을 전함으로써 하늘나라에 복을 쌓으라고 하신다. 잠시 잠깐 후면 모든 것은 지나가고 예수님께서 곧 오시리니 지체하지 말라.^{히 10:37}

예수님은 우리의 죄를 대신해서 돌아가시고 부활하셨음을 믿으며 우리의 주님이심을 선포하고 이웃과 복음의 말씀을 나누고 생명을 나누는 것이 무엇보다 중요하다.

---

6 오늘날의 움케이스 지역으로 추정

오늘도 산을 오르면서 뒤돌아보고 참 많이 걸어왔다는
생각을 해 봅니다. 마찬가지로 내 인생 또한 뒤돌아보면서
끊임없이 불평하기보다는 하나님 보시기에 참 좋은 길을
걸어 왔다고 칭찬받는 자가 되었으면 좋겠습니다.
나에게 주신 재물은 하나님께서 주신 선물임을
늘 기억하고 '가난한 이웃에게 나누어 주길 참 잘했다' 하고
위안 받는 자가 되었으면 좋겠습니다.
이제라도 내가 받은 사랑을 온전히 주님께
되돌려드릴 수 있도록 저의 심령을 주님의 의로우신
오른손으로 꽉 붙들어 주소서.

Thankfulness Came Like a Gentle Breeze

26. 내가 어찌 다 갚을 수 있을까?

내가 주께 감사제를 드리고 여호와의 이름을 부르리이다.
내가 여호와께 서원한 것을 모든 백성이 보는 앞에서 내가 지키리로다.
예루살렘아, 네 한 가운데에서 여호와의 성전 뜰에서 지키리로다. 할렐루야. 시 116:17-19

우리는 다윗이 하나님으로부터 복을 많이 받은 것으로만 생각한다.

그러나 다윗은 기름 부음을 받은 자가 된 이후에도 10여 년 동안 사울로부터 쫓기는 생활을 하였고, 왕이 된 이후에도 아들 압살롬으로부터 배반을 당해 쫓기는 고난과 쓰라림도 경험하였다. 아들로부터 자신의 처와 첩이 유린당하였고, 신발도 신지 못하고 쫓기는 수치를 당했다. 무엇보다도 아들로부터 배신을 당했다는 아픔이 더 컸을 것이다.

반역의 무리를 제압하고 승리했다는 기쁨보다는 그 아들의 주검 앞에서 아버지로서 크나큰 슬픔에 한없이 울 수밖에 없었다.

그런 중에도 그는 하나님께 감사드렸다.

고난의 상황을 감사드리기보다 고난 중에도 하나님께서 함께 하신다는 것을 알고 감사드렸다.

여호와께서 죽음에서 그를 구하시고 눈물을 그치게 하셨으며 넘어지지 않게 하셨으니 주님께 감사의 제사를 드리고 경배 드렸다. 곤고한 자의 기도를 들으시고 모든 환난에서 구원하셨음을 감사드렸다. 시 34:6

받은 은혜에 만족할 줄 몰랐다.

지금까지 지내온 것은 모두 주님의 크신 은혜이다. 그런데 나는 만족할 줄 몰랐다. 한 때는 직업학교인 철도고등학교를 졸업한 것과 방송통신대학을 나온 것을 잊어버리게 해달라고 기도드렸다.

나는 철도고등학교를 졸업한 뒤 철도공무원으로 사회생활을 시작하였다. 중앙선과 경부선 열차를 운전하는 기관조사로서 기관사를 보조하여 어제는 대전으로, 내일은 제천으로 다녔고, 선로를 따라 정처 없이 질주하며 살았다. 무엇보다도 힘든 것은 어린 나이에 기능직 공무원으로 시작하여 정년퇴임까지 하위직 공무원으로 마감한다는 것이었다.(현재는 공기업이 되었지만) 가난해서 정규대학교를 갈 능력이 되지 않아 2년제 방송통신대학을 졸업하였다. 한때는 후회하기도 하였다. 불평하기도 하고 누군가를 원망하기도 하였다.

그러나 하나님께서는 내 어머니의 새벽기도를 들어 주셨다. 철도학교를 졸업했기에 이 세상에서 가장 착한 철도공무원들을 친구로 많이 둘 수 있었다. 통신대학을 나오면서 주경야독의 가치를 알았기에 여러 분야에서 전문가로서 큰일을 하고 있는 방통대 동문들을 많이 만날 수 있었다. 한 때는 실망하였지만 하나님께서는 모든 것을 합력하여 끝내 선을 이루어 가신다는 것을 실감하게 해 주셨다. 그 이후 나를 부장 검사도 시켜 주시고, 로스쿨 교수도 만들어 주셨다. 이제는 목사안수까지 받게 해 주시니 얼마나 큰 은혜인가?

한 때는 어려운 환경에서 나 혼자 해결해 보려고 하였다. 내 중심으로 살았다. 주님만이 나의 힘, 나의 방패, 나의 참 소망이심을 몰랐다. 첫 번째 고발당해 검사직을 그만둘 때에도 나는 몰랐다. 누군가를 원망하고 불평하였다. 두 번째 고발당하고서야 비로소 깨달았다. 하나님께서는 그것이 모두 네게 은혜라고 하셨다.

전공이 다르고 갈 길이 달랐고, 고난도 있었고 넘어질 때도 있었지만 모든 것이 다 나의 삶이었다. 하나님의 섭리 안에서 고난과 슬픔 뒤에 소망이 있었고 기쁨이 있었음을 깨닫고 있다. 그때는 그것이 내 은혜인줄을 몰랐다. 하나님께서 늘 지켜 주시고 보호해 주셨음을 몰랐으니 참 어리석은 자이었다.

하나님께서는 통이 큰 분이시다. 우주 만물을 창조하신 분이시면서 우리 인간에게 복을 주사 햇빛을 주셨다. 그러면서도 티끌같은 나를 특별히 택하셔서 구원해 주셨다.

나를 진정으로 사랑하시고 나의 일생에 대한 자세한 계획까지 가지고 계신다.

예수님께서는 나를 대신해서 목숨을 버리셨다.

그가 찔림은 나의 허물을 인함이요 그가 상함은 나의 죄악을 인함이라 그가 징계를 받음으로 내가 평화를 누리고 그가 채찍에 맞음으로 내가 나음을 입었도다.사 53:5

하나님께서는 나를 위해 모든 것을 다 주셨다. 그럼에도 나는 제자들의 아픔을 몰랐다. 그들이 도움을 청할 때 귀를 막았고 그들이 아파할 때 눈을 감고 말았다.

받은 은혜 만족할 줄 모르고 앞만 바라보면서도 그들의 조그만 목소리에는 귀 기울이지 못했다.

제자들과 식사는 자주하였다. 특별한 약속이 없으면 조교들과 함께하였다. 그러나 따뜻한 정을 나누지는 못하였다. 오히려 그들을 함부로 판단하고 정죄하며 비난하였다. 내 성격상 까칠함만 있었지 칭찬할 줄 몰랐고, 그들의 잘못을 지적할 때도 온유함과 겸손함으로 바로잡아 주질 못했다.^{엡 6:1} 하나님의 사랑을 온전히 전하지 못했다.

제자들의 장래 문제에 관심을 가지고 그들의 말을 경청해 주지 못했다. 그들이 다가올 때 등을 돌리고 시간을 할애해서 함께하지 못했으니 얼마나 섭섭했을까? 그들의 진로를 위해 얼마나 많은 시간을 할애해 주었는가? 그들을 위해 누구를 만나 진지하게 그들의 진로를 부탁해 보았는가? 오히려 나의 판단으로 교수임용신청 원서를 내지 못하게까지 하였으니 얼마나 마음이 아팠을까?

제자들에게 도움을 주지 못하고 오히려 성숙하지 못한 나의 태도로 그들을 함부로 정죄하고 비판만 하였음을 죄로 선포하고 진정으로 회개하고 있다. 모든 것을 내 관점에서 바라보았다.

평생 동안 앞만 바라보고 산 나는 항상 乙이었다. 그저 상사만 바라보고 살았다. 검찰총장이나 학교 이사장을 바라보고 앞으로만 걸어갔으니 나는 항상 乙이었다. 조교나 주변의 나의 도움이 필요한 사람들에게는 이미 甲인 줄을 몰랐다. 그들에게 따뜻한 말 한마디 사랑을 베풀지 못하였다. 하나님 관점에서 보면 모두 피조물이고 긍휼의 대상이건만 내 관점에서만 바라보고 살아왔다.

나의 도움이 필요한 주변의 모든 사람들이 예수님이신 줄 몰랐다. 주님이 주신 복을 감사할 줄 모르고 예수님께 돌려드리지 못하고 주님이 주신 경고를 무시하고 끝내 내 중심으로 살았다. 최후의 만찬에 앞서 제자들의 발을 씻어 주신 예수님을 생각하면 눈물로 통회함만이 남는다. 나는 참 완고한 사람이었다.

이제야 알았으니 더 이상 예수님을 상심하지 않게 하겠나이다. 예수님만을 의지하고 주님의 명령에 순종하고 사랑을 전달하겠나이다. 받은 은혜에 만족하고 감사한 마음으로 나누겠나이다. 이제 그만 노여움을 푸소서! 용서하소서.

밑바닥에 떨어져서야 하나님의 공의를 깨달았다. 뒤늦게 하나님의 자비와 사랑도 알았다. 나에게 주신 은혜에 만족할 줄 알게 하시고 이제부터라도 나의 소명에 충실하라고 하신다.

받은 은혜를 남에게 나누어 주라고 하신다. 예수님으로부터 치료함을 받고 일어난 베드로의 장모가 바로 예수님께 수종을 들었듯이^{마 8:15} 모든 것이 주께로 말미암았으니 주님의 손에 돌려드려야 한다.^{대상 29:14} 거저 받았으니 거저 나누어 주어야 하지 않겠는가?

하나님 아버지! 아모리 족속의 산지를 주시겠다고 약속하신 말씀대로 이미 이루어놓으신 것을 모르고 그 땅에 정탐꾼을 보내 오히려 사람들을 낙담케만 한 이스라엘 지도자와 같은 어리석은 짓을^{신 1:21-22} 다시는 저지르지 않도록 저에게 지혜를 주소서. 내 중심에서 예수님 중심으로 거듭나도록 도와주옵소서. 사람의 행위보다는 믿음을 중심으로, 육신의 욕망을 버리고 영의 생명을 붙들고 사랑으로 나누게 하소서.

사랑을 전파하면 할수록 나로 말미암아 구원을 받은 많은 사람의 감사로 인해 나에게도 은혜가 더 하여 넘치고 하나님께 영광을 돌릴 줄을 이제는 알게 되었다.^{고후 4:15}

받은 은혜를 어찌 갚아드릴까?

괴로운 세상 비록 힘들게 살아왔지만 돌이켜 보면 그 은혜가 내게 족하였다. 받은 은혜가 너무 많았다. 처음에는 감사할 제목을 10개 20개 노트에 적어 내려가기가 어렵더니 제목을 정해 기도하면서부터는 감사할 제목이 넘쳐났다. 1,000개 심지어는 10,000개라도 채울 수 있을 것 같다는 어느 선교사의 말도 마음에 와 닿았다.

몇 달 전 61세 생일날 중앙행정심판위원회의 결정문을 받았다.

교수직 해임 처분의 취소를 구하는 이의신청에 대한 행정심판위원회의 최종결정이었다. 주님으로부터 엄정한 심판의 결과서인 통지문을 받았다. 나로서는 최악의 결정문이었다. 그러나 서명한 심판위원들의 명단을 보고 깜짝 놀랐다. 몇 사람은 내가 잘 알고 있는 교육부 공무원이고 다른 로-스쿨의 교수님들이었다. 내가 교수로 재직시절 함께 교육부의 위원으로서 대학에 대한 행정처분도 같이 하고, 대한변호사협회의 위원으로서 로스쿨 평가기준도 함께 만든 분들이었다.

그분들은 가능하면 선처할 수 있는 명분을 찾으라고 나에게 기회를 주셨음이 분명하다. 1년을 넘게 기다려 주셨다. 그러나 내가 자료를 제대로 제시해 주지 못했다. 그러니 이때까지 얼마나 마음고생을 하셨을까?

주님의 엄정하신 공의 앞에 어쩔 수 없이 판단하였을 그분들의 아픔을 생각하니 오히려 나에게 위안이 되었다. 그분들의 따뜻한 마음을 어찌 다 갚아드릴 수 있을까? 그분들이 그동안 받았을 마음의 상처를 어떻게 치유해 드릴 수 있을까?

비록 나에게는 최악의 결정문이었지만 그분들의 사랑도 듬뿍 받았음을 이 책을 통해 그분들께 감사드린다.

그 다음 주일 날 교회에 갔더니 어떤 집사님이 말을 걸어온다.

"목사님! 오늘은 얼굴이 좋아 보여요."

"이번 주에 나쁜 일 하나, 좋은 일 하나가 있었습니다. 좋은 일만 말할게요. 이번 주에 저는 나도 모르는 사이에 많은 사람들로부터 사랑을 받고 있었다는 것을 알았습니다."

비록 사랑하는 제자들로부터 쓰라린 고통을 당했지만 그분들로부터 따뜻한 사랑을 받았으니 하나님의 처방에 그저 놀랄 뿐이다.

목사안수를 받기 전후 나에게는 유난히 기적 같은 일들이 많이 일어났다. 일상의 사소한 사건 하나에도 성령 하나님께서는 개입하시고 도와 주셨다. 하는 일마다, 사역마다 참되게 일깨워 주시고 새벽기도나 주일 설교를 통해, 사람의 말을 통해 함께하셨다. 이적이나 카운트하는 초등학문 수준의 신앙에 머물러서는 안 된다는 지적도 받았다. 그러나 이 모든 것이 소망을 주시는 하나님의 메시지라는 것을 알고 많은 위로가 되었음을 고백한다. 하나님이 살아 계셔서 자신의 보좌 앞으로 나를 이끄신다는 증표가 되었다.

이 은혜를 어찌 다 갚아드릴 수 있을까?

오늘도 제자들이나 동료 교수님들, 지인들 모두를 위해 기도드린다. 그들에게 나로 인해 받았을 상처에 대해 위안을 주시고 용서의 마음과 축복을 더해 주시기를 기도드린다.

내 평생 슬프나 즐거우나 이 몸을 온전히 주님께 바치오리다.^{찬 216장}

이제야 구제사역을 실천하고 있다.

예수님의 중요한 사역의 방법은 하나님의 말씀대로 행하심이었다.

예수님께서는 단지 입으로 믿음을 고백하는 것만으로는 구원의 확실한 증거가 될 수 없고, 하나님의 뜻대로 행하는 자라야 성취할 수 있다고 가르치셨다.^{마 7:21} 믿음은 사실에 대한 지적인 Belief만이 아니라 충성스러운 행함 즉 의지적인 Faith가 있어야 한다.^{약 2:14-26}

'By Grace Through Faith'

예수님께서는 예루살렘에서 죽으실 것을 알면서도 의지적인 결단으로 나아가 십자가에 매달리심으로써 하나님의 뜻을 다 이루셨다.^{눅 9:31} 사탄의 방법이 아닌 하나님께 순종하심으로써 하나님 뜻을 이루실 수 있었다. 바울 또한 전도자 빌립의 집에서 예루살렘에서 결박되어 이방인의 손에 넘겨진다는 성령의 말씀을 듣고도 고난을 면하는 쉬운 방법을 택하지 않고 예루살렘으로 나아가는 충성스런 행함을 보였다.^{행 21:11-14}

행함이 있는 자는 땅을 깊이 파고 반석 위에 집을 지은 지혜로운 사람과 같아서 흔들림이 없이 구원에 이른다.^{마 7:24, 눅 6:48}

"주는 그리스도시요 살아계시는 하나님의 아들이시니이다."^{마 16:16}

베드로의 고백과 같이 큰 믿음의 확신이 필요한 때이다. 내가 그리스도 예수 안에 있다는 것을 믿음으로 확신하고 반석 위에 굳게 서는 것이다. 그래야 예수님의 말씀을 생활에 실천하고, 고난 중에도 유혹에 빠지지 않고 열매를 맺어 갈 수 있다. 말로만 하나님을 무서워할 것이 아니라 행함이 있는 믿음으로 실천하는 것이 그만큼 중요하다.

택함을 받은 자는 믿음으로 의롭다고 칭함을 받았으니 입으로 시인하여 행함으로 믿음을 드러내 보여야 한다.^{롬 10:10, 약 2:18}

아브라함도 한때 사람에게 의지하려하였다. 블레셋의 왕 아비멜렉과 계약을 통해 이삭을 보호받으려 하였다. 약속의 아들을 사람의 힘으로 의지해 보려고 했던 아브라함에게 하나님께서는 그냥 넘어가지 않으시고 시험하셨다.^{창 21:23-24}

'네 사랑하는 독자 이삭을 번제로 드리라.'^{창 22:1-2}

그러나 아브라함은 주저하지 않고 이삭을 제단에 바쳐 올려드렸다.

죽은 것 같은 사라의 태에서 믿음으로 이삭을 얻은 것 같이 죽은 자를 살리시는 하나님이라는 것을 알았기에 불가능한 중에도 바라고 믿을

수 있었다.^{롬 4:17-22}

"네가 하나님을 경외하는 줄을 아노라."^{창 22:12}

행함으로 그의 믿음을 입증해 보일 수 있었다.^{약 2:21} 한때의 실수를 회개하고 바로 하나님께로 돌아설 수 있었다.

나는 한때 교회에서 봉사하는 사람들은 특별한 사람들이라고 생각했다. 그들만의 사역이라고 생각했다. 목사가 된 이후 극히 최근에 Homeless들에게 음식을 제공하는 일을 시작하였다. 안수를 받은 후 한 번쯤은 그들에게 다가가 구제사역을 해야 한다는 의무감을 가지고 있었다. 그런데 하나님께서는 자연스럽게 그들에게 다가가도록 천사를 보내 주셨다.

감자와 야채를 가지고 샌드위치를 만들고, 물과 바나나를 봉투에 넣어 처음 12명에게 전달하였다. 그 이후 4명에게, 10명에게 코리언 BBQ를 만들어 물과 함께 건네주었다. 이제는 당근, 양파와 무우, 감자의 껍데기를 벗기고 양배추로 카레라이스를 만들거나 어묵을 볶고 김밥도 만들어서 가져가고 있다.

나는 LA시내 Eco-Park에 있는 길거리 천사들에게 묻는다.
"건강은 어떠세요?"
"좋습니다."
"이름이 무엇인가요? 데리고 있는 개가 참 예뻐요. 개의 이름은 뭔가요? 예수님을 믿는가요?"등 말을 걸었다.

그들은 많은 경우 해맑게 응답해 주었다.
"어렸을 때부터 예수님을 믿었습니다."
기쁘게 응답해 주었다.
"당신을 위해 예수님께 기도해드릴까요?"
웃으면서 그렇게 해달라고 손짓한다. LA겨울은 서울의 늦가을 추위

정도에 불과하지만 사람이 느끼기에 춥기는 마찬가지이다. 추운 겨울날에 공원의 찬물에 머리를 감던 여인도 얼굴로 흘러내리는 물기를 닦으면서 씻다말고 선뜻 자신을 위해 기도해달라고 한다.

그들은 나의 기도로 마음의 위안을 얻었고, 육신의 고달픔을 잊을 수 있었다고 하면서 감사의 말을 빠뜨리지 않았다. 예수님을 진정으로 영접하는 모습이다.

이미 그들은 하나님을 영접할 준비가 되어 있었다.

하나님이 택하신 자, 허락하신 자를 만나게 하는 것이 전도라는 것을 실감하게 한다.^{행 13:48} 에디오피아 내시에게 다가간 빌립처럼,^{행 8:26-40} 고넬료에게 찾아가 세례를 준 베드로처럼 나에게도 은혜이었고, 위안으로 돌아왔다.

나를 낮추고 남을 섬기는 자세를 가질 때 나에게도 위안이 찾아왔다. 어린 자식들에게 음식을 주면 기쁘게 받아먹듯이 그들 또한 기쁘게 받아먹어주니 마음에 보람이 들어왔다. 예수님이 내 마음 속에 찾아오신 것이다. 행함으로 믿음을 온전하게 할 수 있다는 확신이 찾아왔다.^{약 2:22}

여러분도 마음속에서 구제사역의 충동이 일어난다면 용기를 내서 그들에게 다가가 여러분의 믿음을 드러내 보여라.

그들에게 다가가면 당신의 문제는 작아지고 예수님의 존재는 커질 것이다. 외롭고 힘든 기억과 낙심은 사라지고 기쁨과 소망이 찾아오는 것을 실감할 것이다.

교회 예배가 끝나고 오찬이 끝나면 식사 후 설거지는 내 몫이다. 교인들과 가위 바위 보를 통해 설거지 당번을 정해 보지만 결과야 어찌되었든 내 차지였다. 그들과 함께 먹은 접시를 비우고 물로 닦으면서 나의 허물을 깨끗이 씻어 내리고 기억 속에 지워간다. 그래서 봉사와 헌신도 성령 하나님이 주시는 은혜이고 은사이다. 받아본 자만이 헌신하고 섬길 줄 안다.

우리는 예수님의 십자가상의 죽으심을 통해 죄를 탕감 받아 구원을 받았다. 우리는 빚진 자가 빚을 갚는다는 심경으로 남에게 헌신하고 섬김으로 돌려주어야 한다. 롬 13:8

은사는 아무에게나 아무 곳에서나 주는 것이 아니다. 헌신하고 섬김이 필요한 곳에 은사를 더 주신다. 설거지를 다한 후에 고맙다고 인사하는 천사표 성도님들의 행복해 하는 모습을 나의 빈 가슴에 차곡차곡 쌓아간다.

하나님 아버지!
저도 모르는 사이 저를 위해 기도하는 사람이 있다는
것을 알았습니다. 제가 혼자가 아니었음을 알았습니다.
나 보다 가난한 사람, 약한 사람, 도움을 필요로 하는
사람들을 찾아가 그 사랑을 되돌려 줄 수 있도록
인도하여 주옵소서. 원수까지도 사랑할 수 있도록
마음의 문을 열어 주소서. 나에게 믿음을 더해 주소서.

Thankfulness Came
Like a Gentle Breeze

27. 다음 세대를 준비하자.

젊은 신하들의 가르침을 따라 그들에게 말하여 이르되
내 아버지는 너희들의 멍에를 무겁게 하였으나 나는 더 무겁게 할지라.
내 아버지는 가죽 채찍으로 너희를 치셨으나 나는 전갈 채찍으로 치리라 하니라. 대하 10:14

솔로몬의 아들 르호보암 왕은 국민들로부터 노역의 부담을 줄여달라는 간청을 받았다. 그러자 지혜로운 늙은 장로들은, 왕에게 노역의 부담을 줄여주고 오히려 백성들의 종이 되어 그들을 섬기라고 자문하였다. 그러나 르호보암은 이런 늙은 장로들의 자문을 무시하고 자기와 함께 자란 어리석은 소년들의 의견을 받아들여 백성들의 간청을 거절하고 말았다.

결국 그에게 커다란 고난이 다가왔다. 이스라엘이 북이스라엘과 남유다로 쪼개진 것이다. 왕상 12:8 받은 복에 감사할 줄 모르고 교만해지면 하나님께서는 그에게 얼굴을 감추시고 주어진 부귀영화를 빼앗아 버린다는 교훈을 주고 있다.

엘리 대제사장의 자식 사랑, 우리의 자식 사랑

실로의 대제사장 엘리의 아들 홉니와 비느하스 두 사람은, 제사음식을 하나님께 바치기 전에 좋은 부위를 먼저 골라 먹고, 성소로 들어가는 유일한 문이요 예수님과 결합을 상징하는 회막문 앞에서 수종을 드는 여인과 동침하기까지 하였다. 제사장은 이러한 아들들의 허물을 보고도 제지하지 않았다.

이에 대해 하나님께서는 진노하시어 엘리 집안에 영원토록 노인이 없을 것이라고 벌을 내리시고 엘리 제사장 대신 사무엘을 불러 선지자로 삼으셨다.^{삼상 2:32}

엘리 제사장은 이스라엘을 통치하는 사사와 대제사장을 동시에 수행한 사람이었지만 그의 아들들을 하나님보다 더 사랑한 나머지 제대로 훈계하지 않았다가 결국 화를 입게 된 것이다.

삼손의 부모 또한 불꽃에 휩싸여 여호와의 천사가 하늘로 올라가는 확실한 표적을 보았다. 그럼에도 성숙된 믿음을 가지지 못한 채 삼손을 참되게 가르치지 못했다. 그들은 삼손이 자신의 능력을 육신의 욕망을 채우는데 사용하고, 어리석고 무모한 패륜적 행위를 하는 것을 눈으로 보고도 채찍을 가하지 못한 채 방관하고 말았다.^{삿 13:17-25}

엘리 제사장이건 삼손의 부모이건 점차 나이가 들면서 자기중심으로 하나님을 믿은 결과이다. 자신의 판단으로 선악과를 따 먹은 아담과 같이 자기중심으로 살다가 결국 하나님의 뜻을 저버리고 말았다.

엘리 제사장의 과도한 자식 사랑은 나를 포함하여 요즈음 아버지들의 모습을 그대로 보여 주고 있다.

하나님보다 더 사랑하는 자식을 위해 더 좋은 대학에 보낼 욕심에, 좋은 spec쌓기를 빙자해서 그들이 주일마저 지키지 않는 것을 보고도 묵인하고 있다.

나에게도 두 아들이 있다. 군복무 당시에는 교회에 나가 바이올린이나 클라리넷으로 찬양봉사도 잘하던 아들들이 제대 후에는 언제부터인가 교회마저 나가지 않고 있다. 나도 이를 묵과한 잘못이 있다. 군대생활 어려울 때에는 하나님 전에 나가 예배를 드리더니 좋은 대학 가야한다, 좋은 회사 취직해야한다, spec 만들어야 한다는 명목으로 교회를 멀리하고 있음에도 제대로 된 훈계 한번 하지 못했다.

그러면서 우리들은 자녀들의 진학을 위해, 출세를 위해 하나님께 기도하며 하나님을 이용하려 하고 있으니 이 모든 행위는 경건함을 잃은 행동이었다. 오늘날 부모들에게는 자식의 출세가 우상이 되어 버린 것이다.

하나님보다도 자식을 더 사랑하고 자식을 꼭 쥐고 있으면 하나님이 개입하실 틈이 없다. 나이를 먹어 갈수록 자식에 대한 우리들의 집착은 심해지고 우상이 되어가고 있다.

아브라함은 이삭을 하나님의 뜻에 맡겨드렸다. 모세 어머니 또한 모세를 갈대상자에 넣어 나일강가 갈대 사이에 두고 여호와 하나님께 온전히 맡겨 드렸다.[출 2:3]

자식도 내려놓으면 하나님께서 양육하시고 교수, 판사, 목사, 기업가, 기술자로 만들어 가신다. 자식은 우리 부부의 사람이 아니라 하나님의 사람이기 때문이다. 하나님 섭리 안에서 하나님의 영광을 드러내는 하나님의 자녀이고 하나님의 종이기 때문이다.

자식들에게 책망하고 훈계할 때이다.

1960-70년대 이후 우리나라가 획기적인 경제건설을 이룩할 수 있었던 것은 우리 선조들의 믿음 생활에서 찾을 수 있다. 선조들은 어려움 가운데 하나님만을 바라보고 자식들에게는 가난을 대물림 하지 않기 위해 고통을 참고 살아 오셨다.

우리나라 사람들이 참고 열심히 일하는 이유가 모두 자식들을 위한 것이었음을 하나님께서 아신 것이다. 자신의 평안함보다는 자식을 위한 사랑을 보시고 우리나라에 큰 복을 주셨다. 우리 선조들이 하나님만을 바라봄은 그들의 능력이 되었다.

적어도 1950년, 60년대 이전에 대한민국에서 출생한 부모들 모두 그렇게 살았다. 그래서 보리 고개에서부터 풍성한 밥상에 이르기까지, 변변한 라디오 하나 없던 시절에서 대형 컴퓨터와 삼성핸드폰, 심지어 AI시대에 이르기까지 풍요로운 세상을 맛보게 하셨다.

오늘날 젊은이들은 날 때부터 하나님 주신 은혜로 부족함이 없이 자랐고 부모님으로부터 물려받은 재산도 많고, 배움도 많다보니 가난을 모르고 끝내 하나님께서 주신 은혜마저 잊고 살고 있다.

믿는 우리들은 고난과 슬픔에 가치를 두지만 요즘 젊은이들은 더 이상 그 의미를 모른다. 이스라엘을 대기근으로부터 구하시기 위해 요셉을 먼저 보내 이스라엘 가족을 애굽으로 이주시켰고, 출애굽하면서 모세와 여호수아에게 보여주신 그 많은 이적들을 그 다음 세대가 몰랐듯이 우리 자식들 또한 지금 가진 모든 것들이 마치 자신들의 공로인양 마음껏 즐기며 살고 있다. 더 이상 하나님을 찾지 않고 교회를 등지고 자기중심의 생활, 자기의 쾌락만을 추구하는 생활을 영위 하고 있다.

대한민국 국민은 인구대비 비율적으로 이스라엘에 이어 두 번째로 이민자가 많다고 한다. 세계 어디를 가도 한국 사람이 없는 곳이 없다.

최근까지 미국에 이어 파송 선교사 또한 두 번째로 많은 나라였다고 한다. 우리나라가 최대의 선교사 파송국가로 열방 중에 우뚝 설 수도 있다. 그러나 받은 은혜가 너무 많아 모두가 풍족해지다보니 너무 쉽게 하나님을 저버리지 않을까 두려움이 앞선다.

하나님께서는 형통하고 번성할수록 하나님으로부터 등을 돌리고 범죄를 저지르는 북이스라엘 백성들에게 그 영화를 욕이 되게 하리라고 경고하셨다.^{호 4:7}

'선줄로 생각하는 자는 넘어질까 조심하라.'^{고전 10:12}

자기의 주장대로 자기의 뜻대로 사는 것은 이미 엎어진 자이다. 믿음이 굳건한 다윗은 모든 일이 형통한 가운데 더욱 겸손하게 주님을 찾았다.^{시 30:6}

형통하고 부유해질수록 영적 태만과 방종^{신 32:15}을 막기 위해 삶의 둥지를 헐어버리고 빈손으로 다시 하나님께 매달리기를 반복하고 있다는 어느 선교사의 말을 기억하기 바란다.

하나님께서는 형통한 날과 곤고한 날을 병행하게 하사 그 장래의 일을 알 수 없게 하셨다.^{전 7:14} 그래서 고난이 왔을 때 절망하지 않고, 축복이 넘칠 때 교만하지 않아야 한다는 것을 그는 알았기에 더욱 조심하고 겸손할 줄 알았다.

고난을 통해 자기 자신을 알아가는 것이 무엇보다 중요하다. 다윗은 자신을 잘 알았기에 하나님의 사랑과 정의와 공의를 자랑할 줄 알았다.^{렘 9:24}

하나님을 단순히 알고 두려워하는 것만으로는 부족하다. 그는 참 진리를 알고 주님이 주신 복을 누리면서 주님의 명령과 경계하신 말씀을 조심하지 않으면 하나님께서 얼굴을 감추실 것을 두려워했었다.^{느 9:34-35 참조}

하나님과 멀어지면 모든 것을 잃게 된다는 것을 알았다. 한발 앞서간 사울 왕을 보면서 온몸으로 체험할 수 있었다.

반면 북이스라엘의 전성기인 여로보암 2세 통치시기에 북이스라엘은, 호세아의 경고를 무시한 채 끝내 하나님께서 주신 은총을 제대로 이해하지 못하고 오히려 바알 신을 섬기다가 심판을 받고 말았다. 얼마나 안타까운가?

우리는 아버지 세대로부터 주일날은 오직 예배를 통해 주님께 영광을 돌리고 주님을 기쁘게 해드리면서 교회에서 하루 종일을 보내는 날이라고 배웠다.

그래서 미술 숙제를 위해 주일날 도화지, 크레파스라도 사려고 하면 어머니로부터 꾸중을 들었다. 다가오는 월요일 학업준비도 토요일에 미리 준비해 놓아야 했다.

주일이라고 아무 일도 하지 않고 쉬어야 하는 것은 아니다. 배운 대로 주일만큼은 교회에서 보내면서 겸손을 알고 하나님과 친밀한 관계를 회복하는 날로 삼았다. 하나님과의 영적인 교제를 통해 영적 감각을 키우고 주어진 것에 만족할 줄도 알았다.

그런데 요즘은 학교 시험 공부한다고, 좋은 대학에 가야한다고 주일예배마저 빠지는 자녀들에게 아버지로서 아무런 질책도 하지 않고 있다. 영적 각성이 필요한 때이다. 예수님께서 제자들을 집중 훈련시키셨듯이 솔선수범하는 행동으로 어린 시절부터 가르치고 훈계했어야 했다.
눅 9:51-19:28

젊은이를 포함하여 어린 아이 시절부터 참된 신앙을 가르치는 것이 무엇보다 중요하다. 우리는 이미 자유민주주의 체제를 거부하는 우리 사회 내부자들이 그동안 어린 학생들에게 어떻게 교육을 시켜왔는지를 알려고 하면 알 수 있었다.

인접 국가나 남미의 몰락의 역사를 보아도 쉽게 알 수 있었다. 그들은 어릴 적부터 학교 교육을 통해 그들만의 사상을 가르치고 무장시켜왔다. 뉴에이지 운동의 핵심 인물이던 앨리스 A. 베일리$^{Alice\ A.\ Bailey}$ 또한 세계 종교의 통합이라는 잘못된 생각을 관철시키기 위해 어린 아동들에 대한 교육을 무섭게 강조해 왔다. 그럼에도 우리들은 이들의 행동을 자유롭게 방치하고 말았으니 그 책임을 어찌 감당해야할지 두렵기만 하다.

더 이상 지체할 수 없다. 이제부터라도 우리 성도들 모두가 하늘나라의 시민권자로서 그들에게 그리스도인의 참된 모습을 보여주고 권면하고 위로하고 경계하여야 한다.$^{살전\ 2:11}$ 어린 아이시절 일찍부터 그들의 잘못을 질책하고 훈계하고 참된 진리를 가르쳐야 한다.$^{빌\ 3:20}$

히스기야 왕은 하나님으로부터 15년간 생명을 연장 받아 그 기간 중에 므낫세를 낳았다. 히스기야 왕 자체가 아버지로서 모범을 보이지 못하였을 뿐 아니라 늦게 얻은 자식인 만큼 자녀교육 또한 제대로 시키지 못하였다. 그 결과 므낫세는 우상을 숭배하고 하나님 보시기에 온갖 악행만을 저지르다가 바벨론에 포로가 되어 끌려가고 말았다. 자식을 망하게 하고, 남 유다를 멸망하게 한 출발점은 히스기야 왕의 잘못된 자식사랑에 있었다.

하나님께서는 택한 백성에 대해서는 회개할 때까지 치신다.$^{레\ 26:24-26}$ 자녀들의 죄를 낳는 쾌락이나 잘못된 생각, 잘못된 행동 곧 열매 없는 어둠의 일들을 보고 더 이상 침묵하지 말고 책망하여야 한다. 그런 행동을 보고 침묵하는 것은 승인하는 꼴이 되기 때문이다.$^{엡\ 5:11}$

그리스도인은 그들의 옳고 그름을 분명히 따지고 주님이 주신 교훈과 훈계로 양육하여야 한다. 화내기를 더디 하되$^{약\ 1:19}$ 때로는 그들의 잘못에 대해 거룩한 분노를 드러내라고 하신다. 다만 강권적으로 하지 말고 사랑으로 하여야 한다.^{엡 6:4} 주님께서 마르다에게 타이르심같이 사랑으로 훈계하여야 한다. 그래서 이를 받아들인 마르다는 주님과 친구가 될 수 있었다.^{눅 10:38-42}

하나님은 우리 각 사람에게서 결코 멀리 계시지 않으시며, 사람마다 하나님을 더듬어 찾아 갈 수 있도록 한 걸음 앞서 계신다.^{행 17:27}

한 걸음만 앞서 하나님 나라가 존재한다는 것을 우리 젊은이들에게 가르치고 깨닫게 하여야 한다.

다음 세대를 준비하자.

이스라엘 백성들은 여호수아가 죽기 전에 요단에 돌을 세워 하나님을 모르는 후손들이 하나님을 부인하지 못하도록 증거로 삼았다.^{수 24:24,27} 그러나 여호수아와 그의 장로들, 그리고 여호와께서 이스라엘을 위해 행하신 큰 일을 본 자들이 모두 죽게 되자 그들은 뒤돌아서 바알과 아스 다롯을 섬기고 탐욕과 방탕한 생활을 하기 시작하였다.

그래서 여호와께서는 한 손에 재앙을 준비하시고, 다른 손에 사사를 두시어 그들의 부르짖음에 대해서만큼은 응답하기로 마음먹으셨다. 사울을 기름 부어 통일왕국의 초대 왕으로 세우실 때까지 12명의 사사를 두셨다.

유다 백성들은 선조로부터 물려받은 하나님의 은혜를 모르고 여호와의 목전에서 바알들을 섬기고 타락하기를 거듭하므로 하나님께서는 블레셋을 포함하는 이방인들을 심판의 도구로 삼아 그들에게 채찍을 가하셨다. 그리고 사사들의 부르짖음과 통회함을 들으시고 그들을 구해 주시는 자비를 반복적으로 베푸셨다.^{삿 2:22-23}

역대하 10장 본문에서와 같이 현대에 사는 젊은이들 또한 우리 선조들에게 주신 하나님의 은혜를 모르고 자신들의 지식에만 의존해 살고 있다. 그들 나름대로 하나님을 믿는다고 하면서도 우상을 만들어 섬기고 축복을 그들만의 것으로 누리고 살고 있다. 이웃을 섬길 줄 모르고 백성을 섬길 줄 모르고 있다. 성령 하나님과 자꾸 멀어져 가고 있다. 더 이상 방치할 수는 없다.

받은 은혜가 큼에도 하나님을 모르고, 받은 은사만을 자랑하고 교만해지면 하나님이 이 땅을 창조하신 질서가 유지될 수 없다. 하나님이 끝내 진노하신다.^{신 1:32} 그것을 안다면 통회하는 마음으로 초상집에 있어야 하나 혼인 잔치 집에 있으니 얼마나 어리석은가?^{전 7:4} 세상이 죄와 사망으로 가득차고, 세상 만물이 그림자와 같아 영원한 것이 없이 허망한 것뿐이라는 그 근본을 안다면 이 세상은 애통의 대상일 뿐이다.^{마 5:4}

믿는 우리들은 고난과 슬픔을 기억하고 십자가 넘어 소망을 바라보지만 믿지 않는 젊은이들은 더 이상 십자가의 고통의 가치를 모르고 쾌락에 빠져있다. 세상적인 욕구에 사로 잡혀 쾌락을 추구하고 고난이 닥치면 피하려고만 하는 태도가 역력하다.

미국 LA에서는 코비드-19 이후 심야에 자동차 족들이 로터리에서 굉음과 함께 원형의 타이어 흔적을 남기고, 지그재그 형식으로 차를 모는 등으로 영화에서나 볼만한 장면을 연출해 가고 있다. Donut 또는 Drifting이라고 하여 불만을 토로하는 그들만의 재미이고 반항이라고 한다. 빈부의 격차는 날로 심해지고 있고, 의사, 변호사, 회계사, 기술사 등 전문가 집단도 자신들의 직업에 만족하지 못하고 더 많은 욕심을 부리고 불평하고 있다. 부동산 투기, 펀드사기, 주가조작으로 단숨에 일확천금을 벌었다는 주변의 이야기에 관심이 많아질수록 가진 자, 전문가 그들마저도 불만이나 불평을 토로하고 있다.

어떤 이는 기독교에 관심을 가지고 있으나 남의 의견을 존중한다고 하면서 세상 것이나 다른 종교와 섞어 혼합종교를 만들어 가고 있고,롬 12:2 기존의 방식대로 믿는 것을 거부하면서 세상 종교를 닮아가는 다원주의를 표방하고 있다. 그러나 이들은 모두 다양성을 인정하면서도 하나 됨을 이루어 가는 기독교의 정통사상과는 거리가 멀어지고 있다.

그들에게 바른 신앙관을 심어주는 것은 최고 어려운 선교지가 되고, 믿는 우리들에게 최대의 도전이 되고 있다.

두루마리의 예언의 말씀을 더하거나 빼서는 안 된다.계 22:18-19

무분별하게 하나님 말씀을 빼거나 세상 지식을 보태는 것은 잘못이라고 지적해야 한다. 지적해야 할 때, 외쳐야 할 때 침묵하는 것은 죄가 된다. 그들이 더 이상 하나님의 말씀을 혼잡하게 하지 않고 참 진리만을 붙잡고 살아가도록 안내하여야 한다. 그들이 알게 모르게 저지른 죄를 벗어버리고 악으로부터 완전한 자유를 누리도록 가르쳐야 한다.엡 3:16

나이 먹은 우리가 먼저 나설 때이다.

우리 스스로 모범이 되어야 한다 (by example). 젊은이들에게 주장하지 말고 스스로가 본보기가 되어야 한다. 우리 안에 그리스도께서 함께 하심을 보여 줘야 한다.

남편과 자식을 모두 잃은 나오미는, 현재의 고난이 남의 탓이 아니고 자신의 탓이라고 고백하고 여호와 하나님께 온전히 의지하는 모습을 보임으로써 이방인이던 며느리 룻도 진정으로 하나님을 영접할 수 있었다.룻 1:16

우리가 우리의 삶의 간증을 통해 하나님 나라가 장래 이루어질 소망이 아니고 오늘 우리와 함께 하는 실재하는 존재임을 그들에게 보여 주어야 한다. 바울이 그리스도를 본받는 자가 된 것 같이 그들이 우리를

본받게 하여야 한다.^{고전 11:1}

　오늘의 젊은이들은 순종할 줄도 모른다. 자신의 이익과 일치하면 따라하는 척을 하지만 기회가 생기면 언제든지 도망가고 만다.

　이 시대의 젊은이들은 나이 먹은 기성세대에게 순종하기 보다는 자기 또래들로부터 왕따 당하지 않으려고만 한다. 그래서 자기 또래들의 생활 모습 모든 것을 포함하여 하물며 예수님에 대한 생각까지도 그들 또래들이 어떻게 받아들이는 지가 젊은 세대들의 판단기준이 되어 버렸다.

　그래서 우리도 그들 눈높이에 따라 가야 한다. 바울이 때로는 율법아래 있는 자가 되고, 때로는 율법이 없는 자 됨과 같이 사람에 맞추어 전도하여야 한다.^{행 9:20-21} 그들에게 우리세대를 따르라고 해서도 안 된다. 먼저 깨우친 젊은이가 예수님을 믿고 다른 젊은이들이 그를 따라가도록 전략을 바꾸어야 한다. 그래서 나는 늦었지만 존경하는 장로님으로부터 1대1 제자훈련을 받고 있다. 깨어있는 한 사람의 젊은이라도 제자 삼기를 원하기 때문이다.

　하나님 앞에서 믿음의 확신을 가지도록 우리 스스로 추천하는 자가 되자.^{고후 4:2} 이를 위해 하나님께서는 시들지 않는 영광의 면류관을 준비해 두셨다.^{벧전 5:2-4}

　평신도 젊은이를 제자로 삼아 훈련시켜서 예수님의 사랑의 전달자로 길러야 한다. 예수님이 오신 이후에는 평신도라도 부르심을 받은 왕 같은 제사장들이요 거룩한 나라의 백성이라고 하셨다.^{벧전 2:9} 구약시대 장자들만이 누리는 세 가지 권한 즉, 2배의 땅과 왕 같은 제사장의 권리까지 우리에게 모두 주셨다. 우리들 모두에게 하나님과 우리 젊은이들 사이의 중재자가 되라고 하신다. 누구든지 합력하여 다음세대를 준비하여야 한다.

우리 선조들의 하나님에 대한 믿음과 헌신, 이웃에 대한 봉사와 희생을 이어가게 하여야 한다. 바울이 두란노 서원에서 제자훈련을 통해 믿음의 용사를 길러냄과 같이 우리도 믿음의 파수꾼을 길러 다음세대에 전해야 한다.^{행 19:8-10}

우리가 제사장으로서 젊은이들을 하나님께로 인도하면 만왕의 왕이신 예수님께서는 그들에게 생명으로 다가오신다.

하나님 아버지, 다섯 남자를 두고도 방황하던 사마리아 여인이 예수님을 만나 거듭났듯이 우리 젊은이들에게도 지혜와 계시의 영이 오셔서 마음의 눈을 뜨게 하여 주시고, 하나님의 사랑을 제대로 알고 하나님의 자녀로, 복음의 파수꾼으로 거듭나도록 인도하여 주옵소서.

하나님 아버지 저에게 진리를 가르쳐 주셔서 감사드립니다.
저를 하나님의 영광을 드러내는 도구로 사용해 주옵소서.
다음 세대인 젊은이들을 하나님께로 인도하는 왕 같은 제사장의 직분을
다할 수 있도록 저에게 용기를 주시고 지혜를 더해 주소서.

제 4장 **세상 속의 교회와 지도자**

28. 세상은 너무 악하다.
29. 하나님은 악도 허용하신다.
30. 복수는 스스로 행치 말고 하나님께 맡겨라.
31. 교회는 그리스도의 몸이시다.
32. 항상 모이기를 힘쓰라.
33. 교회를 함부로 옮기지 마라.
34. 지도자는 기름 부은 자이다.
35. 정의가 강물처럼 흐르는 공정한 사회
36. 하나님이 모든 것을 이루어 가신다.

Thankfulness Came
Like a Gentle Breeze

Thankfulness Came
Like a Gentle Breeze

28. 세상은 너무 악하다.

수고한 대가를 받지 못하고, 일터도 안전하지 못하다.
이웃들이 모두 적으로 돌아섰기 때문이다. 슥 8:10

세상은 하나님과 교제를 단절하면서 완전히 타락하고 말았다. 선을 행하는 자가 하나도 없다. 롬 3:10, 시 14:1-3, 사 53:1-3, 전 7:20 모두 죄의 종이 되었다. 요 8:34 그래서 하나님께서는 예수님을 보내시어 그를 믿는 자마다 의롭다 하시고 죄를 사하여 주셨다.

그러나 하나님의 말씀을 듣고도 순종하지 않은 자들에게 더 악한 영이 들어와 세상을 악하게 하고 있다. 마 12:43-45 저녁 남 몰래 가라지 씨를 뿌리는 사탄의 방법은 날로 지능화되고 다양화되고 있다. 마 13:38-39 마귀의 끊임없는 증오는(implacable enmity) 오늘도 계속되고 있다.

당사자의 privacy가 거래되고 있다.

우리 한국에는 고소·고발이 너무 많다.

우리나라만의 특이한 현상이다. 시기와 질투만으로 해코지하는 투서도 많다. 고소사건은 일본의 50배가 넘는다고 한다. 가히 고발민족이라고 부를 정도다. 판사나 검사는 하나님이 세우셨으니 그들의 손을 통해 잃어버린 정의와 평화는 회복되어야 한다. 그래서 그들에 대한 고소는 우리에게 부여된 천부적 권리라고 말할 수도 있다. 그렇지만 이건 너무 심하다. 사랑이 없다.

종전 성범죄는 대다수 친고죄(親告罪)이었다. 고소가 있어야 처벌할 수 있었다. 고소가 있어야 비로소 수사가 개시되었다. 그러나 이제는 대다수 친고죄 조항이 삭제되고 형식만 남았다. 피해 당사자의 고소 없이도 수사가 개시되고 피해자와 합의가 이루어지더라도 가해자를 처벌하고 있다.

그래서 일단 처벌을 면하기 위해서 돈을 주고 합의하던 관행은 사라진 것 같다.

꽃뱀 사건

이제는 거의 없어졌지만 경찰에서 합의가 되었다는 이유로 형사 입건 자체를 하지 않는다면 어느 정도 그 망령이 되살아 날 수도 있다. 입건이 되어 검찰에 송치만 된다면 억울한 죄인은 누명을 벗을 기회가 있었다. 맞고소가 없어도 고소인의 무고여부를 검사가 마땅히 판단하도록 법이 명령하고 있었기 때문이다.

〈 사례 1 〉 국내 굴지 H 회사 직원이 술에 만취한 상태에서 길 가던 여인을 여관으로 끌고 가 강간했다는 혐의로 고소되었다. 당시 경찰에서는 합의가 되었다는 이유로 불기소(공소권없음)의견으로 송치되었다. 강간죄는 친고죄이었기 때문이었다. 검사는 의문을 가져본다. 술에 만취한 사람이 어떻게 여인을 끌고 여관까지 갔을까? 여관 주인이나 종업원은 그 사실을 몰랐을까?

그래서 검사는 여관 주인을 먼저 소환해서 물어보기로 했다.

"끌고 방으로 들어갔다고 하는데 몰랐습니까?"

"경찰에서도 똑같이 물어보던데요. 아닙니다. 여자가 술에 취해 떡이 된 남자를 부축하면서 가까스로 올라가던데요. 조금 있다가 여자가 내려와 오히려 야한 비디오를 틀어달라고 부탁까지 합디다."

검사는 몇 가지를 추가 조사한 다음 고소인을 소환해서 무고죄로 구속하였다. 허위사실을 들어 수사관서에 고소한 혐의다. 검사는 아직도 풀리지 않은 고민이 있다. 경찰은 여관 주인을 불러 조사까지 했고 무고혐의가 있다는 것을 알 수 있으련만 왜 피의자에게 돈을 주고라도 합의하라고 종용했을까? 악어의 눈물을 믿어 준 것일까? 너무 복잡해서 판단이 되지 않았을까? 친고죄이니 합의가 되면 적당히 사건을 덮으려 했을까?

구 형사소송법에는 고소사건의 수사가 종료되면 경찰은, 검찰에 증거와 함께 기록 전부를 송치하도록 되어 있고 이를 법에서는 전건송치주의라고 하였다. 검찰개혁의 이름으로 경찰에게 입건의 재량은 물론 입건된 사건의 종결권한까지 부여한다면 사정은 달라진다. 당사자 간에 합의만 되면 사건은 조용히 묻혀 버릴 수 있다. 뒤늦게 피고소인의 이의제기만으로는 부족하다.

반면 성범죄에서 친고죄 규정이 대부분 삭제되었다. 그래서 이제는 시민단체에서도 고발하고 있다. 피해자가 덮고 싶은 성추행사건이라도 제3자가 고발할 수 있는 구조가 되었다. 고소, 고발이 더 쉬워지고 더 많아지고 있다. 사회적으로 이슈가 되면 너도나도 고발한다.

단체가 피해자를 대신해서 자칫 미운털이 박힌 회사의 고위간부를 성적 부도덕한 행위로 고발하면, 당사자의 privacy는 단체와 회사 간의 흥정의 대상으로 전락되고 말 것이다.

명백히 무죄가 아니라면 사용자측의 고위간부는 해명을 해도 부족하고 좌천되어도 모자라 결국 직장을 떠나야 끝이 날 것이다.

검사는 고소인, 고발인 측의 억울하다는 사정만을 쳐다볼 것이 아니다. 고소를 당한 상대방 측의 억울한 누명도 벗겨 주어야 한다. 세상 사람들은 맞고소로 응하라고 한다. 그래야 떳떳한 줄 안다.

그러나 맞고소하면 고소인과 같은 사람이 되고 만다.

고소를 당한 사람의 억울함은 검사가 그를 대신해서 고소인에게 따져 물어 주어야 한다. 맞고소가 없더라도 고소인이건 고발인이건 그들의 고소, 고발이 허위임이 드러나면 그들을 무고죄로 처벌해 주어야 한다. 그것이 법이 정한 이치다.

자신의 이익 앞에는 인륜도 없다.

조금만 돈이 된다고 하면 사람들은 어떤 행위도 마다하지 않는다. 하다못해 반 국익이나 반인륜 행위도 거리낌이 없다.

〈 사례 2 〉새로운 기술을 연구하여 기획 상품을 만들어 상용단계에 들어가자 어떤 박사 연구원은 그 기술을 몰래 빼내 도망갔다. 중국에도 넘긴다. 종전 국가정보원에서는 이러한 산업기술의 국외유출사건을 탐지하여 검찰에 수사 의뢰해 왔다. 자주했었다. 그런 수사로 자신의 이름 석자를 높인 검사도 여럿 있다. 이런 범죄는 수사단서를 포착하기가 어렵다. 은밀히 이루어지는 범죄이기 때문이다. 국정원이었기에 적발이 가능한 수사이었다.

그러나 이제는 이러한 사건을 감지할 전문 수사기관이 없다. 국정원이 손을 뗀 것이다. 국가 간의 수사공조만으로는 실익이 없다는 것을 모든 수사관들은 다 알고 있다.

〈 사례 3 〉 아버지가 아들을 고소한다. 아들은 아버지를 성범죄 등 특별범죄 이외에는 고소할 수 없다. 그러나 아버지는 아들을 고소하는데 제한이 없다. 아버지가 아들을 고소해 왔다. 아들이 도장을 훔쳐가 자신의 부동산을 팔았으니 무효이고, 공정증서원본부실기재죄에 해당한다는 것이다. 부동산을 팔고 난 이후 몇 달 사이에 부동산 값이 많이 뛰었으니 속에서 열불이 난 게다. 아들이 몇 년을 징역살아야 할지도 모른다. 아니 돌려받은 부동산으로 변호사를 잘 사면 집행유예로 실형을 면할 수도 있다고 생각한 것일까? 아버지 몰래 아들이 팔아먹었는지, 아니면 짜고 팔았는지 알 수는 없다. 분명한 것은 아들이 전과자가 되더라도 돈이 우선이라는 아버지의 속내이다.

〈 사례 4 〉 바람을 피워 밖에서 애를 낳으면 그 자식은 혼외 자식이 될 수밖에 없다. 그러나 남자는 호적상 부인에게 사정해본다. "그 애가 무슨 잘못이 있냐?" "내가 잘못해 애비 없는 자식이 되었으니 나를 믿고 잠시 이혼서류만 갖춰 달라"고 한다. 어린 아이의 호적만 정리해 주고 금방 돌아오겠다고 하면서 서류상 이혼을 해달라고 호소한다. 아내는 마지못해 이혼서류에 도장을 찍어주지만 그 남편은 돌아오지 않았다.

로마의 총독 Felix는 바울의 의로운 행동과 다가올 심판에 관한 바울로부터 설교를 잘 들었고, 바울에 대한 기소내용은 모두 무죄라는 사실을 확인까지 하였다. 그러면서도 뇌물을 기대하여 2년간이나 그를 석방하지 않고 가두어 놓았다.^{행 24:25}

돈 앞에는 동양이든 서양이든, 공익도 국익도 인륜도 없다. 하나님의 정의가 실종된 것이다. 그들은 하나님을 등진 자들이다.

선의의 경쟁을 모른다.

예수님의 제자들이 누가 제일 큰지 논쟁하였다. 이를 보시고 예수님께서 첫째가 되기를 원한다면 마지막이 되어야 하고, 모든 이의 종이 되어 뭇사람을 섬겨야 한다고 가르치셨다.^{막 9:35}

현실은 예수님의 가르침과는 전혀 다른 것 같다.

내가 첫째 되기 위해서 상대방을 헐뜯고, 상대방을 낙마시키는 데 익숙해져야 한다. 반대하는 사람과 연합해서라도 상대방 적을 무너뜨린다. 예수님과 대적하기 위해 평소 로마인의 주둔을 반대하는 바리새인들마저도 로마의 친위대인 헤롯 당원과 연합하지 않았던가?^{마 22:16} 그들에게는 오직 모함과 야합만이 있을 뿐이었다.

선의의 경쟁을 모른다. 경쟁하는 기업의 우수 인력을 스카웃 명목으로 끌어내지만 내막은 상대방 기업의 고급 정보나 영업 기밀을 빼내기 위한 것이다.

〈 사례 5 〉 국책사업을 수주하기 위해서 국내 업체 간에는 전문분야별로 Consortium을 구성하지만 모자란 분야는 상대방 회사 직원을 몰래 Scout 하기도 한다. 말이 공개채용이고 Scout이라고 하지만 상대기업의 직원을 몰래 빼내 영업 기밀을 탈취하고, 상대기업의 입찰자격을 박탈하려는 의도도 있었을 것이다.

전문적인 사건의 수사와 재판에는 검사나 판사가 곤욕을 치른다. 악한 사람들은 이러한 판, 검사의 무지까지 이용하려든다.

〈 사례 6 〉 모 기업으로부터 스카웃 명목으로 영업기술을 침해하였다는 내용의 고소장을 접수하였다. 상대방 측 연구소 전체를 압수·수색하기 전에 검사는 관련 분야에 관한 전문지식을 공부해야 했다. 고소인 측이 제공한 자료를 토대로 배울 수밖에 없었다.

퇴근 후 저녁 시간을 쪼개어 혼자 공부해 보지만 모르는 용어들이 너무나 많다. 결국 고소인 측 회사의 인력관리실장을 불러 도움을 받는다. 적어도 나는 그랬다. 인력관리실장은 낮에는 기업에서, 저녁에는 내 방 검사실에서 밤샘 근무를 할 정도였다. 검사를 과외 공부시키기 위해서... 연일 현장에 나가 있는 기술자들을 불러올렸다.

"우리 회사에서 개발한 S1, S2 프로그램은....$@@**"

죽을 맛이다...언제 배워서 압수수색하고, 어떻게 기소할꼬?

용케 압수해 온 압수물 등을 돌려보며 용기를 내 기소해 보았지만 1심, 2심 판결이 뒤바뀌면서 대법원에 가서야 비로소 끝이 났다. 일상생활이 디지털 환경으로 바뀌고 우리 생활에 적용되는 새로운 기술은 끝을 모르고 발전하고 있다. 기술유출이나 기망, 조작 등의 부정한 수법이 디지털 방식에 의해 이루어지다보니 그 흔적이 고스란히 남아 있어 참 다행이다.

아나로그식 환경에 젖어 법관이 두 손으로 만져보고 두 눈으로 확인할 수 있는 물리적인 방법으로만 검증하겠다고 하는 것은 시대착오적인 행동이다. 포렌식 수사와 검증의 전 과정은 포렌식 전문가에게 맡겨라.

자신의 탐욕을 채우기 위해 사람을 해코지하고 사악한 짓을 일삼는 사람은 하나님의 징계가 무섭지 않을까? 나약한 인간의 어리석음에서 비롯된 것이리라.

나는 2017년부터 일반대학원내 과학수사학과를 신설하고 군·경·검 수사기관과 MOU를 체결하여 고급 수사 전문 인력의 양성을 위해 노력하였다.

또한 ㈔한국포렌식학회를 창설하여 최초로 포렌식 2급 검정시험을 만들어 시행하였고, 법무부로부터 국가공인자격도 취득하여 국내 유일한 포렌식 자격시험제도를 체계화하였다. 금명간 국가기술자격으로의 승격도 바라보고 있다. 그래서 나는 나의 박사 1호 제자를 불러 과학수사학과의 포렌식 과목의 강의를 맡겼고, 동시에 한국포렌식검정시험 관리본부장으로 임명하여 포렌식 시험관리 경험도 쌓게 하였다.

과학수사학과는 신설하자마자 2년 만에 석·박사과정 학생만도 200명에 이른 큰 규모의 학과로 발전하였고 전문대학원으로 승격시킬 계획도 가지고 있었다. 전임교수도 필요하였다. 신설 분야인 만큼 과학수사의 해당분야 전문학위소지자가 없어서 할 수 없이 학위가 없거나 논문이 부족하더라도 수사현장실무가를 교수로 선발하려고 마음 먹었다. 그러나 내 제자의 생각은 달랐던 모양이다. 자신을 신설학과의 교수로 채용해 주지 않는다는 불만으로 가득 차 있었다. 그 제자의 고발로 나는 학교를 떠나야 했다. 그 제자는 내가 하던 과학수사학과 강의를 도맡아 하였고, 포렌식시험관리본부장직을 이용하여 관련 책자까지 발간하여 자신의 이름을 올리고 있다. 내가 할 수 있는 일은 과학수사학과와 포렌식 전문가 시험제도가 발전하기를 계속 기도드릴 뿐이다.

이제는 수사도 빠른 속도로 과학화되고 있고, 각 분야 전문가들이 대학원 로-스쿨 과정에서 변호사 자격을 취득하게 함으로써 상황은 많이 달라지고 있다.

대검찰청에 「국가디지털포렌식센타(NDFC)」가 설치되어 어느 정도 성공적으로 결과물을 내놓고 있다. 법학전문대학원이 설치 운영되면서, 대학에서 각 분야의 전문적 소양을 갖춘 학생들이 변호사 자격을 취득하고 있다.

그들이 검사나 판사가 되어 의료과오나 컴퓨터 전문가의 해킹과 정보누설, 부실건축 여부 등을 수사하고 재판하고 있다.

〈 사례 7 〉 1980년 90년대 초반까지 국민소득이 올라가자 소매치기가 극성이었던 시절이 있었다. 검사실마다 전문 소매치기 수법에 대한 입증이 어려워 쩔쩔매던 시절 나는 초임검사로서 과감히 최근 5년간 서울시내 일원에서 특히 지하철이나 버스 안에서 일어난 소매치기 사건 대다수를 컴퓨터에 입력하여 시간, 장소, 행위수법, 장물처리방법 등 유형별로 모아 분석한 다음 관련사건의 인지활동이나 입증방법으로 활용한 적이 있다.

당시 취급한 사건 중에는 돌잔치를 끝내고 애기 손가락에 금반지를 끼우고 등에 업고 버스를 탔다가 어린애의 손가락이 잘리는 봉변을 당한 사건, 소매치기 현장을 우연히 발견하고 소리를 지른 여학생이 면도날로 얼굴이 난도질당한 사건도 있었다. 세상은 그만큼 악했다. 더 이상 적나라하게 표현할 수 없어 이 정도로 줄인다.

그럼에도 우리나라는 일본과 함께 사회 치안이 매우 안정적인 나라로 평가받고 있다. 최근 소년사건이 우려할만한 수준으로 흉포화 되어가고 있다고 하지만 대다수 형사사건은 안정 되어가는 추세이다. 우수한 경찰과 검찰의 수사 인력, 그리고 잘 정비된 수사 시스템과 과학수사 활동의 결과라는 점을 부인할 수는 없을 것이다.

가진 자가 더 가지려고 한다.

조물주 위에 건물주라는 말이 있다. 우리 사회에서 건물주는 '甲'이라는 프레임이 씌워져 있다. 일본과는 사뭇 다르다. 상대적으로 악한 임차인도 많다. 다만 여기서는 악한 건물주 사례를 소개한다. 건물주는 건물에 임차권이나 담보 물권을 설정하고, 채무가 누적되어 산더미처럼 쌓이면 건물을 청산하고 만다.

건물은 법원 경매로 법적으로는 타인에게 넘어가지만 낙찰은 자신의 친인척 명의로 다시 받는다. 건물에 남아 있는 채권을 싼값에 해결하고 다시 낙찰 받아 새로운 건물로 새 출발한다.

〈 사례 8 〉 경찰에서 송치된 사건 중 달랑 한 사건만으로는 고의부도나 그로 인한 사기죄의 범의를 입증하기가 쉽지 않다. 그러나 이미 고소되어 무혐의로 처리된 사건이라도 여러 사건을 모아보면 사기 범의를 인정할 수 있는 경우가 있다. 건물이 법원 경매로 처분되었지만 지인 명의로 소유권이 넘어가고 그 이전에도 경매물건으로 소유권이 넘어간 적이 있다면 법원의 경매를 이용한 사기죄로 의심해 볼만하다.

경매로 큰 빚을 탕감 받고도 또 다시 그 건물을 이용하여 피해자들을 만들어 간다. 사람은 사랑을 주는 대상이어야 하고 나눔의 상대가 되어야 한다. 사람을 결코 기망의 대상으로 삼아서 자신의 배를 채우려 해서는 안 된다.

10,000 데나리온 채무를 탕감 받은 자가 자기에게 100 데나리온 빚진 자의 간청을 거절하고 그를 감옥에 쳐 넣듯이 자신의 채무자들에게는 냉혹하게 한다.마 18:27-30 법관을 속여 큰 빚을 탕감 받고도 자신의 소액 채권을 억척스럽게 챙기려는 것이 세상이다.

하나님의 은혜는 그 사람의 행위의 공로가 아니다. 거저주시는 하나님의 자비이시다. 자비는 받을 형벌을 받지 않게 해 주는 것이다. 그럼에도 받은 은혜에 감사하기는커녕 그나마 잊어버리고 남의 허물을 고소하고 처벌해 달라고 한다.

이스라엘 백성이 가나안에 정착하자 하나님의 은혜를 잊어버리고 자신들의 뜻대로 타작마당에서 바알신과 아세라신에게 감사하였듯이^{호 9:1} 자신의 공로인 양 자신만의 쾌락에 빠져 하나님께 감사드릴 줄 모르고 있다.

정의를 부르짖는 곳에도 악은 존재한다.
정의를 바로 세우는 곳에도 악은 있다.^{잠 3:16} 정의를 실현하고 정의를 부르짖는 자들이 국민을 속이고 탄압하고 부패를 자행하고 있다.

얼마 전 LA시내에서는 마치 쓰나미 처럼 폭동이 한 차례 쓸고 갔다. 상점마다 나무문짝이나 철제셔터를 달아 막아보지만 총을 쏘고 망치로 깨고 톱으로 자른 다음 점포 안에 들어가 물건을 약탈해갔다. 앞에서는 인종차별금지이니 인권 보장이니 정의를 외치면서 뒤에서는 남의 물건을 훔치면서 또 다른 사람의 생존권마저 위협하고 있다.

앞에서는 정의를 부르짖는 자들도 뒤에서는 약탈하고 남의 것을 빼앗아가고 온갖 추한 일을 일삼고 있다.
성경은, 정의를 지키는 자들과 항상 공의를 행하는 자는 복이 있다고 하였다.^{시 106:2} 재판하는 자는 당사자 간의 화해를 우선하되^{마 18:15-17} 판단을 할 때에는 누구에게나 공정하게 하여야 한다.

"너희가 재판을 하는 것이 사람을 위함이 아니요 여호와를 위함이니 너희가 재판할 때 여호와께서 함께 하실지라."대하 19:6

하나님께서는 사람마다 저울추가 달라지는 것을 싫어하신다. 재판 업무와 관련한 소송 대리인의 불공정도 경계하신다.잠 20:23

변호사는 의뢰인의 사건을 누구보다도 잘 안다고 하지만 동시에 그 약점도 너무나 잘 알고 있다. 그래서 어떤 이는 이를 이용하여 공짜로 돈을 빼앗아 가기도 한다. 거의 협박수준이다. 자신이 의뢰인으로부터 돈을 받고 작성한 서류가 잘못되어 소송의 빌미가 되었는데도 오히려 그 사건의 변호인으로서 착수금명목으로, 성공 사례금 명목으로 돈을 받아 챙겨간다.

의뢰인은 모르는 것 같지만 다 알고 있다. 변호사로부터 오히려 해코지 당할까봐 알아도 말 못하는 경우도 있다. 수년간 소송을 끌어가면서 상대방에게 줄 합의금 이상의 금원을 소송비용으로 받아갔다.

의뢰인은 변호사에게 작심하고 따져 묻는다.

"변호사님! 그동안 변호사님에게 준 돈으로 합의했으면 그×과의 사건도 진작 끝났을 것인데요...."

"상대방은 아주 나쁜 사람입니다. 그런 나쁜 사람에게 왜 합의금을 줍니까? 한 푼도 줄 수 없습니다."

사안에 따라서 상대방 측과 합의하는 것을 만류할 수는 있다. 그렇다고 처음부터 화해를 거절해서는 안 된다. 정의를 부르짖는다고 하면서 갈등을 부추겨서는 안 된다. 하나님께서는 우리에게 독생자 예수님을 화목제물로 보내시어 인간과 화목한 관계를 회복시켜 주셨다. 그래서 하나님께서는 우리에게도 법정으로 가기 전에 먼저 화해하고 서로 화목하기를 바라신다.

"너를 고발하는 자와 함께 길에 있을 때에 급히 사화하라."마 5:15

지금까지 상대방과 주고받은 소송건수만도 수십 건에 달한다. 언제 끝날지 예측할 수 없다. 벌려놓은 사건이 너무나 많다. 다른 변호사로 갈아타기에는 너무 복잡하다. 사건 설명은 물론 관련 기록도 건네주지 않을 태도이다. 이전투구가 되어 승소의 전망도 불투명하다. 의뢰인은 변호사의 이러한 태도를 잘 알고 있지만 지금은 어쩔 수 없다고 한다. 내가 의뢰인이라면 어찌할꼬?

서류상 처리할 수 있는 사건도 회사를 방문하여 용돈을 받아간다. 수사단계에서 끝낼 수 있는 사건을 재판으로 가져가고, 2심에서 해결할 수 있는 것을 3심으로 가져간다. 심급마다 돈이다.

남을 속여서 빼앗아 먹은 음식은 입술에는 달겠지만 결국 그의 위장을 썩게 할 것이다. 이사야 선지자 시대에는 소송관련자들이 뇌물을 좋아하고 사례금을 쫓아다니며 돈이 없는 고아나 과부의 송사는 받아주지 않았다.사 1:23

시간은 많이 흘렀으나 직업적 근성은 시간을 초월해서 거의 변하지 않은 것 같다. 우상과 같이 시대를 뛰어 넘어 우리를 괴롭히고 있다. 접대비 명목으로, 성공 사례금 명목으로 부당하게 착취하는 돈은 오래가지 못할 것이다.

하나님은 불공정과 치우침, 뇌물을 받는 자, 부정을 저지르는 자들로 하여금 자기 꾀에 빠지게 하시는 하나님이시다.고전 3:19, 욥 5:13

대제사장과 바리새인들은 예수님이 사흘 만에 살아나리라는 말을 기억하고 삼엄한 경비를 위해 군인들을 배치하였다.마 28:66 그러나 그로 인해 경비병들도 그 날에 있었던 모든 일을 알게 되었다.

바리새인들이 자신들의 계략으로 경비병을 많이 배치하였으나 오히려 그들로 하여금 부활의 산 증인이 되게 하셨다. 인간의 꾀로 주님을 이기지 못함을 알게 해 주셔서 감사드립니다.

북이스라엘이 하나님과 멀어지고 자신들의 지혜만으로 앗수르를 끌어들여 보았지만 오히려 앗수르에 의해 먹히고 마는 신세가 되었다. 하나님은 질서의 하나님이시고 평화의 하나님이시고 진노의 하나님이시다.

언약궤마저도 시험하는 세상이다.
이스라엘이 블레셋 군대를 맞이하여 일차 싸움에서 패하자, 대제사장 엘리와 이스라엘의 장로들은 "실로에 있는 언약궤를 가져와 앞장세우자"고 모의하였다.
여호수아가 요단강을 건너면서 했던 것처럼 언약궤를 앞세워 진군하기로 하였다. 그러면 하나님께서는 적군의 손에서 이스라엘을 구해주시고 자신들을 지켜주실 것이라고 생각한 것이다.^{삼상 4:3} 마땅히 하나님께서는 이스라엘 백성의 이러한 행위에 대해 진노하셨고, 그들에게 언약궤마저 블레셋 군대에게 빼앗기는 수치를 주셨다.
이를 계기로 엘리 제사장과 두 아들은 즉시 죽었으며, 며느리는 애를 낳다가 죽었는데 태어난 그 애의 이름을 '이가봇'이라 하였다. 하나님의 궤를 빼앗겼으므로 영광이 떠났다는 의미이다.^{삼상 4:21-22}
반면 하나님께서는 언약궤를 빼앗은 블레셋 사람들에게도 화를 내리시고 독한 종기의 재앙을 허락하셨다. 블레셋 사람들은 언약궤가 어떤 것임을 눈치로 알고 있었다. 그래서 그들은 하나님을 시험하기로 작정하였다.

이미 젖이 불어 있는 어미 젖소로 하여금 언약궤를 끌게 하고, 뒤에는 젖먹이 송아지를 묶어 놓은 것이다. 과연 어미 소가 젖 달라고 울부짖는 새끼 송아지를 뒤로 하고 언약궤를 끌고 앞으로 나갈 것인지, 그래서 원래 있었던 벧세메스로 끌고 가는지를 지켜보았다.

만일 젖소가 궤를 끌고 벧세메스로 올라가면 이 큰 재앙은 하나님께서 우리에게 내린 것이요, 그렇지 아니하면 재앙은 하나님의 손이 아니고 우연히 당한 것이라고 생각하기로 작정하였다.^{삼상 6:9}

결국 언약궤가 이스라엘로 돌아올 수 있었던 것은 모두 하나님의 능력이 살아계셔서 역사하셨기 때문이었다. 그 광경을 지켜보던 블레셋 사람들은 얼마나 놀랐을까?

방탕한 선지자 요나를 생각해 보자! 폭풍이 일어나 요나가 타고 도망가던 배를 위협하자 선원들은 제비뽑기를 하여 그 원인제공자가 누구인지를 가리기로 하였다. 요나가 제비에 뽑혀 책임을 지고 바다에 던져지게 되었다.

그러자 조금 전까지 잡아먹을 듯이 불어 닥치던 광풍이 순식간에 잠잠해진 것이었다. 그 모습을 바라본 뱃사람들은 얼마나 놀랐을까? 눈앞에서 벌어진 하나님의 놀라우신 역사 앞에 엎드려 고개를 들 수 없었다.^{욘 1:15-16}

그렇다. 어미소가 언약궤를 끌고 앞으로 가던 모습을 바라보던 블레셋 사람들 또한 하나님의 놀라우신 능력을 두 눈으로 목격하고 무릎을 꿇지 않을 수 없었을 것이다.

나의 힘이신 여호와여 내가 주를 사랑하나이다.^{시 18:1}

여기서 우리는 의문이 생긴다.

이러한 능력의 언약궤가 이스라엘 백성과 함께 전쟁터로 나갔음에도 언약궤와 함께한 이스라엘이 전쟁에서 패한 이유는 무엇이었을까?

해답은 간단하다. 신성한 언약궤를 우상화했기 때문이다. 전쟁에서 이기고자 하는 욕심에 집착하여 언약궤를 하나님과 교제하는 증표로 삼지 않고, 자기들 중심으로 판단하여 언약궤를 우상화하고 만 것이다. 경건함을 자신들의 승리를 위해 이용한 것이었다.

이와 같이 경건함을 잃어버린 이스라엘 백성들에게 하나님은 크게 진노하셨다.

어려울 때면 하나님을 찾고, 평안해지면 교회를 멀리하는 것 또한 하나님을 우상으로 삼는 행위일 뿐이다. 하나님에 대한 믿음을 기복신앙으로 전락시켜서는 안 된다.

십자가의 고난 없이 부활의 영광만을 맛보려고 해서도 안 된다. 바울이 에베소교회에 보낸 편지에서와 같이 첫사랑의 열정과 지혜를 회복하여야 한다. 호세아 선지자는 일찍이 경고하였다.

"홀로 떨어진 들 나귀와 같이 우상을 많이 만들었으나 헛된 수고가 되고 오히려 죄가 될 것이다."호 8:8-10

그들만의 이익이나 행복만이 아니라 하나님에 대한 경외와 이웃에 대한 사랑으로 말미암지 않고는 결코 영원할 수 없다는 것을 알아야 한다. 계 2:4-5, 히 10:32, 35 십자가를 지고 하나님과 동행하지 않고서는 결코 영원한 생명을 누릴 수 없다.

이 세상은 점점 악해지고 있다. 사탄의 역사가 어느 때보다 강해지고 있다. 우리가 세상에 살면서 모든 악으로부터 벗어날 수는 없다.

믿는 우리에게 유혹 또한 없을 수는 없다.

그러나 이 세상은 그림자 같아서 영원한 것은 없다.대상 29:15 순례자와 같이 나그네와 같이 임시로 사는 세상이다.

악한 자 또한 영원할 수 없다. 그들의 죄악은 심판의 날에 모두 드러날 것이다. 하나님의 복음과 계명에서 벗어난 죄에 대해서는 영원한 사망의 심판만이 있을 것이다.

성령으로 거듭난 우리는 하늘나라만을 바라보고 이 세상의 악에 대해 담대히 대처하고 성령의 도우심으로 유혹으로부터 벗어나야 한다. 사탄에게 더 이상 빌미를 주어서는 안 된다.

사탄의 유혹은 날로 지능화되고 있습니다.
사회가 점점 어두워지고 있습니다.
마지막 심판의 날에 우리의 허물은 낱낱이 드러날 것임을
깨닫게 해 주셔서 감사드립니다.
내 몸에서 흘러나오는 죄를 성령의 불로 태워 주시고
하나님의 완전하신 뜻에 합당한 삶을 살아가도록 도와주소서.

Thankfulness Came
Like a Gentle Breeze

29. 하나님은 악도 허용하신다.

하늘나라는 바다에 던져 온갖 물고기를 잡는 그물과 같다.^{마 13:47}

하나님은 전능하시고 한 점 티 없는 온전한 분이시다. 그래서 악한 행동을 보면 참지 않으신다. 뿐만 아니라 하나님이 사랑하시는 선한 사람들에게 그런 악행이 미치지 못하도록 악한 자들을 멸하시어 그들로부터 끔찍한 악행과 고난을 미리 막아주신다.

그러면서도 하나님께서는 마태복음 본문과 같이 고기어망이나 타작마당과 같이 썩은 고기나 가라지, 잡초와 같은 악한 것도 함께 허용하신다. 그 이유는 무엇일까?

가라지를 허용하신 이유

우리가 살아가는 세상은 너무나 악하다. 손에 피가 가득하다.^{사 1:15} 가라지 천지다. 하나님께서는 악한 자, 가라지들도 이 세상에서 살아가도록 허용하셨다.

2,000년 전 로마가 지배하던 시절 바울은, 이 세상은 사악함과 탐욕이 넘치고, 시기와 살인, 다툼과 사기로 가득 차있다고 한탄하였다.^{롬 1:29} 이것들 모두는 하나님의 구원 사역을 방해하려는 사탄의 유혹임이 분명하다고 했다.

사탄은(diabolos) 하나님에 대한 배신자, 이간자로서 사람으로 하여금 하나님과의 관계를 멀게 하고, 상호간 서로에게 분열을 조장한다. 믿음이 약한 자들을 유혹하여 시기와 다툼, 불화를 조장하여 형제관계를 끊게 하고, 거짓으로 남의 삶을 가로채게 한다. 그리고는 사탄에 사로잡힌 사람들 스스로도 결국 하나님과 멀어져 영원히 사망케 한다.^{마 4:24, 딤전 4:1, 약 3:13}

세상은 피에 젖은 손으로 공의를 알지 못하게 하고 입술은 거짓을 말하고 발은 악한 행동을 하게 만든다. 이웃의 무죄한 피를 즐기는 사람들은 완악해서 평강의 길을 알지 못한다. 출애굽시절 이스라엘 백성들의 척박한 광야생활과 같이 황폐와 파멸의 길을 걸어가고 있을 뿐이다.^{사 59:3-8}

성경은 악한 세상을 비유로, 세상에 살아있는 자보다 오래전에 죽은 자가 더 복되다고 하였다. 오히려 아직 출생하지 않아 이 세상의 악을 보지 못한 자가 더 복이 있다고 하였다.^{잠 4:1-3}

공의의 하나님, 질서의 하나님이 악한 자들을 용서하실 이유가 없다. 그래서 결국 사탄을 쫓아냄으로써 하나님과 사람들의 관계를 원 상태로 회복시켜 주신다.

그렇다면 하나님께서는 왜 이러한 사탄의 시험을 잠시나마 허락하실까? 믿는 우리가 괴롭힘을 당하도록 왜 가라지를 허락하실까?

그 이유는 몇 가지가 있다.

먼저, 하나님의 자비이시다.

하나님께서는 잡초를 바로 뽑아 버리질 않으신다. 알곡이 아직 자라지 못했을 때 가라지(독보리)를 뽑으면 알곡도 함께 뽑힐 수 있기 때문이다. 처음에는 가라지와 알곡을 구분하기도 어렵다. 그러나 추수할 때에는 알곡과 가라지가 확실히 구분이 되듯이 우리 또한 마지막 때에는 악한 사람과 선한 사람이 명확히 구분된다.

말로는 믿는다고 하면서도 어려움을 당하게 되면 쉽게 그리스도의 도를 버리고, 배교하는 사람들은 가라지에 불과하다. 그들은 겉으로는 하나님을 섬기는 것처럼 위장하지만 인본주의, 박애주의를 이유로 성도들에게 잘못된 믿음을 주입시키고 있다.

성령을 은혜로 체험하지 못한 사람들이다. 그들은 추수 때가 되면 가라지를 묶어 먼저 불에 던져 넣듯이 먼저 심판을 받고 유황불에 던져질 것이다.^{마 8:3, 13:29-30} 그때까지 하나님은 그들로부터 의로운 자를 분리하여 보호해 주시는 자상한 분이시다.^{사 28:23-29}

다음으로, 하나님의 사랑이시다.

하나님 아버지께서는 가라지를 이용하여 우리를 사랑으로 강하게 단련시키시고 변화시키신다. 가라지를 우리의 영성 훈련의 도구로 사용하신다.

요셉은 노예로 이집트에 팔려갔으나 차츰 주인인 보디발의 신임을 얻어 그의 최고 재산관리인이 되었다. 그러자 보디발의 아내로부터 성적 유혹을 받게 되었다.

여인은 날마다 청하였다는 기록으로 보아 매일 매일 유혹이 계속되었다는 것을 알 수 있다. 그러나 요셉은 그때마다 담대히 이를 뿌리쳤다.

"내가 어찌 이 큰 악을 행하여 하나님께 죄를 지으리이까."^{창 39:9}

요셉은 신전의식을 가졌던 것이다. 주인의 부인과 간음하는 행위는 자기를 믿고 모든 소유를 위탁한 주인을 배신하는 것이지만 무엇보다도 하나님께 죄를 짓는 것임을 더 두려워하였다. 그는 결코 유혹에 빠지지 않았다. 비록 이 일로 요셉은 억울하게 감옥에 갇힌 몸이 되었지만 이를 연단의 기회로 삼고 잘 인내하였다. 요셉에게 보디발의 부인은 가라지이었고, 연단의 도구였던 것이다.

하나님께서는 가나안 땅에 블레셋 일곱 방백, 가나안족, 헷족, 아모리족, 브리스족, 히위족, 여부스족 등을 남겨 두시어 이스라엘 백성들의 심판의 도구로, 전쟁을 가르치는 연단의 도구로 사용하셨다.^{삿 3:1}

히스기야 왕의 뒤를 이은 므낫세는 아버지가 부숴 버린 신당을 다시 세워 우상을 숭배함으로써, 바벨론으로부터 청동 쇠사슬에 묶여 포로로 끌려가는 수모를 받았다.^{왕하 21:16, 대하 33:11} 하나님께서는 이방인인 바벨론을 도구로 삼아 그를 심판하신 것이다.

'나는 빛도 짓고 어둠도 창조하며 나는 평안도 짓고 환난도 창조하나니 나는 여호와라.'^{사 45:7}

놀라운 하나님의 지혜이시다. 우리는 어려움 없이 편하게 살기를 원하나 시련이 없으면 경건함을 유지하지 못한다. 예수님의 형상을 닮아 갈 수도 없다.

어떤 사역자는 선교단체를 운영하면서 거액의 헌금을 받으면 선교사들에게 극히 필요한 최소한의 금액만을 나누어 주고 남은 돈을 돌려준다고 한다. 공동체에 돈이 넘치면 나태해지고 고난을 모르면 성령이 소멸될까 두려워한단다.

우리는 중세시대 수도원에서 그러한 예를 많이 찾아볼 수 있다. 십자가의 고난 없이는 성령의 충만도 없고 하나님의 능력도 지혜도 부활의 기쁨도 없다는 것이다.

때로는 고난을 통해 우리로 하여금 십자가 위에서 보여주신 예수님의 사랑을 깨닫도록 가르쳐 주신다.

끝으로, 하나님의 영광이시다.

하나님께서는 믿지 않는 자들의 완악한 마음을 이용하여 하나님의 뜻을 이루어 가기도 하신다.^{계 17:17} 하나님의 이름을 널리 알려 영광을 받으신다.

애굽의 바로 왕의 마음을 완악하게 하셨다. '완악'한 자는 속이 세상의 것으로 가득 차 복음의 소리를 들을 수 없고 보지 못하는 자이다. 그래서 출애굽을 막는 그에게 하나님께서는 실제로 10가지 재앙을 내리시어 애굽 왕은 물론이고 이스라엘 온 백성으로 하여금 하나님의 능력을 직접 보게 하셨다. 하나님의 이름이 온 땅에 전파되게 하셨다.

하나님께서는 하고자 하시는 자에게 긍휼히 베풀기도 하시고, 완악하게도 하셔서 그분의 뜻을 이루어 가신다.^{롬 9:17-18} 그래서 이방인들도 하나님의 섭리 안에 있음을 그들에게 잘 나타내 보이셨다.

악을 허용하시기 전에 반드시 경고하신다.

하나님은 믿는 우리에게 끊임없이 고난을 허락하신다. 그러나 고난을 허락하시기 전에 반드시 사전에 경고해 주신다. 선지자들을 통하거나 계시를 통해 보여주신다.^{암 3:7-8} 언제나 그렇게 하셨다.

하나님은 가인에게 선을 행치 아니하면 죄가 된다고 분명히 경고하시고 가인의 제사를 받아들이지 않으셨다. 그러나 가인은 회개하기는커녕 오히려 시기함으로써 동생 아벨을 죽이고 말았다.^{창 4:7-8}

오늘도 나는 콘크리트 옹벽과 같은 나의 완악한 마음을 깨뜨려 달라고 기도드린다. 말씀이 살아서 역사하시는 것을 아직도 깨닫지 못하는 나를 발견하고 회개하고 있다.

우리가 하나님의 경고를 무시하는 것은 가인과 같이 우리의 심령이 그만큼 강퍅해 있기 때문이다.

우리는 하나님의 경고를 귀담아 경청하여야 한다. 나에게 고난이 찾아오면 왜 이 고난을 주시는지 뒤 돌아보아야 한다. 결코 고난을 헛되이 보내서는 안 된다.

더 이상 추락할 지점이 없는 곳, 그곳은 땅의 밑자락일 수도 있고, 바다 속 깊은 곳일 수도 있다.

요나처럼 산의 끝자락일 수도 있으며 고기 뱃속일 수도 있다.^{욘 2:6} 다윗과 같이 자식에게 쫓기는 신세가 될 수도 있다.^{삼하 15:14} 그때 가서야 회개하고 하나님의 경고를 깨닫는 것은 인간의 완고함 때문이다.

유다의 시드기야 왕은, 바벨론에 의해 왕위에 오른 남유다의 마지막 왕이다. '애굽을 의지하지 말라'고 하는 예레미야의 말을 거부하고 오히려 하나님의 말씀을 전하는 예레미야를 때리고 뚜껑 있는 웅덩이에 빠뜨리기도 하였다.[렘 37:16] 한때 양심의 가책을 받아 다른 사람 몰래 그를 만나 여호와 하나님의 진정한 뜻을 물어보기까지 하였다.[렘37:17] 그런 시드기야도 자신의 완악한 마음 때문에 결국 하나님의 사전 경고를 무시하고 자기 뜻대로 살다가 예루살렘이 함락되는 날 쇠사슬에 결박되어 바벨론으로 끌려가는 수모를 당하고 만다.[렘 39:4] 시드기야는 교만하여 그 자신이 이미 하나님의 의의 자리에 올라가 있었다.

고난을 허락하시기 전에 하나님께서는 틀림없이 나에게도 몇 차례 경고를 하셨다. 받은 은혜에 감사할 줄 모르고 하나님께 약속한 서원을 제 때에 지키지 않은 것을 회개하라고 경고하셨음이 분명하다. 우리의 머리카락 하나까지 세시는 하나님이시기 때문이다.[눅 12:7]

신문사에 고발한 제자 두 사람과 초빙교수 1명이 나를 찾아와 넌지시 위로의 말을 걸어온다.

"누가 고발했는지 모르십니까? 왜 이렇게 미온적으로 대처하십니까?"

자신들이 고발한 것을 숨기고, 학교를 빨리 떠나지 않고 왜 그냥 있느냐는 식으로 나를 조롱하였다. 그런데 내 마음이 강퍅해져서 그것이 하나님의 경고임을 눈치채지 못했다. 서원한 대로 나이 60세가 되었으니 학교 강단을 떠나 부흥 강사 할 채비를 하라는 하나님의 경고인 줄을 미처 몰랐다.

나는 20대 중반 사법시험을 공부하면서 사법시험에 합격하면 판검사를 거쳐 나이 60세에 목사안수를 받고 부흥강사가 되겠다고 서원한 바 있다. 법조인 생활 20년을 지내고, 로-스쿨 교수를 하면서도 잠깐 신학대학원에 등록했을 뿐 서원을 지키지 못했다. 히브리어, 헬라어가 힘들어 신학공부를 중단하고 말았다. 교회를 건축할 부지마련을 위해 선교지로 생각한 캄보디아를 두 번 방문한 적도 있었다. 그러나 때는 늦었다.

하나님께서는 나의 서원을 기억하셨다가 제때에 경고하셨다.

내가 학교에 사직서를 제출하려는 기색을 보이지 않자 그들은 공중파 방송사로 찾아가 재차 제보하였다. 주어진 은혜가 모두 나의 공로인줄로만 알았다. 하나님의 경고를 우연한 일로 생각하고 무시하고 말았다. 그들에게 크게 잘못한 일이 없다고 생각하였다. 그때까지 만해도 교만하였고 세속적인 욕망에서 벗어나지 못했다는 증거이다.

요셉도 그를 팔아먹은 형들로부터 여러 차례 시기와 질투성 경고를 받았고, 아버지 야곱으로부터는 질책성 경고도 받았다. 그러나 아직 순진해서 빨간 불이 켜졌음을 몰랐을 뿐이다. 그러다가 이집트에 노예로 팔려가면서 그는 회개하였다. 이 모든 것이 자신을 단련시켜 제 길을 가게 하시려는 하나님의 채찍이었고 하나님의 섭리 안에 있었음을 깨닫게 되었다.

제자들과 시민단체의 고발로 나는 학교 강단을 떠났지만 지금이라도 이 모든 것이 하나님의 섭리 안에 있음을 알았으니 참 다행이다. 요셉의 형들의 시기와 질투를 이용하셨듯이 하나님께서는 내 제자들의 위선과 탐욕도 이용하셨다. 나를 훈련시키시려는 가라지로 이용하셨다.

일찍 회개하고 서원을 지켜드렸다면 이런 고통은 없었을 것이라는 아쉬움이 남을 뿐이다.

물론 나에게도 회개할 일이 많다.

스승과 제자가 어떤 관계인가? 스승은 제자의 본보기가 되어야 한다.

예수님이 제자들에게 보여 주었듯이 세상 지식만을 가르칠 것은 아니었다. 내 스스로 하나님의 사랑을 전달하면서 본보기가 되어야 했다. 그러나 나는 제자들에게 따뜻한 말 한마디 제대로 전해주지 못하였다. 그들이 도움을 요청할 때 등을 돌렸다. 이제라도 용서를 빌며 몇 차례 하나님의 경고를 무시한 죄까지 더해서 깊이 회개하고 있다.

갑작스럽게 강단에서 물러나면서 동료 교수님들에게 누를 끼치고, 로-스쿨 학생들이나 과학수사학과 학생들에게 교수로서 본분을 다하지 못하고 특히 나를 믿고 입학한 200여명의 과학수사학과 석박사과정의 학생들에게 끝까지 지도하지 못한 점에 대해서도 깊이 회개하면서 이 글을 통해 사죄의 마음을 전한다.

끝내 그 뜻을 이루어 가신다.
세상은 우리를 멸망시키려는 포식자로 가득 차 있고 우는 사자 같이 두루 다니며 삼킬 자를 찾고 있지만 우리는 예수님의 날개 밑에서 보호를 받고 있다.^{벧전 5:8 참조} 그분은 낮이나 밤이나 우리를 지키시는 목자이시며 우리의 수호 문이시며 피난처이시다.

고난은 아직도 현재형이다.
어떤 날은 여학생, 다음 날에는 남학생이 나를 조롱하다가 그들이 수십 층 건물에서 떨어져 죽어가는 꿈도 꾸었다. 마귀가 떨어졌다고 한숨을 돌리면 다음날 여지없이 또 다른 사람에게 쫓기고 달려들어 나를 뜯고 찢으려했다.
오늘밤에도 나는 환상 속에서 검찰청과 학교를 전전하면서 방황하고 있다. 아침마다 식은 땀으로 젖은 몸을 일으켜 세운다. 교회 식탁으로 대체한 침대 위에서 일어나 십자가를 바라보고 무릎을 꿇는다. 예배는 나에게 소망을 주었다.

이 모든 것이 나를 훈련시키시는 하나님의 은혜이시다. 천국재료로 쓰시기 위해 연단을 쌓아가고 있다. 악한 영을 도구삼아 매일매일 주님께 매달리는 훈련을 받고 있다. 죽이지 않고 살려 주셨으니 그나마 다행이 아닌가? 오늘 하루도 나의 피곤한 손과 연약한 무릎을 일으켜 세우시고 위안해 주셨다. 주님과 함께 하고 있으니 이 또한 은혜 아닌가?

양은 흐르는 물에 빠지면 익사하고 만다. 돌아서 나올 줄을 모르기 때문이다. 그래서 양은 흐르는 물을 두려워하며 잔잔하지 않으면 어떤 개울이나 호수에서도 물을 마시지 못한다. 그래서 양은 한시도 목자를 떠나서는 살 수 없다.

'나를 떠나서는 너희가 아무 것도 할 수 없음이라' 요 15:5

목자는 양들을 잔잔한 물가로 인도하기 위해 때때로 지팡이로 친다. 우리 또한 거센 파도 같은 이 세상에서 아무 것도 할 수 없는 어린 양과 같다. 성령 하나님께서는 우리를 사망의 권세로부터 벗어나 영원한 생명으로 인도하시기 위해 때때로 우리를 치신다. 나는 한때 강한 사람인줄 알았다. 그런 것처럼 행동했다. 그런데 지금은 나약한 그대로의 모습으로 돌아왔다. 예수님께서 나를 불러주셨다.

'그리스도 안에서 너희를 부르사 자기의 영원한 영광에 들어가게 하신 이가 잠깐 고난을 당한 너희를 온전하게 하시며 굳건하게 하시며 강하게 하시며 터를 견고하게 하시리라.' 벧전 5:10

어린 아이 도시락에 들어 있던 조그만 떡 다섯 개와 물고기 두 마리와 같이 초라한 내 모습 이대로 받아 주시고 보잘 것 없는 나를 하나님의 영광을 드러내는 도구가 될 수 있도록 변화시켜 주셨다. 5,000명의 장정을 먹이고도 남을 만큼 나를 새롭게 창조하셨다.

'그리스도 예수 안에 있으면 새로운 피조물이라. 이전 것은 지나갔으니 보라 새 것이 되었다.'고후 5:17

하나님께서는 나의 서원을 기억하셨다가 요란스럽게 서원을 지키게 하셨다. 끝내 그 뜻을 이루어 가시는 하나님이시다. 하나님께서는 때로는 악을 이용하여 우리를 단련시키시고 심판하시기도 하신다. 회개하는 것은 단순히 반성하는 것이 아니다. 사탄의 지배를 받던 생활로부터 벗어나 새로운 삶의 방식으로 전환하는 것이다.

내 중심의 생활에서 예수님 중심으로 삶의 목표를, 방향을 바로 잡아가는 것이다.

나는 십자가 아래에서 예수님과 함께 죽었다가 다시 태어났다. 내 안에 주님이 새롭게 태어나셨다. 그래서 나는 살아도 주를 위하여 살고 죽어도 주를 위하여 죽나니 그러므로 사나 죽으나 나는 주님의 것이다.
롬 14:8, 빌 1:20

하나님 아버지 이제야 이 양은 진정한 목자를 알고
성령의 인도를 받아 예수님을 따라가고 있습니다.
나밖에 모르던 저를 사랑으로 이끄시고 변화시켜 주시니 감사드립니다.
하나님의 은혜로만 산다는 고백을 하게 하시니 기적입니다.

Thankfulness Came
Like a Gentle Breeze

30. 복수는 스스로 행치 말고 하나님께 맡겨라.

그들의 머리 위에 진노를 퍼 부으시고, 그들이 사는 곳을 황폐하게 하실 것이다. 시 69:24-5

　우리나라는 유난히 고소, 고발, 투서와 진정이 많다. 사연도 많지만 이웃집이 잘되니까 배가 아파서 투서하기도 하고 상대방이 고소하니까 맞고소하기도 한다. 특별한 이유 없이 단순히 미워서 투서를 내기도 한다. 퇴직금 안 준다고 알바 학생이 사장의 비위사실을 들어 고발한다. 변호사가 자신이 작성한 법률문서 때문에 소송을 자초하고도 이를 빌미로 버젓이 소송 대리한다는 명목으로 돈을 갈취하고 있다.

　우리나라는 방송이나 유튜브 등 social media의 발전이 두드러져 있다. 그래서 어떻게 해야 상대방에게 망신을 주고, 결정적으로 망하게 할 수 있는지를 너무나 잘 알고 있다.

　믿는 사람은 억울한 일을 당할지라도 스스로 하려는 보복을 자제하고 모든 것을 하나님께 맡김으로써 본보기가 되라 하신다.

하나님의 진노는 무섭다.

　요즘은 고소, 고발이 남발되고 있다. 너무 쉽게 생각한다. 자라면서 남을 해코지하는 것부터 배우는 것 같다. 고소나 투서, 비방하는 댓글 하나 하나가 가져올 대가가 얼마나 무서운지, 상대방은 그로 인해 얼마나 고통을 받게 되는지 그들은 모른다. 아니 모른 체하고 그 해악성에 대해서 눈을 감고 심지어는 안중에도 없는 듯하다.

　예수님을 팔아먹은 가룟 유다도 그랬다. 뒤늦게 자신이 헌금 전대에 손을 대 사놓은 대농장에서 극단적인 종말을 맞이할 때까지 그 행위가 얼마나 무거운 죄이었는지 그는 몰랐다.

　그들은 자기 눈의 '들보'는 보지 않으면서 남의 눈의 티는 잡아 헐뜯으려 혈안이 되어 있다.^{마 7:3} 그러나 너희가 비판하는 그 비판으로 너희가 받을 것이요, 너희가 제조한 무기와 송사하는 혀로 오히려 정죄함 받을 것이라고 성경은 경고하고 있다.^{사 54:17}

　헛되게 고소하여 죄를 뒤집어 씌우려고 하고, 법정에서 변론하는 자를 올무로 잡으려하고, 거짓 증언으로 무고한 자를 억울하게 하는 자는 벌을 받을 것이다.^{사 29:21}

　악한 자의 허물은 하나님 앞에서 모두 드러나고 만다. 하나님은 살아 역사하시는 분이시며 양날의 칼보다 더 예리한 시야를 가지고 계시기 때문이다. 마음과 영혼을 가르시고, 관절과 골수를 관통하고, 그들의 생각과 행동을 심판하신다.

　하나님은 사악한 자들을 심판하심으로써 우리에게 하나님이 살아 계심을 보여 주실 것이다.^{시 9:16} 그들의 머리 위에 진노를 퍼 부으시고, 그들이 사는 곳을 황폐하게 하신다.^{시 69:24-5} 그래서 복수는 하나님의 진노에 맡겨야 한다.^{롬 12:19, 히 10:30, 레 19:18}

　"It is mine to avenge; I will repay."

두려워마라. 힘을 내라. 하나님께서 원수를 갚고 의인을 구하러 오신다.^{사 35:4}

악을 행하는 자들 때문에 불평하지도 말라. 악은 악으로는 이길 수 없다. 칼로서 흥한 자는 결국 칼로서 망한다. 그들은 풀과 같이 속히 베임을 당할 것이요 푸른 채소 같이 곧 쇠잔해질 것이다.^{시 37:1-2}

하나님 앞에서 진실은 다 드러나게 되어 있다. 가장 춥고 어두운 밤중이라도 밝고 밝은 새벽별 앞에서 선과 악은 낱낱이 드러난다.^{계 2:28, 22:16} 진실은 숨기려 해도 숨길 수 없고, 그들의 허물은 알려지지 않은 것이 없다. 덮으려 해도 덮어지지 않는다.

아담이 선악과 열매를 따먹고 나무 뒤로 숨었으나 금방 탄로 나듯이 변명도 통하지 않고 백일하에 발가벗겨진다.^{히 4:12-13} 아무리 노력해도 감출 수 없다.^{마 10:26, 눅 12:2} 골방에서 귀에 대고 말한 것이 집 위에서 세상으로 널리 전파될 것이다.^{눅 12:3}

악한 이들이 잠시 벌을 받지 않는 것처럼 보이더라도 답답해 하지마라. 결국 다 드러날 것이다.^{막 4:22} 그래서 우리는 우리에게 해코지하는 사람을 두려워할 이유가 없다. 하나님의 손에 넘어 가면 그 심판이 얼마나 무서운지 그들은 모를 것이다. 그 광경은 너무나 무서워 뼈가 떨리고 영혼이 울부짖을 것이다.^{시 6:2-3}

God is a consuming fire!

하나님은 모든 것을 파괴하는 불과 같으시다.^{히 12:29} 모두 파괴하시고 역병을 보내 진멸하신다.^{민 16장-25장, 신 9:3} 혼란의 줄과 공허의 추로 에돔을 치시듯이 유황과 역청불을 내리시어 티끌까지도 태우시는 분이시다.^{사 34:9-11}

너희의 손과 발이 죄를 지으면 손과 발을 잘라 버려라. 절름발이로 사는 것이 온전한 네 지체를 가지고 영원한 지옥 불에 가는 것보다 나을 것이다.

눈이 죄를 짓거든 눈을 뽑아버려라 차라리 한쪽 눈이 없는 편이 낫다. 죄에 대한 대가는 그것이 크든 작든 엄중하다.^{마 18:8} 그들이 받게 될 심판이 얼마나 무서운 것인지를 알게 된다면 우리들은 오히려 그들을 위해 기도해야할 것이다.

예수님께서도 자신을 저주한 군중들의 무지(無知)를 용서해 달라고 기도하셨다. 그들이 받을 심판이 얼마나 무서운 것인 줄 아시기 때문이었다. 성령이 충만한 스데반 집사도 자신에게 돌팔매를 하는 자들의 죄를 묻지 말아달라고 하나님께 간청 드렸다.^{행 7:55}

최근 나를 고발한 박사 제자를 꿈에서 만났다. 내가 그를 탓하며 호통치고 있었다. 그래서 꿈에서 깨어나자마자 하나님께 용서를 구하는 기도를 드렸다. 아직도 내가 그들 용서하지 못했다면 나의 허물도 하나님께서 용서해 주시지 않으셨다는 증거이다.

"너희가 사람의 잘못을 용서하지 아니하면 너희 아버지께서도 너희 잘못을 용서하지 아니하시리라."^{마 6:15}

진정으로 회개하오니 예수님의 피로 저의 허물을 씻어 주시고, 그에게도 마음의 위안을 주시라고 기도드렸다. 점차 내가 먼저 용서하는 것이 나 스스로 진정한 자유를 누릴 수 있다는 것을 깨달아갔다. 그래서 하나님께 도와 달라고 기도드렸다. 저에게도 원수를 용서하고 사랑할 수 있는 힘을 주소서.

나를 죽이려는 자가 오히려 나에게 복된 사람이고 하나님의 은혜임을 진정으로 깨닫게 해 주소서. 몇 번이고 기도하고 묵상할 때 내 마음에 평화가 찾아왔다.

복수는 하나님께 맡겨라.

다윗을 죽이려고 몇 번이고 몇 번이고 추적해 온 사울의 침소를 급습한 부하 아비새가 다윗에게 말했다.

"사울을 제 창으로 단번에 땅에 꽂게 해 주소서. 두 번 칠 필요도 없습니다."

그러자 다윗은 대답하였다.

"그를 죽이면 안 된다. 여호와께서 기름 부으신 사람에게 손을 대면 그 죄가 어떠한 줄 아느냐? 여호와께서 친히 그를 치실 것이다. 그는 자기 때가 되어 죽게 되거나 전쟁에 나가 죽게 될 것이다."삼상 26:8-10

아비새의 권고는 마땅히 일리가 있었다.

사울은 다윗을 찾아 죽이기 위해 죄 없는 제사장 85명을 죽였고,삼상 22:18 다윗으로부터 여러 차례 용서함을 받고도 다시 찾아와 그를 죽이려 했다. 반면 다윗은 이미 사무엘로부터 기름부음을 받은 상태이었다. 때 맞춰 주께서 꾸짖으시매 사울의 병거와 말들이 다 깊이 잠들었다. 엔게디 동굴에서, 십 광야에서 거듭 사울을 죽일 수도 있었다.

그러나 다윗은 그러하지 않았다.

사울로부터 말로 다 못할 많은 상처를 받았음에도 아비새의 그런 충고를 마다하고 항상 하나님께 묻고 하나님의 뜻에 따랐다. 복수는 자신의 몫이 아니고, 하나님의 손에 있다는 것을 그는 알고 있었다.신 32:35

날이 갈수록 사울은 점차 왕으로서의 리더십을 잃어갔지만 다윗은 하나님께 의지하여 점차 왕으로서 역량을 갖추어 갔다. 다윗의 역량과 관대함의 리더십은 오랜 기간의 단련을 거치면서 더욱 완전해졌다.

복수는 스스로 행하지 말고, 하나님의 손에 맡겨라.

하나님께서는 항상 의로우셔서 악인에게 반드시 벌을 내리신다. 때로는 사악하고 타락한 죄인이 징벌을 받지 않고 권세를 누리는 것처럼 보이는 경우도 있다. 그들로부터 의로운 자가 고통 속에 시달리는 것처럼 보이는 경우가 있다. 그러나 하나님의 공의(righteousness)는 무섭게 살아계신다.강요I, 111면

만일 그 사람들이 이 세상에서 벌을 받지 않는다면 우리에게 다음 세대가 있다는 증거이다. 벌 받을 자는 결단코 면죄하지 않고 아버지의 죄악을 그들의 자녀 손 3, 4대에 걸쳐서라도 갚아주셨다.출 34:6-7

다만 아버지의 죄악을 '갚아준다'는 것은 아버지의 죄악이 상속된다는 의미는 아니다. 그 아들 또한 아버지의 죄를 벗어나지 못하고 계속 악을 행할 때에 비로소 아버지의 죄악을 보태서 더 엄한 형벌을 받게 된다는 의미이다. 하나님과의 관계는 개인적이기 때문이다.

"의인의 공의도 자기에게로 돌아가고 악인의 악도 자기에게로 돌아가리라."겔 18:20

우상 숭배의 대명사인 아합 왕을 이은 아하시야 왕 또한 아합 왕과 같이 바알을 섬겨 하나님 눈에 거슬리는 악행을 저질렀다. 그러자 여호와께서는 그가 왕이 된지 2년 만에 병들어 죽게 하셨다.왕하 1:16-17 북이스라엘의 초대왕인 여로보암의 죄에서 돌아서지 못한 11대 여호아하스 왕 또한 아세라 목상을 여전히 섬기고 그의 조상들의 악행을 본받아 모든 악을 행하므로 아람 군대를 보내시어 멸망케하셨다.왕하 13:6-7

하나님의 베푸심이나 자비(mercy) 또한 같은 이치이다. 다윗의 믿음을 보시고 305년 후의 그의 후손 히스기야 왕 또한 의로운 길을 갈 때 비로소 복을 더해 주셨다. 앗수르 왕 산헤립의 군대로부터 그를 보호해 주셨다.왕하 19:34

비방이나 저주를 삼가고 복수를 하나님께 맡겨라.

비방이나 저주를 함부로 하지 말라. 사람의 입으로 들어가는 것보다

입에서 나오는 말이 더 더럽고, 상대방에게 치명적인 상처를 준다.^{막 7:20}

악한 생각, 비방, 원망, 저주는 어둠의 자식들의 행동이다. 믿는 우리에게는 더 이상 허용이 안 된다. 함부로 하는 말의 저주가 얼마나 큰 힘을 발휘하는가? 상대방에게 얼마나 절망케 하는지를 잘 알고 있기 때문이다.

엘리야는 갈멜 산에서 바알의 선지자 450명과 아세라 선지자 400명 도합 850명을 상대로 여호와 하나님의 영광을 드러낸 강한 사람이었다. 그러고도 그를 죽이겠다는 이세벨의 저주 한마디에 낙담하여, 브엘세바를 지나 광야에 있는 로뎀 나무 아래까지 죽도록 도망가지 않았는가?^{왕상 18:39-40, 19:2-4}

무슨 말을 하든지 무슨 행동을 하든지 우리의 행위 하나하나는 심판의 날에 반드시 드러나게 되어 있다.^{마 12:34-36} 누구든지 자신의 나쁜 말이나 행동을 절실히 회개하지 않으면 그에 상응한 벌을 받을 것이며, 불의에 대한 하나님의 자비는 없을 것이다.^{골 3:25}

다윗의 처 미갈이 신하들 앞에서 몸을 드러내고 춤을 추었다고 다윗을 비방하다가 하나님으로부터 저주를 받았고^{삼하 6:20-23} 엘리사를 조롱하던 젊은이들이 곰에게 모두 물려 죽었음을 명심하라.^{왕하 2:25}

자신의 권리는 사랑 안에서 주장하라

하나님은 우리를 위해 우리나라에 판사, 검사 제도를 마련하셨다. 그래서 억울한 일이 있을 때 그들의 도움을 받아 우리가 악인들의 악행과 불의에 희생되지 않고 잃어버린 평온을 되찾기를 바라신다.

그렇다고 사소한 재물을 잃었다고 함부로 고소하거나 소송을 제기하지 말라. 적어도 믿는 사람들은 그래서는 안 된다. 주변 사람마저 실망시키기 때문이다. 그 사람마저도 너를 미워하면 결국 죄를 씻을 수 없게 되기 때문이다.^{잠 25:9-10}

감내하기 어려운 재물의 손해나 명예가 훼손되었다면 사랑을 잃지 않은 범위 내에서 소송을 제기할 수 있다. 그들을 법정에 세워 철저히 주신문이나 반대 신문을 통해 그들의 진술을 탄핵하고 자신의 억울함을 적극적으로 호소하라. 복수심에서가 아니라 불의에 맞서 정의를 세운다는 생각으로 하면 허용된다.

검사나 판사를 통해 하는 복수는 사람이 하는 것이 아니라 하나님이 하시는 것이다.^{강요Ⅳ, 1105면} 반면 신문이나 방송, YouTube, Facebook을 통해 고발하듯이 떠벌리는 것은 바람직한 것이 아니다. 남을 해코지하는 것이다.

일찍부터 로마법정에서는 피고인에게 고소인과 대면하고 자신을 방어할 기회가 보장되어 있었다.^{행 25:16} 고소인은 법정에서 증인신분이 된다. 우리나라 형사소송법에도 피고인에게 각종 방어권과 증인에 대한 반대신문권이 보장되어 있다.^{제161조의2①}

증언의 신빙성, 증명의 가치를 탄핵할 수 있도록 하고 있다.

내 제자 둘은 나의 이메일을 전부 뒤져 언론에 고발하였다. 나는 고발내용 중에 허위사실을 들어 형법이나 특별법위반 등으로 맞고소할 수도 있다. 그들은 언론사에 고발한 직후 내 옆에서 나를 도와주는 척하면서 내 동태를 살폈고, 내 이메일이나 전화 대화내용까지 도청하였다. 만약 내가 누구에게 전화하였는지, 어떤 내용으로 통화하였는지를 도청하고도 그 내용을 기자에게 다시 제보하였다면 또 다른 범죄가 추가될 수도 있다. 그들은 법정에서 허위사실을 들어 위증도 하였다.

억울하다는 이유로 사람을 함부로 맞고소해서는 안 된다. 예수님께서는 우리를 사랑하사 우리를 위해 억울한 누명을 쓰고 죄 진자가 되어 자신의 몸까지 내 주셨다. 자신이 피소된 사건의 재판에서 자신의 억울함을 벗기 위해 그들을 증인으로 불러 그들 증언의 신빙성을 적극적으로 탄핵할 수도 있었다.

그러나 예수님께서는 십자가 넘어 하늘나라만을 바라보시고 자신을 위해서는 그 어떠한 변론도 하지 않으셨다.

바울은 재판도 없이 자신에게 매질을 가한 재판관에게 자신이 로마인임을 강조하면서 이의를 제기하여 그로부터 항복을 받아 냈다. 아그립바 왕이 유대 관습에 관한 한 전문가라는 사실을 알고 자신이 바리새인의 엄격한 규율아래 자랐음을 변론하는 능숙함도 보였다.^{행 26:5}

마지막 사사인 사무엘은 백성들이 자신을 대신해서 그들을 통치할 왕을 세워달라고 요구하자 그들에게 억울함을 호소하였다.

"내가 누구로부터 나귀나 황소나 뇌물을 받았느냐? 누구를 속이고 억압하더냐? 내가 여호와 앞에서 담론하리라."

여호와 앞에서 담론한다는 것은 하나님 앞에서 모든 것이 드러나고 하나님이 증인되신다는 의미이다.

그 뿐만이 아니다. 벨릭스나 베스도, 아그랍파와 버니게 모두 바울의 무고함을 알았고, 결코 그가 사형이나 장기간 구금되어야 할 이유도 없다는 것을 알았다. 그러나 바울 자신은 석방되어 유대인의 손에 넘어가는 것보다는 장기간의 투옥생활을 하더라도 로마 황제에게 항소함으로써 법정의 변론을 통해 이방인들에게 구원의 기쁜 소식을 전할 수 있었다. 고난의 무게보다도 훨씬 더 큰 영광을 바라보고 있었다.^{행 25:11, 26:31}

그는 바리새인들로부터 수차례 고발을 겪으면서 많은 고난과 위험에 처하면서 차츰 로마 법정에 가서 구원의 기쁜 소식을 전하라는 자신의 마지막 사명을 깨닫게 되었다. 예수님께서 가신 십자가의 길을 따라 자신을 위해 변론하기 보다는 구원의 기쁜 소식을 전하는 사명에 충실하였다.

사랑이 많으신 하나님 아버지!
이 세상은 하나님의 공의를 모르고 남을 함부로 정죄하려는
사람들이 많습니다. 나를 판단하시되 경건하지 아니한 사람들로부터
내 송사를 변호하시며 간사하고 불의한 자들로부터 나를 건져 주소서.^{시 43:1}
함부로 고소 · 고발한 자들에게 지혜를 더해 주옵소서.
그것이 가져올 영향이 무엇인지, 상대방에게 주는 아픔이 얼마나 큰 것인지를
알지 못하고 한 행동이오니 그들의 무지를 깨닫게 하시고
지혜에는 장성한 사람이 되게 도와주소서.^{고전 14:20}

Thankfulness Came
Like a Gentle Breeze

31. 교회는 그리스도의 몸이시다.

만물을 그리스도의 발아래 복종하게 하시고 그리스도를 만물 위에 교회의 머리로 주셨느니라. 교회는 그리스도의 몸이니 만물 안에서 만물을 충만케 하시는 자의 충만이시다.^{엡 1:22-23}

교회는 두 가지 의미로 사용된다. 교회는 구약의 공회당과 같이 가시적이고 물리적인 예배의 장소가 되며, 하나님이 거하시는 성전으로서의 영적인 보이지 않는 교회가 된다. 살아계시는 하나님을 우리가 배우고 찬송 드리는 물리적 장소이기도 하고, 그리스도의 영이 함께하시는 우리의 몸을 가리키기도 한다.

가시적인 교회 사역의 주역은 목사와 교사이다. 목회자의 첫 번째 사역은 모든 성도가 하나님과 믿음에 대한 이해를 가지게 하는 것이고, 성도들이 온전한 그리스도의 형상을 닮아가는 성숙한 그리스도인으로 성장하게 하는 것이 두 번째 사역이다.

우리 몸은 하나님이 거하시는 성전이다.

　사람은 하나님과 동등하게 되려는 욕심으로 하루에도 몇 번씩 하나님을 거부하고 죄를 짓고 있다. 자기주장을 앞세워 방황하고 있다. 그래서 하나님께서는 일찍부터 우리들에게 외부적인 표상을 주셨다.

　구약시대의 성막은 하나님께서 이스라엘 백성들과 함께 하신다는 표상이었다.^{출 25:8} 믿음의 가장 큰 증거는 하나님과 동행하는 삶이다. 그래서 하나님께서는 하늘에서 시내 산으로 내려오셨고, 성소의 언약궤 위에 앉으셔서 이스라엘과 함께 계신다는 것을 보여 주셨다.

　성막의 외부는 화려하게 지을 수도 있었지만 모세는 하나님이 명하신대로 아주 수수하게 지었다.^{출 26:1-37} 성막의 수수함은 앞으로 오실 예수님을 드러내 보이는 것이다. 물론 내부는 금으로 장식되어 최고의 진리로 짜여 있음을 가리키고 있다. 성막에 이르는 문은 회막문 하나뿐이어서 그리스도를 통해서만 하나님께 나아갈 수 있으며,^{출 36:37-38} 동편 태양신을 등지고 성막으로 들어가 유일신으로 믿어야 한다는 예표가 되었다. 현대 가시적인 교회는 구약시대 성막과는 다르다. 오히려 유대인의 회당과 같은 곳이다. 이제는 우리에게 예수님이 오셨다. 우리의 대 제사장 겸 희생 제물로 오셨다. 예수님께서는 살아계실 때 사흘 만에 다시 성전을 지을 수 있다고 하셨다.^{마 27:40, 26:61, 막 14:58, 요 2:19}

　예수님은 우리의 대속 제물이 되셔서 하나님과의 사이에 성막의 휘장을 제거하셨고, 부활하고 승천하시면서 자신의 몸을 성전으로 남겨 주셨다. 더 이상 지상에서의 성막은 필요 없게 하셨다.

　예수님은 부활하시고 승천하시면서 우리에게 보혜사 성령님을 보내주셨다. 그래서 그리스도의 영이 함께하시는 우리의 몸이 곧 성전이 되었다. 초대교회에서 부르심을 받은 사람들의 공동체를 ἐκκλεσία 교회라고 하였듯이 우리는 각자 그리스도의 몸된 성전이 되고 교회의 각 지체가 된다.^{엡 1:23}

예수님은 교회의 머릿돌, 우리는 그 지체

에베소서 본문 말씀과 같이, 예수님을 만물 위에 교회의 머리로 주셨다. 엡 1:22-23 교회의 머리는 우리 주 예수 그리스도이시며, 교회는 하나님이 거주하시는 성전이다. 엡 4:15 하나님은 우리의 아버지가 되시고, 교회는 우리의 어머니가 되시며 우리는 하늘나라의 자녀들이 된다. 갈 4:26

우리는 교회를 통하여 예수 그리스도 안에서 사랑으로 성장해 간다.

부르심을 받은 우리 모두는 그리스도의 몸 안에서 각 마디를 통해 예수님과 함께 연결되고 결합된다.

예수님은 참 포도나무이시고 요 15:1 우리들은 그 가지들이다. 포도나무의 뿌리와 줄기가 가지에 영양을 공급하여 좋은 열매를 맺는 것처럼, 그분의 생명의 에너지, 그의 영적 존재는 계속해서 우리들에게 영양을 공급하고 생명을 유지시켜 주신다. 예수님 안에서만 영원한 생명을 보장받는다.

지체인 우리는 구원의 띠와 사랑의 받침으로 그분과 밀접히 결합되어 출 36:24, 엡 4:16 성령의 도움으로 맡은 직분과 은사의 분량에 따라 기능하는 가운데 그 몸이 자라게 되고, 사랑 가운데 스스로를 천국 보물로 단련하여 간다. 엡 4:16 그렇게 되면 일곱 영과 일곱 별을 가지신 예수님과 우리는 연합하여 하나의 성전을 건축해 간다. 엡 4:3, 계 3:2

하나 됨은 모두가 똑같이 되는 것이 아니고 각자의 직분과 은사의 분량에 따라 하나님을 중심으로 하나로 연합된다는 의미이다. 각자는 하나님의 일꾼으로서 자기의 역할에 충실할 때 온전한 하나의 성전의 지체가 되어 간다.

주신 경륜에 따라 각자 받은 은사에 맞추어 충성함으로써 그리스도이신 산돌 위에 지어져 가는 성전이 되고 영원한 생명을 얻는다. 고전 4:1-2, 골 1:25

성령이 충만한 빌립 집사는 에디오피아 환관에게 복음과 세례를 전하는데 충성하였고,^{행 8:27} 여성으로서 예수님의 제자가 된 다비다(도르가)는 예수님의 사랑을 본받아 옷을 직접 만들어 가난한 과부와 고아에게 나누어주는 선행과 구제의 일을 하였다.^{행 9:36} 스데반 집사는 복음을 전하다가 순교하는 그 순간 까지 자신을 죽이는 자들에게까지 하나님의 용서를 구했다.^{행 7:59-60} 모두는 자신에게 없는 은사를 더 달라고 하지 않았다. 주어진 은사에 만족하고 이웃을 위해 심지어 자기를 죽이는 원수에게도 받은 은혜를 되 돌려주는 반석 위에 온전한 성전을 지은 자들이 되었다.

머릿돌은 양쪽 모퉁이를 잡고 있는 중심이며 따라서 머릿돌이신 예수님이 거하지 않으시면 교회가 지탱할 수 없게 된다. 우리는 산돌이신 예수 그리스도의 반석 위에 지어져 가는 성전이고 교회의 각 지체가 된다. 모래 위에 집을 지으면 비바람에 견디지 못하기 때문이다.^{벧전 2:4-5}

교회의 머릿돌이신 예수님께서는 그 지체인 우리를 육체적, 정신적, 영적으로 지탱하고 성장하게 해 주신다. 우리의 삶의 중심이 되신다. 따라서 예수님 없이는 삶의 의미가 없고, 열매도 없고 희망도 없다. 머릿돌을 빼면 집이 무너져 산산조각이 됨과 같이 그리스도의 영이 우리 안에서 떠나시면 우리는 영원한 죽음에 떨어질 수밖에 없다.

예수님께서는 자신을 거부하는 대제사장들과 바리새인들에게 멋지게 경고하셨다.

'건축가들의 버린 돌이 교회의 머릿돌이 되었다.'^{마 21:42, 시 118:22-23}

바리새인들이 버린 예수님께서 교회의 머릿돌이 되셨다. 예수님을 영접하는 자는 그 돌 위에서 깨어짐을 받는 은혜를 받겠고, 그렇지 않은 자는 그 돌 아래에 깔려 가루가 되는 저주를 받을 것이다.^{마 21:44}

주변 포도원을 다시 둘러보시고, 상속자인 아들을 죽인 포도원의 농부들 이야기를 하시면서 그들에게 재차 경고하셨다. 농부들이 포도원 주인의 명령을 거부하였듯이 자신을 거부하는 바리새인들에게 앞으로 무슨 일이 일어날 것인지를 보여주셨다.^마 21:28-46^ 예수님은 이와 같이 제자를 가르치시면서 현장 교육을 즐겨 사용하셨다.

예수님은 교회의 머릿돌이 되시며, 유대인이든 이방인이든 그분을 믿는 우리들은 그의 지체가 된다. 예수님을 거부하면서도 교회의 주인인 것처럼 행세하는 바리새인들은 교회에서 쫓겨 날 것이다.^마 21:43^ 영원한 사망에 떨어져 이를 갈며 원망할 것이다.

사명을 주시되 권능으로서 교회를 주셨다.

예수님께서는 제자들에게 사명을 주시고 이를 위해 권능으로서 말씀을 주시고, 많은 이적과 표적을 주시되 교회를 세워 가르치고 양육하게 하셨다. 예수님은 승천하시면서 제자들에게 두 가지 사명을 수행하는 은혜의 처소로 교회를 이 세상에 남겨 주셨다.

교회의 첫 번째 사명은, 성도들을 복음으로 가르치고 양육하는 것이다.

인간은 나약해서 하루에도 몇 번씩 흔들리는 존재이다. 그래서 끝까지 믿음을 잃지 않도록 무장하여야 한다. 성숙한 그리스도인이 되기 위해서는 외부의 조력이 필요하다. 하나님께서는 이러한 인간의 나약함을 아시고, ^강요IV, 35면^ 교회를 세우시고 목사와 교사를 두어 성도를 가르치게 하셨다.^엡 4:11^ 사람들이 모여서 하나님의 말씀을 배우고, 하나님을 찬양하고 예배하는 장소로 가시(可視)교회를 세우셨다. 가시적인 교회는 물리적 장소 즉 예배당을 의미한다.

예배당에서는, 먼저 성도들에게 하나님에 대한 지식을 올바르게 가르쳐야 한다. 하나님의 사랑과 진리의 말씀을 가르쳐야 한다.

예수님만이 우리를 구원해 주실 수 있는 분이시다.

목사와 교사는, 이와 같이 오직 예수님만이 우리를 구원에 이르게 하고, 그 이외 다른 이름으로써는 구원을 받을 수 없음을 가르쳐야 한다. ^{행 4:12} 이러한 진리가 성도들을 죄의 속박으로부터 자유롭게 하였다는 것을 제대로 가르치는 곳이 예배당이다. ^{요 8:31-32} 목사나 교사가 자신들의 뜻대로 가르치는 것이 아니다. 성령의 도우심으로, 성령의 인도하심으로 가르쳐야 한다.

교회의 지도자는 수많은 사람들처럼 하나님의 말씀을 혼잡하게 하지 아니하고 나의 공로가 아니며, 곧 순전함으로 하나님께 받은 것 같이 하나님 앞에서와 그리스도 안에서 말하여야 한다. ^{고후 2:14-17}

예배당은 진리의 터전이고 기둥이 되어야 하며, 목사와 교사들은 성령의 인도하심 따라 하늘나라의 비밀을 계시하고 바른 가르침을 통하여 성도들을 진리의 파수꾼으로 길러야 한다. ^{강요IV, 35-37면, 69면, 딤전 3:15}

다음으로 예배당에서는 성령 하나님의 도움으로 성도가 온전한 그리스도인으로 성장해가도록 양육하여야 한다.

믿음으로 우리가 의롭다고 인 치심을 받았으나 언제까지나 영적으로 어린 아이일 수는 없다. 믿는 우리는 빛의 자녀이다.^{엡 5:8} 우리는 성령의 인도하심을 따라 매일매일 변화되어가야 한다.

비록 변화가 더딜지라도 성령 하나님께서는 우리의 생각과 태도, 행동을 조금씩 바꾸어 가신다. 우리의 삶이 매일 매일 변화되어 간다면 우리는 하나님으로부터 선택받은 사람이라는 증거이다.

중요한 것은 우리가 가지는 성령의 질량이 아니라 우리가 성령을 받고 성령의 도움을 받아 날로 성장해 가는 과정이다.엡 5:18 **사랑과 섬김으로 나중 행위가 처음 행위보다 많도록 성장하여야 한다.**계 2:19 교회는 성도가 성령을 받고 성령의 인도하심 따라 이 세상을 본받지 말고 새로운 마음으로 하늘나라에 복을 쌓는 삶을 살아가도록 가르치고 양육하여야 한다. 매일 성경을 읽고 기도하고 세례와 성만찬을 통하여 우리는 매일 성령의 충만함을 유지하게 하여야 한다. 매사를 고민하고 불평하고, 원망하면 성령이 소멸된다는 것도 가르쳐야 한다.살전 5:19

나는 검사로 재직하면서 온갖 세상 욕설은 다 해보았다. 어떤 검사는 말끝마다 ○팔, 지○을 입에 달고 살기도 하였다. 조사를 받던 피의자가 답변하려 하면 말을 끊어버렸다.

"○발 네가 말하려는 것 다 안다. 누구를 교육시키려고 하냐? 씨○"

"상대방이 네가 쥐고 있던 칼로 뛰어들었다는 것이지, 안중근 의사처럼 …씨○"

상대방의 주장은 변명이라고 생각하고 들어주지 않았다.

"너는 손만 벌리고 있었는데 고소인이 돈을 덥석 네 손에 쥐어줬다는 것이지? 네 변명 들어보지 않아도 뻔하잖아. ○발."

그런 검사들과는 성령이 결코 함께 할 수 없다.

다윗이 예루살렘으로 언약궤를 옮기면서 여섯 걸음씩 걷고 잠시 기다린 것도 하나님이 허락하지 않으시면 성령 하나님의 도우심 없이는 한 걸음도 나아갈 수 없음을 보여 준 것이다.삼하 6:13

주시는 이도 하나님이시고 빼앗는 이도 하나님이시다.

그래서 우리가 살아가는 동안 부딪치는 크고 작은 문제들을 우리 스스로 해결하려고 해서는 안 된다. 하나님께 묻고 성령의 인도하심 따라 순종해 가야 한다. 내가 주인이 되면 세상의 근심이요 주님이 주인이 되시면 환난은 물러간다. 교회는, 성령을 받은 우리가 성령의 충만함으로 그분의 뜻에 따라 순종하는 것이 우리의 능력이 됨을 깨우쳐 주어야 한다.

교회의 두 번째 사명은, 많은 사람들에게 복음을 증거하고 이를 전파하는 것이다.

참 진리를 널리 알려 많은 사람을 구원하도록 복음을 전파하는 전도사와 선교사의 역할을 다하여야 한다. 바울은 빌립보 교회의 장로인 에바브로디도를 칭찬하면서 진리를 구하고, 전파하면서 자기 목숨을 아끼지 않는 사람을 높이 자랑해야 한다고 했다.빌 2:30 자신의 이익 보다는 사명에 따라 가는 사람을 교회 공동체는 존경하여야 한다.

예수님께서는 자신의 이름을 팔아 귀신을 쫓는 사람을 탓하지 않으셨다. 그를 통해 하나님을 알리는 기회가 되기 때문이다. 바울 또한 바울 자신을 흉보면서까지 전도하는 사람을 꾸짖지 않았다. 오히려 이를 꾸짖어 달라는 제자들에게 좀 더 성숙하라고 질타하였다.빌 1:18

전도하는 방법은 다양하다. 병상에 꼼짝없이 누워있던 할머니가 남은 인생 어떻게 전도하면서 살까를 고민하다가 성경을 읽어주는 알바생을 고용하였다고 한다. 신앙이 없는 학생들을 상대로 시간당 보수를 듬뿍 주겠다고 광고하였다.

얼마 후에 어떤 학생이 성경을 읽어주다가 성령의 감동을 받아 예수님을 믿게 되었다고 한다. 전도하려는 의지만 있으면 그 다음은 하나님이 모두 맡아 하신다.

그래서 우리는 매일매일 우리 안에 성령으로 충만하시기를 간구 드려야 한다. 성령이 충만하게 되면 우리는 어떻게 변하게 되는가?

첫째는 우리가 예수님을 닮아가는 삶을 살아가게 인도하신다.

우리는 그리스도 예수 안에서, 교회 안에서 하나님과의 교제를 통해 능력을 받고 점차 그리스도의 형상을 드러내는 그리스도의 몸된 성전으로 건축되어 간다.^{고전 2:15-16} 불에 타 없어질 나무나 풀이나 짚으로 만들어 진 것이 아니요 고통으로 정련된 금이나 은이나 보석으로 지어져 불에 타지 않고 남아 상을 받을 것이다.^{고전 3:12-15}

둘째는 하나님의 뜻에 따라 예수님의 사랑을 전해야 할 소명을 가지게 하신다. 성령이 임하시면 우리는 권능을 받고, 하나님의 뜻에 순종하여 예루살렘과 온 유대와 사마리아 땅 끝까지 증인이 된다.^{행 1:8}

그리스도의 몸된 성전으로서 하나님의 복음을 올바르게 가르치고 전파하라고 하신다. 믿음은 들음에서 나며 들음은 그리스도의 말씀이라고 하셨다.^{롬 10:16-20} 아직도 세상은 복음의 기쁜 소식을 듣지 못한 사람이 많다. 바울은 그런 자들의 전도에 힘을 썼다.^{롬 15:20} 우리의 외침이 물에 빠져 헤매는 사람들에게는 큰 희망을 주는 등대가 될 수 있다.

사마리아 여인이 예수님을 뵙고 부끄러운 과거를 뒤로 하고 달려가 동네사람들에게 구원의 기쁜 소식을 전한 것처럼^{요 4:39} 나 또한 부장검사, 로-스쿨 교수의 과거를 내 던지고 길거리에서 스피카를 들고 복음을 전하고 싶다. 한 영혼에게라도 구원의 기쁜 소식을 전하고 싶다. 복음을 전하고 싶어지는 마음은 내가 예수님의 성품을 닮아간다는 것이다.

내 안에 계신 예수님이 나의 참 주인이 되신다는 증거이다. 지하철에서 예수님을 믿으라고 전파하는 사람들을 보게 된다. 주님의 종으로서 주어진 사명에 충성하는 그들이 부러울 뿐이다.

그들에게 복음의 말씀을 전하고 듣게 하여야 한다. 최근 보고서에 의하면 신·구약 성경 중 단편이라도 전 세계 약 72억 명 중 70억 명의 언어로 번역이 끝이 났다고 한다. 복음이 사마리아 땅 끝까지 전파되고 있다는 증거이다. 예수님께서는 속히 오시리니 지체하지 말고 주어진 사명을 완수하는데 게을리 하지 말라고 말씀하신다.

교회는 성도 개인에게 올바르게 진리를 가르치고, 성도는 성령의 도움으로 온전한 그리스도인이 되며 복음의 기쁜 소식을 전하는 전도사가 되고, 선교사가 되어야 한다. 우리 인생의 최종적인 목표는 하나님의 영광을 드러내기 위함이요 그것이 하나님의 뜻이기 때문이다.

교회의 문은 찾아오는 사람들에게는 구원으로 인도하는 문이 되어야 하고, 성도들이 나가서 구원의 기쁜 소식을 전하고 사회의 빛과 소금의 역할을 다하는 전도하는 문, 섬기는 문이 되어야 한다. 교회의 문이 항상 열려 있어야 하는 이유가 여기에 있다. 라오디게아 교회처럼 예수님마저 교회 밖에서 기다리게 해서는 안 된다.^{계 3:20}

코비드-19로 방황하고 있는 성도들에게 구원의 확신을 주시고
그들로 하여금 기쁜 소식을 전하는 메신저가 되게 도우소서. 주님!
현재 교회의 문들마다 꽁꽁 닫혀 있어서 안타깝습니다.
구원의 문이요 전도의 문인 교회의 문들이
활짝 열릴 수 있도록 인도하여 주소서.
교회가 만민의 기도처로 살아나게 역사해 주옵소서.

Thankfulness Came
Like a Gentle Breeze

32. 항상 모이기를 힘쓰라.

날마다 마음을 같이하여 성전에 모이기를 힘쓰고 집에서 떡을 떼며
기쁨과 순전한 마음으로 음식을 먹고 하나님을 찬미하며 또 온 백성에게
칭송을 받으니 주께서 구원 받는 사람을 날마다 더하게 하시니라. 행 2:46-47

2인 이상이 모여 빵을 떼고 만찬을 먹으면서 성경을 묵상하고 기도하고 하나님을 찬양하는 곳이라면 어디든지 예수님이 함께하시는 교회가 된다. 부르심을 받은 자들은 모이기를 힘쓰자. 예수님이 우리와 함께하신다.

성만찬으로 예수님을 기념하라.

예수님께서는 돌아가시기 전날 밤에 제자들과 만찬을 하셨다. 떡을 떼어 제자들에게 주시며 말씀하셨다.

"이것은 너희를 위하는 내 몸이니 이것을 행하여 나를 기념하라."

다시 포도주로 잔을 채우시고 이르시되,

"이 잔은 내 피로 세운 새 언약이니 이것을 행하여 마실 때마다 나를 기념하라"고 하셨다.^{고전 11:23-32}

예수님께서는 떡을 떼어 나누고 포도주를 마시면서 앞으로 있을 자신의 죽으심과 부활하심을 미리 보여 주셨다.

우리는 그리스도의 몸과 피를 먹음으로써 그리스도와 하나를 이룬다. 그렇다고 하여 빵과 포도주를 통해서 예수님이 우리 안에 거하시고 우리가 참 그리스도인으로 거듭나는 것은 아니다.^{강요Ⅳ, 561면 참조} 빵과 포도주의 본질이 예수님의 몸과 피로 변한 것도 아니다. 빵 위나 밑으로 옆으로 예수님이 오시는 것도 물론 아니다.

그리스도께서는 인간의 손으로 만든 성소에 들어가지 아니하시고 바로 하늘에 올라가셨다. 예수님께서는 때마다 자신이 번제물로 드려지기를 바라지 아니하신다는 의미이다. 성례 때마다 예수님의 피와 살로 고난을 안겨 드릴 것도 아니다. 단번에 제물로 드려 많은 죄인들을 구원하시려고 예수님은 세상 끝에 오셨다.^{히 9:23-26} 그래서 한 사람이라도 더 많은 사람들의 죄를 사해 주셨다.

성부 하나님께서는 모든 것을 계획하시고 말씀으로 우리를 낳으시고 생명을 주셨으며 구원하시고 영생을 주셨다. 그리고 예수님께서는 십자가상의 죽으심으로 우리의 구원을 성취하셨다. 그래서 우리는 성만찬을 통해 예수님의 죽으심과 새 언약을 성경대로 기념하고 있을 뿐이다.

우리에게 최고의 은혜는 하나님의 말씀이며 말씀보다 은혜로운 것은 아무 것도 없다. 세례나 만찬 의식은 말씀의 선포를 통해 우리가 은혜를 받는 수단이 될 뿐이다.

예배의 중심은 예수님이시다.
House Church

초대교회에서 예배의 핵심은 예수님의 몸과 피를 나누는 성찬에 있었다. 청교도 혁명이후에 예배의 의식은 바뀌었으나 예배의 중심은 여전히 예수님이어야 한다는 점은 변할 수 없다.

구약시대이든 신약시대이든 피 흘림을 통해 죄사함을 받았다. 구약시대에는 동물의 피로 죄사함을 받았다. 생명이 피에 있으므로 피가 죄를 속하였다.^{레 17:11} 하나님의 명령을 거역한 아담과 하와에게 동물의 가죽옷을 입히셨다. 하나님의 의를 실현하기 위해서는 동물의 피가 필요하셨기 때문이다.^{창 3:21} 그러나 신약시대를 사는 우리는 예수님의 피로써 정결함을 얻었다.^{히 9:22} 동물의 피는 일시적이지만 예수님의 보혈은 완전하시고 영원하시다.

성령과 물과 피로 하나 되신 예수님의 영이 내 안에 임하실 때 진정으로 죄 사함을 받고 영원한 생명을 얻어 하나님 앞에 나아갈 수 있게 된다.^{요일 5:8}

예수님은 하나님이셔서 완벽하시다. 예수님의 보혈로 거듭난 우리가 항상 예수님과 함께한다면 우리의 죄는 완전히 깨끗해지고 온전한 자유를 누리게 된다. 다시는 죄 사함을 위해 피를 흘리고 제사드릴 필요가 없게 하셨다.^{히 10:14, 18} 수송아지를 대신하여 입술의 열매를 주께 드리면 족하다.^{호 14:2} 이제는 마음으로 믿고 입술로 믿음을 선포하면 죄사함을 받고 구원을 얻을 수 있게 되었다.

성만찬은, 우리에게 예수님의 고통을 기억하고 그리스도의 고난에 동참하도록 우리를 십자가로 인도한다. 십자가 밑에서 우리의 모든 죄를 다 고백하고 회개하게 함으로써 예수님이 흘리신 보혈의 공로로 깨끗함을 얻고 죄에서 자유함을 얻게 된다.^{찬 268장}

우리의 영적 양식은 그리스도이시다.^{고전 10:3-4} 그의 살은 참된 양식이요, 그의 피는 참된 음료이다.^{요 6:55} 우리는 이것을 먹고 마심으로써 그리스도와 연합되어 영원한 생명에 이를 수 있다.

주의 몸을 분별하지 못하고 먹고 마시는 자는 자기의 죄를 먹고 마시는 것이다.^{고전 11:29} 여기서 '주의 몸을 분별하지 못한다'는 것은 예수님께서 우리를 대신해서 죽으심으로 우리가 죄로부터 구원을 받았다는 영적 의미를 알지 못한다는 의미이다.

따라서 합당한 성찬은 이러한 영적의미를 깨닫고, 믿음으로 우리가 영원한 생명을 얻게 되며 우리도 똑 같이 우리의 십자가를 지고 따라가겠다는 각오가 있어야 한다.^{고전 11:23-24} 우리를 뒤 돌아보며 자신의 허물을 죄로 고백하고 예수님의 보혈로 깨끗함을 얻고, 우리 또한 십자가를 지고 예수님을 따라감으로써 하나님으로부터 인정을 받겠다는 결연한 자세로 참여하여야 한다.

바울은 자기를 살펴 죄를 고백한 후에야 떡을 먹으라고 했고,^{고전 11:28} 베드로 또한 먼저 자신의 죄를 회개하고 예수 그리스도의 이름으로 세례를 받아 용서함을 받으라고 강조하였다.^{행 2:38}

우리는 예배 중의 성만찬을 통해 대제사장이시고 희생 제물이 되신 예수님과 한 몸이 되어 하나님 아버지 보좌 앞에 나갈 수 있게 되었다. 그리스도이신 예수님이 예배의 중심이 되신다.

의식보다는 하나님의 은총이다.

의식에 관한 율법은 모세로 말미암아 주신 것이요, 은혜와 진리는 예수 그리스도로 말미암아 온 것이다.^{요 1:17} 우리의 죄를 대신하여 동물을 희생 제물로 드리는 의식은 더 이상 필요하지 않게 되었다. 우리를 대신해서 예수님께서 희생제물이 되셨으니 예수님의 이름으로 기도하고 찬양하는 예배를 드림으로써 우리는 하나님 보좌 앞에 나갈 수 있게 되었다.

부르심을 받은 자들의 모임이라면 예수님이 함께 하실 것을 믿는다. 포도주와 빵을 나누며 그것이 가지는 진정한 의미 곧 예수님께서 우리를 대신해서 죽으심으로 우리가 죄로부터 구원을 받았다는 것을 기념하며 이를 통해 우리 모두가 그리스도와 연합을 이루고 그 지체가 된다.

"두세 사람이 내 이름으로 모이는 곳에는 나도 그들 중에 있느니라." 마 18:20

모이기를 힘쓰고 떡을 떼어 예수님을 기념하고 찬양하는 곳이라면 어디든지 교회가 된다.행 2:46-47 하나님이 기뻐하시는 영적 예배가 되고 거룩한 산제사가 된다.롬 12:1 예배는 눈에보이는 가시교회에서만 드리는 것이 아니다. 주일에만 드리는 것은 더욱 아니다. 직장에서도 좋고, 성경 공부하는 모임의 카페나 사무실도 좋다. 어디에서나 좋다. 차에서 여행하면서 길거리에서 봉사하면서 무엇을 하든지 하나님의 영광을 위해서 한다면 우리를 부르시는 곳 어디서든지 생활 자체가 예배가 된다. 교회와 생활 현장을 구분해서도 안 된다.

미국 LA의 조그만 교회에서는 목사나 전도사와 같이 많은 전임 사역자들이 별도의 직업을 가지고 가족들의 생계를 유지하고, 교회 공동체 생활에 보탬을 주고 있다. 그분들은 교회와 일터를 구분하지 않는다.

진정으로 예수님과 함께 하는 곳이라면 어디든지 교회가 되고 예배가 된다.행 7:44-45, 사 66:1

나는 어느 곳이든지 동역자들과 함께 묵상하면서 기도하고, 영어로 성경을 읽고 일본어, 중국어는 물론 히브리어와 헬라어를 아는 분들과 함께 주제를 정해 발표하고 토론하면서 빵과 포도주를 나누는 친교 모임을 갖고 싶다.

여러 개의 외국어로 성경을 읽는 것은 복음말씀에 좀 더 정확하게 다가가기 위함이다. 동역자들과 이론(異論)이 있는 논쟁거리를 주제로 삼아 복음을 나누는 시간은 하나님께 드리는 영적 제사가 될 것이고 하나님 보좌 앞으로 들림을 받는 시간이 될 것이다.

그렇다고 무 교회, 무 예배당 주의와 같이 예배당 외에서의 예배만으로 구원의 확신을 가질 수 있다는 것은 아니다. 인터넷을 통한 예배만으로는 고립된 신비주의에 빠질 수도 있다. SNS 서핑에 의한 목사님들의 은혜로운 설교를 골라 듣는다고 믿음이 깊어지는 것도 아니다.

믿음은 체험을 통한 하나님의 은혜와 사랑에 의한 것이지 머리에 든 인간의 지식에 의한 것이 아니기 때문이다.

은혜로운 하나님의 말씀을 경청(傾聽)하는 것도 중요하지만, 말씀을 서로 나누고 그대로 따라 사는 청종(聽從)이 무엇보다도 중요하다. 교회 공동체에서 형제들과 함께 각자에게 주어진 은사와 복음을 나누고 음식을 나누어 먹는 것은 친교의 제물(fellowship offering)이 되며 특히 화목을 중시하시는 하나님께서 즐겨 받으시는 제물이 될 줄 믿는다.^{행 2:42 참조}

나는 내가 봉사하는 미국 교회에 약간의 돈을 헌금하여 카페를 만들어 드렸다. 그랬더니 모임 가운데 어떤 성도분이 식당 바닥 타일공사비용을 내고, 어떤 이는 간판을 새로 제작할 돈을 기부하였다. 100불상당의 오찬 떡값을 기부했더니 매주일 기부금이 이어지고 예배가 끝난 이후 떡과 도시락 기부가 이어지고 있다. 여러분도 한번 시험해보라! 풍성함으로 하나님의 복이 넘치게 이어질 것이다.

친교의 제물은 우리를 교회 공동체로 이어주는 사랑의 띠가 된다. 인도자의 도움을 받아 서로 교제하며 초대교회와 같이 빵을 떼며 예수님을 기억하고, 묵상하면서 기도드리자. 나누는 것은 빵만이 아니다. 각 사람들에게 하나님이 가르쳐 주신 진리의 말씀, 생명의 말씀을 나누고 서로 배우며 묵상하면서 서로가 성장해 가는 것이다.

고민해 본 자만이 감사할 줄을 알고 다른 사람에게 올바른 조언을 할 줄도 안다. 예수님도 광야의 시험을 받으셨다. 시험을 받아 고난을 당하신 예수님께서 시험받은 자들을 능히 도울 수 있으신 것처럼,^{히 2:18} 고난을 당해 예수님으로부터 위안을 받아 본 자만이 고통 받는 다른 사람에게 참된 위안을 줄 수 있다. 고난을 겪어본 자만이 체험을 통해 터득한 처방을 나눌 수 있고 영적으로 유혹에 빠지지 않게 도와 줄 수 있다. 병을 낫게도 해줄 수 있다.^{약 5:19 참조}

그렇게 해서 자신의 받은 은사를 공유하는 것은 나눔의 시작이 된다.

나는 최근 LA 남쪽 Lake Forest에 있는 Saddleback 교회를 방문하였다. 교회 부지의 넓고 큼직함에 놀랐지만 소규모 공동체 모임이 가능하도록 여러 처소에 작은 형태의 Tent House가 있고 주변에는 12명 이하의 사람들이 모임을 가질만한 장소가 곳곳에 마련되어 있었다. 성도들끼리 다른 직업, 다른 전공의 사람들과 함께 성경공부하고 기도하고 찬송하면서 서로가 받은 은사를 가지고 각자의 시각에서 성경을 말하고 경험을 통해 알게 된 처방을 서로 공유하고 있다고 한다. 특히 코비드-19 사태 이후 대규모 집회보다는 소규모 그룹 활동이나 가족단위의 소규모 예배모임이 활성화되고 있다고 한다.

서로의 짐을 지고 고쳐주고 위안을 주는 나눔은 예수님의 형상을 닮아가는 길이 되며 축복의 종착지가 된다.^{갈 6:2, 요 13:34-35}

이러한 나눔이 참 연보답고 억지로 빼앗기는 것보다 백배 나은 기쁨이 된다.^{고후 9:5} 가난의 어려움을 겪어본 자가 고마워할 줄 알고 훨씬 더 너그럽다는 보고도 있다. 그래서 예수님께서는 한 고드란트[1]를 헌금함에 넣는 과부를 보고 "모든 사람보다 많은 것을 넣었다"고 하셨다. 이러한 연보를 하나님께서는 기쁘게 받으시고 은총을 베푸신다.신 27:7

가정예배를 활성화하자.

확실히 성례는 은혜를 받는 창구가 된다. 그러나 반드시 가시적인 교회에서 행하는 성례만은 아니다. 의식이나 형식은 달라졌더라도 가난한 형제와 나누는 가족모임, 동역자 들과의 친교모임에도 예수님께서 함께 하신다면 하나님의 은총은 더욱 풍성해진다.

내가 아는 목사의 사모는 매주 자신의 집에서 성도들과 함께 예배드리기를 원한다. 전화로 사람들을 초대하고 음식을 대접하는 수고도 있지만 예배와 함께 몇 가지 음식을 마련하여 예수님 안에서 교제하는 자리가 너무 행복하다고 한다.

초대교회는 건물로서의 예배당이 아닌 하나님의 부르심을 받은 성도들의 공동체이었다.롬 1:6, 고전 1:2 진정한 대화와 교제는 가정이나 직장 동료, 동역자들 간의 소규모 그룹에서만이 가능하다.

"내가 문 앞에 서서 두드리노니 누구든지 내 음성을 듣고 문을 열면 내가 들어가서 그와 함께 먹고 그는 나와 함께 먹을 것이다."계 3:20

예수님께서는 많은 사람들과 영의 양식과 육의 양식을 함께 나누셨다.

---

1 헬라 동전

죄인, 가난한 자, 과부와 고아, 장애우를 돌보시는 은혜의 식탁을 마련하셨다.

다윗은 다리를 저는 장애인인 요나단의 아들 므비보셋을 불쌍히 여겨 왕의 식탁에 초대하였다.^{삼하 9:1-7}

가정에서 모이던 초대교회와 같이 소그룹 공동체가 활성화되어 모여서 서로 양식을 공급하고 생명을 나누기에 힘쓰면 그 자리에 틀림없이 예수님이 함께 하시는 은혜의 식탁이 될 것이다. 그렇게 되면 우리는 긍휼을 얻은 자되어^{벧전 2:10} 교회가 살아나고, 교제와 예배를 통해 점차 이 세상도 참 그리스도인이 사는 하나님 나라가 되어갈 줄을 믿는다.^{창 49:25}

하나님의 경륜은 전에는 이스라엘 12지파를 통해 이루어졌으나 이제는 12사도들의 이방인 교회와 함께 연합하여 이루어 가신다.^{엡 1:20-23} 그래서 하늘나라에서 보좌에 앉으신 예수님 앞에 엎드린 24명의 장로들과 같이 유대인이든지 이방인이든지 믿음 안에서 그리스도 안에서 하나가 된다는 것을 의미한다.^{계 4:10} 그렇게 되면 우리가 하늘로 올라가는 것이 아니라 하나님께서 이 땅으로 내려오실 것이다.^{계 21:2} 이곳이 새 하늘 새 땅이 된다.^{계 21:1}

우리들의 조그만 모임에도 예수님이 오셔서 영광 받으시고
우리에게 예수님의 사랑을 가르쳐 주옵소서.
함께하는 동역자들이 각 자의 몸을 떼어 남에게 나누어 주는
영적 산제사가 되게 하시고 우리들에게 헌신의 길을 갈수 있도록
헌신의 은사를 더 해 주소서.

Thankfulness Came
Like a Gentle Breeze

33. 교회를 함부로 옮기지 마라.

우리들은 여러 지체이지만 하나님에게 속한 한 몸이다. 롬 12:5

    교회는 하나님께서 거처하시는 장소이다. 우리들 모두의 공동체 안에 하나님과 우리 주 예수그리스도께서 함께 계시는 곳이다.
    교회가 참 진리를 가르치고 기도와 찬양이 끊이지 않는 곳이라면 우리는 쉽게 교회를 떠나서는 안 된다. 그리스도의 몸이신 교회 안에는 항상 진리와 은혜가 함께 있기 때문이다.

교회 직분은 하나님께서 주셨다.

    교회는 참된 진리와 예수님의 새로운 언약을 지키도록 가르치고 올바른 성례를 집행하는 곳이다. 각 지체인 우리는 각자의 맡은 바 직분에 충실하여야 한다.

성령 하나님께서는 어떤 자에게는 사도의 직을, 어떤 자에게는 예언의 은총을, 어떤 자에게는 가르침의 은사를, 어떤 자에게는 전도의 사명을, 어떤 자에게는 봉사와 위안의 능력을 주셨다. 각 사람에게 나눠 주신 직분에 따라 역할을 다할 때 각자가 교회 공동체 안에서 능력이 모여 함께 성장해 간다.롬 12:3, 갈 2:9

하나님께서는 직분에 맞추어 지혜와 능력을 주시어 사용하신다.

한의학을 공부했다고 누구나 침을 잘 놓을 수 있는 것은 아니듯이 의사라고 누구나 수술할 수 있는 것은 아니다. 침이 무섭고 피가 두려우면 침을 놓지 못하고 수술을 하지 못한다.

하나님이 감당할 능력을 주시지 않으면 인간의 지식만으로는 아무것도 할 수 없다.

직분 간에 귀천은 없다. 모두 하나님께서 주신 소중한 것이다. 다섯 달란트를 남긴 사람이나 두 달란트를 남긴 사람이나 각자가 자신이 맡은 직분에 충실할 때 하나님께서는 동일한 상을 주시고, 형제적 일치를 이루어 가신다.강요IV, 15면 합심하여 받은 지혜와 능력을 발휘해 갈 때 우리는 그리스도의 몸이신 교회 공동체의 각 지체가 된다. 우리들은 여러 지체이지만 하나님에게 속한 한 몸이고 생명의 한 공동체이다.롬 12:5

각 지체는 한 몸이니 만일 한 지체가 고통을 받으면 모든 지체가 함께 고통을 받고 한 지체가 영광을 얻으면 모든 지체가 함께 즐거워한다.고전 12:26 고통을 공유하는 것은 최고의 나눔이 된다.

각 지체는 맡은 분량대로 역할을 해야 하며, 다른 사람에게 걸림돌이 되어서는 안 된다.고후 6:3 따라서 이를 위해 우리는 각자가 먼저 십자가 밑에서 자신의 죄를 고하고 예수님의 보혈로 깨끗함을 받아야 한다.

구약시대 속죄의 예식은 직분에 따라 희생제물과 방법이 달랐다. 교회에 미치는 해악성이 달랐기 때문이다.^{레 4장 참조} 이제는 누구든지 자신의 죄를 고백하고 회개함으로써 충분하다고 하셨다. 예수님께서 한 번에 희생제물이 되셨기 때문이다.

우리 각자가 하나님께 진정으로 회개하고, 기도하고 찬양함으로 우리의 몸을 하나님께 산제사로 드릴 때 우리는 그리스도 공동체의 구성원으로서 참 그리스도인이 되며^{요일 1:7} 우리의 몸은 하나님의 작은 성전이 된다. 하나님이 함께하시니 우리도 거룩하다고 하신다.

우리 몸에 성령이 함께하시면 우리의 과녁은 하나님의 영광이 되며 먹든지, 마시든지 무엇을 하든지 다 하나님의 영광을 위해 살게 된다.^{고전 10:31}

태아가 만삭이 되면 엄마의 태를 밀치고 나오듯이 하나님의 영광이 우리 몸에 넘치면 그 영광이 교회에 충만하게 된다. 물이 바다를 덮음같이 온 교회에 하나님의 빛난 영광이 가득 차게 되면 이 세상은 비로소 하나님의 나라가 된다.^{합 2:14} 교회는 하늘에는 영광, 땅에는 평화와 그를 믿는 사람들에게 축복의 창구가 된다.

교회는 진리만을 전해야 한다.

교회가 세속화되면 참 진리를 전하지 못하고 오히려 교회 외형을 부풀리기 위해 인근 교회 신도를 빼앗아오고, 주민들과 땅 싸움을 하고, 사기와 기망으로 주변사람들로부터 원망을 듣는다.

성령께서는 빛으로 오셔서 지혜와 특별한 계시의 영으로 우리의 영적인 눈을 밝게 해 주셨다. 영적인 눈은 하나님께서 우리가 하기를 원하시는 것과 싫어하시는 것을 알게 하시고 하나님의 관점에서 세상을 바라보게 한다. 깨끗함과 더러움, 순종과 불순종, 밝음과 어두움, 거짓과 진실을 구별하는 마음의 눈을 열어 주신다.

거룩함은 순결하고 순종하고 서로 사랑하며 감사하고 칭찬하면서 돕는 것이다. 딤후 1:9, 롬 6:18, 요일 4:11, 고전 12:25 따라서 거룩한 삶은 주변의 원망을 사지 않고, 세상의 부정한 이익을 탐하지 않으며 참 진리를 알고 유혹에서 벗어나 진정한 자유를 누리는 삶을 의미한다.

하나님은 거룩한 분이시다. 성령 하나님이 우리 안에 계시면 영의 세 가지 축복 즉, 하나님께서 우리에게 맡기신 소명과 기업과 그에 합당한 능력을 깨닫게 하신다. 엡 1:15-23 그러나 성령 하나님이 안 계시면 우리는 방향성을 잃고 헤매게 된다. 다윗은 성령이 소멸될까 항상 근심하였다. 경건함을 잃어버린 채 어둠 속에서는 아무 것도 가질 수 없고 이룰 수 없기 때문이다.

구약시대에는 온갖 우상과 미신을 숭배하고, 세상의 탐욕과 결탁하여 제사를 부패케 함으로써 하나님의 성전이 거룩함과 경건함을 잃어버렸다. 강요Ⅲ, 535면 오히려 경건함을 그들의 탐욕을 채우는 수단으로 전락시키고 말았다. 자족하는 마음이 있으면 경건은 그들에게 큰 유익이라는 것을 몰랐다. 딤전 6:5-6 그러면서도 제사만으로 영적인 타락과 육체적인 죄악을 모두 씻어 버린 것처럼 행동하였다.

신약의 예수님 시대에는 어떤가?

바리새인들은 영적 무지함으로 메시아이신 예수님을 부정하고 새로운 언약을 거부함으로써 진리의 적이 되었다. 그들은 표적을 요구하지만 나사로를 살려내시는 권능을 보고도 끝내 예수님을 받아들이지 않는 완악함을 보였다. 세상에서 가진 것이 많고 의지할 곳이 많은 완악한 자는 말씀을 들어도 듣지 못하고 예수님을 보지도 못한다.

유대인들에게 예수님은 마치 밭에 숨겨진 보화와 같이 찾을 수 없게 하셨다. 마 13:44 때가 찰 때까지 그들은 하나님과 등진 자가 되었다.

말씀으로 오신 예수님을 끝내 부정하고 십자가에 매달아 죽인 그들의 완악함 또한 하나님의 섭리 안에 있었음을 우리는 알고 있다. 유대인이건 이방인이건 그를 믿는 자마다 구원하시려는 하나님의 뜻과 세상의 모든 이치가 하나님의 섭리 안에 있음을 우리는 성령의 도움으로 알고 있다.

"하나님께 속한 자는 하나님의 말씀을 듣나니 너희가 듣지 않는 것은 하나님께 속하지 아니하였음이라."[요 8:47]

예수님을 거부하고 율법의 준수만을 고집하는 그들은 더 이상 그리스도인이 아니며, 그들이 섬기는 교회 또한 더 이상 그리스도의 몸된 교회가 아니다. 예수님은 그들을 '소경과 같은 지도자'라고 하여 화를 선포하셨다.[마 23:13-17] 잘못된 지식으로 사망의 끝까지 가는 자들임을 스데반의 입을 통해서도 고발하고 있다.[행 7장]

참된 진리를 전파하지 않고 오히려 세속적인 지식이나 말하면서 말재주만으로 진리를 왜곡하고 방해하는 거짓교사들의 행동은 거룩함을 가장한 위선적인 행동에 지나지 않는다.[살전 2:15-16] 우리는 그들의 위선적인 행동을 분별할 수 있도록 영의 눈을 가져야 한다. 우리의 목자이신 예수님 음성만 알아듣고 따라가야 한다.[요 10:16]

오늘날 교회가 대형화되고 상업화되고 있다. 성가대는 대형 오케스트라를 넘는 수준이다. 대형화되고 화려하게 장식하는 것만이 마치 하나님으로부터 풍요로운 은총을 받은 교회라고 왜곡되는 것 같다. 성도의 숫자는 확실히 은혜를 받은 증거이고 부흥하는 교회의 표지이다. 그러나 남의 교회의 교인을 빼앗아 가면서까지 숫자를 불리려고 해서는 안 된다.

새벽기도 만큼은 집 가까운 동네교회에 참석하도록 분위기를 조성하면 좋겠다. 새벽기도에 참여하는 성도의 숫자까지 버스를 동원하는 등으로 대형교회의 목회자가 욕심을 내면 주변 작은 교회가 살 수 없다.

사탄의 유혹으로 인구조사를 했던 다윗과 같이 교회의 외형만을 늘리려는 욕심을 죄로 선포하고 회개하여야 한다.^{대상 21:8} 예수님의 보혈로 정결함을 받아야 한다.

성도를 늘리기 위해 성도에게 듣기 좋은 말로 성경을 왜곡하면 심판을 받을 것이다. 하나님께서는 교회의 규모나 외모, 제단의 장식으로 평가하지 않으시고 목회자를 포함하여 교회 구성원의 중심을 보시기 때문이다.^{삼상 16:7, 갈 2:6}

교회를 쉽게 옮겨서는 안 된다.

믿음이 부족한 자는 교회를 쉽게 옮긴다. 그러나 교회가 참 진리를 가르치고 성례를 충만한 은혜 가운데 집행하고 있다면 교회를 함부로 떠나서는 안 된다. 온갖 이유를 들어 그리스도의 몸된 교회를 떠나는 것은 일종의 배교행위이다.

납품할 거래처가 있다. 사업하는데 영업하는데 도움이 된다. 일거리가 있다. 교회 신자 중에 실력자가 있다. 당신을 도와줄 수 있는 사람이 우리 교회에 출석하고 있다. 아이를 키우는데 도움이 될 것이다. 갖가지 명목으로 교회를 소개하며, 교회를 삶의 수단으로 이용하라고 전도하는 사람마저 있다. 그들은 데메드리오(Demetrius)라고 하는 아데미(Artemis)의 신상 모형을 만들어 팔러 다니는 자와 같다.^{행 19:24} 그들은 모두 거짓된 기독교인이요 남의 교인을 훔치는 자들이다.

바울은 이미 그리스도의 이름을 부르는 자에게 복음을 전하는 것은 남의 터에 건축하는 것과 같다고 하였다.^{롬 15:20} 범죄한 천사들을 용서하지 않으심같이 그들은 하나님의 심판을 받아 영원히 사망할 것이다.^{벧후 2:4}

결국 옮겨간 교회 또한 만족하지 못한다거나 사업에 도움이 되지 않는다는 이유로 믿음을 거부하기까지 한다.

이들 모두는 믿음이 약하여 사탄의 유혹에 빠지고 만 것이다.

교회 내에 다툼이 있다고 하여 함부로 파당을 지어서는 안 된다. 함부로 반대파들을 상대로 고소, 고발하거나 소송으로 가서는 안 된다.

검사들이 제일 어려워하고 기피하는 사건이 목사와 장로 간의 교회재산 분쟁사건일 것이다. 목사와 장로가 각자의 성경 위에 손을 얹고, 상대방의 말은 거짓이고, 자신의 말만 믿어 달라고 한다. fact는 하나인데 그분들이 말하는 내용은 서로 다르고, 성경 또한 어느새 전혀 다른 두 권의 책이 되어 있었다. 연보는 주의 손에서 받은 것을 주님께 돌려드리는 것이요 [대상 29:14] 맡은 사람은 청지기에 불과하다. 헌금을 드리고도 헌금을 드린 사람이나 금고를 맡은 사람 모두가 여전히 자신들의 소유인 것처럼 집착해서는 안 된다.

교인들끼리 갈등이 있다고 하여 교회를 쉽게 옮겨 다녀서는 안 된다. 성숙하지 못한 신자들은 목회자의 설교나 처신이 자기의 기대나 생각에 맞지 않는다고 불평한다. 교회 지도자들의 사생활이나 행동에도 문제가 있다고 뒤 담화하기도 한다.

목사가 신자의 잘못을 엄하게 따지면 세상 물정을 모르는 '검사스러운 목사'라고 비난하고, 관대하게 용서하고 관용을 베풀면 위선자라고 한다.

유머를 사용해서 설교를 재미있게 하면 경솔하다고 하고, 진술하게 하면 답답하고 졸린다고 한다. 목사가 어떻게 하든 자기들만의 평가기준을 가지고 비판하고 거부할 태세이다.

불평은 미움을 낳고 미움은 끝내 교회를 떠나게 하는 시험에 빠지게 한다.

중요한 것은 교회의 기초가 얼마나 성경에 합치하는지, 얼마나 튼튼한 반석 위에 세워진 것인지에 달려 있다.

목사나 교사가 성경에 따라 올바른 가르침을 주며 성례 의식을 풍성히 하고, 그래서 주님의 말씀에 따라 순종하고 행하는 성도들의 모임이라면 반석 위에 세운 교회가 된다. 그런 교회를 쉽게 떠나서는 안 된다.

자기에게 맡겨진 성도를 올바르게 잘 인도하는 목회자, 장로에게는 하나님께서 특별히 시들지 아니하는 영광의 면류관을 준비하셨다.벧전 5:4 그렇지 않은 교회 지도자는 하나님께서 끝내 심판을 내리신다.

성도 중에 마음이 맞지 않는 사람이 있다는 이유로 교회를 떠나지 마라. 교회는 각종 물고기가 걸려드는 어망과 같고마 13:47 타작마당마 3:12과 같아서 썩은 고기와 가라지도 함께 하는 곳이다. 바울을 로마로 압송해 가는 무역선과 같이 재판받으러 가는 죄수나 이를 지키는 간수 뿐만 아니라 아시아 해변 각처로 가는 상인이나 여행객, 귀한 사람에서부터 천한 노예에 이르기까지 온갖 사람들이 함께하는 곳이다.행 27:1-2

상대방이 악인이라고 생각되더라도 함부로 그를 정죄하려 해서는 안 되고, 상대방의 성품을 자신의 뜻대로 쉽게 바꾸려 해서도 안 된다.

나는 가끔 성도들로부터 취조하려든다는 말을 듣는다. 죄를 책망하듯이 쥐어짜고 잘못했다는 전제하에서 상대방을 정죄하려든다는 것이다. 검찰을 떠난 지 15년이 지났는데도 쉽게 바꿔지지 않는 것이 생활 태도인 것 같다. 의롭다고 인 치심은 받았지만 아직도 성숙되지 못하고 영적으로 어린 아이 수준에 머무른 탓이다. 아직도 율법의 노예 되어 남을 정죄하려 한다.

옛 생활태도를 버리지 못하고, 화평함과 거룩함을 가지지 못하면 주님의 얼굴을 뵙지 못할 것이라고 성경은 나에게 경고하고 있다.^{히 12:14}

믿는 사람은 함부로 남을 고발하여 이 세상 법정으로 가져갈 것은 아니다. 세상의 법정은 빼앗는 자의 탐욕과 빼앗긴 자의 저주만이 있을 뿐이다. 대신에 자신의 죄이든 상대방의 허물이든 모두 하늘나라 법정에 올려드려라. 그곳에는 용서와 화합만이 있기 때문이다.

나는 화가나 나의 마음을 다스리기 어려울 때, 나의 마음을 몰라주어 너무나 억울하다고 생각할 때 하늘나라 법정에 올려 드린다. 하나님께 화풀이 하고 억울함을 호소하면 하나님께서는 항상 그들을 위해 중보 기도하도록 마음 문을 열어 주셨다.

세상을 살면서 날마다 상처를 받습니다.
상처받은 쓴 뿌리가 다른 이에게 독이 되지 않게 하시고,
오히려 상처받은 치유자로서 다른 사람에게
길르앗의 유향이 되게 하소서.

Thankfulness Came
Like a Gentle Breeze

34. 지도자는 기름 부은 자이다.

저 아이가 맞다. 일어나 그에게 기름 부어라. 삼상 16:12

    사무엘이 이새의 큰 아들 엘리압을 보고 키 크고 잘 차려 입었으므로 마음에 들어 "여호와의 기름 부으실 자가 과연 주님 앞에 있도다"삼상 16:7 하였더니 하나님께서 이를 거절하셨다.
    사람은 외모를 보지만 하나님께서는 그의 중심을 보신다.
    하나님은 외모나 우리의 명예, 권력, 재물을 보지 않으시고 우리의 중심, 우리의 믿음을 보시고 지도자를 결정하신다.

실패한 지도자 사울

    성경 열왕기 하편을 보면, 엘리야를 찾아가 아하시야 왕의 메시지를 전달하려 한 첫 번째, 두 번째 오십 부장은 부하 50명과 함께 하늘에서 내려온 불에 타 죽고 말았다.

그러나 세 번째 오십 부장은 엘리야에게 먼저 무릎을 꿇고 그를 경외하고, 겸손 되게 자신과 부하의 생명에 대한 자비를 구하였다. 마음에서 우러나오는 진실한 자세로 자비를 구할 때 그들의 생명을 보전했고 그들의 뜻도 이룰 수 있었다.^{왕하 1:3-14}

그렇다. 큰 조직이든지 작은 조직이든지 지도자에게 필요한 덕목은 부하들의 목숨을 위하고 누구에게든지 정성을 다해 공경하며 겸손하게 섬기는 자세가 필요하다.

BC 1010년경 사사시대 말엽, 이스라엘은 아직 통일왕국을 형성하지 못한 상태였다. 하나님께서 이스라엘 백성을 심판하고, 단련시키기 위해 남겨 놓으신 블레셋 민족의 잦은 침략으로 이스라엘 백성은 어려움을 겪었다. 그러자 하나님께서는 기도의 선지자 사무엘을 보내시어 그들에게 마음의 위안을 주게 하셨다. 그러나 사무엘이 차츰 나이가 들어 힘이 빠지자 이스라엘 사람들은, 이웃나라처럼 강력한 리더십을 가진 왕을 달라고 요청하였다.

그런 배경에서 이스라엘 통일 왕국의 초대 왕으로 사울이 기름부음을 받았다. 사울은 '여호와께 구하다'라는 그의 이름대로 초창기에는 하나님의 의견을 구하고 이스라엘 사람들을 섬김으로써 하나님 보시기에 참 좋았다.

사울은 "암 나귀를 찾으라"는 부모의 말씀에 따라 산지사방을 돌아다닐 만큼 순종적이고 성실한 자이었고 용모도 준수하였다.^{삼상 9:1-6} 사무엘로부터 나라의 왕이 된다는 말을 듣고도 공적인 절차에 의해 밝혀질 때까지 다른 사람에게 아무런 말도 하지 않았다.

그 만큼 사울은 절차적 공정성을 확보하고 겸손한 자세로 사려 깊게 행동하였다.^{삼상 10:9-16} 왕이 되어서는 자신을 반대한 자들에게도 용서할 줄 아는 관대하고 너그러운 사람이었다.^{삼상 11:12}

야곱의 큰 아들 르우벤 또한 열한 번째 동생 요셉을 죽이자는 동생들의 주장에 반대하여 그의 생명을 해치지 못하도록 하였는데 이 또한 장자로서 가져야 할 관대함이었다.^{창 37:21-22}

모든 일에 하나님의 종 사무엘과 상의하여 처리하며 겸손하고 순종했으며 백성을 진정으로 섬길 줄 알았던 사울은, 왕으로서 차츰 안정적인 지위를 확보해가자 오만하게 된 나머지, 자신의 판단으로 자기 멋대로 국정을 운영해 가기 시작하였다.

사울왕은 원래 언약궤가 있던 '실로'에서 제사를 지내다가 블레셋 군대의 위협을 피해 '길갈'로 옮겨 통일왕국을 세웠다. 재차 블레셋의 위협이 다가오자 백성들이 흩어지는 것을 두려워 한 나머지 자신이 직접 번제를 올리고 말았다. 사울은 인내하지 못했다. 사무엘을 기다리지 못한 채 자신이 제사장이 되어 제사를 지내고 말았다. 교만해진 나머지 자기중심으로 문제를 해결해 보려고 하였다.

야곱 또한 자기중심으로 형인 에서의 장자권을 빼앗았다. 그리고 자신의 손자인 므낫세와 에브라임을 축복하면서 팔을 엇바꾸어 차남인 에브라임의 머리 위에 오른손을 얹고 장남 므낫세의 머리위에 왼손을 얹었다. 요셉이 이에 놀라 아버지의 팔을 제대로 돌이키려하자 거절하였다. 이미 하나님께서 므낫세보다 차남인 에브라임을 더 사랑하시고 장남보다 더 크게 복을 주셨다는 것이다. 그러면서 야곱은 자기 자신의 과거를 생각하고 한탄하였다.

"나도 안다. 내 아들아. 나도 안다."^{창 48:19}

하나님의 뜻에 따라 자신의 팔이 뒤바뀌었다는 것을 알았다. 그런 자신의 모습을 보고 자신의 과거의 잘못을 깨닫고 있었다. 이미 하나님께서는 자신의 형 에서보다는 자신을 더 사랑하셨다는 것도 알고 있었다.

그럼에도 자신의 방식대로 에서로부터 장자권을 빼앗으려 하였으니 얼마나 어리석었는가? 자기중심으로 장자권을 얻으려 했던 것이 결국 아버지 이삭에게 큰 죄를 저지르고 형 에서와 원수가 되고 말았다는 것을 깊이 깨달았다. 이미 하나님께서 예정해 두신 것을 자신의 방식으로 해결하려 했던 과거의 행동을 회개하고 있었다.

아말렉 군대와 대항하는 모세의 지팡이와 같이, 적과 싸우는 것은 세상의 병기가 아니요 하나님의 강력한 힘이시다.^{고후 10:4} 우리의 보호자이신 그분에게 모든 것이 달려 있다는 것을 사울은 잠시 잊은 것이었다.
'여호와를 경외하는 것이 지식의 근본이(다)'^{잠 1:7}
국방, 안보는 물론 경제, 외교 모든 면에서 힘든 시기가 오면 우리는 하나님께 모두 맡기고 하나님의 때가 찰 때까지 기다려야 한다. 우리의 판단과 노력으로 스스로 문제를 해결해 보려고, 때로는 초조하여 남의 도움도 받아 보려고 하지만 안 되는 경우가 너무나 많은 세상이다.

남 유다의 아하스 왕이 북 왕국과 아람군의 침입에 대항하여 앗수르에게 도움을 요청해 보았지만 오히려 그들에게 민족의 혼을 팔아먹고 말았고,^{왕하 16:14-18} 여호람 왕은 북 왕국 아합의 딸 아달랴와 정략결혼 까지 해 보았지만 그들의 바알 종교까지 따라 들어오는 바람에 하나님까지 멀리한 꼴이 되었다.^{대하 21:6, 11}

한편 여호사밧이 노래와 찬송으로 하나님께 찬양 드리기 시작할 때에 여호와께서는 복병을 두시어 암몬 자손과 세일산 자손을 치셨다.^{대하 20:22} 여호와 하나님을 신뢰하고 의지하면 하나님께서는 맹렬한 불과 같이 앞서 진군하시어 원수마귀를 치시고 모든 문제를 해결해 주신다는 것을 보여주셨다.

하나님은 여호와 닛시^(Yahweh Nissi), 승리의 깃발이 되신다는 것을 사울은 잠시 망각한 것이었다. 결국 인내하면서 기다릴 줄 모르고 초조한 나머지 자신의 판단으로 해결해 보려 했던 사울에 대해 하나님께서는 벌을 내리셨다.^(삼상 13:10-14)

하나님의 자녀들은 이러한 사울 왕과 같이 실패한 지도자를 거울삼아 모든 것을 하나님께 맡기고 인내할 줄 알아야 한다. 홧김에 개종한 아하스 왕이나^(대하28:19) 결혼을 잘못한 여호람 왕^(왕하8:18) 또한 실패한 지도자들이다. 반면 여호사밧과 같이 늘 여호와 하나님의 뜻을 묻고 주님 날개 밑에 거할 때 우리 스스로가 해결하려 한 그 어떤 결과보다도 훨씬 큰일을 이룰 수 있음을 믿어야 한다.^(대하 19:4) 성령을 받은 이후에도 자기 스스로 문제를 해결해 보려는 자기중심의 신앙을 가져서는 안 되는 이유가 여기에 있다.

지도자는 하나님의 뜻에 순종하여야 한다.

하나님께서는 사울을 이스라엘의 초대 왕으로 삼으신 것에 대해 많이 후회하셨다.

한편 믿음의 조상 아브라함은 하나님의 말씀에 순종하여 고향인 메소포타미아 갈대아^(Chaldeans) 우르지방을 떠나 하란으로 가나안으로 이주하였다. 현재 가진 것을 포기하면서까지 알지 못하는 곳을 향해 발을 떼는 순종을 보였다.^(창 12:1) 그런 점에서 순종은 용기 있는 자만이 할 수 있는 행동이다.

요셉 또한 순종함으로 이스라엘 백성을 기근으로부터 살릴 수 있었고, 모세는 왕자의 지위를 버리고 40년간의 광야의 고난을 택함으로써 부르심을 받아 출애굽에 앞장섰으며 순종함으로써 요셉의 뼈를 가지고 나와 세겜 땅에 묻어 주었다.

기드온은 비록 두려웠지만 용기를 내 평화의 하나님께 순종하여 구원을 받았고, 다니엘과 스데반도 죽음의 위협에서 하나님의 말씀을 굳게 믿었다. 생명에 대한 확신으로, 믿음으로 죽음의 두려움을 극복할 수 있었다.^{행 7:55}

믿음의 조상들은 하나님이 살아 역사하심과 훗날 크게 상을 주시는 분이라는 것을 확실히 믿었기에 그분 뜻에 순종할 수 있었다.

반면 사울 왕은 하나님의 명을 따라 아말렉을 쳐서 진멸하였으나 그들에게 속한 모든 것을 완전히 진멸하라는 하나님의 말씀에 불순종하고 말았다. 하나님의 말씀을 거역하고 아말렉의 왕 아각뿐만 아니라 값진 것과 살진 송아지와 어린 양들을 비롯해 좋은 것들은 숨겨 두었다.^{삼상 15:9}

그러고도 사울은 변명하였다.

"하나님께 번제물을 드리기 위해 가장 좋은 것을 남겨두었으며 백성들이 두려워서 진멸하지 못하고 그들의 말대로 따라 한 것이다."

사무엘은 일갈한다.

"하나님께 순종하는 것이 제사보다 낫고, 귀 기울여 듣는 것이 숫양의 기름보다 낫다고 하셨습니다."^{삼상 15:22}

그렇다.

덧없는 세상, 장막과 같이 잠시 거류하는 이 세상 것에 시선을 돌리면 하나님과 멀어질 수밖에 없다.^{히 11:9} 하나님과 등을 지며 허망한 바람을 먹으며 인간의 술수와 계략으로 세상에 빠져 살 수만은 없다.^{호 12:1-2} 하나님께서는 자신의 말씀에 믿음으로 순종하기를 원하신다. 특히 지도자에게는, 조용히 기도하면서 그분의 말씀을 듣고 그분 말씀대로 순종하는 것을 좋아하신다. 교만을 버리고 순종하기를 기다리신다. 순종은 믿음의 시작이요 그 끝이기 때문이다.

지도자는 교만을 버리고 백성을 섬겨야 한다.

한 나라의 지도자나 집권자는 하나님으로부터 기름 부음을 받은 자들이다. 그들의 말과 행동에는 하나님의 권위와 위엄이 있다. 그래서 누구라도 이에 함부로 거역해서는 안 된다. 대신에 그들은 그만큼 더욱 겸손한 자세로 자기를 부정하고 다른 사람을 섬기는 사람이 되어야 한다.

지도자는 쉽게 사라질 세간의 평가나 공명심으로부터 자유로워야 한다. 그러나 실패한 지도자 사울은 그의 교만함으로 인해 이 모든 것에 눈을 감고 말았다.

교만한 마음은 사탄이 뿌린 씨앗이다.

밀가루 반죽에 이스트를 첨가하여 따뜻한 아랫목에 놓아두면 잠깐 사이에 크게 부풀어 오른다. 성경에서 누룩이나 효모는 사탄으로 비유된다. 개떡(?) 반죽에 소량의 누룩이나 효모가 첨가되면 큰 덩어리로 부풀게 되듯이 사탄의 유혹은 소량이더라도 우리의 교만을 부풀리게 한다.

나는 어려서 가난했던 시절 수제비와 개떡을 즐겨 먹었다. 어머니는 국수를 입에 달고 사셨다. 밀가루는 당지수가 높아 비만과 혈당을 높여 준다고 한다. 그래서인지 어머니는 비만하셨고 당뇨병으로 일찍 돌아가셨다. 나는 밀가루 반죽 하는 것을 참 좋아했다. 그날만큼은 배불리 먹을 수 있었기 때문이었다. 팥이라도 조금 넣은 날이면 대접으로 7-8그릇은 거뜬히 먹어치웠다. 어머니는 내 엉덩이 밑에 손을 넣으시며 "우리 셋째 아들 밑이 빠졌나?"하시고 웃으셨다. 누룩을 넣어 부풀린 반죽을 다 된 보리밥 위에 헝겊에 싸서 얹어 찌면 한 솥 가득히 부풀어 오른 개떡도 간식으로 충분했다.

사탄의 메시지는 우리에게, 우리 자신의 공로를 부각시켜 하나님께 드러내라고 유혹하고 있다. 하나님의 형상대로 지으심을 받았으나 하나님 보다 조금 못하게 만들어진 사람에게$^{시\ 8:5}$ 하나님과 동등하게 될 수 있다고 꼬드긴다. 모두 다 인간의 이성이라는 이름으로 가장한 사탄의 유혹일 뿐이다. 인간의 이성은 사람마다 다르고 불완전한 것이어서 최종적인 판단의 기준이 될 수 없다. 절대적일 수도 없고 오히려 우리를 부풀리고 자만하게 한다.

예전에는 남녀 간의 결합만을 정상적인 결혼으로 인정하였고 그것이 인간의 이성이었다. 그러나 최근에는 동성연애와 동성 간의 결혼까지도 이성에 합치하는 행동이라 하고 인본주의를 빌미로 이를 합리화하고 있다. 인간의 이성은 시대를 초월하는 절대적인 기준이 될 수 없음을 스스로 인정하고 만 것이다.

잘못 배운 성도들은 같은 성령의 목소리를 듣고도 자칫 자신만이 우월적 경험이라도 한 것인 양 착각하기도 한다. 나만을 특별히 사랑하시고 매일 기적을 보여 주신다고 교만에 빠지게 한다. 빵 한 덩어리를 잔뜩 부풀리는 이스트와 같이, 사탄은 사람의 공로를 잔뜩 부풀려 우리로 하여금 헛된 자부심을 갖게 하기 때문이다. 사탄의 유혹은 이성에 합치한 행동이나 인본주의로 가장하여 우리의 육체적인 욕구를 부각시키고 우리의 영혼을 병들게 하고 있다. 예수님의 재림이 가까울수록 극성을 부리는 거짓교사들의 언동에 미혹되어서는 안 된다.

예수님께서 우리에게 어떻게 오셨는가?

죄와 악으로 가득 찬 이 세상을 지옥불과 홍수로 심판하지 않으시고 오히려 자신의 권능을 내려놓으시고 사람으로 오셔서 세상을 이기셨다. 이 세상에 오시면서 칼과 권세로 대접 받으려 오신 것이 아니라 손과 발에 못 자국과 온 몸이 피투성이가 되시고 죽기까지 우리를 섬기러 오신 것이다.

예수님께서는 "나는 죄인입니다"라고 회개하는 사람의 기도를 의롭다 하시고,⁻눅 18:11 우리에게 자기를 낮추고 회개하라 하신다.

무릇 자기를 높이는 자는 낮아지고, 자기를 낮추는 자는 높아지는 것이 공정함이다.⁻눅 14:11 내가 몸과 마음을 낮추면 나의 영적 상태는 젊어지고 영적 지위는 올라간다.

우리는 때때로 다른 사람과 비교해서 자신이 선한 일을 했다고 자랑하고 교만해지기도 한다. 그러나 하나님의 자비와 예수님의 사랑에 비교한다면 우리는 아무 것도 자랑할 것이 없다. 모든 것은 창조주 하나님이 주신 은혜일뿐이다.

자신의 공로를 드러낸다면 그것이 교만이다. 바울은 자신이 받은 은사를 자랑하지 않고 오히려 육체의 가시를 생각함으로써 더욱 겸손할 수 있었다. 지도자는 자기에게 주어진 권력을 남용해서 대접받으려 해서는 안 된다. 자기 자신을 낮추고 오로지 백성의 종으로서 그들을 섬겨야 한다. 믿음으로 사는 지도자는 엘리야 앞에 선 세 번째 오십 부장과 같이 자세를 낮추어 상대방을 공경할 줄 알아야 한다. 약한 자들을 불쌍히 여기며 다가가서 만져주고 사랑을 베풀 줄 알아야 한다.⁻눅 18:15

주어진 권한을 남용하지 않고 하루하루 주어진 은혜에 감사하면서 가난한 자, 병든 자, 약한 자, 돌려받지 못하는 자들에게 다가가서 섬기는 자세를 가져야 한다.

우리 사회의 지도자들을 위해 기도드리자.

성경에서 소금과 불은 모두 은유적으로 사용된다. 불은 형벌을 뜻하고 정화하는 방법이 된다. 소금은 모든 것을 깨끗하게 하는 복음과 같다.

엘리사는 성읍사람들로부터 물이 나빠 과일이 익기도 전에 떨어진다는 하소연을 듣고 물의 원천으로 가서 소금을 뿌리자 그 물이 고쳐졌다.왕하 2:19-22

악인에게 불은 형벌이지만 그 불이 소금과 함께하는 경우에는 희생을 통해 정화하는 불이 된다.
'사람마다 불로써 소금 치듯 함을 받으리라.'막 9:49
소금이 불과 함께 하는 경우 더 고통스러운 희생을 통한 단련이 되고, 세상을 깨끗하게 하는 소금으로 거듭나게 된다. 예수님께서는 사탄의 시험을 받으셨으나 쉬운 길을 택하지 않으셨다. 모든 고통과 조롱을 견디시고 하나님의 뜻을 이루실 수 있었다. 다윗 왕도 10여년을 사울로부터 도망 다니면서 단련되었고, 모세는 40년, 요셉은 20년이나 광야에서 이집트에서 혹독한 고통과 시련을 받으면서 정화되었다.
"만일 소금이 그 맛을 잃으면 무엇으로 짜게 하리요. 너희 속에 소금을 두고 서로 화목 하라."막 9:50
우리도 우리 사회의 지도자들을 위해 기도할 때이다.
성경 말씀대로 국가의 지도자들이 희생의 불을 통해 단련이 되고, 소금처럼 깨끗함을 받아 온 국민이 하나가 되도록 화목하게 이끌어야 한다. 교회의 지도자들도 마찬가지이다. 바울이 골로새 교인들에게 '항상 은혜가운데 소금으로 맛을 냄과 같이 하라'골 4:6 고 권면한 것도 마찬가지이다. 우리 사회가 분열보다는 평화를 유지하기 위해서는 각 분야의 지도자들이 먼저 깨끗함을 보여야 한다.

서울중앙지검에 근무하면서 당직을 하다보면 하루에 변사체 보고가 평균 4-5건, 많을 때에는 10여건 들어온다. 죽은 사람의 사인이 명확하지 않으면 부검을 하게 되는데 검사들은 죽은 사람의 한을 풀어준다는 마음으로 최선을 다한다.

부검하고 돌아와 집에 들어가기 전에 몸에 소금을 뿌리곤 했다. 몸을 깨끗하게 한다는 정결의식으로 생각했다.

이스라엘의 사사시대, 왕이 없던 시절, 사람들은 자기들이 본대로, 자기들의 뜻대로 행동함으로써 타락한 모습을 보였다. 그래서 하나님께서는 왕을 세우셔서 질서를 잡아 평화를 유지하게 하셨다.삿 21:25 당시 왕의 명령은 곧 법이고 질서이었다.

기름을 부은 대통령이나 사회 각 분야의 지도자의 말과 행동에는 하나님의 권위와 위엄이 있다. 그들의 명령은 살아 있는 법이다. 누구도 함부로 거역해서는 안 된다. 권력은 하나님으로부터 주어진 신성한 권한이기 때문이다. 바울은 다스리는 일을 하나님의 은사라고 했고, 권세는 하나님의 명령이며 하나님으로부터 오지 않은 권세는 없다고 하였다.롬 13:1-2

하나님께서는 사람의 외모를 보는 것이 아니고 그의 중심을 보시고 기름을 부으신다. 사무엘은 사무엘상 16장 본문과 같이 하나님의 뜻에 따라 키가 크고 잘 생긴 이새의 큰 아들 엘리압을 버리고 막내 아들 다윗에게 기름 부었다.삼상 16:12 다윗은 항상 하나님께 의견을 묻고 그 뜻을 따랐다. 하나님께서는 그러한 그의 믿음을 보신 것이다.

지도자는 분열보다는 평화를 사랑하여야 한다. 불에 단련된 소금과 같이 자신에게는 엄정하면서 가난한 자, 약한 자에게 자비를 베풀어야 한다. 한 표를 찾아 수고를 마다하고 전국을 선거유세하면서 다니던 것처럼 고통 받는 한 사람을 어디든지 찾아가 위로할 줄 아는 사람이 진정한 지도자이다. 자신의 권세를 사용하여, 돈으로 남을 억압하고 괴롭히는 자에게 벌을 주어 국민 모두를 하나 되게 하고 화목하게 하여야 한다.

지도자는 한 손에는 엄정한 공의를 가지고, 다른 한손에는 한없는 자비를 가져야 한다. 영남출신이나 호남출신, 부산출신이나 광주출신이라고 하면서 자신의 지지자들에게만 관대해서는 안 된다.

스스로 분열을 조장해서는 더욱 안 된다.

다윗처럼, 요셉처럼 권한을 가진 만큼 많이 회개하고 더욱 겸손한 자세로 자기를 부정하여야 한다. 자신의 욕망이나 탐심을 내려놓고, 자기의 지지자가 아니라도 함부로 정죄하지 말며 국민 모두를 섬길 수 있는 지도자라면 결코 실패하지 않을 것이다.^{고후 10:8} 이방인의 왕 고레스가 하나님의 명령에 따라 이스라엘 노예들을 석방했듯이 자신의 정권에 불이익이 되더라도 권세를 주신 하나님의 뜻을 온전히 따른다면 결코 잘못된 나라가 되지 않을 것이다.

하나님께서 기름 부으신 대통령과 지도자들을 위해 기도드립니다.
그들의 권세가 우리를 분열시키거나 파멸시키는 것이 아니요
오로지 평화를 반석 위에 굳건히 세우는 것임을 깨닫게 하시고,
맡겨주신 권세를 하나님의 온전하신 뜻에 따라 사용하는지
늘 지켜봐주시고 감찰해 주소서.

Thankfulness Came
Like a Gentle Breeze

35. 정의가 강물처럼 흐르는 공정한 사회

죄 있는 자를 무고한 자라고 말하는 자는 국민이 탄핵할 것이요,
죄인에게 마땅한 죄를 선고하는 자에게는 큰 축복이 있다.^{잠 24:24-25}

    검사는 우리 사회에서 정의를 실현하고 공의를 밝히는 공직자이다. 잠언 24장의 본문과 같이 공직자가 죄 있는 자를 죄 없다하거나 죄 없는 자를 죄 있다 하여 하나님의 말씀을 기망하거나 왜곡해서는 안 된다. 하나님 앞에서 모든 이의 양심을 드러낼 수 있도록 오직 진리만을 온전히 드러내야 한다.^{고후 4:2}

    권한을 가진 사람들이 성령의 도움을 받으면 하나님께서는 정의 편에 서시어, 악한 자의 행위가 어디에서 온 것인지, 누구의 유혹을 받았는지 진실을 밝히는 데 앞장 서 주신다.

검사는 기름 부음을 받은 자

나는 20년 가까이 검사로 재직하였다. 창피한 이야기이지만 판사로 갈까 검사로 갈까 고민 중에 철학관을 찾아갔다. 학생이라고 거짓말하고 진로를 물었더니 나에게 쌍칼 잡이 사주라고 한다. 칼잡이처럼 남의 죄를 밝혀 벌을 가하는 팔자라고 한다. 그래서 고민 없이 법무부로 가 검사임용신청서를 제출했다. 하나님께 묻지 않고 무속인에게 의지하였으니 확실히 그 길이 평탄할 리가 없었다.

평생 검사로 칼잡이로서 공직을 마감할 줄 알았다. 그러나 하나님께서는 그냥 두지 않으셨다. 내 나이 45세가 되어 1차 형사 고발되었고 고발사건이 마무리되면서 검찰을 떠났다. 그러면서도 연구는 계속할 수 있게 교수직을 열어 주셨다. 교수로 재직하면서 검찰제도에 관해서 연구를 계속할 수 있었고, 정권 교체기마다 제기되는 검찰개혁 논의에 대해서는 검찰이 제 기능을 다할 수 있도록 소신껏 의견을 제시해 왔다.

그러다가 15년 만에 다시 2차 피고발인으로 전락되어 검찰의 조사를 받게 되었다. 두 차례 직접 수사대상이 되고 보니 그동안 보이지 않던 것이 보였다. 검사로서, 전직 검사로서의 허물이 보였다. 멈춰서 보니 보이지 않던 것이 보였다. 조용히 묵상하고 되돌아보니 검사로서 행한 나의 과오가 보였고 모든 것이 나의 교만에서 말미암았다는 것을 알게 되었다.

검사는 하나님께서 기름 부으신 자이다. 국민의 안전과 치안질서를 유지하고, 국민의 억울함을 풀어주어 그들에게 평온한 생활로 복귀시켜주라는 사명과 함께 그에 합당한 권한을 부여 받은 자들이다. 검사는 하나님으로부터 주어진 권한을 남용해서는 안 된다.

검사는 국민의 종이다. 섬김이나 관용이 없이 교만한 자세로 주어진 권한을 남용하면 국민이 평안하게 살 수가 없다.

최근 검찰개혁과 관련하여, 경찰에게 수사권을 이양하고, 검찰은 공판에 전념하여야 한다는 지적도 제기되고 있다. 2차 세계대전이후 일본에서도 검찰의 공판전담론^{公判專擔論}이라는 주장이 대두되었고 전승국의 맥아더 사령부도 이에 동조하였다. 그러다가 차츰 경찰 수사만으로는 부족한 부분에 대해서만 검찰이 특수수사권을 가지게 되고, 검찰의 보완 수사 기능을 강화해가면서 오늘날과 같이 1차적 수사권은 경찰에, 2차적 수사권은 검찰이 갖는 그들만의 방식으로 정착되었다.

수사권은 국민을 위한 것이어서 어느 한 기관만의 독점적인 권한에 속할 것은 아니다. 수사의 중심축이 검찰로부터 경찰로 이동되어야 한다는 점은 동의할 수 있으나 부족한 부분이나 경찰수사가 어려운 부분은 여전히 검찰에서도 수사할 수 있도록 하는 것이 바람직하다. 그리고 경찰수사종결에 대해서는 견제장치가 필요하다는 점을 지적하는데 그친다. 다만 현재 개혁의 내용 어디에도 검사들에게 국민을 좀 더 포용하고 사건 관련자들을 섬기는 자세가 필요하다는 취지의 내용은 소홀히 하고 있어서 아쉬움이 남는다.

기름을 부은 자의 사명은 섬김에 있다.

기름 부은 자의 명령에 대해서 국민은 진정으로 공경하고 순종하여야한다. 개인은 공적인 일에 함부로 나서서 비판하지 말 것이며, 지켜야 할 자제심 또한 이러한 순종에서 나온다는 것을 명심해야 한다. 심지어 존 캘빈은 불의한 집권자에게도 복종하라고 하였다.^{강요IV,1011면} 집권자의 권위는 하나님으로부터 부여 받은 것이기 때문이라고 한다.

대통령이건 국회의원이건 법관이든 검사이든 지도자들의 권력행사는 하나님의 심판과 같이 경건하게 이루어져야 한다. 형벌권한을 자기의 뜻대로 구성하여 추가하거나 함부로 남용해서는 안 된다.

무엇보다도 집권자는 군림하려 하지 말고, 기름 부으신 하나님 앞에서 자신을 낮추고 주신 은혜에 감사하면서 자신을 온전히 되돌려주는 자세가 중요하다. 가장 큰 자는 가장 어린 자처럼 되어야 하며, 으뜸이 되고자하는 자는 모든 이의 종이 되어야 한다.^{롬 20:26-27} 타락한 이방인의 관료와 같이 권세나 부리면서 마치 백성의 은인(benefactors)이라도 되는 것처럼 허세 부려서는 안 된다.^{눅 22:25-26}

집권자는 항상 백성을 섬기는데 마음을 두어야 한다. 겸손한 자세로 백성을 위해 봉사하고 섬기는 자가 되어야 한다. 섬긴다는 것은 그의 종이 된다는 것이다. 단순히 백성의 지시를 받는 형식적인 상하관계만이 아니라 백성들이 원하는, 백성을 위한 내실 있는 정책을 수립하고, 해결책을 내놓아야 한다.

초대교회의 히브리 출신 사도들은, 가난한 헬라출신 유대인들로부터 상대적으로 구제사역에서 소외당하고 있다는 불평의 소리를 듣고, 사정을 잘 아는 헬라출신의 집사들 7명을 선발하여 구제사역을 전담하게 하고, 자신들은 사도로서 말씀 사역과 기도에 집중할 수 있었다.^{행 6:1-7} 각자 역할을 분담하고 직분에 충실함으로써 과정이나 결과, 양 면에서 실질적인 공정을 기할 수 있었다. 성령 하나님께서 주신 지혜이고 은사였다. 문제해결의 최선의 방도는 원인을 제대로 규명해서 바른 해결책을 내 놓는 것이다.

다스림이나 섬김, 구제나 봉사는 모두 성령 하나님이 주시는 은사이다. 집권자라고 모두 백성을 섬기고 봉사하는 은사를 받은 사람은 아니다. 봉사나 헌신도 아무나 하는 것이 아니다. 하나님께서는 택하신 사람을 통해서만이 영광을 받으신다.^{롬 12:7-8, 벧전 4:11}

집권자가 백성을 진정으로 섬길 때 비로소 하나님이 주신 권세를 하나님 뜻에 맞게 행사하게 된다. 마틴 루터 목사의 주장과 같이 정의가 강물처럼, 공의가 거센 물결처럼 흐르는 공정한 사회가 되도록 과정은 공정하고 결과는 정의롭게 행동하여야 한다.^{암 5:24 참조} 지도자는 이를 위해 공정한 저울추와 잣대를 가지고 있어야 한다. 그리고 억압받는 자, 가난한 자에게는 특히 자비와 긍휼을 베풀 줄 알아야 한다.

요셉은 이집트의 총리가 된 이후 세금의 형평성을 유지하고 7년 대기근 동안 공정하게 양식을 배포함으로써 국민의 칭찬을 받았다. 공평으로 척도를 삼고 정의로 저울추를 삼아, 여호와 하나님이 보시기에 흡족하시게 하였다. 그러면서도 가난한 이웃과 약자에게는 긍휼을 베푸는데 인색하지 않았다.

하나님은 무질서의 하나님이 아니요 평화의(Yahweh Shalom) 하나님이시다.^{고전 14:33} 집권자들이 자신이나 자신의 지지자들의 불법을 눈감아 주고, 그들의 이익만을 위해 권한을 남용한다면 국민은 이를 옳은 것으로 배우며 거짓과 변명만을 따라 할 것이다.^{잠 29:12}

집권자의 부당한 명령으로부터 국민의 권리를 지키고, 그들의 아집과 편견을 바로 잡아가는 것은 이를 위해 선출되거나 임명된 관료들의 책무이다.

우리에게는 국회는 물론 사법부, 이외에 검찰과 경찰, 감사원, 공수처, 특별감찰관 등이 있다. 헌법은 국민이 선출한 국회의원에게, 「자유 민주적 기본질서」를 지켜야 할 책무에 위배하고 공정의 가치를 최우선으로 하지 않는 집권자들의 오만한 행동을 탄핵(彈劾)으로 견제하도록 명령하였다.^{헌법 제65조}

그들의 마음속에 하나님이 계시고 예수님과 하나가 된다면 누가 적인지, 어떻게 싸워야 하는지 알게 하신다. 부당한 세금으로 돌로 만든 집을 짓고, 가난한 자를 학대하며 뇌물을 받고 아름다운 포도원을 가꾸더라도 그 집에서 쫓아내며 그 포도원의 포도주를 마시지 못하게 하여야 한다. 여호와의 명령이시다.^{암 5:11-17} 국민의 이름으로 임명된 법관이나 검사, 경찰 등 관료가 권세 있는 자들, 힘 있는 자들의 악을 눈감아 준다면 그러한 관료들의 위선은 배신행위로 처단될 것이다. 그들을 벌하시는 것 또한 하나님께서 하실 일이다.^{강요IV, 1019-1025면} 하나님께서는 저울추를 부정하게 행하는 지도자를 미워하시고, 자비와 긍휼이 없는 집권자에게는 진노하셨다.^{신 25:15-16} 이스라엘의 멸망을 경고하시면서 기름을 부은 자, 즉 예언자, 왕과 지도자들의 타락을 특히 미워하셨음을 명심하여야 한다.^{암 2:11-12}

죄성을 치유하는 검사가 되어야 한다.
　검사는, 죄인으로 하여금 자신의 잘못을 진정으로 회개하게 함으로써 그가 조기에 사회로 복귀할 수 있도록 도와주어야 한다. 그것이 검사 개인에게 주어진 본래의 사명이며, 그 사명에 합당한 권한과 책임을 가지도록 제도를 바꿔 가는 것이 검찰개혁의 시작이고 종착지가 되어야 한다.

　이를 위해 먼저, 검찰 스스로가 수사라는 이름으로 저지른 그동안의 허물을 회개하고 하나님께, 국민에게, 당사자에게 용서를 빌어야 한다.

　그동안 검찰이 수사해온 대형사건 특히 언론을 도배질하고, 온통 사회를 떠들썩하게 한 사건들의 면면을 보면 정권이 바뀌거나 사회의 격동기에 특히 발호해왔다는 점을 간과할 수 없다. 그것이 선한 목적이라면 누가 탓하겠는가? 그러나 뒤늦게 무죄가 선고된 사건의 면면을 보면 검찰 수사에 대해 반감을 가지지 않을 수 없다. 그들이 하는 다른 사건 수사에 대해서까지 회의감을 가지게 한다. 그런 수사검찰은 더 이상 필요하지 않다.

하나님을 모르는 교만한 자들에 의해 검찰 권력이 독점된다면 그 폐해가 어떨지는 이미 우리 국민들이 더 잘 알고 있다. 나쁜 사람이라고 프레임을 짜서 검찰조직 전체가 신상 털기 식으로 죄를 뒤집어씌우려 한다면 당해낼 자가 없다.

검사의 조서가 얼마나 왜곡되고 있는지, 검사에게 필요한 진술만 기록하고 피고인에게 유리한 진술은 기록하지 않는다는 사실을 내가 직접 당해 보니 알 수 있었다. 기소하는데 방해가 된다고 생각하는 사실에 대해서는 물어봐 주지도 않았다. 관련된 물적 증거 또한 검사가 수집해서 법정에 제대로 제출하지 않으면 진실이 숨겨질 수 있다.

거대한 조직 앞에 선 개인이 얼마나 무력한 것인지를 당해보니 피부로 느낄 수 있었다. 검사출신인 나도 검사로 재직 중 그러한 허물로부터 자유로울 수 없었음을 많이 인정하고 늦게나마 회개하고 있다.

정의의 이름으로 이미 쇠퇴해진 지난 권력의 공과를 무시해서도 안된다. 마찬가지로 공정의 이름으로 새로운 권력을 찬양하고 그들에게 악의 터전을 만들어 주어서도 안 된다.

국민에게 깜짝쇼라도 보이듯이 한탕주의식 검찰수사는 이제 끝내야 한다. 정권이 끝나고 새로운 정권이 시작될 때마다 부정부패척결이라는 명목으로 공직자들을 줄 세우기하는 특별수사는 이제 내려놓아야 한다. 국민을 깜짝 놀라게 하는 이벤트 성 수사는 특별검사나 공수처와 같은 별도의 수사기관으로 족하다.

그래서 그동안의 과오를 회개하고 검찰의 독자적인 인지 수사기능은 가능한 한 내려놓는 것이 검찰개혁의 시작이다. 필요하다면 형사부내에 금융, 회계, 증권, 세무와 같은 전문수사팀을 두고 팀제로 운영하면서 관련 부처와 사전에 충분히 협의를 거친 다음에야 수사를 개시하는 합동조사시스템을 만들어 가는 것이 좋겠다.

다음으로, 검찰의 권한은 수사보다는 범죄인의 교화로 중심이 이동되어야 한다.

1차적 수사권은 경찰에 맡기고 공소유지와 수형자의 교화라는 새로운 역할에 충실할 수 있도록 검찰조직도 변해야 한다. 수형자들에게 진정한 회개를 통해 죄의 속박으로부터 벗어나 그들에게 완전한 자유를 누릴 수 있도록 도와주어야 한다.

'The Flite'라는 영화가 흥행에는 성공하지 못했다. 그러나 시사하는 바가 커서 여기서 소개한다. 탑승자 102명을 태운 비행기가 조종사인 윕 휘태커(덴젤 워싱턴)의 놀랄만한 기지로 들판에 불시착했다. 6명은 사망했지만 나머지 96명은 무사했다. 날개 상층부의 제조결함에 의한 사고이었고, 10명의 베테랑 조종사가 모의실험을 했으나 모두 전원 사망할 정도의 절박한 상태이었다. 그러나 당시 비행기를 조종한 휘태커는 음주운전 중이었고 마약까지 한 상태이었다.

마지막 청문회에서 변호사들의 도움으로 본인이 음주사실을 부인만하면 사건은 덮어지고 자신은 영웅이 될 판이었다. 그러나 그는 "내가 위스키 두 병을 마셨고, 알코올 중독자이고, 당시는 마약까지 한 상태이었다"고 청문회 장에서 고백하였다. 그의 이러한 태도는 자신의 잘못 때문에 피해를 당한 사람들에 대한 최소한의 예의이고 그것이 공평하다는 생각에서였다. 그리고 중요한 것은 이렇게 해야만 자신도 비로소 마약중독에서 빠져나올 수 있을 것이라고 생각하였다. 그것이 공평이고 정의로움이다.

이를 위해 검찰은 수사검사로서가 아니라 치유하는 검사로서의 새로운 역할에 집중하여야 한다. 더 이상 죄인의 허물을 키질하는 수사검찰이 아니고 사건의 동기와 실체를 정확히 인식하고, 상처 받은 환자를 다독거리고 그들에게 영원한 생명의 산 소망을 전달하는 치유의 검찰, 회복의 검찰로 거듭나야 한다.

검사들이 수형자들로 하여금 진정으로 회개하게 할 때 하나님께서는 그들을 변화시키고 그들이 사회에 복귀할 수 있도록 회복시켜 주신다.

끝으로, 검사 개개인이 하나님 앞에서 좀 더 겸손해지고 낮아져야 한다. 그리고 피의자, 피고인을 포함하여 피해자들 모두에게 진정으로 섬기는 자세로 다가가야 한다.

겸손은 자기 자신을 비하하거나 남에게 보여주기 위함이 아니며, 자기 자신을 낮추되 마음으로부터 우러나오는 '섬김'의 자세에 방점이 있다.

검사는 죄를 미워하되 사람을 미워해서는 안 된다. 법률적으로 죄인을 처벌하기에 앞서 그를 인간적으로 이해할 줄 알아야 한다. 전적으로 동의하지는 못하더라도 그의 주장에 대해, 변명에 대해 최소한 경청하는 자세가 필요하다. 검사는 피의자가 먼저 잘못을 뉘우칠 때 비로소 그를 용서하는 심판자가 되어서는 안 되며 검사가 먼저 그를 이해하고 공감하려는 마음을 가짐으로써 그가 회개하기를 인내함으로 기다려야 한다. 검사는 그의 상처를 치유하는 그의 동반자가 되어야 한다.

하나님께서 경건하지 못한 우리들에게 일방적으로 우리를 긍휼히 여기시고 예수님을 보내시어 우리와의 관계를 회복하셨듯이 검사 또한 피의자에게 다가가 그를 불쌍히 여기고 예수님의 사랑으로 인도하여야 한다.

검사는 피의자를 대신해서 그의 범죄에 대해 하나님께 회개하고 용서를 구하여야 한다. 검사는, 피의자의 범죄와 피해자의 상처받은 심령이 그들만의 책임이 아니고 그러한 범죄를 사전에 예방하지 못한 사회적 책임을 대신지고 회개할 줄 알아야 한다. 검사 자신이 직무상 책임을 다하지 못한 자신의 잘못을 회개하여야 한다. 그리고 죄인을 용서하고, 피해자를 위로해 달라고 하나님께 기도드려야 한다. 이것이 그들을 진정으로 섬기는 자세이다.

검사는 사건을 정죄하는 심판자가 아니고 죄의 용서를 구하는 우리 사회의 제사장이 되어야 한다. **이것이 파괴된 사회질서를 회복하고, 피의자와 피해자간의 관계를 회복시켜야 할 검사의 사회적 책무를 다하는 방법이다.**

우리를 향한 하나님의 일방적이고 절대적인 은혜와 사랑을 알아갈수록 우리는 강해지고 겸손해 질 수밖에 없으며, 강하고 겸손한 자만이 예수님의 사랑을 제대로 전달할 수 있다.

사법질서를 유지하는 책임자로서 사명을 받은 검사가 잃어버린 질서의 회복을 위해 사건관계자들을 돌보고 섬김으로써 범죄 없는 대한민국, 하나님의 공의와 자비가 넘치는 사랑의 공동체를 이루어 가길 기대해본다.^{빌 2:3-4}

한국의 검사들이 하나님을 두려워하며 스스로의 권세를 내려놓고
더욱 겸손한 자세로 피의자에게 다가갈 수 있도록
그들에게 용기와 지혜를 더해 주소서.

Thankfulness Came
Like a Gentle Breeze

36. 하나님이 모든 것을 이루어 가신다.

악한 사람은 공의를 이해하지 못하지만 여호와를 찾는 사람은 모든 것을 깨닫는다. 잠 28:5

    인간의 능력은 한계가 뚜렷하다. 하나님의 깊은 뜻과 계획을 인간이 모두 헤아릴 수는 없다. 눈앞에 닥친 고난은, 인간의 눈으로만 보면 큰 재앙이고 환난이지만 이를 통해 하나님께서는 그분의 계획대로 뜻을 이루어 가신다.

    형들의 악행으로 요셉에게는 이집트로 팔려가는 고난을 주셨지만 7년간의 대 기근을 피해 함께 살아갈 형제로 거듭나게 하시고, 그를 애굽의 총리로 만들어 이스라엘 민족을 보존하게 하셨으니 하나님의 처방은 놀랍기만 하다.

    하나님께서는 이방인을 도구로 삼아 하나님의 백성을 심판하시기도 하시고, 그들에게 복을 주시기도 하셨다.

    모든 것이 하나님의 섭리 안에서 이루어진 것이다. 모든 것은 하나님이 계획하시고 끝내 선을 이루어 가신다는 것을 여호와를 찾는 우리는 너무나 잘 알고 있다.

하나님께 드린 서원은 지켜야 한다.

이 책을 마무리하면서 나는 하나님께 드린 약속은 반드시 지켜야 한다는 점을 강조하고 싶다.

하나님께 드린 약속을 서원이라 한다.

일단 서원했다면 비록 자신에게 큰 손해가 될지라도 꼭 지켜야 한다.^{민 30:2, 시 15:4} 지키지 못할 것이라면 함부로 서원하지 말았어야 했다.

"나를 환영하러 나오는 첫 번째 사람을 여호와께 번제물로 드리겠다."

입다는 암몬 사람을 물리치기 위해 여호와 하나님께 경솔히 서원하고 말았다. 그러나 그는 이를 지키기 위해 값을 톡톡히 치러야 했다. 개선장군이 되어 돌아오는 아버지를 환영하기 위해 집 밖으로 제일 먼저 나온 사람은 그의 사랑하는 무남독녀 외동딸이었다.

"아버지께서 약속하신 대로 저에게 하십시오."

그의 딸은 겸손한 마음으로 아버지 입다의 서원을 지켜드렸다.^{삿 11:35-39} 자신을 희생 제물로 드린다는 것을 알면서도 순종한 이삭의 믿음이 아브라함의 순종을 지켜주었듯이 입다의 딸 또한 순종함으로써 입다의 서원을 지켜줄 수 있었다. 이삭이건 입다의 딸이건 여호와 하나님의 공의와 자비하심을 믿었기 때문이었다. 한나 또한 맹세한대로 그의 아들 사무엘을 하나님께 온전히 바쳐드렸다.

"내가 구하여 기도한 바를 여호와께서 내게 허락하신지라. 그러므로 나도 그를 여호와께 드리되 그의 평생을 여호와께 드리나이다."^{삼상 1:24-28}

서원을 지키지 못한 것은 죄가 된다. 여호와께서 반드시 그것을 우리들에게 요구하신다.^{신 23:21} 서원의 내용이 중요한 것은 아니다. 그것을 지키려는 마음 자세가 은혜이고 축복이다.

하나님께서는 우리의 서원을 잊지 않으신다. 때가 되면 기억하셨다가 상기시켜 주신다.

야곱이 형 에서를 피해 밧단 아람으로 도망가다가 벧엘에 이르러 서원하기를 "다시 고향땅에 돌아오게 해 주시면 여기에 제단을 쌓고 하나님만을 섬기며 십일조를 드리겠습니다"하고 맹세하였다.창 28:20-22 그는 그 서원을 잊어 버렸지만 하나님께서는 잊지 않고 기억하고 계셨다.

야곱은 밧단 아람으로부터 고향 땅으로 돌아와 형 에서와 화해하고 세겜 땅에서 정착하고 살았다. 그러나 그곳 청년 세겜으로부터 그의 딸 디나가 강간을 당하자 그녀의 오빠인 시므온과 레위가 세겜의 아버지 하몰과 그 족속 남자들까지 모두 죽이고 말았다.창 34:25-29 그래서 피의 보복을 우려한 야곱은 가족 모두를 데리고 피신할 수밖에 없었다.

하나님께서는 도망가는 야곱에게 벧엘로 올라가 지난날의 서원을 이루도록 명령하셨다. 하나님께서는 또 다시 사람을 피해 도망가는 극단적인 처방을 통해 야곱에게 그가 한 서원을 상기시켜 주셨다.

"내 환난 날에 내게 응답하시며 내가 가는 길에서 나와 함께 하신 하나님께 내가 거기서 제단을 쌓으려 하노라"창 35:1

뒤늦게나마 하나님이 지시하신대로, 야곱은 그곳에 제단을 쌓고 각종 우상들을 상수리나무 밑에 묻고 예배를 드려 서원을 지켜드렸다. 그러자 비로소 하나님께서는 야곱의 가족들을 죽이겠다고 쫓아오던 사람들을 물리쳐 주셨다.창 35:1-5 야곱은 그곳을 '엘벧엘'이라 하였다. 벧엘의 하나님께서 그와의 관계를 다시 회복시켜주시고 복을 주셨기 때문이었다.

나는 미국에서 잠깐 있을 생각이었다. 그런데 3년이 훌쩍 지나버렸다. 그래서 심히 낙담 중에 있는 나에게 하나님께서 위안의 메시지를 주셨다. 정확하게 2년째 되는 주일 아침, 예배시작 전에 목사님이 갑자기 설교제목과 내용을 '엘벧엘의 하나님'으로 바꾼 것이다. 나는 금방 알아차렸다.

서원을 지키지 못한 야곱을 벧엘로 쫓아 보내셨듯이, 서원을 지키지 못한 나를 미국으로 보내신 이도 하나님이시라는 것을 나에게 재차 확인해 주신 것이다. 형사고발이라는 극단적인 처방으로 '60세가 되면 목사가 되겠다'고 한 나의 서원을 지키게 하시고, 목사님의 설교제목 까지 바꾸게 하시면서 나에게 위안을 주셨다. 야곱처럼 뒤늦게나마 서원을 지켜드린 나에게도 마음의 평강을 주셨다. 하나님은 결코 나를 버리시지 않으시고 나와 함께 계셨다.

하나님은 고난에서 우리를 직접 구원해 주시지는 않는다.

그러나 고난 중에 위안을 주시고 나와 함께하신다는 확신을 주신다.^{시 92:15} 그리고 고난을 이겨내도록 지혜를 주시는 분이시다. 주님이 이미 예비하신 구원의 길을 가게 하신다. 이 모든 것이 하나님의 섭리 안에 있음을 나에게도 보여 주시니 참으로 자상한 하나님이시다.

하나님의 처방은 오묘하시다.

예수님을 박해하던 사울은 다메섹으로 가는 길에 하늘에서 내려온 큰 빛의 광채로 인하여 아무 것도 볼 수 없게 되었다. 하나님께서는 그에게 극단적인 방법으로 항복을 받아 내셨다. 그리고 그의 눈을 다시 뜨게 하셨다.

사울의 눈을 뜨게 하고 세례를 베푼 Ananias는 놀랍게도 율법 학자 출신으로 유대인들로부터 크게 존경은 받았으나 사울이 그토록 싫어했던 기독교인으로 사울보다 먼저 개종한 사람이었다.^{행 22:12}

그 이후 바울은 당시 집권세력이었던 바리새인들과 율법학자들의 고발로 가이샤라에서 2년간 감옥에 갇혀있었고, 로마에서 2년간 재판을 기다려야 했다.

그로 인하여 바울은 복음을 전할 수 없는 방해를 받았지만 행 28:18, 30 그가 감옥에 갇힘으로써 많은 형제들이 담대히 전도할 수 있게 되었다. 빌 1:14 사람의 눈으로는 절망이었으나 몸을 낮추고 하늘을 바라보면 진전이 되었다. 비록 바울이 감옥에 매인바 되었으나 하나님의 계시를 통해 에베소서나 빌립보서 등과 같은 서신을 기록하여 오히려 후세에 복음을 전파할 수 있었다.

"내가 당한 일이 도리어 복음전파에 진전이 될 줄을 너희가 알기를 원하노라." 빌 1:12

그뿐만 아니다. 바울 또한 법정에서 변론을 통해 로마의 황실과 이방인들에게 구원의 기쁜 소망을 전달하는 전도의 기회로 삼을 수 있었다. 행 25:23

바울은 그의 석방보다는 하나님의 복음을 전달하고, 구원의 기쁜 소식을 이방인들에게 전달하는 것에 몰두하였다. 그들은 바울을 율법으로 죽이려 하였으나 하나님께서는 그를 이방인들에 대한 복음의 전달자로 거듭나게 하셨다.

빌레몬의 종 오네시모도 그랬다.

오네시모는 한 때 주인 빌레몬의 돈을 훔쳐 몰래 도망을 갔었다. 그런데 사도 바울을 만난 다음 회개하고 하나님의 종이 되어 빌레몬에게 다시 돌아갔다. 그가 빌레몬을 떠난 것은 잠시 잠깐이었으나 사랑하는 형제, 동역자로서 빌레몬에게 용서를 얻고 영원히 그의 곁으로 돌아갔으니 오네시모 본인에게는 물론 빌레몬에게도 얼마나 큰 축복이었는가? 몬 1:15-19

2019. 1. 한국에서 미국으로 온 것이 나에게는 큰 불명예이고 재앙이었으나 더 큰 불행을 막고 좋은 결과를 주시려는 하나님의 계획이었음을 나는 깨닫게 되었다. 두 차례의 형사고발이라는 극단적인 방법을 통해 모든 것을 내려놓게 하셨다.

가진 것 없이 미국으로 건너와 LA교회의 도움으로 살고 있지만 자세를 낮추고 하나님 말씀을 듣고 하늘만 바라보고 살고 있으니 얼마나 크신 축복인가? 사마리아 여인처럼 세상의 헛된 것을 추구하면서 살아왔음을 회개하고 이제라도 정말로 중요한 것이 무엇인지를 깨닫게 하셨으니 그저 감사할 따름이다. 세상의 헛된 재물과 명예를 쫓다가 이제야 비로소 구원을 찾고 내가 짊어질 십자가를 지고 있으니 나에게 얼마나 유익한가? 하나님의 처방에 감사할 따름이다.

교회에서 먹고 자면서 비록 몸은 가난하지만 하나님의 풍성하신 은혜로 더 이상 거짓과 배신을 모르는 천사표 성도들과 함께 살고 있으니 하나님의 자비하심에 그저 놀라울 따름이다.

하나님께서는 나를 버리지 아니하셨다.

내 나이 62세에 목사 안수를 받았다. 하나님께 약속드린 것보다 2년 늦었지만 많이 늦지 않았다.

나는 20대 초반에 경기도 양평군에 소재한 석불역 주변 기도원에서 사법시험을 준비하면서 인근 교회 부흥회에 참석하였다.

부흥회에 오신 강사 목사님께 고백하였다.

"목사님의 설교를 듣고 그제 저녁에는 내 머리에 폭포수가 쏟아지더니, 어제 저녁에는 방벽이 갈라지면서 빛으로 오신 예수님을 뵈었습니다."

"할렐루야! 축하합니다. 하나님께서 물과 성령으로 세례를 주셨습니다. 이번 부흥회를 통해 한 영혼이라도 구하기를 바랐는데...... 학생이 장본인이었군요."

"감사합니다. 예배 중에 앞으로 뛰어나가 찬송을 부르고, '예수님은 나의 주님이시다'라고 외치고 싶을 정도이었습니다."

그 이후 나는 판검사를 거쳐 내 나이 60이 되면 신학대학원을 마치고 부흥강사가 되겠다고 서원했었다.

하나님께서는 내 서원을 기억해 두셨다.

나이 60세가 다되도록 서원을 지키려는 기미가 없자 하나님께서는 이처럼 극단적인 방법으로 나를 미국에 쫓아 보내셨다. 현재 겪고 있는 고통과 아픔은 서원을 지키지 못한 나에 대한 하나님의 처방이셨다.

한국을 떠날 때는 제자들에게 고발이나 당하는 수치스러운 사람정도로 생각하였는데 이제 돌이켜 보니 하나님의 크신 사랑이셨다. 영원한 심판을 미리 댕겨서 주신 하나님의 특별한 은총이셨다. 믿지 않는 자로 남아 마지막 날에 받게 될 영원한 사망의 형벌을 면하게 하시려는 하나님의 자비이셨다.^{계 2:11} 예수님 안에서 나를 돌아보니 감사할 일뿐이었다. 하나님께 드린 서원을 지키지 못한 것을 회개했던 야곱과 같이, 자기중심으로 살다가 뒤늦게 아버지께로 돌아온 탕자와 같이 주님 전에 무릎 꿇고 모든 것을 내려놓고 용서를 빌고 있다.

이제라도 성령의 조명으로 참된 신앙인으로 의롭다함을 받았으니 얼마나 큰 축복인가? 하나님 아버지! 저와의 관계를 회복시켜 주시고 복을 주셔서 감사드립니다.

나는 목사안수를 받았다.

3개월만 있을 것이라고 생각했었던 미국생활이 벌써 3년이 훌쩍 넘어 버렸다. 고통과 쓰라림을 하나님의 징계와 단련의 기회로 삼아 이를 '아멘'으로 받아들이고, 고난의 십자가를 넘어 하나님의 자비로 새로운 소명을 받았다.

두 차례 매를 맞고서야 비로소 하나님의 뜻을 알게 되었다.

이제야 전직 검사이고 로스쿨 교수의 자리를 내려놓고 회개하면서 십자가의 짐을 지고 가라는 말씀에 순종하고 있다. 45세 부장검사시절 1차 고발되어 검사직을 내려놓을 때 깨달았다면 좋았을 것을 후회스럽다.

그러나 하나님은 나를 결코 버리지 않으셨다.

60세가 되어 이제라도 하나님께서 노여움을 푸시고 나를 진정한 자녀로 삼아 주셨으니 큰 은혜로이다.

모든 것이 하나님의 계획이셨고 섭리 안에 있었음을 고백한다. 3년 동안 서울을 떠난 것은 나에게 큰 재앙이었으나 참 진리를 알고 사랑을 안고 돌아갈 것을 생각하면 얼마나 감사할 일인가? 하나님의 오묘하신 섭리와 크신 사랑에 그저 놀랄 뿐이다.

하나님께서는 나에 관한 모든 계획을 준비하시고 그에 맞추어 나의 상황을 만들어 가셨다. 여호와를 찾는 사람들은 이를 알고 있다. 나 또한 이 모든 것이 하나님께서 성령의 바람으로 나에게 실어다 준 사랑이고 감사이었음을 깨닫고 있다.

이제 하나님 품으로 돌아왔습니다.
부족하고 초라한 이대로의 모습대로 받아 주셔서 감사합니다.
죄의 노예생활로부터 해방되게 하시고, 이토록 평강과 자유를 누리게 하시니 감사합니다. 서울에 돌아가면 야곱과 같이 엘벧엘 교회 제단을 쌓기 원합니다.
동역자도 보내 주옵소서. 뒤늦게나마 받은 은혜 감사하며 은사를 나누는 교회,
택하신 사람을 찾아가는 교회, 예수님이 머리되시는 교회로 삼아
부흥의 역사를 이루소서. 하나님의 뜻을 이루소서.

Epilogue

　나는 글을 쓰면서 하나님에 대한 지식이 너무 모자란다는 것을 실감하였다. 그래서 글이 막히고 성경 말씀이 이해가 되지 않을 때에는 하나님께서 해답을 주실 것을 믿고 조용히 기도하면서 기다렸다.

　그러면 지혜의 성령께서는 여지없이 영적으로 깨우쳐 주시고 내적 확신을 갖게 해 주셨다. 이전에는 알지 못했던 기적 같은 일이었다. 성령 하나님의 도우심을 온몸으로 실감할 수 있었다.

　나는 제2장 중 '예수님이 사람으로 오신 이유' 부분을 제일 나중에 적었다. 자신이 없었다. 그러나 성령의 특별한 도우심으로 인해 이제는 가장 쉽게 설명할 수 있는 부분이 되었다.

예수님은 사람으로 오셔서 인간의 고통을 생생하게 느끼시고 우리에게 온몸을 떼어주고 피 흘려주심으로써 우리의 죄를 대속하셨고, 사람의 몸으로 부활하셔서 우리에게 부활의 산 소망을 주셨다. 그리고 우리의 몸을 온전한 형태로 유지하도록 권면하고 계신다.

예수님은 썩지 않는 양질의 영화롭고 가시적인 몸으로 다시 오실 것이다.^{고전 15:42-44} 우리 또한 예수님과 함께 영화로운 몸으로 부활의 영광에 참여할 줄 믿는다.

기독교는 몸의 구원까지 믿는 유일한 종교이다. 그렇기에 매춘, 성적 문란행위, 특히 동성연애, 동성결혼과 같이 몸의 성적 정체성을 해치는 행위는 성경에 반하는 행동임을 분명히 깨닫게 하셨다.

오늘 교회예배를 마치고 LA인근 rose bawl 광장에서 Men dressed as like women(여장남자)행사가 있다고 하여 가 보았다. 수많은 차량과 인파로 열광하는 모습도 있었지만 한쪽에서는 다행이도 이를 반대하는 작은 목소리도 있었다. 성경은 남자는 여자의 의복을 입지 말라고 가르치고 있다.^{신 22:5} 남녀를 구별하는 하나님의 창조적 질서를 해치는 가증스러운 행동이기 때문이다. 광장을 몇 바퀴 돌면서 성적정체성을 해치는 젊은이들의 무지한 행동을 막아달라고 하나님께 기도드렸다.

사랑하는 내 아들들아! 예수님의 값진 피로 얻은 너희의 영과 육은 하나님이 거하시는 성전이니 이를 귀히 여기고, 육체적 욕망을 이기고 인내하면서 모든 행동을 조심하고 자제하길 바란다.

'영으로 몸의 행실을 죽여라'^{롬 8:13}

이스라엘 백성들에게 불뱀을 보내시어 그들의 영성이 사악한 사탄의 지배를 받고 있는 모습을 드러내 보이신 것임을 명심하여라.

불뱀을 형상화한 놋뱀을 통해 그들의 죄성을 드러내 보이시고 예수님의 십자가를 예표 하셨다. 그것은 예수님의 십자가만이 그들의 죄를 씻을 수 있음을 보여 주신 것이다.^민 21:4-9, 요 3:14

때로는 우리에게 원수를 보내시어 우리의 속사람이 얼마나 악한지를 깨닫게 하신다. 육으로 보면 나의 원수이지만 영의 눈으로 보면 그는 나의 죄를 씻어주고 축복으로 인도하는 은혜의 도구임을 보여 주신다. 우리 안에 영으로 오신 그리스도의 역사하심으로 우리가 거듭나야만 하늘나라에 들어 갈 수 있음을 알게 하신다.

또한 신학을 공부하고 성경을 연구하는 동안, 성령 하나님께서는 나에게 기다리셨다는 듯이 역사하시고 많은 간증거리를 주셨다.

어느 날 저녁, 나를 도와주는 교회의 외벽 페인트 칠 봉사를 한 후 수제비 미역국을 끓여 먹으려던 나에게 교회 집사님이 "오일을 넣으면 밀가루 반죽이 부드러워진다"고 하면서 올리브 오일을 건네주었다. 밀가루 반죽에 물 이외 오일도 넣는다는 것을 처음 알았다.

다음날, 성경 공부 중에 '밀가루에 물(생명)과 오일(성령)을 넣고 누룩을 넣으면 밀가루 반죽이 부풀어 오른다'는 주석서를 보다가 깜짝 놀랐다. 주님께서 나를 교육시키기 위해 전날 저녁에 밀가루 반죽을 하게 하시고, 물 이외 오일을 넣는 법을 가르쳐 주신 것이다. 주님은 정말로 가까운 곳에 계셨다.

사소한 해프닝 같지만 주님의 세심한 배려는 나에게 큰 위로가 되었고 큰 소망이 되었다. 주님께서 나의 일거수일투족을 지켜보시고 보살펴 주신다는 것을 깨달았기 때문이다. 그런데 더 놀라운 것은 이런 해프닝 같은 일들을 거의 매일 경험하면서 살고 있다는 것이다.

새벽예배를 드리던 중 낙심하고 있는 나에게 응답으로 주신 성경구절이다. 예레미아 1장 18-19절을 분명히 보여주셨다.

보라! 내가 오늘 너를 그 땅 백성 앞에 견고한 성읍, 쇠기둥, 놋 성벽이 되게 하였은즉, 그들이 너를 치나 너를 이기지 못하리니 이는 내가 너와 함께하여 너를 구원할 것임이라. 렘 1:18-19

지난밤에 이해되지 않은 성경 말씀은 다음날 새벽기도 때 목사님의 설교 말씀을 통해서 해답을 주셨고, 잘못된 내용은 여지없이 다음날 큐티 과정에서 수정해 주셨다.

새벽기도 도중에 큰 것부터 조그만 것 까지 여러 사이즈의 물병 수십 개가 나열되어 있는 장소를 환상 중에 보여 주셨다. 그날 오후 심방을 갔는데 알칼리 물을 제조하여 파는 장소이었다.

그곳의 사장님이 수술을 앞두고 저에게 기도를 해 달라고 한다. 그곳에는 큰 것부터 작은 것에 이르기까지 수십 개의 병들이 나란히 진열되어 있었다. 하나님의 뜻인 줄 알고 기도해 드렸다. 라파 하나님께서 치유해 줄 것으로 믿고 간절히 기도드렸다.

법률가이고 법학자인 저에게 1년 만에 신앙서적으로 '담장을 넘은 축복(2020년)'을 쓰게 하시고, 몇 개월 만에 용기를 내서 이 책을 출판할 수 있게 해 주셨다. 이렇게 신앙인으로 변한 나의 모습을 어찌 우연이라 말할 수 있을까?

의문이 생기면 성경을 통해서 곧 해답을 알게 해 주셨다.

LA 시내에는 유난히 '엘림'교회가 많아 그 의미에 대해 궁금하였다. 인터넷을 통해 쉽게 찾아볼 수도 있지만 출애굽기를 읽는 중에 바로 답을 주셨다. 물샘 열둘과 종려나무 일흔 그루가 있는 사막가운데 오아시스로 모세가 장막을 친 곳이 엘림이다.^{출 16:27} 우리 예수님은 엘림과 같이 쉴만한 물가이고 마르지 않는 샘과 같은 분이시다. 예수님은 우리를 쉴만한 물가로 인도하신다. 나 또한 지친 몸을 예수님께 의지하면서 위로를 받고 있다.

이 모든 것이 성령 하나님께서 지혜를 주시고, 때마다 합당한 사람이나 계시를 통해 알려 주셨다. 때로는 꿈의 환상으로, 때로는 기도 중에, 때로는 사람을 통해 복음을 가르쳐 주셨다.

예수님께서 말씀하셨다.

"아버지께서 내 이름으로 보내실 성령께서 너희에게 모든 것을 가르쳐 주실 것이며 내가 너희에게 말한 모든 것을 생각나게 하실 것이다."^{요 14:26} 이런 경험들을 통해서 분명히 알게 된 것은 우리 삶에서 우연은 없다는 것이다. 시시콜콜한 것까지 일일이 나열한 것은 독자들도 그러한 경험이 많은 줄 알기 때문이다. 우연은 가장된(假裝) 필연이라는 말을 절감케 하는 경험들이 많을 줄 안다.

이 글을 마무리하고자 합니다.

예수님! 우리 안에 오셔서 우리의 참 주인이 되소서. 참 의지하는 자를 기억하시는 주님, 대적하는 모든 이가 기도하는 자를 이길 수 없음을 깨닫게 해 주소서.

고통 가운데 속죄함을 받고 체험으로 얻은 믿음은 영원할 것이며 누구라도 결코 빼앗아 가지 못함을 깨닫게 하시고 이 믿음만으로 살기를 원합니다.

하나님은 우리와 함께 계셔서 항상 돌보시고 지혜를 주시고 인도하시고 우리의 간절한 마음의 소원에 응답해 주시는 분이십니다.

이 모든 것은 나의 간증이고 체험한 대로의 증언임을 밝힙니다.

할렐루야!

Thankfulness Came
Like a Gentle Breeze

바람에 실려 온 감사

발행일 2021년 9월 20일

지은이 노 가브리엘
발행인 고석현
발행처 ㈜한올엠앤씨

주소 경기도 파주시 심학산로12, 4층
전화 031-839-6804(마케팅), 031-839-6812(편집)
팩스 031-839-6828

ISBN 978-89-86022-40-7
판매가격 15,800원

Copyright Roh Gabriel All right reserved.
이 책에 수록된 글은 저자의 허락 없이 무단으로 복제 또는 전재, 변형할 수 없습니다.